丝路探源

——齐国於陵·周村丝绸之路货源地研究

张光明　主编

文物出版社

图书在版编目（CIP）数据

丝路探源：齐国於陵·周村丝绸之路货源地研究 /

张光明主编 . —北京：文物出版社，2019. 10

ISBN 978 – 7 – 5010 – 6304 – 8

Ⅰ. ①丝…　Ⅱ. ①张…　Ⅲ. ①丝绸之路 – 考古 –

研究 – 山东　Ⅳ. ①K928. 6

中国版本图书馆 CIP 数据核字（2019）第 211223 号

丝路探源

——齐国於陵·周村丝绸之路货源地研究

主　　编：张光明

责任编辑：许海意
装帧设计：程星涛
责任印制：张道奇

出版发行：文物出版社
社　　址：北京市东直门内北小街 2 号楼
邮　　编：100007
网　　址：http：//www. wenwu. com
邮　　箱：web@ wenwu. com
经　　销：新华书店
印　　刷：北京京都六环印刷厂
开　　本：710mm × 1000mm　1/16
印　　张：22. 75
版　　次：2019 年 10 月第 1 版
印　　次：2019 年 10 月第 1 次印刷
书　　号：ISBN 978 – 7 – 5010 – 6304 – 8
定　　价：146. 00 元

编辑委员会

序 (一)

欣闻山东省淄博市周村区组成专家组做"丝绸之路"探源课题，在成果即将面世之际，课题专家组组长、中国殷商文化学会副会长、著名齐文化研究专家张光明邀我为即将出版的《丝路探源——齐国於陵·周村丝绸之路货源地研究》一书作序，我欣然应允。这一课题的确立并实施，是一件很有意义的事情。淄博市周村区的领导认真践行习近平总书记提出的"一带一路"倡议和建立人类共同体的国际化战略，以丝绸之路货源地的研究与探索为突破口，创新性地丰富和深化丝绸之路文化研究成果，具体落实国家提出的丝绸之路沿线联合申遗的举措。丝绸之路申遗工作中，山东主要确定为丝绸和陶瓷。据我所知，周村区早些年就和丝绸之路西端的意大利卡塞塔市结为友好城市，开展了文化、经贸等友好交流，取得了一系列影响深远的成果，表现出了高度的政治责任感和高超的政治智慧。因此，这一重大的学术成果必将对当地文化经济社会的发展产生积极的促进作用。

首先，丝绸之路研究是一个国际性的学术课题。

历史研究证明，丝绸之路源于中国，属于世界，福泽人类。众所周知，丝绸之路是特定历史时期所指一条古老的文化商贸之路。它始于公元前138年汉武帝四次派张骞出使西域。公元前114年张骞逝世后，中亚、西亚各国的使者接踵而至，与汉朝通使。从此这条道路在原有的基础上发展成为各国官府间来往的通道，史称"丝绸之路"，揭开了中国与西欧文化商贸交流的历史篇章。19世纪末，德国地质地理学家利息霍芬（F. Van. Richthafan, 1833～1905）在《中国》第一卷中提出：把"从公元前114年至公元127年间，中国与中亚、中国与印度间以丝绸贸易为媒介的这条西域交通道路"命名为"丝绸之路"。这条丝绸之路始于汉朝，盛于唐朝，东起长安（今西安），经河西走廊，过天山南北，横跨中亚，直达欧洲地中海东岸的波斯、罗马，全长7000多公里。这条大道把世界三大文明——中国、印度、埃及，三大宗教——佛教、基督教、伊斯兰教连接起来，亚欧文化在这里互相影响，荟萃交融，促进了世界文明的共同繁荣。这条丝绸之路也是古代亚欧交流的商贸之路。中国的玉器、铁器、漆器、瓷器和造纸、药材等通过"丝绸之路"传向西方，而欧洲的玻璃、香料、宝石、葡萄也沿丝绸之路传入中国，往来频繁，日益昌盛。而以中国最重要的贸易商品"丝绸"来命名这条大道，正恰当地表达了这条大道的特色，这条丝绸之路也是商贸和文化交流之路。

而我们在深入研究丝绸之路时知道，丝绸之路东端的长安（今西安）只是丝绸之路商品的集散地。而商品的源头或供货地在中国应多有其地，它们也应是丝绸之路隐形的重要组成部分。以丝绸为例，根据文献和考古发现证明，西汉时期的益州（今四川）、楚地（今湖北）、临淄（今山东）、洛阳（今河南）均是生产丝绸的重要地区。各地生产的丝绸集中到长安，再由长安通过丝绸之路输入欧洲。而齐国自春秋战国时期大量生产丝绸，有"冠带依履天下"之誉。汉朝在这里设"三服官"，专供西汉皇室丝绸布料，其丝绸生产技术达最高水平。山东大学历史学教授齐涛先生在 20 世纪 90 年代研究齐国丝纺业就指出："汉唐时代，今山东地区的纺织业最为发达，无论是规模、质量还是生产技术都居全国之先，我们由此可以推论，山东是丝绸之路的主要源头，是丝绸之路上丝绸的主要来源地。"① 所以，丝绸之路重要源头的研究是丝路文化研究的重要课题，也是国际性的学术研究课题。

其次，周村是齐国丝绸产品的集散地，也是齐国丝绸文化的传承地。

近十几年，我曾数次到周村古商城考察，印象很深、很好，被周村古香古色的明清时期的商业建筑所吸引，看到颇具建筑特色的商业古街市，风格独特、韵味悠长、宏伟壮观，那林林总总的老字号店铺，独具特色的地方名吃，各类地方文化展馆和古玩店面令人留恋不已。我国著名的古建筑学专家阮仪三教授誉之为"中国活着的古商业街市博物馆"，这在我国北方也是仅有的。

1972 年，北京大学历史地理学院士侯仁之教授"文革"时曾避难于淄博，闲暇之余曾对淄博地区的古代城址和历史文化进行了考察研究，著有《淄博市主要城镇的起源与发展》，收录于 1979 年出版的《历史地理学的理论与实践》。他提出，周村的前身是於陵故城。於陵故城，位于今周村以南的古城村。考古调查得知，此处是龙山文化、商周至战国汉代的古人类居住遗址；20 世纪八九十年代，商周时期大型城址的城墙仍然依稀可见，遗迹遗物丰富。於陵故城应是夏商时期逢伯陵所居之地"夆"国，后来西周时期迁至今济阳一带，与周通婚，成为周朝诸侯国。於陵一带，先秦时期就是齐

---

① 齐涛：《丝绸之路探源》，齐鲁书社，1992 年。

地桑麻种植之地，也是齐地纺织文化中心地区。其生产的於陵帛曾极盛一时，至唐代还有记述。齐国时期，周村於陵为齐之腹心地区，也是齐国丝织品的集中生产和集散之地。考古调查发现，临淄齐故城内分布有冶铜、铸钱、冶铁、制骨等大型手工业作坊遗址，却未见纺织品作坊遗址，看来当时齐国的铁、铜原矿石料冶炼作坊和管衙设置应在矿山附近；有如冶铁和管理冶铁业的管衙"冶里"，在今张店中埠一带的冶里村。① 如此推知，齐国的纺织及丝绸生产、管理机构应在其腹心地区於陵邑（今周村）。於陵一带至汉代丝绸纺织生产极盛，出现了"桑植满田园，户户皆养蚕；步步闻机声，家家织绸缎"的景象，汉代著名的"董永与织女"的故事原发地就在这里。

周村的前身是於陵，於陵故城是夏商时期"夆"国逄伯陵所居之地，是齐地丝纺文化中心和集散地。於陵，应是当时齐国腹心地区和齐国纺织丝绸集中生产和管理中心及集散地。所以，我们讲周村是丝绸之路的重要供货地，也就是指齐国丝绸是丝绸之路输出丝绸的主要供货地。

周村经汉唐时期的发展，商贸活动已很繁荣。摩尼教是波斯人摩尼创立的，受到琐罗亚斯德教和基督教的影响，在武周时期传入中国，后转为明教，周村建有明教寺。曾有唐代摩尼教碑，碑文背刻"大唐贞观十年仲春朔日立"十一字，正面为浮雕造像，上部正中一尊主佛造像，两侧有四尊肋侍像，下部刻有五个怪异的形象，为摩尼教主要神祇五明子的刻像。此石碑原定为石刻佛像，1998 年德国慕尼黑大学汉学专家廉亚明博士经考证，认为属于摩尼教碑。说明唐代周村的商贸活动已达西亚地区。至明清时期，周村已发展成为一座以丝绸贸易为主要特色的综合性国际商贸城市，现今的周村古商城主要由始建于明清时期的大街、丝市街、银子市街组成，与其比邻的还有绸市街、兴隆街、万顺街、蓝布街、新街、保安街等，建筑风格多姿多彩，商业功能特色鲜明。清同治年间（1862～1874 年）周村城有城门 14 座，面积 2.25 平方公里。当时已有"百货丝积，商旅四达，天下之货聚焉"的美誉，出现了以经营丝绸的瑞蚨祥和孟雒川等一大批驰名中外的老字号企业和企业家。光绪三十年（1904 年）年周村成为清朝政府对外开放的"开埠"城市之一，至民国年间周村的纺织业和丝织业迅速发展，据文献记载当时周村城里有纺织机 4000 余台，经销丝绸的店铺 2000 余家的规模，成为名副其实的中国北方丝绸生产销售的中心。1949 年后，周村发展纺织丝绸工业，建设了大型的纺织丝绸企业，其生产规模、生产技术和对外销售又有了大的提高，成

---

① 张光明、于孔宝、陈旭：《中国冶铁发源地研究文集》，齐鲁书社，2012 年，第 5 页。

为我国北方丝绸文化的中心，素有"南有苏州，北有周村"的称誉。

齐国於陵邑，是"丝绸之路"的重要源头，所生产的优质精美的丝绸品成为丝绸之路的主要货源地，为丝绸之路的商贸繁盛做出了历史贡献。这种文化现象其后在周村古商城得到了弘扬和传承，今天周村的丝绸产业如大染坊集团公司等也是淄博最具生机的传统工业产业，在国内外丝绸产业的占有极为重要的地位。这种8000年长盛不衰的文化传承在我国和世界文化史上也是不多见的，这值得我们深思和研究。

再者，这个课题也是文化旅游融合的很好项目，具有学术成果转化的市场和空间。

我们知道，周村古商城是国家4A级文化旅游景区，是山东乃至全国著名的古商业建筑为特色景区，也是儒（鲁）商发源地。周村古商城极具两个方面的特色：一是明清时期以大街、丝市街为主的商业建筑群，这在我国北方现存古建筑中是仅有的。它不仅规模宏大，且商业特色鲜明，功能齐全，独具一格，被誉为"活着的古商业建筑博物馆"。二是以纺织丝绸文化为其特色。周村传承齐地、齐国纺织丝绸生产技艺，经唐宋，至明清、民国时期得以发展繁盛，使周村成为我国北方丝绸文化中心。周村古商城丝绸纺织生产、管理、经销的繁荣，带动了淄博地区今淄川、博山瓷业、琉璃业、煤矿业等工矿业发展，为淄博这座工业城市的形成和发展做出了历史性的贡献，从而带动了金融、鞋帽、茶叶、皮货等全国南北商品贸易的繁荣。特别清朝光绪年间成为开埠城市后，周村发展成为一座近代国际性的商贸城市，影响深远。所以，这一课题研究成果能进一步丰富古商城文化旅游景区的文化内涵，对当前正在申报的国家级文物保护单位和五A级景区提供了有力的学术理论支撑，对当地丝绸纺织企业树立文化品牌，打入国际市场都有着积极的参考和指导价值。

但人们要了解古商城明清时期以前周村一带的纺织丝绸生产情况，资料散乱，不成系统。本课题的研究成果将向人们回答：齐地的纺织起于何时？齐国的丝绸何时有的？它的纺织工艺又是如何？文献和考古又有什么记载和发现？齐国生产的精美丝绸有多少种？技艺如何？当时在全国所占地位怎样？它又是如何生产、管理、销售的？齐国生产的丝绸又是如何输入东亚、中亚、西亚和欧洲的？又是如何成为丝绸之路的主要供货地和重要源头？它的商贸之路又是如何？周村古商城在近代又是如何传承发展的？本课题的研究都做了较详细的科学回答和阐述。所以这一研究成果不仅是一项学术创新成果，也是对当前的丝绸纺织企业和文化旅游景区有着指导和实践作用很强的成果。

此外，即将出版的《丝路探源——齐国於陵·周村丝绸之路货源地研究》一书图文并茂，文字精练，通俗易懂，是一项集专业性、学术性、实践性很强的创新实践性研究成果，也是一部齐地齐国纺织丝绸文化发展史综合性研究成果，所以我在这里向学界和大家推荐这部著作。

以上所言，是为序。

王孝俭

2019 年 5 月

序 (二)

习近平总书记提出："古丝绸之路绵亘万里，延续千年，积淀了以和平合作、开放包容、互学互鉴、互利共赢为核心的丝路精神。这是人类文明的宝贵遗产。"作为有着近四千年纺织丝绸历史传承的周村，我们深感如是。

周村今位于淄博市的西部，是齐文化的腹心地区。自古就有纺织丝绸的悠久传统，近代古商城得以传承，当今仍是我国北方丝绸文化中心。它古称於陵邑，始建于商周，春秋战国时期成为齐国丝织业的重要生产、管理贸易中心和集散地。当时的齐国"冠带衣履天下"，所生产的丝织品产量巨大、质量上乘，为东周列国所仰慕。以於陵为主要生产地的艳丽丝绸通商于东周列国之间，其中有些向东经山东半岛越海到达日本列岛和朝鲜半岛，向西经秦国而进入漠北草原和西域甚至中亚欧洲大陆。由此，於陵奠定了在古代丝绸之路的丝绸商品生产源头的重要地位。20 世纪 30 年代，著名学者赵占元认为："齐本产丝名地，练纨织造，在春秋时代已负盛名。至战国之世，於陵织造棉绸，更为当时所称许。而织户之多，实占齐境织绸区之冠。昔日於陵，即今日长山县之周村镇焉。"

秦汉隋唐，於陵丝帛成为各个王朝的主要贡赋。汉王朝的三服官就设于毗邻於陵的临淄，更加促进了於陵丝绸织造业的发展。"二十四孝"之一董永卖身葬父的故事反映了当时的孝文化和农桑纺织文化，而汉孝子董永的栖身之地就是於陵，董永与七仙女的传说在这里流传千年。隋唐时期，大量波斯商人沿着丝绸之路涌入中国，现存在千佛阁南侧的摩尼教寺就是波斯人在中国的宗教遗存。晚唐诗人李商隐曾用"皇都陆海应无数""於陵论价重如金"来描述於陵丝绸的华贵与贸易盛况。明清以来，在邻近於陵古城遗址的北部平原上迅速崛起了一座商业中心城镇，她的使命依然是传承地域悠久的丝路文明，"金周村""旱码头""天下第一村"享誉全国。山东大学教授李平生认为："近代以来，周村的桑蚕丝绸业在当地的经济社会中，乃至在全国的经济社会中，都曾具有一定的地位和影响，并延及到当代。"

新中国成立以后，周村的丝绸纺织产业得到迅速恢复，成为山东省和全国的重要丝绸纺织生产基地，建立了集教学、科研、原材料供应与检验、缫丝、生产、销售于一体的完整丝绸产业体系，形成了地区传统主导产业，在建国初期直至改革开放前期成为地区出口创汇的主力，对推动地区经济社会发展做出了重要贡献。20 世纪 90 年代中期以来，周村的丝绸产业勇立改革潮头，在全省乃至全国率先完成体制改革和转型升级发展，驱动了周村老工业区的转型升级发展进程，建立起世界最大的丝绸生产全产业体系龙头企业—淄博大染坊丝绸集团；一批传统生产织造技艺得到传承发展，成功列入省级非物质文化遗产名目；更有匠心独守的艺人荣获"大国工匠"称号，传统丝绸产业正在完成靓丽转型。

万里丝路，千年商都。周村这座古老而年轻的城市历经齐鲁文化的千年激荡融合，逐步孕育了"厚道、诚信、开放、包容"的儒商精神；以丝绸连接九州四海，"和平合作、开放包容、互学互鉴、互利共赢"的丝路精神在这里永续传承。在"一带一路"国家战略体系下，周村建立了自己鲜明的城市文化格局，丝绸是城市文化的血脉，儒（鲁）商是城市文化的灵魂。这座因丝而城、因丝而商、因商而兴的城市正在扬帆起航。

是为序。

中共周村区委书记

周村区人民政府区长

2019 年 5 月

目 录
Contents

001 前 言

009 第一章 东夷纺织

012 一 新石器时代东夷纺织术的发明

017 二 夏商时期齐地丝织品的出现

022 三 齐地（齐国）欧亚早期商贸之路

051 第二章 齐国丝绸

052 一 西周时期齐国的纺织业

054 二 春秋战国时期齐国的丝织业

064 三 《周礼·考工记》与齐国的丝织业

067 四 《管子》与齐国丝织业

073 五 重要考古发现

079 第三章 汉代丝路

082 一 文献典籍

086 二 考古资料

091 三 民间传说

103 四 汉代丝绸研究

149 第四章 唐宋丝韵

152 一 魏晋南北朝时期山东的丝织业生产

163 二 隋唐时期山东丝织业的发展

189 三 宋元时期山东的丝织业生产

219　第五章　商城传承

220　一　明清时期植桑养蚕的发展

223　二　周村丝绸产业与市镇的崛起

230　三　近代以来周村丝绸业的兴盛

264　四　周村丝绸业著名老字号

275　五　周村一带的丝绸文化

289　六　周村：当代中国北方丝绸文化中心

295　**附录**

296　一　周村丝路之源相关考古资料统计表

309　二　山东（齐地）纺织工具考古资料节选

343　三　山东地区与丝路文化交流相关的其他遗存

345　**后语**

前　言

　　周村是明清时期我国对外开埠的国际商贸城市。它的前身是於陵，於陵是夏商时期一处重要的古文化城址，其规模大、文化堆积丰富，今城墙残迹仍依稀可见。据考证该城应是夏商齐地方国——逄伯陵所居，为齐国腹心地区，於陵故城是齐国一重要城邑，也是齐国重要的丝绸纺织基地。周村所处为先秦时期泰沂山脉北麓，自临淄向西通往济南的东西商贸要道上，交通便利，地理位置十分重要。水路则由汇龙河、孝妇河、济水，西至济南可达中原，东可至胶东半岛或渤海，因不靠海，故有"旱码头"之称。周村自古就有种植桑麻、家家纺织的传统，至迟自龙山文化时期起，周村以於陵城为中心成为齐国丝绸纺织品生产和集散地，这里还是汉代孝文化与齐地纺织文化结合为背景产生的"董永与织女"传说故事的发生地，境内还遗存有明代大型董永庙遗址和董永墓地。另，国家非物质文化遗产周村烧饼，汉代称胡饼，传说为北方胡人——匈奴所制食品，后传入於陵（周村），成为於陵（周村）与汉代丝路之渊源重要例证。斗转星移，其后周村传承其丝纺技艺，至明清时期发展成为以丝绸生产和贸易为主要特色的国际商贸城市。1949 年后周村还是我国北方唯一的丝绸文化中心，有史载"南有苏州，北方周村"的称誉。齐地（齐国）近万年的古老纺织技艺在周村得以传承和发展，丝绸作为特色商品从这里西去欧洲，东达日本、朝鲜，成为中西文化交流的纽带，为世界早期文明的繁荣做出了卓越贡献。所以齐国於陵（周村）是汉代"丝绸之路"的重要源头或主要供货地。

一　齐地早期东夷纺织术的出现和早期欧亚商贸之路

　　新石器时代，居住在今山东地区的原始部族为夷人，因居住在我国东方史称东夷。我们从《山海经》载述的"后羿射日""夸父遂日"的著名故事中隐知东夷渊源可能与远古时期西北游牧民族相关。东夷是我国最为优秀的原始民族之一，考古发现证明东夷民族始居山东地区已有 10000 年的历史，在长达万年的历史发展中，东夷民族在山东地区创造了灿烂辉煌的原始文明，在航海、制陶、纺织、制盐、制玉、天文历法、祭祀、农业栽培等方面处领先地位，也是最早向东亚日本、朝鲜传播先进技术和开展商品贸易的地区。后世夏、商直到两周齐、鲁两诸侯国创新传承其技艺，实行开放、包容、务实的经济政策，以工商立国，发展经济，繁荣文化，创造并形成更加灿烂的山东地域文化——齐鲁文化。

检索齐地已发现的考古资料，早在后李文化遗址中就出土了纺轮和骨锥等纺织工具，证明距今 8000 年左右的后李文化时期，齐地东夷先民就创造发明了纺织术，这在世界上是最早发明纺织术的地区之一，也是东夷民族对世界早期文明做出的伟大贡献之一。其后北辛文化时期，除出土纺轮外，还出土有骨针、骨锥和骨棱等纺织和缝纫工具，并出现了编织器物和编织物。大汶口文化时期进入了新石器时代繁荣的母系氏族社会，齐地发现数量较多的城址和大型棺椁墓葬及出土玉器和多量彩绘陶器，可知大汶口文化时期已进入初级文明社会——方（邦）国阶段。自后李文化时期出现的纺织术发展到大汶口文化时期，纺织已从手工业中分离出来成为独立的手工业部门，东夷先民开始了真正意义上的纺织活动。遗址出土了数量较多的石质和陶质纺轮、骨锥、骨棱形器等纺织工具，甚至发现了粗细仅 1 毫米、针孔径约 0.7 毫米的骨针和骨制贮针器。陶器上多见布纹痕迹，有的已达每平方厘米 8×11 根，已能纺织出经稀纬密的布。1958 年在浙江湖州钱山漾良渚文化、20 世纪 80 年代在河南荥阳青台村遗址中，也都出土了同时代的丝绸物绢实物残片，证明大汶口文化时期纺织业不仅有麻、葛布织品，而且已掌握了种桑养蚕缫丝技术，纺织出"绢"类丝织品。2013 年以来，社科院考古研究所和河南郑州文物考古研究院等单位对河南巩义双槐树仰韶文化遗址发掘中，出土了一件牙雕蚕，长 6.4 厘米、宽 0.6～1 厘米、厚 0.1 厘米，背部凸起，头昂尾翘，与蚕吐丝时的形象高度契合，这是我国目前发现最早的成蚕雕刻艺品。结合附近同时代遗址出土丝绸可知，当时中原地区人类已掌握了中国最早的丝绸制作技术。龙山文化时期遗址出土的纺轮更多、更精致，器物上残留的布纹制作水平更高，密度更大、纺线更纤细，织出的布与今所用粗布无异。

夏商时期，齐地的纺织业又有了大的发展。考古研究可知，岳石文化时期山东郯城马陵山跑马水库北崖出土的夹砂陶器底部的叶脉印痕，属蒙栎（又名小叶槲树）或柞栎（又名桷树、橡树、青刚）。这些植物可以放养生蚕，说明人们对养蚕的树木有了一定的认识，齐地的纺织业已进入了丝织阶段。商代丝织业已有很大的发展，出现了高级丝织品——绮，还出现了提花和刺绣工艺。出土的青铜器物上多粘着绢织物的残片，证明商代的丝织技术已非常成熟。

关于周村的前身於陵古城，现因城址所处为邹平市境内，我们检索了1992年滨州地区出版的《滨州地区文物志》。有如下载述：

1. 遗址概述

古城遗址：商周至汉代遗址。位于邹平市临池乡古城村。1973年发现，地势较高，地面暴露有多量陶片、瓦片等文化遗物。经钻探，文化层堆积厚达1.4米左右。村东"大堂地"高于村庄约1.5米，为重点保护区。总面积为11110平米，土质为黄土，下层为褐土，地表0.3~0.6米即为文化层，一般2米以下方见生土，个别地区4米以下仍有包含物。曾发现有夹砂红陶、夹砂灰陶、灰陶等残片。采集标本有：鬼脸式鼎足、凿式鼎腿、陶鬲及扁口沿、鬲足、豆盘、半瓦当以及石铲、石钵（石斧）、铁釜。1980年公布为县级重点文物保护单位。

2. 文物概况一览表

编号	名称	时代	遗址现状
37	古城遗址	商周汉	古城，原名"于（於）陵城"。汉置於陵县，晋废。刘宋置武强县，隋改长山县。古城在古城村南，有夯土墙，现残存西北、西南、东南三段，高约4米，各长40米左右的古城墙残基，是一座汉代古城。 古城村有良田2500亩，地势高低错乱相间，地面普遍暴露战国汉陶片。城墙夯土层内及底层深处有少量夹砂红陶及红烧土块，并发现有商周时代遗物。采集标本有鼎腿、鬲口沿、豆盘及板瓦等器物。村东30米"大堂地"为重点保护区，呈高埠地形。面积1.711万平米，文化堆积厚达0.3~2米，保存较好。

由上对於陵遗址的考古调查和钻探资料知，该遗址所处为一河流台地，地势较高，西邻周村水库，遗址被古城村所压，村南断崖暴露有城墙遗迹，地面暴露陶片、瓦片、石器等遗物丰富；钻探遗址文化堆积厚0.3~2米，最深处厚可达4米。1987年全国第二次文物普查时作者曾亲到遗址考察，情况确属。综上所述，我们认为於陵古城遗址可早至新石器时代龙山文化时期，此时遗址范围应为古城村为中心，周边面积可达50~60万平方米，夏商时期在古城村南高地上修筑建城，面积略小，约1.7万平方米，此应与桓台史家、唐山，临淄桐林遗址的情况类似。结合文献记载此城为夏商时期逢伯陵所居的逢陵城是完全有可能的。今遗

址保存尚好，有待进一步的考古工作来证实。①

综上所述，自新石器时代早期后李文化始，齐地的东夷部族从缝纫、编织开始逐步掌握了纺织术，至大汶口文化时期纺织已成为独立的手工业部门，纺织技术进一步提高。龙山文化时期纺织的麻、葛布的细密程度已与今天同类粗布无异。至迟夏商时期齐地的纺织已进入了丝织阶段，丝绸纺织技术已日趋成熟，为齐国时代丝绸纺织业的繁荣奠定了基础。

二 齐国丝织业的繁荣和丝路之源

西周初年，姜太公封齐，齐地进入了齐国时代（前1100年~前221年）。太公治齐，采取"因其俗、简其礼"的国策，工商立国，优先发展纺织、鱼盐、畜牧等手工业，使齐国成为东方大国。《汉书·地理志》载："太公以齐地负海潟卤，少五谷而人民寡，乃劝女工之业，通渔盐之利，而人物辐凑。后十四世，桓公用管仲，设轻重以富国。"齐国历代有重视桑蚕丝织的传统，"妇功"为"国有六职之一"，"劝其女功，极技巧"，女工就是纺织业。春秋时期管仲改革，由于重视和扶持，桑蚕业又有了大的发展。《管子·山权数》载："民之通于桑蚕，使蚕不疾病者，皆置之黄金一斤，直食八石。"齐国还对植桑者给予优惠政策，"春赋以敛缯帛"，桑不仅"桑麻植于野"，而且要求家室周围必须植桑，说明齐国桑蚕业之发达。桑蚕业之发达促进了齐国丝织业的繁荣。《管子》有齐地民众春季种田，冬季女工纺织，既不误农时，又增加家庭收入的记载。《周礼·考工记》是记载齐国手工业技术规范的官方著述，成书于春秋末年战国初年。《考工记》记齐国手工业分六大类30个工种，即"国有六职，百工与居一焉"。其中，纺织"设色之工"有"画、缋、钟、筐、㡛"五个工种。说明当时齐国纺织业已有规范的纺织技术，是齐地长期纺织技术经验的总结。至春秋战国时期齐国的纺织品门类齐全，从文献记载中可以看出有罗、绫、纨、绮、縠、缦帛、织文、缟、絺、绡、纺、纱、素、绢、绉、绣等近二十种，出现了"齐纨鲁缟"的极负盛名的丝绸名品，"冠带衣履天下"，成为的我国最早的丝纺中心。

齐地（齐国）所处独特的滨海地理环境，决定了它工商经济的发达和商品贸易

---

① 滨州地区文物志编委会：《滨州地区文物志》，山东友谊出版社，1992年，第8页。

的繁荣。它背靠渤海，有鱼盐之利，东有黄海，海上交通便利，而环渤海又将胶东半岛、辽东半岛、日本列岛、朝鲜半岛相连，为齐地（齐国）发展外向型商贸经济提供了可能。据研究，齐地也是我国最早开始航海的国家和地区，发明和掌握航海术已 5000 年的历史。据北京大学考古文博学院严文明先生研究，我国人工水稻栽培术在河姆渡文化时期已非常成熟，我国发明水稻栽培术的时间已有 8000 年的时间。并且稻作栽培术传入日本列岛①，到距今 8000 年左右的后李文化圜底陶器传入日本和朝鲜，至春秋战国时期玉器、漆器、青铜、铁器、丝绸的由齐地（国）传入，证明自 10000 年以来环渤海流域的胶东半岛、辽东半岛、日本列岛、朝鲜半岛的文化交流始终没有间断，形成了我国早期的东亚商贸之路。齐地（齐国）业已存在的商贸之路，既有陆路之路，也有河流之路，此应为各诸侯国和地区间的商品贸易之路；其海上之路和草原之路应为早期国际商贸之路，海上之路可东去日本、朝鲜，草原之路可西去欧洲的地中海沿岸；它最迟至商周时期已成为固定的通往世界各地的商贸之路，将齐地（齐国）生产的以丝绸为主的商品西销往西欧，东销往日本、朝鲜；也可将欧洲生产的琉璃、金银器带回临淄，架起了齐都临淄通往世界的文化桥梁。所以先秦时期临淄齐国故城不仅是我国东方最为繁荣商贸城市，也是名副其实的早期商品经济昌盛的国际性商贸大都市。

齐国境内近年丝绸的重大考古发现，为我国先秦时期最早的丝织文化中心提供了重要佐证。一是临淄春秋末至战国初期郎家庄一号殉人墓出土的丝织品，其中有绢、锦、刺绣，是全国迄今所见春秋战国时期最早的丝织品；二是战国中期沂源县东里墓葬出土的绢丝品，数量多，最为细致精致；三是临淄出土的战国时期几何纹绮高档丝织品，是迄今所见保存最为完好未经碳化的丝织物。凡此三例，均可证明临淄在春秋战国时期高超的丝纺技术，是证齐国已成为我国先秦时期最早的丝织中心。

至汉代，"齐带山海，膏壤千里，宜桑麻，人民多文采布帛鱼盐"（《史记·货殖列传》）。齐地经济繁荣，丝织业发达，服饰华美，临淄为仅次于京都长安的国际商贸城市。汉朝在临淄设"三服官"，专为皇室和贵族生产春、夏、冬三季服饰，将齐地的丝织业推向新的繁荣。齐国当时盛时"作工各数千人，一岁费数巨万"，合计生产者约万人，年花费数乙钱，生产规模谓其最大，超过长安的东、西织室。

---

① 严文明：《中国稻作农业的起源》，《农业考古》1982 年第 1 期。

综上所述，周村於陵城邑是先秦时期齐地纺织中心，也是齐国丝织品的集散地。从齐国丝织业生产规模、生产品类、丝织技术和丝绸生产量都可证明，齐国是我国春秋战国时期丝织文化的中心，齐国於陵（周村）是汉代丝绸之路的主要供货地。

三 商城传承，周村成为当代我国北方丝绸文化中心

前已言及，周村前身为於陵，於陵故城为齐国重要城邑，商代为诸侯逢伯陵所居之地，处于齐国腹心地区。於陵自古就是盛产丝绸的中心地区，至汉代又是"董永与织女"故事传说的发生地，所以周村应是齐国丝织品的集散地和齐国纺织文化的中心地区。

迄今考古所见，有汉代织机和纺车的画像石，多出土山东地区。今见高青出土东汉初期画像石中有一幅纺织图案，此为齐地迄今所见最早的纺织图案。嘉祥武梁祠发现一块带榜题的董永寻父画像石，并题刻"董父"和"董永千乘人也"题记。千乘即今高青县高城镇，其后董永由于卖身葬父至於陵，其妻又以织编替其还债赎身，此即是汉代盛传的"董永与织女"传说的原型和始发地，也是汉代孝文化与於陵纺织文化相结合的经典。家喻户晓的神话戏剧故事——牛郎织女，今沂源为其故事的发源地之一。由此充分说明，周村的前身於陵古城是齐国丝绸纺织的重要场所。周村纺织自周村南郊镇爱国村晏子窝和萌水镇水磨村皇姑顶两处龙山文化遗址出土泥质灰陶纺轮始，延至商周时期周村众多遗址的发现，在王村沈古又发现有大型汉代城址。可见，先秦时期周村一直是齐国文化的中心地区，这一中心应与於陵城邑丝织与齐国丝织品集散地有关。

根据考古资料所证和文献考知，齐地（齐国）的丝纺中心，汉代以后曾发生三次转移。原始社会晚期至秦汉时期东夷爽鸠氏（方国）、齐国的丝纺中心和丝织品集散地应在其腹心地区周村於陵城邑一带，其后的魏晋南北朝至唐宋时期丝纺中心转移至青州，明清至民国年间再度转回周村。

西晋永嘉五年（311年），随着青州广固城的兴建，山东东西商贸大道由於陵、临淄直通青州广固城。齐地的丝绸生产中心也随之从周村於陵转移至青州（益都）。当时有"青州绢号天下第一"之誉，足以证明。另，唐代青州北海郡的仙纹绫是重要贡品，开元初年有"天下唯北海绢最佳"之说，足证青州为魏晋以后齐地最为繁荣的商贸中心。与此同时，周村北郊石庙村石佛庙内发现了"大唐贞观十年仲春朔日立"题记的

摩尼教石碑，摩尼教创立于公元 3 世纪古波斯萨珊王朝，唐代以前沿丝绸之路传入我国中原地区。该教融佛教、基督教和波斯琐亚斯德教于一体，后转为明教，因而周村建有"明教寺"。该碑刻浮雕造像，上部正中为一尊主佛造像，两侧有四尊肋侍像，下部刻有五个造型怪异的摩尼教主要神祇五明子像，该碑经专家研究确认为摩尼教碑。该碑的发现，证明唐代周村一带为中西文化交流的重要地区，是唐代丝绸之路东部齐地的一处重要的经点市镇。

周村的明清时期商贸古城，主要有大街、丝市街、银子市街、绸市街等街道构成，以保护完好的晚清商业建筑为主要特色，有"活着的古商业街市博物馆群"之誉。周村以丝绸纺织为主要特色形成的商城商贾云集，贸易繁荣，既有英美烟草公司，也有南洋的外资企业，明代就已是"步步闻机声，家家织绸缎"，周村商城成为著名的国际商贸城市，是鲁（儒）商发源地。随着胶济铁路的开通，清光绪三十年（1904 年）周村与济南、潍坊同时成为开埠城市。由于清末缫丝、纺织开始机器化生产，清末民国年间周村的丝纺业兴盛。据不完全统计当时周村有纺织机 4000 余台，1933 年周村丝缎生产量达 41 万匹（米），绸布业户 91 家，店铺 2000 余家，价值 410 万元，出现了瑞蚨祥、谦祥益等著名商号和以孟洛川为代表的近代商业资本家。周村丝绸营销远至新疆、福建地区及北京、天津、上海等大城市，周村成为著名的丝绸生产基地。此与先秦时期早已形成的齐国纺织业中心和丝路之源应有着历史传承和渊源关系。

1949 年中华人民共和国成立后，周村经过社会主义所有制改造，组建了周村纺织厂、周村棉纺厂等一批国营大型纺织企业，丝绸的生产、研究有了规模性发展，形成了蚕茧、缫丝、丝织、印染、丝绸机械、科研、教育、专业化管理的行业体系。桑蚕丝、丝织品产量、产值、出口创汇均列全国前茅，有 40 多项产品、100 多项设计获省以上优质、优秀产品称号，"和服绸""双宫绸""绢宫绸"等品牌远销欧美、东南亚 30 多个国家和地区。周村成为名副其实的中国北方丝绸文化中心。

概上所言，齐地东夷 8000 年的纺织术和齐国 3000 年的丝纺术在周村得以传承和发展。驼铃声声，彩绸飞舞。自古至今，丝绸架起了中西文化交流的桥梁，数千年以来为世界人民的友好往来做出了历史性重要贡献。丝绸的发明和生产既嘉惠了世人，也成就了周村这一当代全国北方丝绸文化中心。历史的辉煌昭示未来，周村丝绸之路重要源头的研究确认，必将丰富周村古商城的文化内涵，对开展文化旅游，促进丝绸产业发展，必将起着重大的促进作用；它不仅丰富了新时代习近平总书记提出的"一带一路"和构建人类共同体的战略构想的深邃内涵，而且对当前做好国际贸易，增强与世界各国人民的友好往来也有着重要的启迪作用。

　　若是，齐国於陵、今之周村就是丝绸之路的重要源头或主要货源地。

这里的东夷，是指文献记载原始社会晚期至商周时期居住我国东方的夷人部族方国，因所居东方故称"东夷"。考古发现，齐地的东夷部族至迟至 10000 年前的新石器时代早期就始居此地，最后至战国初期的齐威王时期，齐国最后灭莱，今胶东半岛地区归齐，其时间约为距今 10000 年至公元前 356 年，夷人在齐地前后居住了 6000 多年。文献记载我国东方是夷、夏杂居地区，包括商民和周人，甚确。其范围是指以山东地区为主的齐国最大区域。再者，我们在研究夷人纺织的同时，有必要了解纺织的技术、工艺及考古发现纺织工具的名称及用途。

仰韶文化蚕茧、商代青铜器"蚕"纹，说明种桑养蚕业的开始，而众多遗址中出土的大量纺轮应是捻线、纺纱工具，骨梭应是织布用具，骨针应是缝纫制衣工具。汉代画像石所见织机及织布场景应是古代人们纺织情景的再现。

人类社会进入新石器时代，世代居住在我国东方的东夷集团，开始建造房屋、烧制陶器、制作漆器，开始了渔猎和制盐、农作物"稻"和"粟"的种植、饲养动物，同时发明了纺织术，是我国远古时期文化较为先进的地区，已进入了初级文明社会方国阶段。《后汉书·东夷列传》载："东方曰夷，……夷有九种，曰畎夷、于夷、方夷、黄夷、白夷、赤夷、玄夷、风夷、阳夷。"所说九夷与《竹书纪年》同。《礼记·王制》载："东方曰夷，被发文身，有不火食者矣。"夷人的分布很广，它北起辽东半岛，南到苏北、淮河以北，西起聊城，东至半岛，都有夷人的分布足迹，但它们中心分布区域应和山东大汶口文化分布范围相吻合，其他地区的东夷文化则为山东地区传播而至，所以山东才是夷人的发源地和聚居地。因此，夏商周时期居住在山东、苏北、淮北地区的土著居民，才是历史上真正的东夷人。[①] 李白凤先生《东夷杂考》认为："黄河下游，原来居住着散居的氏族，他们被来自西方的羌族打退到东方去，这些退居到山东一带的氏族本来是许多不同的部落，像莱夷的畟族、东夷的鱼族和黾族、徐夷的虎族。"[②]《左传·昭公二十年》载齐地的原始东夷部族："爽鸠氏始居此地，季萴因

---

① 逄振镐：《东夷古国史论》，成都电讯工程学院出版社，1989 年，第 29 页。
② 李白凤：《东夷杂考》，齐鲁书社，1981 年，第 13 页。

之，有逢伯陵因之，蒲姑氏因之，而后太公因之。"它们形成以鸟名为官的方国社会，爽鸠氏为二十四鸟官中的司寇，即爽鸠方国首领。

经对山东地区已发现的考古资料研究，山东地区已发现的新石器时代文化，即"后李文化—北辛文化—大汶口文化—龙山文化—岳石文化"，为东夷集团创造的物质文化遗存。考古发现证明，在沂源境内发现的扁扁洞遗址和黄土崖发现的新石器时代后李文化早期文化遗存，[①] 证明可认为是东夷先民的直系祖先。经对扁扁洞出土遗物的碳十四测定，其相对年为距今 10500～9500 年，如此东夷部族在山东境内的繁衍生息，至今至少已有 10000 年的历史。东夷部族发展至新石器时代中期的大汶口文化时期，进入了文化的高度繁荣时期，出现了文字和大型城郭，大型木棺椁墓葬、彩陶、玉器，祭祀、酿酒业、纺织业、医药和原始历法——山头纪历等，证明大汶口文化时期东夷部族已进入阶级社会的方国阶段。考古发现证明，大汶口文化的东夷集团在山东地区至少分为五大部族，即鲁南地区的少皞部族、鲁中南地区的太皞部族、江苏北部江淮地区的淮夷、胶东地区的莱夷和鲁北地区的爽鸠部族（图 1-1）。文献记载的后羿、逢伯陵、季蒍、蚩尤、仪（夷）狄、逢蒙、舜、姜太公等当为东夷部族的首领或方国领袖。

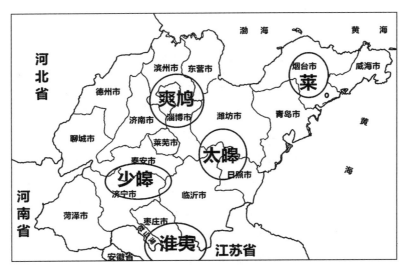

图 1-1　山东地区大汶口文化时期
东夷集团部族方国分布示意图

---

① 孙波、王守功、崔圣宽：《扁扁洞——黄崖洞遗址的发现与初步研究》，《沂源"沂源猿人"学术研讨会论文提要》，沂源县文化局，2007 年。

检索考古资料，生活在齐地的东夷部族至迟在后李文化时期已发明纺织术，至今已有 8000 余年的历史。考古发现在潍坊前埠下遗址一期文化（后李文化）出土陶纺轮 11 件、角纺轮 1 件。陶纺轮为夹滑石红褐陶质，略显粗糙，不甚规整，直径 4～4.5 厘米。角纺轮是利用鹿角根部制作，呈不规则圆形，中间有穿孔，一面磨平，直径 7～7.8 厘米，略显其原始性。① 大汶口文化时期各地遗址发掘出土纺轮渐多，还发现有骨梭形器，证明大汶口文化时期东夷部族的纺织术已有了一定的发展。纺织术的发明是人类进入文明社会的标志之一，生活在齐地的东夷先民是最早发明纺织术的地区和方国之一，它进一步证明了我国是世界上最早出现饲养家蚕和纺织造丝的国家，纺织术的发明也是齐地东夷先民对世界人类文明做出的又一伟大贡献。

一　新石器时代东夷纺织术的发明

中国是世界上四大文明古国之一，我国劳动人民有许多重大发明创造，在世界文明史上占有重要地位。考古发现证明，在万年左右的新石器时代早期我国勤劳智慧的原始先民就已发明了制陶术、稻和粟种植、渔猎晒盐和纺织术，它不仅使我国史前人类率先脱离了野蛮阶段，进入了初级文明社会，也传播至中亚及东亚诸国，惠及人类社会，对世界文明的发展做出了重大贡献。就纺织来讲，我国也是最早饲养家蚕和织造丝绸的国家，并且在相当长的时期内是唯一的国家。②

由于纺织品属易腐物品，古代不易保存，故至今远古时代考古未能发现保存下来遗物。原始社会有关纺织的文献记载缺失不详。齐地之所以较早发明纺织术，当与其地理环境有着重要的关系。齐地所处黄河下游，河流纵横，土地肥沃，气候温和，适于桑麻种植生长，这就为齐地纺织业发展提供了得天独厚的自然条件。《史记·货殖列传》载："齐带山海，膏壤千里，宜桑麻，人民多文采布帛鱼盐。"商代齐地是盐业基地，鱼盐纺织手工业也很发达。太公封齐后，也非常重视纺织手工业的发展。《史记·货殖列传》载："故太公望封于营丘，地潟卤，人民寡，于是太公劝其女功，极技巧，通鱼盐，则人物归之，繦至而辐凑。故齐冠带衣履天下，海岱之间敛袂而往朝焉。"这种优越的历史自然环境和人为的适应环境，是齐地纺织术较早的出现和较快发展的重

---

① 山东省文物考古研究所：《山东潍坊前埠下遗址发掘报告》，《山东省高速公路考古报告集（1997）》，科学出版社，2000 年。
② 夏鼐：《我国古代的蚕、桑、丝、绸的历史》，《考古》1972 年第 2 期。

要原因。

　　新石器时代全国重要的与纺织有关的考古发现主要有三批。一是 1926 年山西夏县西阴村发掘的仰韶文化遗址出土了一件"半割"的蚕茧。茧壳已经腐坏了一半，割的部分是极平直，显系人工所为，似当时已有了养蚕业。[①] 二是 1858 年浙江吴兴钱山漾地区的新石器晚期遗址中发现了罕见的公元前 3000 年的麻、绢织物残片。"第二次发掘时，出土不少麻、丝织品；麻织品有麻片残片，细麻绳，丝织品有绢片、丝带、丝线。大部分存在一个竹筐里。在探坑 12 和 14 里也有少许麻丝织物线片出土。这些麻丝织品除一小块绢片外全部炭化，但仍有一些韧性，手指触及都不会断裂。"经研究，这些出土绢片的纺织密度达到每寸 120 根，无疑是我国纺织服饰考古史上具有跨时代意义上的发现。[②] 三是 2013 年以来河南巩义双槐树仰韶文化晚期文化遗址出土了与丝绸制作工艺相关的骨针、石刀、纺轮等。其中一件牙雕蚕，长 6.4 厘米，宽 0.6 ~ 1 厘米，厚 0.1 厘米，背部凸起，头昂尾翘，与蚕吐丝或即将吐丝时的造型契合，这是目前我国发现的最早的成蚕雕刻艺术品。结合附近青台、汪沟遗址发现的仰韶文化时期的丝绸看，以郑州为中心的中原地区在仰韶文化时期已掌握了中国最早的丝绸制作技术。[③]

　　考古发现表明，在距今 6000 年左右的新石器时代中期，我国纺织术已比较发达，不仅纺织出麻织品，还有丝、绢等精细的纺织品，并已掌握连缀成衣技术。这说明我国的纺织术已比较成熟，那么其发明时间当更早些，约在距今 8000 年左右。可见，我国可能已有 8000 年的纺织历史，这也是我国对世界文明做出的又一贡献。

　　考古发现我国最早与纺织有关的实物，是在北京山顶洞遗址出土的旧石器时代晚期的骨针：针体完整，呈弧曲形，磨制光滑，通长 8.2、最大直径 0.3 厘米。[④] 针是衣服缝制用具，此骨针的发现表明，在距今 18000 年左右的旧石器时代晚期原始人类已学会将兽皮、树皮缝缀成简单的衣服，以避风寒和遮羞，此开人类服装制作之先河，对纺织服装研究具有重大价值。

　　新石器时代的考古发现，最著名的莫过于埃及古墓出土的"Tarkhan 衫"，研究人员已确认该墓出土的这件精美的亚麻衫产自公元前 3482 ~ 3103 年间，堪称世界上现存

---

　　① 李济：《西阴村史前的遗存》，《三晋考古》1996 年第 00 期。
　　② 华梅：《古代服饰》，文物出版社，2004 年，第 12 页。
　　③ 郑州市文物考古研究院：《中国丝绸文明的最早起源地巩义双槐树遗址纳入"考古中国"重要研究项目》，微信"神采巩义"2019 年 1 月 7 日。
　　④ 华梅：《古代服饰》，文物出版社，2004 年，第 8 页。

最早的纺织衣物（图 1 - 2），被美国《考古》杂志评为
"2016 年十大考古发现"，位列第 4 项。在海岱考古发现纺
织实物资料中，年代最早的是在潍坊前埠下一期后李文化
遗址中出土的 11 件陶纺轮和 1 件骨质纺轮。年代稍后的，
泰安大汶口文化遗址中也出土了 4 件北辛文化时期的陶纺
轮。① 在临淄后李遗址发掘中，在二期（北辛文化）出土
了骨锥数枚。② 在滕州北辛遗址中出土了北辛文化时期的
骨针 36 件、骨锥 25 件和骨梭形器，甚至发现了编织物席
的痕迹。席纹在器物底部，可能是制陶过程中遗留下来的

**图 1 - 2　古埃及出土亚麻纺织
服装（前 3482 ~ 前 3103 年）**

痕迹。从纹痕观察，席箔纹宽 0.25 ~ 0.4 厘米，主要采用一经一纬的人字形编织法，
还有三经三纬和多经多纬的人字形编织法。③ 这尽管是编织的席，但其编织方法与麻纺
织品相同。北辛文化遗址中考古发现出土多量的骨锥、骨针，从中反映出当时的缝纫
缀连技术已普遍应用于先民的日常生活中。④ 它们的年代距今 7000 年左右。这也证明
齐地的东夷居民，早在距今 8000 年左右的后李文化时期，就已经掌握了原始的纺
织术。

　　新石器时代晚期的大汶口文化和龙山文化时期，齐地东夷人的纺织术已有了初步
的发展。这主要表现在：纺轮的普遍发现；骨针、骨锥、骨梭等纺织、缝纫工具的出
现，甚至在大汶口文化时期的墓葬中还发现了细布纹。这说明大汶口文化时期东夷先
民的纺织技术已经非常成熟，纺织已从农业中分离出来成为独立的手工业部门。龙山
文化时期齐地东夷先民的纺织技术又有了提高，考古发现出土的纺织布密度增大，织
出的麻布已较细软，与今家庭自织布的密度基本相同。

　　大汶口文化时期的纺织业与北辛文化对比已有相当程度的进步。在许多大汶口文
化遗址中，均发现有陶或石纺轮、骨针、骨锥、骨梭形器等纺织缝纫工具。如大汶口
遗址 133 座墓葬中出土纺轮 31 件，其中石质 26 件、陶质 5 件；骨针 20 件，长的 18.2
厘米，粗者 0.7 厘米、最细者只有 0.1 厘米，针顶端有鼻，孔径细的只能穿过一根细

　　① 山东省文物考古研究所：《大汶口续集》，科学出版社，1997 年。
　　② 济青公路文物考古队：《山东临淄后李遗址第一、二次发掘简报》，《考古》1992 年第 11 期。
　　③ 中国社会科学院考古研究所山东队、山东省滕县博物馆：《山东滕县北辛遗址发掘报告》，《考古学报》
　　　　1984 年第 2 期。
　　④ 山东省文物考古研究所：《山东 20 世纪的考古发现和研究》，科学出版社，2005 年，第 123 页。

线，可见纺织缝纫技术的进步（图 1 - 3）。特别是发现大量布纹痕迹，足证这一时期纺织业的存在。所发现的布纹痕迹，一种是粗布纹，另一种是细密布纹痕迹。南兴埠遗址发现在甑箅和甑底部的布纹也有粗细之分，每平方厘米的经纬线各有 7 ~ 8 根。野店遗址在一件陶盆底部发现印有粗布纹，可能是麻类的纤维，为一经一纬交织组成的平布纹，每平方厘米的经纬线约 8 根。岗上遗址 M7 出土一件陶罐底部有麻布纹，每平方厘米平均经纬线约各有 7 × 8 根。西夏侯遗址发掘中发现有不少陶器的底部印着布纹，第一次发掘出土的 20 件陶器如鼎、罐、背壶、尊形器等印有平纹布纹，其中一件背壶底部布纹细密清晰可辨，据观察每平方厘米的经纬线均各有 10 根；在第二次发掘的地层中又发现陶器底部印有布纹的痕迹，每平

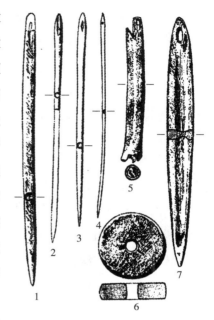

图 1 - 3　大汶口遗址出土的
骨针、骨梭形器、纺轮

方厘米经纬线约 6 × 9 根。在上层墓葬中陶器底部的布纹经纬线分别为 5 × 6 根和 8 × 9 根。在长岛大钦岛北村三条沟遗址陶器底部发现的布纹经稀纬密，每平方厘米为 8 × 11 根，系平纹织法。由此判断，大汶口文化时期的纺织业是很发达的，可能已经从农业中分离出来，出现了专门从事纺织的手工业生产部门。[①]

　　关于齐地已发现的大汶口文化遗址出土的纺织用品，山东理工大学姜颖《山东丝绸史》一书进行过整理。主要有：

　　东营市广饶县广饶镇的傅家村遗址出土有 1 件陶纺轮和 1 件骨锥；西辛遗址出土 2 件陶纺轮；钟家遗址出土 1 件白陶纺轮；营子遗址出土 2 件黑陶纺轮和 3 件骨锥。诸城呈子一期遗址出土石纺轮 6 件，骨锥 11 件，骨针 9 件；骨针通体磨光，细长尖，后端穿孔，直径 0.3 ~ 0.5 毫米。潍县（今潍坊）鲁家口大汶口文化遗址出土陶纺轮 2 件，骨锥 8 件，骨针 9 件。20 世纪 70 年代，胶县三里河遗址大汶口文化层出土骨针 1 件、骨锥 7 件，墓葬出土石纺轮 5 件，陶纺轮 3 件，骨锥 13 件，骨针 3 件。2010 年，考古工作者在临沂市苍山县神山镇后杨官庄村遗址发现了距

---

　　① 　山东省文物考古研究所：《山东 20 世纪的考古发现和研究》，科学出版社，2005 年，第 187 页。

今 5500 年的大汶口文化时期的骨针和骨锥。2005年，中美日照地区联合考古队在日照岚山区徐家村大汶口文化遗址早期堆积中发现有陶纺轮（图1-4），正面有极为复杂的"太阳"纹刻画图案，为以往同期遗址所未见。①

图 1-4　日照大汶口文化早期遗址中出土的陶刻划太阳纹纺轮

纺轮和梭的出现说明当时纺织技术已初具水平。纺轮是原始的捻线、纺纱工具，最早出现于 8000 年前的后李文化遗址中。新石器时代为陶制，后来出现铜制。纺轮由缚盘和缚杆组成，在纺轮缚盘中间的圆孔内插上缚杆即可成纺锤。工作时，人手用力转动缚盘，使缚盘不断旋转，纺轮自身的重力便牵伸拉细纤维，并且使纤维在缚盘的旋转中加捻而成麻花状。随着纺轮的不断旋转，纤维牵伸和加捻的力也就不断沿着与缚盘垂直的方向（即缚杆的方向）向上传递，当缚盘停止转动时，加捻过的纱便缠绕在缚杆上。在捻线的过程中还需不停地添续纤维。这就是古代的一种捻线、续线与纺纱的过程。梭是两头尖、中间粗、形状保枣核的纺织工具，织布时正是通过它牵引纬线（横线）而将纱线织成布。

由于古人制作陶器时底坯往往用布垫底，所以在今天发掘出的古代文物中易发现布纹痕迹。胶东长岛县大钦岛北村三条沟大汶口文化遗址，出土陶罐底部印有的布纹是每平方厘米为 8×11 根，反映了当时具有较高的纺织水平。

龙山文化时期的纺织业也得到了发展。在多数龙山文化遗址中出土了大量的纺轮，以陶纺轮为主，石纺轮数量却很少。龙山文化时期的纺轮制作精美，形状有钺形、圆台形、扁圆柱形和鼓形等多种。在一些龙山文化陶器底部发现有紧密纤细的布纹，每平方厘米有经纬线 10×11 根。在许多龙山文化遗址中发现了制作精美而小巧的带穿眼的骨针，应该是用来缝制衣物的。上述发现都反映了龙山文化时期纺织业有了一定的发展。②

考古发现出土龙山文化纺织工具的遗址有：

潍坊鲁家口龙山文化遗址出土陶纺轮 25 件，占出土陶器总数的 24.5%；另有

---

① 姜颖：《山东丝绸史》，齐鲁书社，2013 年，第 10 页。
② 山东省文物考古研究所：《山东 20 世纪的考古发现和研究》，科学出版社，2005 年，第 270 页。

用陶片制作的纺轮25件，孔未穿透的半成品8件；出土骨针和骨锥各6件；夹砂陶罐底部多见平纹布纹，经纬密度为每平方厘米约9~11根。诸城呈子遗址二期出土陶纺轮18件，石纺轮3件，骨锥14件，骨针1件。胶州三里河遗址龙山文化层有骨锥12件，陶纺轮18件，墓葬出土石纺轮2件。潍坊白浪河西岸姚官庄遗址中出土石纺轮9件；石锥1件；骨锥14件；陶纺轮43件，占出土陶制生产工具的74.1%；骨针7件；出土的器物底部布纹较大汶口文化时期更为紧密纤细，每平方厘米经纬线可达10×11根。

龙山文化中出土的骨锥、骨针和骨梭，形制较前增多，"骨锥有几种不同的样式，扁平带孔的和粗针式的为普通样式。骨针有细长的，有一端带孔的，有两端都是尖的。骨梭是'穿线以便织物的工具'，其形有二：扁平式，一端有尖，'有的一端穿孔，有的两端穿孔'；空筒式，'一端有尖，中部有孔，以备线之穿入'"。这说明，当时人们已经相当熟悉纺织和缝纫了。此外，龙山文化的骨梭，空筒式较扁平式为进步，可能是后世船形梭的雏形。[①]

以上考古资料证明，齐地的东夷人在距今8000年的后李文化时期已经发明并掌握了纺织术，至大汶口文化时期，已出现了纺织业，并已纺织出能与今天媲美的、较为细软的麻布，人们开始制衣着衣，这也是东夷进入文明社会的重要标志之一，是齐地先民对我国纺织业的发展做出的又一卓越贡献。

二　夏商时期齐地丝织品的出现

夏商时期，我国已进入高级奴隶社会高级王国时代。当中原地区建立夏朝（前2100~前1600）后，居住在山东地区的居民较为复杂，一部分是土著东夷部族，考古发现的岳石文化为他们创造的物质文化遗存。一部分是夏族遗留在山东的遗民。尧（菏泽境内）、舜（诸城）西迁中原后，仍有部分夏族遗民在山东境内居住，如伯益（益都）、斟灌、斟鄩、寒国等。今山东地区能确定为夏代的部族方国还有有鬲氏、有缗氏、有仍氏、宿国、颛臾、须句、有虞氏、顾氏、季荝氏等，[②] 多为东夷部族发展到夏代而建立的部族方国。至商朝晚期，商人的统治范围东至淄弥河流域，商代山东地

---

① 姜颖：《山东丝绸史》，齐鲁书社，2013年，第12~13页。
② 王永波、王传昌：《山东古城古国考略》，文物出版社，2016年，第170~190页。

区即有商朝封国奄、薄姑等，也有东夷土著所建方国，有莱、逢、杞等。夏商时期已出现了城市，社会也出现了贵族、平民、奴隶等阶层，纺织业也出现了麻织品、棉织品和丝织品，可分别供不同阶层的人群制衣和着衣。我们从商代木工已能制作木船、车辆和建造宫殿房屋技术分析，最迟至夏商时期，纺织工具已发明了织机、纺车和提花装置，用蚕丝织出精美的丝绸。其纺织品除用作制衣供人们穿着外，也已成为主要的商品，外销东亚和西亚。关于夏商时期的纺织业和种桑养蚕发展情况，我们将从文献记载、甲骨文字、考古发现、纺织工艺四方面予以阐述。

（一）文献记载

《禹贡》载："海、岱惟青州，……厥贡盐、絺，海物惟错。岱畎丝、枲、铅、松、怪石。莱夷作牧。厥篚檿丝。浮于汶，达于济。""济、河惟兖州，……桑土既蚕，……厥贡漆丝，厥篚织文。"《禹贡》将全国划分为九州，其中六州以丝织物为贡品，涉及山东的有三州，即青州、兖州和徐州，这说明夏代的山东已有了较为发达的丝织业。

《史记·五帝本纪》载，传说黄帝正妃西陵之女嫘祖"淳化鸟兽虫蛾"，教民养蚕、缫丝、织帛。

《大戴礼记·夏小正》载："三月，……摄桑，……妾、子始蚕。执养宫事。"《管子·轻重甲》载："昔者桀之时，女乐三万人，端噪晨乐，闻于三衢，是无不服文绣衣裳者。伊尹以薄之游女工文绣纂组，一纯得粟百钟于桀之国。"此两段记载证明，蚕桑丝绸业已是夏代社会生产的重要组成部分，并且已具备一定规模，但还很稀缺珍贵，所以文献有伊尹有一匹丝换取百钟粟的昂贵交易的记载。①

（二）甲骨文字

众所周知，商代甲骨文中已出现大量的蚕、桑、丝等与丝绸纺织有关的文字。这些文字的大量使用，证明商代丝绸纺织业在经济社会已占有了重要地位。甲骨文有一个近似蚕形的象形文字"𧐌"，有人释"蚕"字，也有人释为"虫"字；"丝"和"糸"两个象形字，以及用"糸"字作偏旁的好几个形声字；另外还有"帛"字和

---

① 姜颖：《山东丝绸史》，齐鲁书社，2013 年，第 15 页。

"桑"字。这里的"丝"字作两条由纤维扭成的线象形，至于以"糸"为偏旁的形声字，即便在后世，也是指与纺织有关的事物或活动。而甲骨文从"巾""白"声的"帛"字，今仅见一例是地名。甲骨文中的"桑"字也多作为地名。①

有的学者认为甲骨文中的齐字"𣛴"，与山桑作树有关，以此为名，说明齐地的蚕桑丝织业至少兴起于商代以前。②

（三）考古发现

研究推测，夏商时期可能已发明了木制的带有提花功能的纺织机等设备，但因属木质易腐物质，不易保存而至今未见考古发现。迄今齐地所发现的最早的织机和纺织场景，是2012年春在高青东汉早期墓葬出土的画像石刻，在其前门刻画中有四幅内容，即饮宴、渔猎、歌舞、纺织图，此为齐地唯一的发现，对研究齐国饮宴、纺织、韶乐、渔猎有着极为重要的学术价值。纺织图位于左石门下部，平面线刻，图案保存完好，为一名织女坐在一张织机前正在织布，另一名头戴冠帽的男子躬身立在其后，正为她递上丝线，织女前是一台织机，机上的摇纬、络线清晰可见，形象逼真，真实生动地再现了汉代齐地民间的纺织情景，③反映了齐国发达的纺织业盛况。因属平地线刻，从其雕刻技法推断，该画像石刻的时代应为西汉末期至东汉初期（图1-5）。

图1-5　高青出土东汉早期画像石纺织图

检索考古资料，山东地区岳石文化时期在泗水尹家城遗址中出土陶纺轮64件。商代在淄博黄土崖、济南刘家庄、青州凤凰台和赵铺、淄川北沈等遗址中都出土有陶质纺轮（见附录《山东（齐地）纺织工具考古资料》）。夏鼐先生《我国古代的蚕、桑、丝、绸的历史》认为，商代青铜器花纹中有"蚕"纹，形象是"躯曲蠕动若蚕"。商

---

① 夏鼐：《我国古代蚕、桑、丝、绸的历史》，《考古》1972年第2期。
② 陈昌远：《从"齐"得名看古代齐地纺织业》，《管子学刊》1995年第2期。
③ 王焕文：《山东高青西汉墓出土画像石》，《集腋成裘——淄博市可移动文物研究论文集》，齐鲁书社，2018年。

墓中发现的玉饰中有雕琢成形态逼真的玉蚕，更重要的是一些由于黏附于青铜器受到铜锈渗透而保存下来的丝绸残片。经研究，其中有的是采用高级的纺织技术织成的菱形花纹暗花绸（即绮）和绚丽的刺绣。这些考古材料反映出商代丝织技术已相当成熟，这说明在它之前还应该有相当长时期的一段发展过程。[1] 1966 年山东益都苏埠屯商代大墓中，出土了玉蚕，其形态逼真，惟妙惟肖，形体像被缫过的蚕蛹（图1-6）。[2] 1960 年泰安市龙门口出土一件商代玉龙凤冠人形佩饰，高 7 厘米、宽 4 厘米（图1-7）。[3]

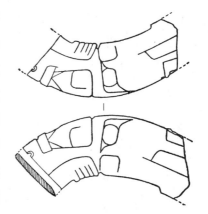

图 1-6　青州苏埠屯商代大墓出土的玉蚕

另，中国社会科学院考古研究所也藏有商代玉蚕（图1-8）。由出土商代玉人可知，商代奴隶服饰（图1-9）和乐舞之服饰的式样，与战国汉代服饰的形制已无大的区别。

1958 年浙江吴兴钱山漾遗址出土有绢片、丝带和丝线等实物，年代属新石器时代中期的河姆渡文化，距今 6000～5000 年，说明当时我国的纺织技术已能织出丝织品——绢。经鉴定，所用原料为家蚕丝，绢是平纹组织，经纬密度已达每厘米 48 根，开创了制造丝绸的历史。

经夏鼐先生对商代出土丝绸实物的研究，其纺织技术已相当进步了。

图 1-7　1960 年泰安龙门口
出土商代玉龙凤冠人形佩饰

主要有三种织法：（1）普通的平纹组织。经纬线大致相等，每厘米 30×50 根。（2）畦纹的平纹组织。经线比纬线约多一倍，每平方厘米细者经 72 根、纬 35 根，粗者经 40 根、纬 17 根，由经线显出畦纹。（3）文绮。地纹是平纹组织，而花纹是三上一下的斜纹组织，由经线显花（图1-10）。花纹虽是简单的复方格纹，但已需要十几个不同的梭口和十几片综，这便需要有简单的提花装

---

① 夏鼐：《我国古代的蚕、桑、丝、绸的历史》，《考古》1972 年第 2 期。
② 山东省博物馆：《山东益都苏埠屯第一号奴隶殉葬墓》，图六-1，《文物》1972 年第 8 期。
③ 山东省文物局：《山东文物精粹》，图 11，山东美术出版社，1996 年，第 11 页。

置的织机。三种织物的丝线都是未加绞拈的或拈度极
轻的，这表示当时已经知道缫丝，利用蚕丝的长纤维
和丝胶本身的黏附力，不加绞拈便可制成丝线，以供
织造丝绸之用。这种不加绞拈的丝线，特别适合于刺
绣之甩，因为绣花后浮出的丝纤维稍为散开，使花纹
更为丰满，花纹的轮廓更为柔和。殷代刺绣的实物也
有发现，花纹作菱形纹和折角波浪纹，仅花纹线条的
边缘使用增加绞拈的丝线。这些都表明，殷代已经知
道利用丝线长纤维这一优点。[①]

图 1－8　中国社会科学院
考古研究所藏玉蚕

　　始于夏商时期这种丝绸棉麻纺织技术，其种植、
养蚕、缫丝、纺织、染织、缝衣的工艺过程，在长达
3000 年的传承发展中未有大的变化，致使今天在山区
这种古老纺织技艺仍在传承使用，所织粗布仍在城市
农村为民众所用，造福人类，惠及民生，这充分体现
了齐地先民的聪慧才智和东夷先秦时期纺织文化的
悠久。

图 1－9　安阳殷墟妇好商代墓葬
出土玉人

　　由上文献记载和考古发现证明，夏商时期齐地是
我国纺织业较为发达的地区之一，已经掌握了丝、
麻、棉纺织技术和刺绣工艺，丝绸纺织术已相当进步
了。纺织工具已有简单提花装置的织机，创造发明了
缫丝技术。这说明齐地为世界上最早发明和掌握这种
技术的地区，这种技术汉代以后才传到东亚和欧洲，
已是 3100 年后的事情。夏商时期发达的纺织业为当
时贵族、平民和奴隶等不同社会阶层提供了衣着，成
为人们的生活必需品。而夏商时期随着城市经济的出
现，以丝绸为主的纺织品成为当时社会贸易的主要商
品，除供应当地人们衣着需求外，其纺织和丝织品还
远销东亚地区，为世界人类文明发展和文化交流做出

图 1－10　商代文绮纺织结构示意图

---

　　① 夏鼐：《我国古代的蚕、桑、丝、绸的历史》，《考古》1972 年第 2 期。

了贡献。

因着纺织业的繁荣和发展，春秋战国时期的齐都临淄是我国东方先秦时期最大的商贸城市，成为我国先秦时期"衣履冠天下"的丝绸之都，齐国也成为我国先秦时期"丝绸文化中心"。西汉时期齐国设"三服官"，专供汉皇室所用丝绸，成为生产丝绸技术最高的地区，又因其生产量大和技术高超而成为汉代"丝绸之路"的主要供货地和重要源头。

三　齐地（齐国）欧亚早期商贸之路

地处我国东方沿海地区的东夷部族被认为是较早进入文明社会的地区之一，尤其是农作物粟、稻的种植，制陶、制玉、煮盐、纺织诸方面均列当时华夏诸民族之先。远古先齐之地，地处海岱之间，北靠渤海、东临黄海，所处东亚"环渤海"文化圈，有约200里的海岸线，所处胶东半岛与辽东半岛、朝鲜半岛、日本列岛环海相连，是远古中外文化交流、文明传播的主要渠道。齐国这种地理环境在先秦诸国中是仅有的。地理环境研究证明，在距今5万年以前的旧石器时代晚期，因气候寒冷，今胶东半岛与辽东半岛、日本列岛、朝鲜半岛相隔水面较浅，交通便利，原始人们迁徙交流频繁。在大约10000年左右由于气候变暖，冰期结束，各岛之间水位上涨约150～170米，形成今东海海面相隔的自然地理环境。又由于气候变暖，人类社会进入一个全新的发展阶段，新石器时代是以定居和农耕经济为主要特点的时代。此时居住在齐地的东夷先民学会了建造房屋和农业种植（粟），烧制陶器，开始了定居生活；并晒煮食盐、渔猎，发明了纺织和漆器制作。这些先进的生产和生活方式，不断地向外传播并影响周边地区。而这些文化的传播，就包括早期的商品交换，这时期的商品贸易的线路我们称之为"早期商贸之路"。这条早期商贸之路，至迟肇始于5000年以前的大汶口文化时期，至夏商时期已形成固定的商品贸易路线，因它要早于西汉时期"丝绸之路"，我们称之为"早期商贸之路"。下面将从齐地东夷早期商品、考古发现、商贸路线、研究价值予以考述。

（一）早期商品

由齐地考古发现证之，后李文化扁扁洞遗址出土了夹砂粗褐陶釜、钵的残片，东夷先民开始制作陶器，已有10000年的悠久历史，是我国较早开始烧制陶器的民族之一，此与纺织术的发现可列为早期文明的发明。早期的贸易商品，除纺织品外，还应有漆器、陶器、盐、玉器、铜器等，随着商品贸易，包括纺织术、制陶术、冶铜术、制盐术和玉石制作术等技术也传播到东亚日本、朝鲜地区；西可至中亚和欧洲地区，故我们也称这条路为"早期欧亚商贸之路"。现将早期贸易商品陶器、玉器、漆器、盐、青铜器简述于后。

1. 陶器

齐地最早的陶器，是在山东沂源扁扁洞和黄崖洞遗址出土的陶片。由其特征推知，器形为红褐夹砂粗陶釜和钵，时代为后李文化早期，距今已有10000年左右（图1-11）。稍后为北辛文化时期的三足器。再后是大汶口文化时期的彩陶和黑陶，特别是鬶形器独具东夷文化特色（图1-12）。龙山文化时期创造成功"蛋壳黑陶"，达到原始制陶最高峰（图1-13）。时代相当于夏朝的岳石文化时期出现泥质磨光黑陶，商代开始出现绳纹陶器。制陶的品类、用途愈多，则生产规模和生产量愈大。大汶口文化时期制陶已成为专门的手工业部门，生产的陶器除作为日用品外，还制作祭祀用陶，如陶塑、陶鬶等；也生产酒器，如杯、壶等。制陶业内部已有了专业分工。以上制作的陶器，因生产量大，有了剩余产品，至夏商时期，陶器成为早期主要的对外贸易商品。又因其发明时间早、制陶技术高，制陶技艺很早就作为先进技术传播至东亚、甚至中亚地区，成为早期世界文明的标志之一。

图1-11　临淄出土后李　　　图1-12　龙山文化红陶鬶　　　图1-13　龙山文化蛋壳
文化夹砂粗陶釜形器　　　　　　　　　　　　　　　　　　　　黑陶高柄杯

2. 玉器

  齐地考古发现大汶口文化时期玉石器制作已很发达，大汶口文化时期玉石制作已成为独立的手工业部门之一。近年齐地在章丘焦庄、桓台李寨、广饶五村等大汶口文化时期的墓葬中均有出土，其制品工序一般为"选材→成坯→琢制成形→局部加工（如穿孔等）"，根据用途大致可分为祭器和装饰品两类，多为贵族穿着和祭祀用器。常见器形有镞、璇玑、三角形器、环、璧等（图1-14），多为岫岩质玉。岫岩玉出自辽东半岛，说明山东半岛和辽东半岛当时已有了密切的交往和很深的文化影响。

  龙山文化时期已出现雕琢精细的玉饰品，说明治玉水平有了较大提高和发展。最典型的是临朐西朱封出土的玉冠饰（图1-15）、璧、簪、笄等，其材质优良，工艺精湛，玲珑剔透，十分精致，研究认为是地位显赫的贵族所佩戴"皇冠"，暗示当时已有了王的概念，是进入早期奴隶社会即高级王国社会的物证。[1]

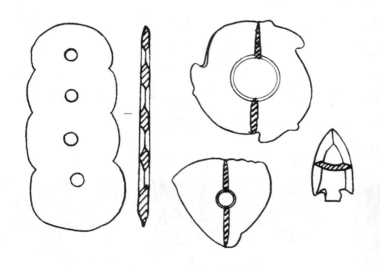

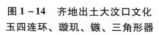

图1-14　齐地出土大汶口文化
玉四连环、璇玑、镞、三角形器

图1-15　临朐西朱封龙山
文化木棺墓出土玉冠饰

  夏商时期玉器出土见多，器类也有增多。从安阳殷墟妇好墓出土玉器的材质分析，商代新疆和田玉已运至中原一带，开辟了我国第一条玉石之路。济南大辛庄、青州苏埠屯等齐地商代墓葬出土有璧、琮、璜、玦、斧、戈、管等玉器，动物造型有龙、虎、鹿、鱼、蝉、兽面饰件等。

———————————

① 杜金鹏：《论临朐西朱封龙山文化玉冠饰及其相关问题》，《考古》1994年第1期。

玉器因其珍贵和玉料的稀少，多为贵族和祭祀所用，成为进入文明社会的重要标志。又因其制玉技术在东亚和中亚诸国影响较大，制玉技艺的高难，也是较早传入东亚的重要商品之一。

3. 青铜器

考古发现齐地东夷部族在龙山文化时期已开始了冶铜，发明了冶铜术。龙山文化时期在胶东三里河、杨家圈、店子、尧王城、呈子和范家六处遗址出土有纯铜小件，器形有钻、锥、片、块及铜碴等，当时还没有发现青铜容器，说明龙山文化时期是铸铜的初始阶段。三里河遗址出土的铜锥经北京科技大学鉴定知为铸造而成，锌的含量达23.2%，证明龙山文化时期人们已掌握了铸造青铜技术，进入了铜石并用时代。

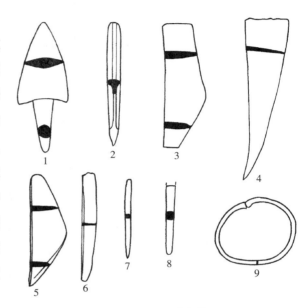

图1-16 岳石文化铜器
(1~6、8、9尹家城，7照格庄)

图1-17 桓台史家墓地出土商代青铜器
1.父辛觯 2.举禹父戊鼎 3.父癸觚 4.祖戊觚 5.铜觚 6.祖戊爵 7.父辛爵

岳石文化时期出现了青铜器，出土青铜器的数量和品类都有所增加，在沂源姑子坪、照格庄、尹家城、郝家庄岳石文化遗址中出土了青铜器，器形有镞、锥、刀、环等（图1-16），说明岳石文化已进入早期青铜时代。商代青铜器，齐地的济南大辛庄、桓台史家、青州苏埠屯、惠民等地的墓葬中均有出土，器形有鼎、觚、爵、觯、戈等（图1-17），说明商代进入了青铜时代的繁荣时期，同时也证明商代晚期齐地方为商朝所属，商朝统治区域已达青州苏埠屯一带。

夏商时期青铜器也应是齐地早期主要的贸易商品。

4. 盐

齐地北有渤海，渤海有是我国北方唯一的内海，自古就盛产食盐。新石器时代齐地便开始制盐，早期是晒盐，商代开始煮盐。传说居住在高青的夷人夙沙氏，就是生产盐业的部族。至商代晚期这里发现了三百余处制盐作坊，多为官办的大型制盐作坊（图1-18），鲁北地区发现的盔形器即为煮盐用器（图1-19）。今天鲁北一带，便是商朝的产盐基地，商代中原地区的食盐均产自这里。齐地生产的盐作为早期商品向北供草原游牧民族，向东渡海输入日本和朝鲜。盐是人类饮食必需品，盐为齐地的早期较为重要的商品。[①]

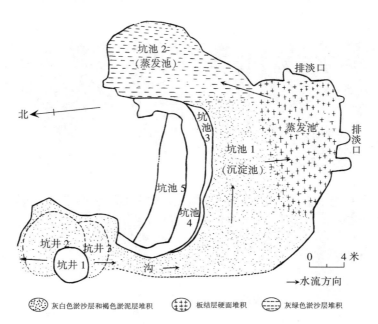

图1-18　寿光双王城014遗址制盐单元1南部坑池平面示意图

———————————————

① 燕生东：《商周时期渤海南岸地区的盐业》，文物出版社，2013年。

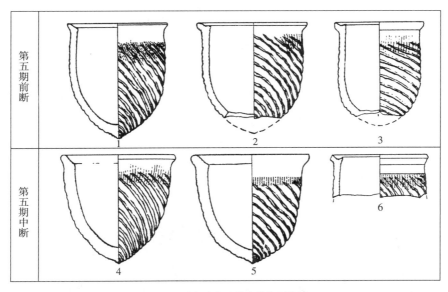

图1-19 齐地出土的商代盔形陶器
1. TC1②:1; 2. 小荒北央采:1; 3. TG1②:2; 4. 采:10; 5. TG1②:3; 6. TG1②:8

5. 漆器

考古发现, 我国最早的漆器是在浙江河姆渡遗址出土的木胎漆碗, 距今已有7000年的历史 (图1-20)。文献记载山东齐地先秦时期还是盛产漆器的重要地区之一。《史记·夏本纪》载:"济、河维沇州:……其贡漆丝, 其篚织文。"夏朝时, 贡漆之地有二: 一是山东, 二是河南。《集解》孔安国曰:"地宜漆林, 又宜桑蚕。"《汉书·货殖列传》载:"山

图1-20 浙江余姚河姆渡遗址出土的木胎漆碗

东多鱼、盐、漆、丝、声色。"夏商时期山东地区气候温和, 考古发现北方也有熊猫、竹林等动植物可为佐证。考古发现山东地区齐地在青州苏埠屯商代大墓的发掘中, 在木椁底遗留有一块长78厘米、宽50厘米、厚2～5厘米的漆皮, 应是棺床痕迹, 知夏商时期齐地制漆技术已较成熟, 制漆手工业当已出现。[①] 春秋战国时期齐国已多处发现

---

① 山东省博物馆:《山东益都苏埠屯第一号奴隶殉葬墓》,《文物》1972年第8期。

漆器，如临淄齐故城春秋时期五号齐景公墓①、春秋末期至战国初期郎家大墓②，都发现有多量的漆器（图1-21）。战国早期齐国手工业官书《周礼·考工记》"攻木之工"，便记载设有轮、舆、弓、庐、匠、车、梓七个工种，就涉有漆器工类。③ 春秋战国时期，制漆业出现了内部专业分工，有了较大的发展，如建筑、家具、生活用品等。只是后来齐地气候寒冷、水位下降、不易保存，故今完整漆器发现较少。④ 据此可知，夏商时期齐地生产的漆器即为贡品，制漆技术已非常成熟，且生产门类多，规模大，数量多，漆器作为齐地早期商品贸易产品也是完全可能的。

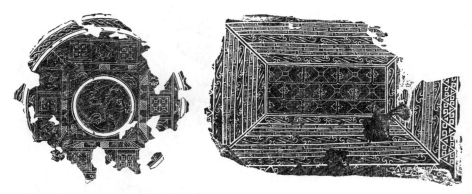

图1-21 临淄郎家庄大墓出土战国早期漆器图案

由上揆知，纺织品、陶器、玉石器、盐、漆器以及青铜器，可列为齐地新石器时代至夏商时期的早期贸易商品。

（二）环渤海（胶东半岛与辽东半岛、日本列岛、朝鲜半岛）商品的考古发现

东亚以环渤海为地理特征的文化交流，形成了环渤海考古学文化圈。考古发现表明辽东半岛、日本列岛、朝鲜半岛间的文化交流与影响深远，其文化面貌有着较大的共性和鲜明的海洋文化特色。东方沿海地区发现的新石器时代至夏商时期的巨石文化，在日本、朝鲜、辽东半岛均有较多的发现（图1-22、23）。最西部是淄博淄川发现的

---

① 山东省文物考古研究所：《齐故城五号东周墓及大型殉马坑的发掘》，《文物》1984年第9期。
② 山东省博物馆：《临淄郎家庄一号东周殉人墓》，《考古学报》1977年第1期。
③ 于孔宝：《东周齐文化》，山东人民出版社，2004年，第242页。
④ 逢振镐：《西汉时期山东漆器手工业的发展》，《秦汉经济问题探讨》，华龄出版社，1990年，第194页。

石棚和蛤蟆石遗存，它们是原始东夷部族太阳和山神崇拜在环渤海地区传播和影响的产物。从已发现巨石文化遗存的形制、建造方式，说明中国东方沿海和朝鲜、日本列岛发现的巨石文化在渊源上存在着密切关系。此外，巨石文化在欧洲、非洲、亚洲其他国家也有发现，说明巨石文化也是世界范围内的一种文化现象。

图1-22　中国、朝鲜半岛和日本的支石墓形态　　图1-23　山东淄川王母山巨石文化石棚和蛤蟆石

再如稻和粟早期农作物栽培技术的传播。我国的江浙地区距今8000年左右就已发明了稻的栽培技术，我国南方长江中下游是稻的栽培中心。据严文明先生研究，我国迄今最早时期的稻米，是湖南彭头山和湖北宜昌城背溪两处新石器时代早期遗址的水稻耕作遗存，这些发现将我国长江中下游种植水稻的历史提前到了距今8000余年（图1-24）。① 研究证明，日本的稻及栽培技术传入的时间当在绳文时代（相当于我国商代），首

图1-24　湖南道县玉蟾岩遗址出土的水稻

① 严文明：《中国稻作农业的起源》，《农业考古》1982年第1期。

先在日本九州有所发现，所以在商周时期存在一条"稻米之路"。这条路线，据日本著名考古学家樋口隆康先生研究是从江浙一带→连云港、盐城→沿海至日照（两城镇）→日本九州。[①] 严文明先生则提出了江苏北部→山东半岛→渤海→辽东半岛→日本、朝鲜的路线（图1-25）。由此说明"稻"也是从中国江浙地区最早出现至商代方传入朝鲜和日本的。

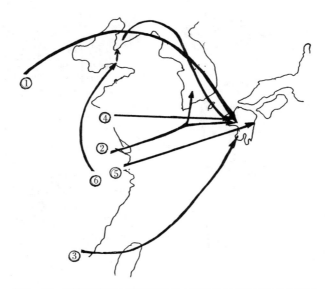

图1-25 稻米由中国大陆传播到日本列岛几条主要路线的示意图
①华北—东北—朝鲜半岛—日本九州　②江苏南通市—朝鲜半岛和日本九州　③华南—冲绳群岛—九州
④山东省南部至长法的入海口—九州　⑤江南地区—九州地区　⑥江南地区—山东省—辽东半岛—朝鲜半岛—日本九州地区

此外，原始东夷部族古老的太阳、鸟崇拜和后羿射日的尚武传统、太阳和山神祭祀、拔牙、殉葬猪下颌骨的葬俗和习俗，在日本和朝鲜半岛也有存在；特别太阳崇拜和东夷部族的尚武传统在日本传承至今。

1. 中日商贸交流的考古发现

考古发现，中日文化交往开始于公元前4000～前2500年之间的新石器时代中晚期。日本已发现早期文化遗址300处，多分布在日本的东北地区和关中地区。这一时期在日本发现的绳文文化早期遗址出土了较多的磨制石器，有斧、镰、刀、石磨盘和石磨棒，还出土有骨耜、铲、刀等生产手工业工具（图1-26）。新石器时代早

---

① 蔡凤书：《中日交流的考古学研究》，齐鲁书社，1999年，第63～81页。

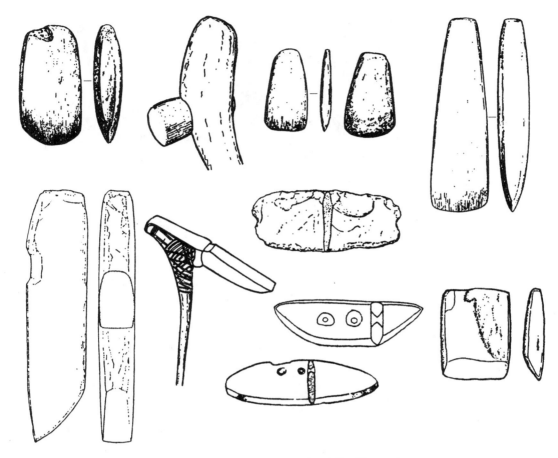

图 1 – 26　日本出土大陆系统的石器

期还出土了渊源于齐地后李文化而制作的圜形陶器。在日本列岛西南部今九州一带，在距今 7000 年左右的绳文文化早期，也出土有筒形圜底器。[①] 主要有两种类型：一是粗筒形圜底釜为主，另一类是敞口折腹釜类器；前者认为后李文化同类圜底釜接近，后者与鲁中北辛文化折腹釜一致，多认为它们应来源齐地的后李文化（图 1 – 27）。另在日本列岛还出土有受山东东夷文化影响而出现类似"鬶"形器的"鸟"形崇拜陶器。之后的山东地区岳石文化厚胎黑皮陶与日本九州地区北部的黑色研磨土器有些相似，与龙山文化时期的泥质磨光黑陶与其制陶技艺也为相同，说明山东地区龙山文化的黑陶制作技艺曾传入日本。商代至春秋时期陶鬲在日本的影响也很大。20 世纪 50 年代，日本东北地区的山形县饱海郡游佐町三崎山出土了一把绳文文

---

① 小林达雄：《绳文土器纹饰大观》，1991 年；山东省文物考古研究所：《山东 20 世纪的考古发现和研究》，科学出版社，2005 年，第 76 页。

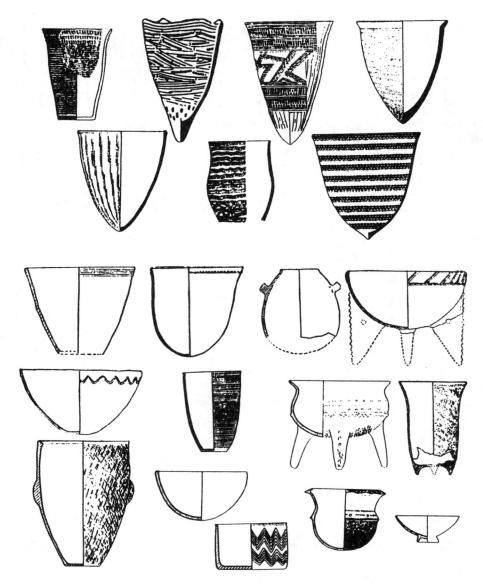

图 1 – 27 中国早期新石器文化陶器与日本早期绳文文化陶器比较图
（上二排日本绳文早期）

化晚期的青铜刀，与我国商代晚期出土的同类刀相同，为中国大陆传入日本无疑（图 1 – 28）。浙江河姆渡文化遗址出土的玉玦在日本绳文文化中也有出土（图 1 – 29）。齐国纺织品在日本出土最早见于弥生文化的墓葬中，相当于中国的战国晚期。日本所见最早的纺织品是佐贺县出土的弥生文化墓葬（相当于我国战国晚期）的残布片。该墓"发掘出土了日本最早的纺织品。它是被放在墓葬的陶瓮中的，是一寸见方的残布片，经测定，经线 40 ~ 50 根，纬线 30 根，与齐地所产丝绸大体相同"。① 日本弥生文化墓葬中的齐地丝绸制品，应是胶东半岛由海路传过去的。

当然，中日文化交流的第一个高潮应在战国秦汉时期。这一时期日本进入了弥生时代，中国的青铜器，特别是青铜冶炼术传入日本，为日本生产力的提高和生活方式的改变产生了巨大影响。我们从徐福东渡的故事可知，由胶东半岛到日本列岛（九州）的大规模航海，标志着中日交流已进入新的历史时期。

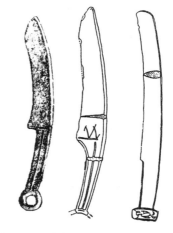

图 1-28　青森县龟冈遗址石刀（右）、日本山形县青铜刀（中）和中国商代青铜刀（左）

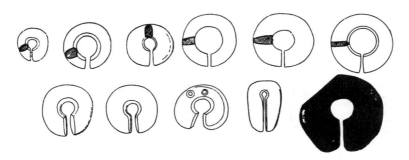

图 1-29　河姆渡文化、大溪文化中的玉玦（上）和日本绳文文化中的"玦状耳饰"（下）

2. 朝鲜半岛商贸交流的考古发现

由于地理位置的关系，朝鲜半岛与中国东北地区的古代文化密切相关。近年韩国学者对朝鲜半岛考古发现和古文化的研究成果颇多，中韩文化交流频繁，中国文化对朝鲜半岛的影响深远。其主要表现在陶器、青铜器、铁器、玉器的交流方面。

（1）陶器

新石器时代朝鲜半岛的圜底筒形器和"之"字纹饰以及后来的瓮棺葬，是受中国文化影响而出现的。1996 年冬，韩国尹根一和李享求先生来山东做学术考察，认为后李文化和朝鲜半岛发现的圜底釜形器有内在传承渊源关系。② 山东齐地战国至汉代的瓮

---

① 李英森、程刚、王秀珠：《齐国经济史》，齐鲁书社，1997 年，第 566 页。
② 徐国泰：《朝鲜的新石器时代文化》，平壤，1986 年；山东省文物考古研究所：《山东 20 世纪的考古发现和研究》，科学出版社，2005 年，第 75 页。

棺葬对朝鲜半岛普遍存在的瓮棺葬影响巨大，甚至认为："韩国乃至整个朝鲜半岛的瓮棺葬，是中国大陆环黄海地区战国秦汉瓮棺葬的影响下发生的，是当时人群移动和文化交流的直接体现。"（图1-30）①

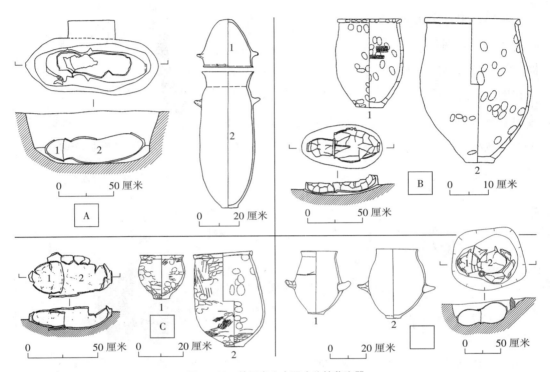

图1-30　韩国出土中国式瓮棺葬陶器

（2）青铜器

　　朝鲜半岛青铜时代的代表性器物——琵琶形铜剑，是从辽东半岛经鸭绿江下游地区传过去的，其时间约在中国的商周之际。1975年，曾在韩国全罗北道全州市以北完州郡上林里出土26件铜剑（图1-31）。韩国学者全荣来整理公布了这批铜剑，将其称其为"中国式剑"，是中国大陆传入的，或来自中国大陆工匠东渡朝鲜半岛后在当地制作的；而有学者认为这批是齐地传入朝鲜半岛的。② 韩国庆尚南道下岱遗址曾出土一件齐式战国铜鼎，考证也来自齐国。③

---

① 白云翔：《公元前一千纪后半中韩交流的考古学探究》，《中国国家博物馆馆刊》2018年第4期。
② 白云翔：《公元前一千纪后半中韩交流的考古学探究》，《中国国家博物馆馆刊》2018年第4期。
③ 郭泮溪：《胶东半岛早期航海活动初探》，《国家航海》第七辑，上海古籍出版社，2014年。

（3）铁器

随着中国大陆春秋战国时期进入铁器时代，随之中国大陆制铁技术在战国和汉代传入朝鲜半岛。今在朝鲜半岛北部多有铁器出土，如慈江道渭源郡龙渊洞遗址、平安北道宁边郡细竹里遗址三期文化层居住遗址、咸镜北道茂山郡虎谷洞遗址等。上述各地出土的铁器大都是舶来品，研究认为是燕国传入的。而在南部半岛今韩国境内考古发现出土的青铜短剑、铜戈、铜矛及铜镜，铁器（图1-32）产地主要是燕国和齐国。①

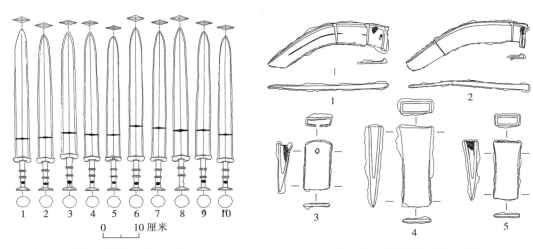

图1-31　韩国宝州郡上林里出土中国式铜剑　　　　图1-32　韩国完州郡葛洞墓出土铁器

（4）玉石、水晶器

据报道，韩国庆尚南道良洞里遗址曾出土含有两颗水晶珠的战国项链，据考证也来自齐国。"这两颗水晶珠形制相同，均为算珠形，中间有圆孔以利穿系。"用水晶做成物品在这一时期的朝鲜半岛还相当罕见，但在齐国却是大宗的产品，应来自齐国无疑。②

以上朝鲜半岛考古发现出土实物证明早期中国大陆和朝鲜半岛（新石器时代至商周时期）有着密切的文化交流和人、物交往。文献记载中的商朝"箕子去国"事件也证明商代中国大陆与朝鲜半岛交往的历史事实。《史记·宋微子世家》载："武王乃封箕子于朝鲜。"《尚书大传》也载："武王胜殷，继公子禄父，释箕子之囚。箕子不忍周之释，走之朝鲜，武王闻之，因以朝鲜封之。箕子既受周之封，不得无臣礼，故于十三祀来朝。"箕子朝鲜与周王朝是朝贡关系。箕子商朝掌占卜之官，据考证箕子封地

---

① 白云翔：《公元前一千纪后半中韩交流的考古学探究》，《中国国家博物馆馆刊》2018年第4期。
② 李慧竹：《汉代以前山东与朝鲜半岛南部的交往》，《北方文物》2004年第1期。

丝路探源

薄姑为商朝东方所封诸侯方国，地今桓台史家一带，族徽为弓箙。① 箕子去朝鲜线路应是"济水→渤海→辽东半岛→东北长白山一带→朝鲜半岛"，这也说明商代中国大陆与朝鲜半岛已有了较为固定的海路相连的文化传播路线，说明中国大陆与朝鲜半岛的文化交流的历史悠远和关系密切。

3. 辽东半岛商贸交流的考古发现

考古发现，辽宁旅顺（大连）郭下村新石器时代遗址出土有胶东半岛东夷文化特色的大汶口文化时期的鼎、鬶一类器物，证明山东半岛与辽东半岛间在新石器时代已有了海上文化交流。②

4. 西域阿尔泰地区商贸交流的考古发现

据夏鼐先生研究，远在新疆北部和俄罗斯南部的阿尔泰地区的巴泽雷克的古代墓葬中出土了中国丝绸，有以彩色丝线绣出杂处于花枝间的凤凰图案刺绣和由红绿二色纬线斜纹显花的织锦。这些墓葬相当于我国的战国初期，可能产自齐国，经"齐国临淄一带→燕→蒙古草原→新疆（阿尔泰地区）"至中亚。此应是西欧通往中国草原商贸之路所遗齐国丝绸。③

5. 齐国故城临淄一带欧洲商贸交流的考古发现

以上所见齐地（包括东方沿海地区）早期贸易商品与东亚、西亚诸国和地区交流出土所见遗物。此外，近年在临淄齐故城及周边地区考古出土也发现了欧洲地中海东岸传入齐国遗物。检索齐国考古资料，主要有以下四批（件）。

（1）临淄齐国贵族墓出土琉璃器

近年，在临淄齐故城周边大型贵族墓的发掘中出土了一批春秋战国时期的

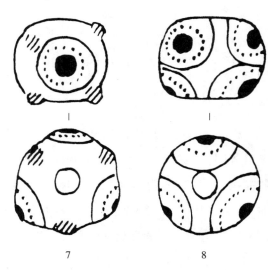

图 1-33　临淄相家庄二号战国大墓
出土"蜻蜓眼"玻璃珠

---

① 王树明、张光明：《山东桓台史家商代国都址东夷旧部薄姑说》，载张光明、徐义华主编《甲骨学暨高青陈庄西周城址重大发现国际学术研讨会论文集》，齐鲁书社，2014 年；常兴照、张光明：《商奄、薄姑钩沉》，《管子学刊》1989 年第 2、3 期。
② 安志敏：《略论三十年来我国新石器时代考古》，《考古》1979 年第 5 期。
③ 夏鼐：《我国古代的蚕、桑、丝、绸的历史》，《考古》1972 年第 2 期。

| 036 | SI LU TAN YUAN

琉璃制品。它们分别出土于郎家庄、商王村、相家庄、单家庄墓葬中，器类有珠、环、管等。郎家大墓出土料珠（琉璃）9 枚，有球形和扁圆形两种，饰豆青、淡蓝、白色的鱼目纹（蜻蜓眼）。M1∶131，器形特别大，饰鱼目纹和乳钉纹，制作精致。包括珠、骨珠组合成串饰。[①] 相家庄战国墓地二号墓出土琉璃珠 3 件，球形，顶中一穿孔，其中 1 件浅绿色珠上饰凸起白、赭、蓝三色相间的圆圈纹，有如蜻蜓眼，或在蓝色体上饰凸起的橘黄色乳钉，直径 1.4 厘米、高 1.2 厘米（图 1-33）。[②] 经研究得知，春秋末期战国初期郎家大墓和相家庄二号战国中期大墓出土的"蜻蜓眼"琉璃珠，刘庆柱先生认为该类琉璃器应为西欧地中海东岸生产而传入齐地的舶来品。

表 1-1   临淄齐国贵族墓出土玻璃器一览表

出土地点	墓葬编号	器类				资料出处
		簪	珠	环	管状器	
郎家大墓	M1		9（蜻蜓眼）			《考古学报》图版 7，1997 年第 1 期。
商王墓地		17	1	1		《临淄商王墓地》图 55，齐鲁书社，2007 年。
单家庄墓地	M1		7		1	《临淄齐墓》图 102、图版 45、58，文物出版社，2007 年。
相家庄墓地	M2		2（蜻蜓眼）			

（2）临淄商王村一号墓出土战国时期金耳坠

1992 年在临淄商王墓地发掘中，在一号墓出土了 2 件金耳坠（图 1-34）。耳坠由金丝、金片、绿松石坠、珍珠和牙骨之类的串饰等组成。上部是以线纹金丝组成的网状锥体，锥体上端有横穿可以佩戴，四周镶嵌四颗圆形绿松石片。锥体下悬挂一金环，金环之下为一颗较大三瓣金叶，三者以金线相连，金线中穿珍珠数颗，现已破碎脱落。金叶之中包一颗较大的绿松石坠，每瓣金叶又各嵌一绿松石片。在锥体周围和金环两侧，都有以金线和骨环组成的串饰，串饰下端也有较小的三瓣金叶，金叶之中各包一颗绿松石坠。在锥体、金叶和金环上都饰以金珠纹。这副耳坠制作技术精湛，装饰华丽，可与现代金饰相媲美。[③] 通长 7.3 厘米。根据此器形、金的制作技术形状、又镶嵌

① 山东省博物馆：《临淄郎家庄一号东周殉人墓》，《考古学报》1977 年第 1 期。
② 山东省文物考古研究所：《临淄齐墓》，文物出版社，2007 年，第 211 页。
③ 淄博市博物馆、齐故城博物馆：《临淄商王墓地》，齐鲁书社，1997 年。

绿松石工艺，研究认为应为西欧传入品。

（3）临淄大武西汉齐王墓出土银豆

该器 1978 年出土于临淄窝托村西汉齐王墓内。银质，呈豆形，弧形盖，子母口，曲腹，矮圈足；盖上饰三铜兽纽，铆合。器高 17 厘米、口径 11.4 厘米、足径 6.2 厘米。器身铸饰捶揲莲花瓣纹，莲花相对交错排列，纹饰简洁古朴，典雅华丽（图 1 - 35）。① 由其器形和铸造工艺，刘庆柱先生考证认为，此器是一件由西欧地中海东岸生产传入的典型器物。

（4）汉代齐国出土胡人石雕像

近年在汉代齐国境内发现了四尊大型胡人石雕像，它们分别出土于青州瀑水涧和临淄徐家庄、左家庄、徐家村。四尊雕像的造型及雕刻风格比较一致，形体高大，为青石质。徐家庄一尊高 1.7 米，为单体圆雕跪式胡俑，头戴尖顶扁帽，脸型尖圆，眉脊高突，双目深凹，鼻梁高直，双臂贴身弯曲，双手腹前交叉。胸前乳房处饰圆泡形饰物。腹鼓下垂并饰一周连环纹带。身着贴身薄衣，跪坐在方形石座上。石座饰连弧纹及连环纹，汉风强烈（图 1 - 36）。② 汉代齐国临淄出土的胡人石雕像，是受北方草原胡人影响而出现的，它对研究汉代临淄与欧亚文化交流和北方草原商贸之路有着重要的价值。

（5）彩绘陶器

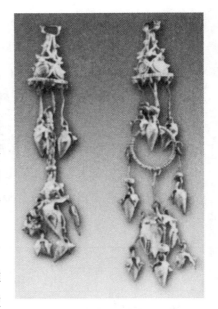

图 1 - 34　临淄商王封战国商墓出土金耳坠

图 1 - 35　临淄西汉齐王墓出土银豆

近年在临淄齐国故城及周边地区还见出土有西汉前期灰陶彩绘壶，白底黑彩，绘有骆驼、波斯人像和立俑、坐俑绘像，器底为对称的树木卷云纹瓦当。据其器底树木卷云纹分析为齐国西汉早期之器。今在齐国文字博物馆一件，另一件为民间收藏。该器完整，口径 13 厘米、底径 13 厘米、器高 25 厘米。灰陶质，平唇，敞口，鼓腹靠下，

① 淄博市博物馆：《西汉齐王墓随葬器物坑》，《考古学报》1985 年第 2 期。
② 徐龙国：《山东大型胡人石雕像与欧亚文化交流》，《中国家博物馆馆刊》2018 年 10 月；临淄区文物局：《临淄文物志》，文物出版社，2015 年，第 126 页。

图 1 - 36　汉代齐国临淄出土胡人石刻雕像

大平底。该器饰白色底彩，颈至口部绘黑色三角纹，中间腹部黑彩施绘波斯人像、骆驼和坐俑、立俑四组人和动物画像。骆驼呈卧状，长颈仰头，栩栩如生，有较高的绘画艺术水平（图 1 - 37）。经细致观察，该器所绘彩料粗粒较大，应为矿物或植物原料。大平底器底饰一对称的卷云瓦当。从器物造型知它的时代应为西汉前期，卷云纹瓦当为齐国瓦当风格，知为西汉前期齐国所制。此器出现的西域波斯人物画像和卧状骆驼应是"丝绸之路"西欧人直接到达西汉时期"日进斗金，矩于长安"的全国第二大商贸城市齐都临淄的直接实物佐证，此件器物对研究中西文化交流和齐国为丝绸之路重要源头有着重要的学术价值，也反映战国汉代的齐国临淄当时已为国际商贸城市的实物例证。

图 1 - 37　临淄出土西汉早期彩绘波斯人、骆驼纹陶壶

（三）齐地（齐国）欧亚早期商贸之路

所谓"早期商贸之路"是指早于汉代"丝绸之路"的商贸之路。前已言及，齐地东夷部族（方国）在距今 8000 年左右的后李文化至夏商时期（距今 3000 年）已生产出了纺织品、陶器、漆器、玉石器、盐、青铜器等贸易商品，而近年来在东亚的日本列岛、朝鲜半岛和西亚地区均有考古发现，证明这些贸易商品当时确已传到了东亚、中亚和西欧地区，而在临淄齐故城及周边地区也出土了部分西欧传入的文物，证明齐地（国）早期商贸之路的存在。文献记载和考古发现证明，商代以前齐地业已存在陆路、河路、草原之路和海上之路等多条商贸之路。后世齐国以工商立国，工商经济的发达成就了东方强国，齐国都城临淄也成为春秋战国时期我国东方唯一的一座国际商贸城市，后世有"东方古罗马"之称誉，此与齐国承袭前因作为长达数千年国际性对外贸易中心地位不无关联，此也是齐国务实、创新、开放、包容核心文化价值观形成的重要原因。

首先谈齐地与其他诸侯国的商贸之路，包括陆路和河路商贸之路。

1. 陆路贸易之路

自原始社会晚期出现"以物易物"贸易交换以来，早期的部族和地区间至后来的诸侯方国间的商品贸易陆路流通应该是最为便利和频繁的。早期贸易应是部族间因专业分工生产生活品的"以物易物"交换，逐渐扩大为部族间和地区间的贸易，进入阶级社会的夏商时期因城市和货币的出现，出现了专门为交换商品贸易的场所"市"，随之出现了便于商贸流通的陆路商贸之路。此"路"应是官设之路，并设有提供食宿便利的"邑驿"性质的场所。

关于齐地早期的陆路商贸之路，早在 20 世纪 70 年代北京大学侯仁之先生在对淄博市主要城镇的起源与发展进行研究时，依齐地的考古发现提出了齐地在泰沂山脉北麓存在着横贯鲁中山地的一条东西大道："济南→历城→平陵（章丘）→临淄→益都（青州）→昌乐→潍县→平度→栖霞→莱阳→福山→荣成"，这条东西大道是中原和山东半岛（齐国、莱国）文化交流和经济联系的陆路运输大动脉。[1] 近年在今鲁中北地区泰沂山系北麓发现的龙山文化城址，"城子崖（济南）→前埠（桓台）→桐林（临淄）→边线王（寿光）"，证明这条东西大道最迟在龙山文化时期已经存在，这些城址应为

---

① 侯仁之：《淄博市主要城镇的起源与发展》，载《历史地理学的理论与实践》，上海人民出版社，1979 年，第 341 页。

当时方国王城之地，也是区域文化的中心，于此说明这条东西大道商贸和文化交流的重要性，这条路线也是夏族舜西迁路线的遗存。[1] 朱活先生在研究由齐国货币出土看齐国商业和交通时，也证明这条东西大道至迟在春秋战国时期就已存在。[2] 据此我们整理出齐地早期陆路商贸之路的路线："中原（安阳、郑州）←济南→历城→章丘→临淄→潍坊→平度→栖霞→黄县（莱归城）→莱阳→福山→莱阳→烟台→威海→荣成"。这条东西大道早期应为中原通齐地（齐国）再往莱国（胶东半岛）的主要陆路交通要道，战国初期齐灭莱后作为齐国通往胶东半岛再通向日本列岛和朝鲜半岛的重要陆路商贸之路（图1-38）。

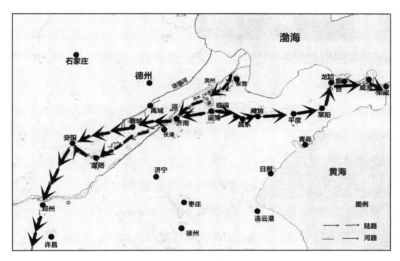

图1-38　齐地早期陆路商贸路线示意图

2. 河流商贸之路

齐地所处黄河下游，地势低洼，河流纵横，夏朝大禹治水的一些故事就发生在这里。众多的河流为齐地早期的商贸流通提供了方便。据研究，先秦时期流经中原地区从渤海南岸入海的河流主要有黄河、济水（小清河）、漯水、漳水、徒骇河。据燕生东先生对渤海南岸盐的研究，商代盐通往中原形成了五条运盐的河流之路。其中最主要的一条路线是"古济水（清河）→长清（四漕津）→漯水→濮阳→安阳"。[3] 这条河流商贸之道最迟至商代晚期已形成了齐地通往中原的水上贸易之路。因齐地习俗较早的

---

①　张光明：《虞舜部族早期活动区域和西迁史迹的考古学研究》，《管子学刊》2009年第3期。

②　朱活：《从山东出图齐币看齐国商业与交通》，《文物》1972年第5期。

③　燕生东：《商周时期渤海南岸地区的盐业》，文物出版社，2013年，第263页。

商贸和鱼盐活动，河流的发达和运输工具筏、舟的制作，齐地的河流交通应是齐地早期重要的地区间的商贸之路（图1-38）。

3. 草原商贸之路

构成世界文明的三大类型，即草原文明、海上文明和农耕文明。草原文明和海上文明当属世界文化交流和商贸交流的主要途径。通检我国先秦诸国，从地理环境和经济形态上具备草原、海上、农耕三大文明要素的，只有齐地或齐国。齐国地处东海，北近蒙古草原，境内河流纵横，土地肥沃，新石器时代早期的万年前就已开始农耕，制作陶器，开始了定居生活，是我国较早开始农耕的地区之一，所以后世齐国能首霸诸侯，成为东方大国。齐地也是较早通过草原之路向欧亚开始文化交流和商贸交流的地区，这从春秋战国时期齐国都城临淄出土西欧地中海东岸制造的琉璃器和金银器，在欧洲俄罗斯阿尔泰地区出土战国早期齐国丝织品得以证明。游牧民族作为流动的民族，成为传播东西方文化的桥梁，[1] 这也与我国夏商时期部族多迁移的史事相符。草原商贸之路使东北亚成为国际交通路线，我们从新疆和田玉自商代传入中原的路线得以启发，商代和田玉东传路线为"新疆和田→吐鲁番→新疆北部→甘肃→内蒙古→宁夏→山西→安阳→山东"，[2] 西传路线为"蒙古草原→新疆→印度→巴基斯坦→伊朗→罗马、埃及（地中海）"（图1-39），其西部与后世的丝绸之路有重复。这条早期的商贸之路至迟应于夏商时期就已开始文化和商贸的交流，春秋战国时期发展成为较固定的交通路线，可称其为齐地或齐国早期的草原商贸之路。

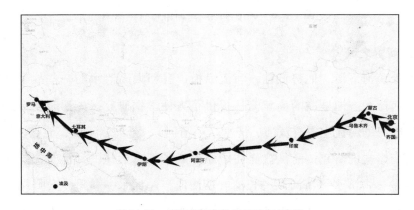

图1-39 早期草原商贸之路西线示意图

---

① 徐龙国：《山东大型胡人石雕像与欧亚文化交流》，《中国国家博物馆馆刊》2018年第10期。
② 刘庆柱：《"丝绸之路"的考古认识》，《古籍》2017年第7期。

4. 海上商贸之路

齐地独特的地理环境，它北靠渤海，东有黄海，有长达 1800 多公里的海岸线，而环渤海又将山东半岛、辽东半岛、日本列岛、朝鲜半岛相连。这种独特的自然地理环境使居住在这一地区的东夷先民很早就熟悉海上活动，较早地掌握了舟、船的建造和航海技术，开始了海上文化交流与商品贸易，在我国也是最早开始海上贸易的地区，为航海技术的发明和世界海洋文化交流做出了贡献。下面将从齐地东夷民族的造船技术、沿海岸线码头港口设置和海上商贸线路予以论述。

（1）造船技术

现代地质学研究成果表明，在第四纪大部分时间内（大约在 150 万年左右），日本列岛包括辽东半岛和朝鲜半岛、台湾岛（华南沿海诸岛）与亚洲大陆曾是连接在一起的。古生物研究也证明这时亚洲大陆和日本列岛上的动植物群是一致的。只是在大约距今 1.4 万年前后，最后一个冰期过去，[①] 地球出现了温暖期，由于海水平面平均上升 100 多米，才形成环渤海岛屿分离大陆的现状。[②] 也就是说，环渤海地区的海上活动是从 1.4 万年以后开始的。

众所周知，海上活动包括航海技术的发明，首先是从海运工具船的制作开始的。早期船的制造经历了"桴或筏→舟→船"的发展演变过程。大约在旧石器时代晚期的 2 万年左右，由于骨针的出现（北京山顶洞人），人们开始用树皮和兽皮缝制成小型的桴，或用木竹棒编捆成筏，开始了河流间或近海岸的渔猎活动，此为早期人类的主要生活食物来源之一，即最早的河、海渔猎活动。考古资料表明，大约从距今 1 万年以前人类开始了舟的制作，此时的舟还是独木舟，制作简单，非常狭小，也仅作沿海岸或河湾中捕鱼而不能用于远航。

距今 8000～6000 年间，亚洲大陆进入新石器时代繁荣时期，居住在我国东南沿海地区的东夷和百越先民前后发明了稻、粟栽培种植，掌握了制陶、治玉、漆器等技术，并且逐渐传到了日本列岛和朝鲜半岛，开始了海上文化交流和商贸活动，掌握了早期的航海技术，航海工具出现了较大的筏和船。此与文献记载可互为印证。《易·系辞下》载："黄帝、尧、舜垂衣裳而天下治，……刳木为舟，剡木为楫，舟楫之利，以济不通，致远以利天下。"古史传说也有黄帝"变乘桴以造舟楫"之说（编竹木以为渡

---

① 冰期，也叫冰川期或冰河期，它是指由于太阳黑子的变化，地球表面的气温变寒的时代。在第四纪发生过四次大的冰期，依次为群智亚冰期、民德亚冰期、里斯亚冰期和武木亚冰期。

② 蔡凤书：《中日交流的考古学研究》，齐鲁书社，1999 年，第 1～11 页。

水工具，小曰"桴"，大曰"筏"），均已证明渡水工具"筏"当出现于新石器时代。

齐地环渤海地区真正发明航海术应在距今5000年前后。据研究，齐地胶东半岛的莱夷先民在大汶口文化时期已熟练掌握了跨海交流所必备的航海技术，开始了长距离的跨海文化交流，成为世界上迄今所知最早发明航海术的地区之一。在胶县三里河遗址中出土了大量贝壳、海螺壳、鱼骨、鱼鳞等遗物，经化验有外海的洄游鱼类——鳓鱼和蓝点马鲛，且捕鱼工具中一定有先进性；推测大汶口文化时期三里河莱夷先民已经使用了形体较大的"舟"，并推测胶东半岛制作舟的年代应该不会晚于大汶口文化时期。[①]

考古发现我国最早的航海工具船，是浙江河姆渡新石器时代发现的距今7000年的木船桨。另在西安半坡遗址也出土了仰韶文化船型壶，据此我们推断在新石器时代中期的距今7000～6000年已有了舟形船的制造。近年在胶东半岛有两例舟形船的考古发现实例：

1982年9月，山东省文物考古研究所在龙须岛郭家村毛子沟进行文物调查时发现该独木舟，并进行了考古发掘。该独木舟保存基本完整，仅右侧舱壁部分损坏。舟体全长3.9米，头部宽0.6米、中部宽0.74米、尾部宽0.7米；舱的最大深度为0.15米；舟体高度：头部0.18、中部0.24、尾部0.30米。两道低矮的舱隔，把舟分隔为三个舱：头舱最大长度为0.84米，前部有一斜坡；中舱最大，长1.3米；尾舱最大长度1米，后部形成台阶（图1-40）。伴随出土的还有三段原木，长0.25～0.40米不等，横断面均为椭圆形，长径、短径分别为0.15米、0.10

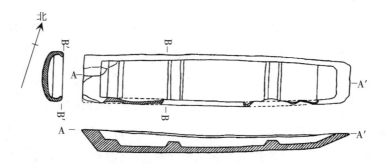

图1-40 荣成出土商周时期独木舟形船平、剖面图

---

① 泮溪：《胶东半岛早期航海活动初探》，《国家航海》第七辑，上海古籍出版社，2014年。

米。似为一木断而为三。该独木舟不会晚于商周时期，是目前国内发现年代最早的水上交通工具。[①]

据报道，胶东长岛大浩发现舟尾和石锚，从舟尾结构上看，榫口非常整齐，残船桨和近代已无多大差别。榫卯结构的海船显然比独木舟出现的时间要晚，所以它定为龙山文化时期。[②]

可见，齐地夷人在新石器时代，开始制作海上交通工具筏和舟，并发明掌握了航海术，开始了与辽东半岛、日本列岛和朝鲜半岛的文化与商贸交流。研究证明，我国建造的较大型木船的最早时间应在夏商时期。迄今还未见夏商时期大型的木板榫卯结构制造的船。但据文献记载，夏商时期应有大型船的制造。从木作技术上讲，夏商时期因大兴土木和大规模城市建筑的出现及车的制造，大型木船的制造从技术上讲应无问题。据文献记载，《帝王世纪》中有夏桀"与妹喜及诸嬖妾同舟浮海，奔于南巢之山而死"的记载（《太平御览》卷八十二）。《竹书纪年》中也有夏帝芒"东狩于海，获大鱼"的载述，足证夏朝所用捕获"大鱼"之船，应是排水量较大的榫卯结构的木板船。

商代从甲骨文"舟"字及与"舟"相关的文字看，榫卯结构的长方形木板船在商代已成为常见的水上交通工具了。另，商人在天文学方面具有领先世界的星象观测能力，很可能已掌握了依靠日月星辰导航的航海术："（殷商）动用舟远征下游东南敌国看，晚商王朝似已有一批数量可观的军事船队。"

综上所述，从新石器时代中期至殷商遗民东渡日本和朝鲜半岛，齐地胶东半岛在中国早期航海和海上交流方面一直发挥着极为重要的作用。两周时期，日渐强盛的齐国于春秋时期齐灵公十五年灭莱（前567年）后，成为先秦时期著名的东方海洋大国。当时齐国的造船和航海术发达，所造船舟的可载一二百人。另外，齐人甘德《天文星占》以及《周礼·考工记》等文献，已经推算出北斗星和其他星座的位置，这些先进的技术对提高海上导航的准确性也有很大的帮助。[③]

（2）齐地沿海岸码头或港口的设置

航海应包括沿海港口或码头的设置，犹如陆路官道上设置的驿（邑）站。先秦时

---

① 王永波：《胶东半岛上发现的古代独木舟》，《考古与文物》1987 年第 5 期。
② 宋承钧、史明：《胶东史前文化与莱夷的历史贡献》，《东岳论丛》1984 年第 1 期。
③ 郭泮溪：《胶东半岛早期航海活动初探》，载《国家航海》第七辑，上海古籍出版社，2014 年。

期的航海是遵循"循海岸水行"的原则，那么沿海岸就应有必需的码头或港口设置。据考古发现和文献记载，今胶东半岛沿海岸先秦时期至少有长岛、荣成、青岛胶县三里河和琅琊、日照两城镇所设置的五处港口或码头设施。

长岛地处渤海北端，相距山东半岛与辽东半岛最近之距离，是新石器时代至春秋战国时期通往辽东半岛的必经海域，它又处莱国腹心地区。据考，莱国在西周至春秋时期（公元前 567 年齐灭莱以前）的都城在今龙口市（黄县）归城。① 近年在长岛北庄发掘了新石器时代遗址②和王沟春秋战国时期贵族墓地③。长岛大浩也发现了龙山文化船和停泊大型船所用石锚。新石器时代山东半岛的夷人器物三足陶瓢、盆形鼎、鬶、盉、盂等，均在辽东半岛多有出土，而辽东半岛所出岫岩玉料和红山文化制玉技术也在山东半岛及齐地多有发现。故此，山东半岛与辽东半岛沿庙岛群岛开始的海上文化交往应始于大汶口文化时期。④ 所以，长岛应是山东半岛通往辽东半岛所设置的海上码头之一。

荣成地处我国东海最东端，秦始皇曾四次东巡经烟台至荣成，今烟台有"芝罘"传说和祭祀遗迹。1982 年 9 月又在龙须岛以西的泊于公社郭家村毛家沟发掘了商周时期我国现存最早的大型舟形船，此应为码头停泊所留遗物，所以荣成也应是一处东海码头。

东海青岛一带，据考古发现和文献记载应有两处码头。一是胶县三里河，因该遗址发掘出土了大汶口文化至龙山文化时期下层属于海相沉积，说明在距今 6000～5000 年侵入陆地的海水沿岸在这一带，遗址出土了大量贝壳、海螺壳堆积及鱼骨、鱼鳞堆积。经研究，其中有外（深）海鱼类，证明这里曾是距今 6000～4000 年的一处海岸码头。⑤ 另一处是琅琊山一带。《管子》记载吴、越、（北）发、朝鲜等国主要是通过海上与齐国来往的。⑥ 到了春秋后期，琅琊等重要港口已成为齐国的主要海上贸易口岸。秦朝徐福东渡日本就是从这里出发的，所以这里也是齐地沿海岸重要的码头港口。

日照两城镇是一处著名的龙山文化遗址，它是中国大陆距日本九州最近的海岸。

---

① 王锡平、王相越：《莱国考》，载张光明、徐义华主编《甲骨学暨高青陈庄西周城址重大发现国际学术研讨会论文集》，齐鲁书社，2014 年，第 464 页。
② 严文明：《胶东原始文化初论》，《山东史前文化论文集》，齐鲁书社，1986 年。
③ 烟台市文物管理委员会：《山东长岛王沟东周墓群》，《考古学报》1993 年第 1 期。
④ 佟伟华：《胶东半岛与辽东半岛原始文化的交流》，载《胶东考古研究文集》，齐鲁书社，2004 年，第 88 页。
⑤ 中国社会科学院考古研究所：《胶县三里河》，文物出版社，1988 年，第 189 页。
⑥ 谢浩范、朱迎平译注：《管子全译》，贵州人民出版社，1996 年，第 977 页。

两城镇龙山文化遗址面积约 1 百万平方米，是一处文化中心遗址，时代跨度为大汶口文化、龙山文化、商周至汉代。遗址曾出土了最为著名的龙山文化蛋壳陶高柄杯，龙山文化时期陶器有鼎、鬹、罐、盆、匜、壶、盘、杯等，多为礼器，应为贵族用器或祭祀用器。还发现了稻、粟、小麦等人工栽培农作物。这说明大汶口文化和龙山文化时期海岸线后退，遗址位置很接近于现今的海岸线。[①] 所以两城镇应是新石器时代至商周时期的一处码头港口所在。

（3）海上商贸线路

自新石器时代至商周时期，胶东半岛长期存在着由渤海、黄海通往辽东半岛、日本列岛和朝鲜半岛的商贸之路。齐地的造船技术和码头港口设置，为早期海上商贸之路的研究提供了重要支撑。新石器时代的早期，以稻、粟、麦的栽培种植术和陶器、漆器、玉器的商品交流为主；商周时期，青铜器、铁器、丝绸纺织也成为贸易交流的主要商品。从考古发现和文献记载考证，山东半岛通往日本列岛和朝鲜半岛的海上之路主要有两条：一条是东渡日本列岛，另一条是北去朝鲜半岛，而朝鲜半岛与日本列岛也有直接的海上交通线路。

胶东半岛至日本列岛。这条海上商贸线路最早是北京大学严文明先生提出。1988年 10 月，严文明先生在日本静冈县举行的国际学术会议上，提出稻作技术由中国大陆传播入日本列岛的。今江浙一带为我国发明稻作栽培种植的中心地区，他根据考古发现资料提出传播日本列岛的线路是：江苏向北达山东，由山东传入辽东半岛后，再传入朝鲜半岛和日本九州地区。[②] 此前，1971 年日本考古学家樋口隆康先生也提出：稻米是从长江入海口向山东（日照一带）渡海传入日本。[③] 据此，我们整理出"齐地→胶东半岛→日本列岛"的海上贸易线路："鲁北济水（小清河）→渤海→长岛→荣成→青岛胶县三里河→日照两城镇→日本九州"。

胶东半岛至朝鲜半岛。这条海上贸易之路，最早是唐嘉宏先生提出的。他 1989 年在《东夷古国史论》序"东夷及其历史地位"一文中指出："（齐地）越过渤海，进入辽东半岛，北去东北，南下朝鲜，这条交通路线自新石器时代即已开辟使用。"[④] 白云

①　中美两城地区联合考古队：《山东日照市两城镇地区的考古调查》，《考古》1997 年第 4 期；袁靖：《胶东半岛南岸贝丘遗址的环境考古学研究》，《中国文物报》1997 年 3 月 30 日；南京博物院：《日照两城镇陶器》，文物出版社，1985 年，（缺页码）。
②　日本考古学协会所：《日本にすける稲作農耕の起源と展開》，1988 年。
③　樋口隆康：《日本人从何处来》，蔡凤书译，山东大学出版社，1996 年。
④　逢振镐：《东夷古国史论》，成都电视工程学院出版社，1989 年，第 9 页。

翔先生《公元前一千纪后半中韩交流的考古学探究》也认为："公元前一千纪后半中韩交流的路线，主要有两条，即'辽东—朝鲜半岛'陆路和'环黄海之路'水路。"[1] 据此我们整理出齐地→朝鲜半岛的海上交通线路："鲁北济水（小清河）→渤海、长岛→辽东半岛→东北长白山→朝鲜半岛"。

最后需要指出的是，日本列岛的九州地区与朝鲜半岛的南部（今韩国）济州岛相距较近，自日本绳文文化起与朝鲜半岛就有直接的文化交流。稻作术的传播就有中国大陆先传入朝鲜半岛，后传入日本九州地区。日本绳文文化后期至弥生文化前期，居住在朝鲜半岛的人就有移居至日本列岛的，[2] 说明朝鲜半岛与日本列岛自 5000～4000年前的日本绳文文化晚期就开始有了密切的文化交流。以此为基础，便形成了东亚环

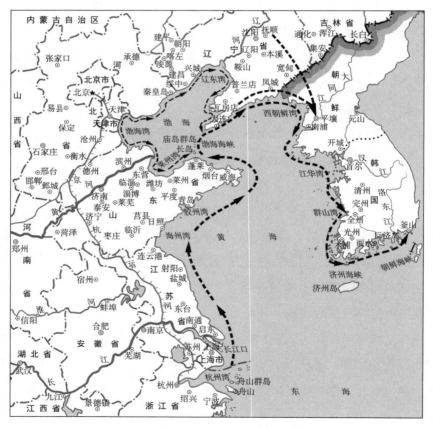

图 1-41　中韩交流路线图

---

① 白云翔：《公元前一千纪后半中韩交流的考古学探究》，《国家博物馆馆刊》2018 年第 4 期。
② 蔡凤书：《中日交流的考古学研究》，齐鲁书社，1999 年，第 109～112 页。

渤海早期文化和商贸海上交流的环形路线。中、日、韩、朝地区间古代各民族的密切的文化交流，促进了亚洲地区人类文明的共同繁荣（图1－41）。众所周知，丝绸之路是在特定的历史时期下形成的欧亚文化交流的桥梁。广阔的沙漠之原、脆响的骆驼铃之声，文化的传播促进了世界人类文明的进步，唱响了世界文明交流的赞歌。古代人类的迁徙和文化的交流传播是多渠道的，既有陆路、草原也有海上之路。各国和各民族间的广泛相互交流，促进了人类文化的繁荣和文明的进步。而齐地（齐国）欧亚早期商贸之路的研究，开拓了世界人类先进文明成果传播的时空概念，填补了丝绸之路单一的流通路线格局，对科学认识远古时期人类文化的交流形成时间、方式和渠道有了全新的认识，对全面深刻认识习近平同志提出的"一带一路"倡议和构建人类命运共同体的战略思想有着积极的参考价值；它也将对全面认识齐文化开放、包容、务实的经济文化特色和先秦时期齐国临淄不仅是国内最大的商贸文化城市，而且也是我国先秦时期唯一的一座国际商贸城市提供了科学依据，对此的研究对于深入理解齐文化外向型的工商文化特色和内涵，有着重要的现实意义和深远的历史意义。

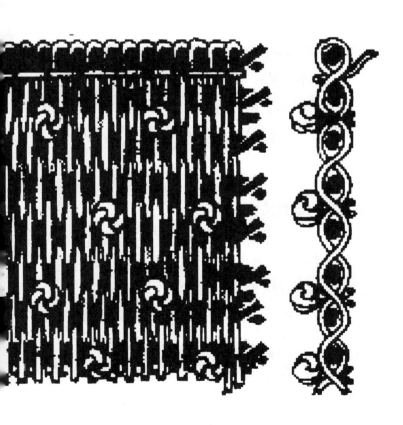

丝织业中心的出现是丝织业生产水平发展到一定高度的重要标志。我国是世界上最早植桑、养蚕、缫丝、织绸的国家，而且是在相当长的一段历史时期内唯一的国家。据史书记载，我国最早出现的丝织中心，可以追溯到 2500 年前左右，即春秋战国时代以临淄为中心的齐鲁地区。① "齐纨鲁缟"是当时极负盛名的丝绸品种。齐国生产的"冰纨、绮绣、纯丽"等高档精细的丝织品，不但做到了国内"人民多文采布帛"，而且还大量输出，畅销各地，以至于"天下之人冠带衣履皆仰齐地"，即《史记》《汉书》所称道的齐国"冠带衣履天下"②。"由远古一直到唐朝，蚕桑事业的中心一直是在黄河流域，而且是在它的下游各地。那里不仅分布的地区广阔，而且丝织品的质量也显得优异。"③

到了汉代，齐地仍是全国的丝织业重镇。西汉时在临淄设有"三服官"，每年用精美的丝织品制作皇室宫廷所用的春、夏、冬三季的服装，所以有"三服"之称。颜师古更具体地指出："三服官，主作天子之服。"④ 可见，汉代齐地的丝织品档次规格是很高的。也正是由于齐地丝织品的品种多、档次高，赢得皇室宫廷及官府的赞誉，使齐地的丝织品通过丝绸之路走向了世界。

一 西周时期齐国的纺织业

蚕桑事业在中国古代男耕女织的农业社会经济中占用重要地位，不论官府还是民间都有祭祀蚕神的习俗。《谷梁传·桓公十四年》："天子亲耕以共粢盛，王后亲蚕以共祭服。"《韩诗外传》卷三："先王之法，天子亲耕，后妃亲蚕，先天下忧衣与食也。""亲蚕"之礼，即季春之月王后躬亲蚕事的典礼。王后亲蚕，有定制的祭服——鞠衣。

---

① 于孔宝：《古代最早的丝织业中心——谈齐国"冠带衣履天下"》，《管子学刊》1992 年第 2 期。
② 《史记·货殖列传》《汉书·地理志下》。
③ 史念海：《陕西地区蚕桑事业盛衰的变迁》，载《辛树帜先生诞辰九十周年纪念论文集》，农业出版社，1989 年。
④ 《汉书·贡禹传》颜师古注。

鞠衣古代王后六服之一，九嫔及卿妻亦服之，其色如桑叶始生，又谓黄桑服，春时服之。《周礼·天官·内司服》："掌王后之六服。"郑玄注："鞠衣，黄桑服也，色如鞠尘，象桑叶始生。"《礼·月令》"季春之月"："天子乃荐鞠衣于先帝。"鞠衣为王后率领民妇礼祭蚕神、告桑的礼服，也是诸侯之妻帮助君王礼祭宗庙的祭服。① 可见蚕桑事业在上古时代重要性。

姜太公封齐建国，大力发展蚕桑事业，丝织业得到长足发展，秀出诸侯，以至于"冠带衣履天下"。

《史记·周本纪》曰："武王追思先圣王，乃褒封神农之后于焦，黄帝之后于祝，帝尧之后于蓟，帝舜之后于陈，大禹之后于杞。于是封功臣谋士，而师尚父为首封。封尚父于营丘，曰'齐'。"

《史记·货殖列传》说："故太公望封于营丘，地潟卤，人民寡，于是太公劝其女工，极技巧，通鱼盐，故齐冠带衣履天下，……海岱之间，敛袂而往朝焉。"《盐铁论·轻重》篇也说："姜太公封于营丘，辟草莱而居焉。地薄人少，于是通末利之道，极女工之巧，是以邻国交于齐，财畜货殖，世为强闻。"姜太公封于齐，因地制宜，重视发展纺织业与鱼盐之利，齐国很快富强起来。齐国的纺织业由于姜太公的重视得到长足发展著称于世。

当时泰山南北种桑养蚕事业非常发达，最为司马迁所称道："齐带山海，膏壤千里，宜桑麻"，"邹鲁滨洙泗……颇有桑麻之业"。他还说："沂泗水以北，宜五谷桑麻六畜。""齐鲁千亩桑麻……其人皆与千户侯等。"② 这种普遍种植桑麻的情形，更为籍居邹地的孟子所熟悉，他在游说梁惠王的时候，脱口就说出"五亩之宅，树之以桑"，③ 可见已是当时较为普遍的现象。《尚书·禹贡》曰："济、河惟兖州，厥贡漆、丝。海、岱惟青州，厥篚檿、丝。"《释木》云："檿桑，山桑。""檿丝"，是蚕食檿桑，所得丝韧，中琴瑟弦也。

司马迁在《史记·货殖列传》中评说各地之特产时特意提到"齐鲁千亩桑麻"，谓鲁"颇有桑麻之业"，谓齐"膏壤千里，宜桑麻，人民多文采布帛"。《韩非子·说林上》说："鲁人身善织屦，妻善织缟。"杜甫《忆昔》有"齐纨鲁缟车班班，男耕女织不相失"的诗句，都说明齐鲁一带向有重丝织业的传统。

---

① 见百度百科：https://baike.baidu.com/item//12508651，2019 年 2 月 17 日访问。
② 《史记·货值列传》。
③ 《孟子·梁惠王》。

齐国是西周功臣姜太公吕尚的封国。太公一就国就因地制宜，随俗而行，"劝其女工，极技巧"。[①]"女工"就是纺织业。因为妇女是纺织业的主要承担者，正如《考工记》所说："治丝麻以成之，谓之妇功。""妇功"是"国有六职"之一。重视纺织业是太公治理齐国的重要措施之一，并收到了良好的效果，为齐国经济的繁荣且成为诸侯国中最富强者奠定了基础。以致太公后的历代当政者，都很重视桑蚕丝织业。

周初，姜太公建立货币制度。《汉书·食货志》记载："凡货，金钱布帛之用，夏殷以前其详靡记云。太公为周立九府圜（圆）法：黄金方寸，而重一斤；钱圜（圆）函方，轻重以铢；布帛广二尺二寸为幅，长四丈为匹。故货宝于金，利于刀，流于泉，布于布，束于帛。"《周官·载师职》记载："凡宅不毛者有里布。"郑玄注："里布者，布参印书，广二寸长二尺为布。贸易物。诗云'抱布贸丝'，抱此布也。"《礼记·杂记》云："币一束，束五两，两五寻。"郑注："十个为束，两者合其卷，是谓五两。八尺寻，两五寻，则每卷二丈也，合之则四十尺，今谓之匹。"《礼记·王制》亦说："布帛精粗不中数，幅广狭不中量，不鬻于市；蠹色乱正色，不粥于市。"可见，布帛作为交易之媒介，充当货币之用，且有规制，轻重长阔各有标准，不合乎标准者，既不能用于纳贡，也不能上市售卖。"西周纺织品生产，除了用于贡纳外，丝、帛、麻布都被广泛用于商品交换，甚至还被用作一种交换手段在社会上流通。"[②]

二 春秋战国时期齐国的丝织业

战国时齐国丝织品举世闻名，能"织作冰纨绮绣纯丽之物，号为冠带衣履天下"。"齐（济）阴之缣""亢父之缣"均为名产。

（一）劝课蚕桑与蚕桑丝织业政策

春秋时代，由于官府的重视和扶持，齐国的桑蚕丝织业有了较大发展。《管子·问》把"处女操工事者几何人"列为国势调查项目；《山国轨》也说，一乡的妇女全年进行纺织，其成品多少，把成品按时价折算出总值，供全家人口穿用后还剩余多少？据《山权数》记载，管仲建议齐桓公说："民之通于桑蚕，使蚕不疾病者，皆置之黄金

① 《史记·货殖列传》。
② 李仁溥：《中国古代纺织史稿》，岳麓书社，1983年，第22页。

一斤，直食八石。"并且还说："谨听其言而藏之，使师旅之事无所与。"百姓当中有熟悉蚕桑技术、能防治蚕病的人，政府应采纳他们的意见，并给予黄金一斤或粮食八石的物质奖励，而且还要给予免除兵役的优待。管仲为相，如此重视掌握植桑育蚕技术和蚕病防治的专门人才，反映了桑蚕业在齐国作为很重要的生产事业而备受重视。

齐国统治者对桑蚕丝织业还给予优惠的政策。《管子·国蓄》说："春赋以敛缯帛。"即春天给予桑农贷款，以补桑农生产资金的不足，到收获时桑农只需以其"缯帛"这种丝织品抵偿贷款就可以了。实际上，就是政府与桑农签订预购合同，预付资金，计价收购。这种方式对桑农来说，既可以保证他们生产以前的准备，又可以保证生产后的产品销路，避免生产荒废。而对于国家来说，也是有利可图的。提前预购并预付部分资金，虽占去部分资金，却保证了蚕茧和丝织品的基本来源，并能有效地防止奸商插手和酿成"蚕茧大战"的可能。所以最终获利的还是国家，桑农也不受损失。故管子总结说："民无废事而国无失利。"

齐国重视桑蚕丝织业，不仅表现于"桑麻植于野"，[①] 而且还表现在大量的家庭桑园上。对一般百姓来说，要求住宅周围必须种植桑树。《管子·山国轨》规定："宫中四荣，树其余者曰：'害女工。'""宫"即住宅，古时百姓住宅也可称作宫。"四荣"指四方屋翼，此处借指住宅四周空闲地方。就是说，凡百姓住宅旁侧，只准种植桑树，供妇女采桑养蚕。如果种植其他树木，则以妨害养蚕、织帛为由予以取缔。《孟子·梁惠王上》所谓"五亩之宅树之以桑，五十者可以衣帛矣"，就是对家庭桑蚕业的反映。

至于家庭桑园，是就大贵族家庭而言的。《左传》和《国语》都记载着这样一个故事：晋国公子重耳流亡到了齐国，齐桓公对他很友好，不但盛情款待，而且还将自己的一个宗女姜氏嫁给了他。于是，重耳流连忘返，"乐不思蜀"，不再做回国创业的积极打算，只想定居于齐国，可是，一起跟随重耳流亡的人，看到他们的主人没有回晋国建立功业的意思，就在一天清晨，在桑园里秘密谋划怎样才能使重耳早日返回晋国。恰巧，姜氏的蚕妾在桑树上采收桑叶，重耳随从的密谋，她听得一清二楚，便把这事告诉了姜氏。谁知，姜氏也不赞成丈夫整天在齐国混日子、碌碌无为。姜氏为了防止泄密，竟将她的蚕妾杀了，还设法劝导、帮助重耳离开了齐国。重耳便是后来春秋五霸之一的晋文公。从这个故事可以知道，在齐国种桑养蚕是很普遍的，除了野外有大片大片的桑林外，大贵族的家里也有很大的桑园。大贵族及其弟子虽不亲自植桑

---

① 《管子·立政》。

养蚕，但却有专职的家奴来从事家庭桑蚕业。齐国这类关于桑蚕的故事，古书中不乏记载。故事来源于现实生活，并有其所本。这些故事从一个侧面反映了春秋时代齐国的桑蚕业是相当发达的。

临淄东周殉人墓出土的大量蚕形饰器，亦可反映出齐国统治者对桑蚕丝织业的重视。蚕形器出于陪葬坑，仅用于佩饰组合的就有 31 个。这些蚕形器由"玉髓和玛瑙制成，形如蚕，中部有穿孔，首端有撞痕迹，器形大小有序，最大的长 11.5 厘米，最小的长 5 厘米"。在六组玉髓佩饰中，有五组是由环和蚕形饰组成的，似系挂于下身。在水晶佩饰中，有两组是有蚕形器的，它以水晶环和玉髓蚕形器为挈领和饰尾。这种组合的佩饰可能就是项链。[①] 蚕形器饰于身上和用于项链，足见蚕在齐国人心目中的崇高地位。

（二）采桑女与正宫

宿瘤女，战国时期齐国东郭人，因脖颈处长一肉瘤，人称宿瘤女；因终日以采桑为业，亦称"采桑女"；又因睿智聪明，被齐湣王纳为正宫。

刘向在《列女传》中为其立传《齐宿瘤女》：

> 宿瘤女者，齐东郭采桑之女，闵王之后也。项有大瘤，故号曰宿瘤。初，闵王出游，至东郭，百姓尽观，宿瘤女采桑如故。王怪之，召问曰："寡人出游，车骑甚众，百姓无少长皆弃事来观，汝采桑道旁，曾不一视，何也？"对曰："妾受父母教采桑，不受教观大王。"王曰："此奇女也，惜哉宿瘤！"女曰："婢妾之职，属之不二，予之不忘，中心谓何，宿瘤何伤？"王大悦之曰："此贤女也。"命后车载之，女曰："赖大王之力，父母在内，使妾不受父母之教，而随大王，是奔女也。大王又安用之？"王大惭，曰："寡人失之。"又曰："贞女一礼不备，虽死不从。"于是王遣归，使使者加金百镒，往聘迎之。父母惊惶，欲洗沐，加衣裳，女曰："如是见王，则变容更服，不见识也，请死不往。"于是如故，随使者，闵王归见诸夫人，告曰："今日出游，得一圣女，今至斥汝属矣。"诸夫人皆怪之，盛服而卫，迟其至也，宿瘤，骇，宫中诸夫人皆掩口而笑，左右失貌，不能自止，王大惭曰："且无笑不饰耳。夫饰与不饰，固相去十百也。"女曰："夫饰与不饰，

---

① 山东省博物馆：《临淄郎家庄一号东周殉人墓》，《考古学报》1977 年第 1 期。

相去千万，尚不足言，何独十百也！"王曰："何以言之？"对曰："性相近，习相远也。昔者尧舜桀纣，俱天子也。尧舜自饰以仁义，虽为天子，安于节俭，茅茨不翦，采椽不斲，后宫衣不重采，食不重味。至今数千岁，天下归善焉。桀纣不自饰以仁义，习为苛文，造为高台深池，后宫蹈绮縠，弄珠玉，意非有餍时也。身死国亡，为天下笑，至今千余岁，天下归恶焉。由是观之，饰与不饰，相去千万，尚不足言，何独十百也。"于是诸夫人皆大惭，闵王大感，立瘤女以为后。出令卑宫室，填池泽，损膳减乐，后宫不得重采。期月之间，化行邻国，诸侯朝之，侵三晋，惧秦楚，立帝号。闵王至于此也，宿瘤女有力焉。及女死之后，燕遂屠齐，闵王逃亡，而弑死于外。君子谓宿瘤女通而有礼。诗云："菁菁者莪，在彼中阿，既见君子，乐且有仪。"此之谓也。

　　颂曰：齐女宿瘤，东郭采桑，闵王出游，不为变常，王召与语，谏辞甚明，卒升后位，名声光荣。

（三）齐国的丝织品

古代齐国的丝织业，在汉以前较其他地区发达，从而成为我国最早的丝织业中心。[①] 我们从史书记载中，可以知道齐国生产的丝绸品种丰富，有罗、帛、绉、纂、绣、缣、缯、纱、绨、绫、绢、绮、纨、缟、縠、锦等。到汉代，临淄三服官，专为皇室宫廷制作绮绣、冰纨、方空縠、吹絮纶等精细丝织品，成为皇室宫廷春夏冬三季所需服装的基本丝织物。

1. "衣必文绣"

《国语·齐语》记有齐桓公对管仲说："昔吾先君襄公……唯女是崇，九妃六嫔，陈妾数百，食必粱肉，衣必文绣。""文绣"是指刺绣彩色花纹的丝织品或服饰。《管子·五辅》亦云："女以巧矣，而天下寒者，其悦在文绣。"而对于丝织品的其他花色品种，《战国策·齐策四》管燕得罪齐王章也有记载，田需对齐王说："下宫（后宫）糅罗纨（细绢）、曳绮（有纹绢）、縠（绉纱）而士不得为边缘（衣的滚边）。"可以看出，齐国丝织品多而精美，这些高档丝织品在宫廷及贵族中已成为不甚爱惜之物。比如，齐君将文绣作马衣与台榭之饰。《战国策·齐策四》鲁仲连谓孟尝君说："君之厩

---

　　① 于孔宝：《古代最早的丝织业中心——谈齐国"冠带衣履天下"》，《管子学刊》1992 年第 2 期，中国人民大学报刊资料中心《先秦秦汉史》1992 年第 11 期转载。

马百乘，无不披绣衣而食菽粟者。……后宫十妃，皆衣缟纻，食粱肉。"《晏子春秋·外篇》第八章也记载："景公赏赐及后宫，文绣披台榭。""君之玩物，衣以文绣。"并且，比这些高档丝织品更高级的灿烂精细的"织锦"也在齐国生产出来，并在君主及贵族中开始服用。锦是丝绸中最为鲜艳多彩、绚丽华美的产品，人们往往用"锦上添花"赞美那些好上加好的事物，可见锦之臻美是尽人皆知的。但当时其产量还不大，只能是贵族独占的奢侈品。也由此它有时被认为是奢侈和亡国的象征。

2. 锦绣絺纻，本兴于齐

《说苑·反质》所记《墨子佚文》，墨子言"锦绣絺纻，乱君之所造也，其本皆兴于齐"：

禽滑厘问于墨子曰："锦绣絺纻，将安用之？"墨子曰："恶，是非吾用务也。古有无文者得之矣，夏禹是也。卑小宫室，损薄饮食，土阶三等，衣裳细布。当此之时，黻无所用，而务在于完坚。殷之盘庚，大其先王之室，而改迁于殷，茅茨不剪，采椽不斫，以变天下之视。当此之时，文采之帛，将安所施？夫品庶非有心也，以人主为心，苟上不为，下恶用之？二王者以化身先于天下，故化隆于其时，成名于今世也。且夫锦绣絺纻，乱君之所造也，其本皆兴于齐，景公喜奢而忘俭，幸有晏子以俭镌之，然犹几不能胜。夫奢安可穷哉？纣为鹿台糟丘，酒池肉林，宫墙文画，雕琢刻镂，锦绣被堂，金玉珍玮，妇女优倡，钟鼓管弦，流漫不禁，而天下愈竭，故辛身死国亡，为天下戮，非惟锦绣絺纻之用耶？今当凶年，有欲予子随侯之珠者，不得卖也，珍宝而以为饰；又欲予子一钟粟者，得珠者不得粟，得粟者不得珠，子将何择？"禽滑厘曰："吾取粟耳，可以救穷。"墨子曰："诚然，则恶在事夫奢也？长无用，好末淫，非圣人所急也。故食必常饱，然后求美；衣必常暖，然后求丽；居必常安，然后求乐。为可长，行可久，先质而后文，此圣人之务。"

《管子·轻重丁》记载，桓管以织锦"镈枝兰鼓"作为治道手段，以解贫民之急：

管子曰："惟反之以号令为可。请以令贺献者皆以镈枝兰鼓，则必坐长什倍其本矣，君之栈台之职亦坐长什倍。请以令召称贷之家，君因酳之酒，太宰行觞。桓公举衣而问曰：'寡人多务，令衡籍吾国。闻子之假贷吾贫萌，使有以终其上令。寡人有镈枝兰鼓，其贾中纯万泉也。愿以为吾贫萌决其子息之数，使无券契之责。'称贷之家皆齐首而稽颡曰：'君之忧萌至于此！请再拜以献堂下。'桓公曰：'不可。子使吾萌春有以傅耜，夏有以决芸。寡人之德子无所宠，若此而不受，寡人不得于心。'故称贷之家曰皆：'再拜受。'所出栈台之织未能三千纯也，而决四方子息之数，使无券契之责。四方之萌闻之，父教其子，兄教其弟曰：'夫垦田发务，上之所急，可以无庶乎？君之忧我至于此！'此之谓反准。"

马元材《管子轻重篇新诠》云："'镰枝兰鼓'是一种美锦之专名。其取义或用其上织有'镰枝兰鼓'之花纹耳。"

《礼记·王制》"锦文珠玉成器，不粥于市"的记载，说明锦这些丝织品珍贵而量少，再加上等级观念，它还不能作为商品出现于市场上。但锦的出现，毕竟反映了丝绸纺织业中又增添了一个诱人的新品种，反映了丝织业发展的新水平。

《汉书·元帝纪》曾说到"齐三服官"，李斐注曰："齐国旧有三服之官。"这里"旧有"的意思，是说汉代以前先秦时期的齐国就已经设立了服官，只不过那时的规模不如汉代大。对此，山东郎琊人贡禹在汉元帝即位时的奏言中说："故时齐三服官输物不过十笥，方今齐三服官作工各数千人，一岁费数巨万。"三服官其织工人数和花费资金远远超过设在京都长安的东西织室和设在陈留郡襄邑的服官，可见其规模之大。三服官生产规模大，皇室每年要专拨数亿钱的经费，看来其产品也必定是一流的。颜师古注《汉书·贡禹传》说："三服官主作天子之服，在齐地。"《汉书·元帝纪》如淳注云："《地理志》曰齐冠带天下。胡公曰服官主作文绣，以给衮龙之服。"三服官主要是为皇室宫廷生产丝织品的。一年当中，春夏冬所用的高档丝织品主要来源于三服官。李斐注《汉书·元帝纪》说："春献冠帻縰为首服，纨素为冬服，轻绡为夏服，凡三。""冠冠帻縰"即头纱，这种纱叫方目纱或方孔纱，是平纹组织，经纬密比较稀疏，可能就像现今的"纱巾"。"纨素"即平纹组织的丝织品，即今日的绢。"轻绡"是轻薄似纱的平纹组织的薄绢。另外，"绮绣"这种起花的五彩绸，在齐国的丝织品中占有突出地位。绮是"织素为纹"，就是素地织纹起花的丝织品。绣是"刺彩为纹"，就是用彩色丝线在丝织物上刺绣出各种图案或文字。在临淄生产的高级丝织品中，并有冰纨、方空縠、吹絮纶等名色。"冰纨"是指细致、鲜洁、纯白的丝织品；"方空縠"是指花纹方空、纱薄如空的丝织品；"吹絮纶"是指轻薄似絮、细致轻柔的丝织品。这些都是汉代最精美的高级华丽织物，反映了汉代丝织品的水平，因而备受皇室的青睐。

3. "多文采布帛"

齐国的染织业也是很发达的。《管子·轻重丁》载："昔莱人善染，练茈之于莱纯锱，缟綈之于莱亦纯锱也。其于周，十金。"这是说，春秋时为齐所灭的莱国人擅长染色工艺，紫色的绢、紫青色的丝绨价格比周地要便宜十倍。

又据载，齐桓公喜欢穿紫服，尽管紫服的价格比素色的要贵数倍，但左右大臣及举国百姓却仿而效之。一时间，紫服成为时装，紫色成为齐国的流行色。《韩非子·外储说左上》是这样记述的："齐桓公好服紫，一国尽服紫。当是时也，五素不得一紫。桓公患之，谓管仲曰：'寡人好服紫，紫贵甚，一国百姓好服紫不已，寡人奈何？'管仲曰：'君欲止之，何不试勿衣紫也？谓左右曰：吾甚恶紫之臭！于是左右适有衣紫而进者，公必曰：少却，吾恶紫臭。'公曰：'诺。'于是日，郎中莫衣紫；其明日，国中莫衣紫；三日，境内莫衣紫也。"

由于桓公好紫，以至于出现了"齐紫败素"的情况。《战国策·燕策一》："臣闻智者之举事也，转祸而为福，因败而成功者也。齐人紫败素也，而价十倍。"齐国因齐桓公喜欢紫色的衣服，齐人喜欢穿紫色衣服，因而价格猛涨，将质地低劣的白绢染成紫色出售，为帛的十倍，可获巨利，实际上是败素。《史记·苏秦列传》："齐伐宋，宋急，苏代乃遗燕昭王书曰：虽然，智者举事，因祸为福，转败为功。齐紫，败素也，而贾十倍；越王勾践栖于会稽，复残强吴而霸天下：此皆因祸为福，转败为功者也。"《集解》徐广曰："取败素染以为紫。"《正义》："齐君好紫，故齐俗尚之。取恶素帛染为紫，其价十倍贵于馀。喻齐虽有大名，而国中以困弊也。韩子云：'齐桓公好服紫，一国尽服紫，当时十素不得一紫，公患之。管仲曰："君欲止之，何不试勿衣也？"公谓左右曰："恶紫筏。"公语三日，境内莫有衣紫者。'"《索隐》："谓紫色价贵于帛十倍，而本是败素。以喻齐虽有大名，而其国中困毙也。"《论语·阳货》：子曰："恶紫之夺朱也，恶郑声之乱雅乐也，恶利口之覆邦家者。"何晏集解引孔安国曰："朱，正色；紫，间色之好者。恶其邪好而夺正色。"后因以"朱紫"喻正与邪、是与非、善与恶。

1983年河南光山发现的春秋晚期黄夫人孟姬墓，出土了丝织品残片6件，其中有紫色绣绢2件、绢4件。2件紫绢，质地均匀，绣窃曲纹，锁绣针法，有三色或四色线绣成。有人说此类紫绢可能就是"齐冠带衣履天下"的齐紫。①

《晏子春秋·内篇谏下》亦载："公衣黼黻，素绣之裳，一衣而五采具焉。"《考工记·画缋》："画缋之事：杂五色。……青与赤谓之文，赤与白谓之章，白与黑谓之黼，

---

① 中国国家博物馆：《文物春秋战国史》，中华书局，2009年，第66页。

黑与青谓之黻，五采备谓之绣。"这些记载，反映了齐国人喜欢穿多彩的服装，并能随时尚而变更他们所喜好的服装，这也反映了齐国的印染业比较发达的状况。

"男耕女织"成了不可移易的习惯和传统。正如《管子·揆度》所说："男有常业，女有常事，一农不耕，民有为之饥者，一女不织，民有为之寒者。"孟轲见梁惠王时，也说到老百姓在房前屋后植桑，妇女养蚕织绸的活动："五亩之宅，树墙下以桑，匹妇蚕之，则老者可以衣帛矣！"在济阳县姜集乡刘台村西周早期墓就发现了红黑相间的丝织物印痕多处。其染料分别是朱砂和石黄，而且是画上去的，而黑色却由单宁质和铁盐作用后显现的，说明当时齐国杰出的纺织工匠已经掌握了媒染性染料的技术。考古工作者在临淄郎家庄东周殉人墓中发掘出一批炭化了的丝物残片，其中有经二重锦、丝编织物、刺绣物、绢和绣花绢，其织作技术，丝绸史界公认为一流。

4. 帛书在齐国的使用

我国利用蚕丝织绸最早，古人就是利用丝织品作书写材料，与竹木相辅而行。帛书就是写在丝织品上的书，帛书是我国古代特有的文字载体。帛也有缣、素等名称，古人也称帛书为缣书、素书。在帛上面写字，很早就已开始。古代文献中凡是提到图书的地方，常常是竹书与帛书并称。如《韩非子·安危》说："先王寄理于竹帛。"《墨子·明鬼》说："书之竹帛，传遗后世子孙。"而明确记载使用帛书最早的事例，乃是春秋第一霸主齐桓公当政时期。《晏子春秋·外篇》二十四章载有齐景公与晏子的一段对话："昔吾先君桓公，予管仲狐与谷，其县十七，著之于帛，申之以策，通之诸侯，以为其子孙赏邑。"这是说齐桓公封给管仲狐与谷等地，将此事写在帛书上作为信证。当时一般使用简书，而帛书则是鲜见的，这段记载说明春秋齐桓公时，帛书已在齐国开始使用。因为齐国丝织业一向发达，且用帛书写比用竹木书写有很多优点。用帛书写可以根据篇幅的长短，剪裁下来，能随意折叠舒卷。在书写、使用、携带、保藏等方面，比起体积庞大、笨重的简书要方便得多。唐徐坚《初学记》卷二十一载："古者以缣帛依书之长短，随事裁之。"《字诂》亦云："古之素帛，依书之长短，随事裁绢。"造纸术发明前，简帛并行。《后汉书·蔡伦传》载："自古书契多编竹简，其用缣帛者谓之纸，缣贵而简重，并不便于人。伦乃造意，用树肤、麻头、敝布、渔网以为纸。元兴元年奏上之。帝善其能，自是莫不以用焉，故天下咸称'蔡伦纸'。"帛书比简策有更多的优越性，但是帛比较昂贵，一般诸侯国特别是丝织业不发达的诸侯国还是用不起的，读书人更是可望而不可即。即便是刘向奉皇令校书，也是先书之于简，再誊之于帛。《太平御览》卷六百零六引应劭《风俗通义》说："刘向为孝成皇帝典较书籍二十余年皆先竹书改昌刊定，可缮写者以上素。"

春秋时代，帛书比较少见，不及简书普及，其主要原因就在于丝帛昂贵。而在鲜用帛的时代，齐国已用之，恰恰证明了齐国的丝织业较其他诸侯国发达。

5. "文锦使诸侯"

颜师古注《汉书·地理志下》"冠带衣履天下"说："言天下之人冠带衣履皆仰齐地。"这说明了齐国的丝织品源源不断地输往各地。《管子·小匡》记载，齐桓公为了称霸诸侯，除以武力震慑外，还给予小恩小惠，收买人心。齐桓公对归附地的诸侯，少收进见礼，多给回敬之物。在回敬之物中，就有丝织品。"诸侯以缦帛鹿皮四介以为币，齐以文锦虎豹皮报。"就是说，诸侯用素绸和鹿皮为礼币敬献齐国，齐则用花锦（"文锦"，即用彩色丝线织成有各种图案花纹的高级丝织品）和虎豹皮作为回敬礼品。素绸当然不能和花锦相提并论。齐国的花锦作为齐与诸侯交往的礼品而成为走向他乡的一种途径。齐景公四年（前544年），晏子出使郑国，临别时，亲手赠予郑相子产数十匹白经赤纬的彩绸。可见，春秋时，由于齐国的丝绸品种比其他诸侯国多，质量也较他国为高，所以常常被齐国统治者作为笼络人心和外交往来的高级礼品。

由于齐国的丝织品生产规模巨大，当地的蚕丝不能完全满足生产需要，有时还要进口他国的蚕丝。如《晏子春秋·内篇杂上》就记载：晏婴治齐，"诸侯忌其威，而高国服其政，田畴垦辟，蚕桑豢收之处不足，丝蚕于燕，牧马于鲁，共贡入朝"。

战国时，齐国的丝织业成就辉煌，其出产的薄质罗纨齐缟和精美刺乡绣都闻名列国，畅销各地。秦国宰相李斯《谏逐客书》提到各地输入秦国的名贵特产，就有阿缟（齐国东阿所产）之衣，锦绣之饰。北魏郦道元《水经注·河水五》："（东阿）县出佳缯缣，故《史记》云，秦昭王服太阿之剑、阿缟之衣也。"《范子计然》谓："白素纨，出齐鲁。"

1953年长沙仰天湖战国墓葬中出土了一部分丝织物，虽然年久腐朽，与泥土相混，看不出原物的形状，但经纬纤细，文理清楚，颜色未褪，是一批制作精美的丝织物，同墓出土的竹简上大部分记载的是衣衾锦绣之名称。这批竹简叫"遣册"，是生人赠送死者的物品清单。"遣册"明确记载有齐国的阿缟。可见，齐国的阿缟也行销到了楚国。

据《左传·成公二年》楚国攻打鲁国，至阳桥（鲁地，今山东泰安附近），鲁"孟孙请往赂之，以执斲（工匠）、执针（女工）、织纴（织工）皆百人"。是说楚国侵犯鲁国，鲁国送给楚国匠人、裁缝、织绸的奴隶各有一百人。可见鲁国丝织业技艺水平之高。到汉代，齐国的丝绸更是誉满天下，通行各国。临淄设有专门为皇室宫廷制作绮绣、冰纨、方空縠、吹絮纶等高级丝织品的三服官。东汉人《玉海·急就篇》末增附两章，其中在第一章中写道："齐国给献素缯帛，飞龙凤凰相追逐。"反映了齐国丝织品的图案生动形象。

齐国的名牌丝织品，质量上乘，自然会吸引各地商人竞相贩运，以致畅销各地。如大商人陶朱公范蠡就沿济水经商往来于临淄、陶邑之间，"十九年之中，三致千金"，[①] 其经营的货物当有饮誉各国的齐国丝织品。更何况，齐国历来重视商品贸易，齐国的商人"负任担荷，服牛轺马，以周四方"，[②] 足迹遍及各国。而且，齐国还弛关市之征，建立招待商人的客舍，免费食宿，设"女闾"，来吸引外商。一时间，天下商贾归之若流水，齐国都城临淄成为天下一大都会。商人获得巨利，齐国则成为"冠带衣履天下"的丝织品生产大国。

综上可知，汉代以前，无论是文献史料记载还是考古发掘验证，齐鲁地区的桑蚕丝织业一直是兴旺发达的，居于全国的领先地位，为我国丝织业的发展做出了重大贡献。这也为尔后这一地区丝织业的继续发展并成为丝绸之路的主要供货地奠定了良好基础，使"冠带衣履天下"的梦寐成为现实。

7. 齐国丝织业生产方式

齐国丝织业的兴盛发达，有主、客观两方面原因。就主观原因而言，就是齐自封国以来，桑蚕丝织业都受到齐国统治者的高度重视；到了汉代，又受到汉皇室的特别扶持。客观方面的原因主要是齐国拥有雄厚的原料生产基地。桑树在古代齐地种植历史悠久，被称为神木。太公望吕尚封齐，利用当地丰富的桑蚕资源，大力发展桑蚕丝织业。春秋战国时，齐国成为"膏壤千里，宜桑麻，人民多文采布帛""冠带衣履天下"的泱泱大国。到汉代，齐国的桑蚕业依然保持着兴盛的势头，仍是全国的丝织业生产中心。

齐国经济成分的多元化，为丝织业发达的奠定了基础。丝织业如同盐铁一样，也是齐国经济的支柱产业，统治者与普通百姓都比较重视。在齐国，既有以"男耕女织"为特征的小农家庭副业的丝织品生产，也有独立的私营手工业者的织造作坊，还有官府的国营丝织生产。作为小农家庭副业的丝织品生产，在齐国占有重要地位。古代齐国，纺织手工业在小农家庭中尤显得重要。这是因为，农民一方面要满足家庭生活的

① 《史记·货殖列传》。
② 《国语·齐语》。

自给自足的需要，另一方面还要以丝绢代金为税。《管子·轻重乙》记载："夫岁有四秋，而分有四时。故曰：农事且作，请以什伍农夫赋耜铁，此之谓春之秋。大夏且至，丝纩所作，此之谓夏之秋。而大秋成，五谷之所会，此之谓秋之秋。大冬营室中，女事纺绩缉缕之所作也，此之谓冬之秋。"一年当中，有两个纺织时节，一是大夏将至，是织丝绸和加工丝絮的时节；一是隆冬农闲时，是妇女纺织的时节。

《汉书·地理志》有一段记述家庭妇女在冬天相聚而纺织的场面。"冬，民既入，妇人同巷，相从夜绩，女工一月得四十五日。必相从者，所以省燎火，同巧拙而合习俗也。"临沂金雀山九号汉墓出土一副帛画："一个身着左衽上衣的劳动妇女正操一架纺车，右手用力运转，左手执一工具扬起抽纱，对面的两个妇女都在看她操作，小孩子在招手向她呼唤，颇有生活气息。"[①] 可以想见，每到纺织季节，齐国妇女夜以继日辛勤纺织的场面。《论衡·程材》言"齐都世刺绣，恒女无不能""日见之，日为之，手狎也"，正是其写照。

齐国的个体小农家庭的纺织手工业，不仅发展速度快，而且产品质量也比较高。在生产出的丝织品保证家庭需要和赋税后，农民就将剩余产品作为商品拿到市场上出卖，获利也比从事农耕大得多。人们为利所诱，纷纷加入丝织大军，齐国的个体家庭丝织生产迅速发展，成为丝织行业的一支新军。

独立的私营丝织手工业者的织造作坊也是丝织品的重要生产基地。齐国的私营织造作坊主要来自两种人：一部分是大贵族。大贵族的家里有桑园，并且有专门的蚕妾采桑养蚕。有的大贵族就是大工商贵族，他们以工商为牟利之道。另一部分是从个体家庭副业丝织手工业者中分化出来的工业主。他们在个体家庭副业织造作坊的基础上，凭借熟练的手工技术，建立起较大的织造作坊，有的举家男女老幼皆参与织造，以丝织为生，成为真正的丝织家庭；有的雇用人员进行生产，自己仅从事织造作坊的管理与产品的销售。他们都有丰富的经验和高超的技术，因而其产品很受欢迎。他们为活跃市场、发展齐国的丝织业起着重大作用。

三 《周礼·考工记》与齐国的丝织业

春秋战国时期齐国的手工工艺都达到了很高的水平，产生了反映先秦手工业技术

---

① 刘家骥、刘炳森：《金雀山西汉帛画临摹后感》，《文物》1977 年第 11 期。

规范和工艺水平的典籍——《考工记》。

儒家经典《周礼》中保存了齐国关于手工业技术规范的官书《考工记》。《周礼》原为《周官》，无《考工记》。《周官》依天地和春夏秋冬四季分为六官，西汉河间献王刘德因《周官》缺冬官篇而得《考工记》补入，于是《考工记》借助《周官》得以传世。刘歆时改《周官》为《周礼》，故亦称《周礼·冬官·考工记》。

《考工记》关于手工业的分工非常精细。如前所引，《考工记》将官营手工业分为"攻木之工""攻金之工""攻皮之工""设色之工""刮摩之工"和"抟埴之工"六大技术门类，其每一门类下划分为若干专业工种，计有 30 个。其中"设色之工"是专门就纺织原料与成品的画绘与染色等工艺而设。今根据戴吾三在《齐文化通论·科技》中所制表列于下：

表 2－1　《考工记》所列技术工种及职责

类号	技术门类	工艺学范畴	工种	序号	技术职责	备注
一	攻木之工	木工艺	轮	1	制作车轮、车盖	
			舆	2	制作车厢	
			弓	3	制作弓架	
			庐	4	制作戈、戟类兵器柄把	
			匠	5	营造城郭、宫室、修筑沟洫水利设施	
			车	6	制作大车、农具	
			梓	7	制作乐器悬架、饮器和箭靶	
二	攻金之工	金属工艺	筑	8	制作书刀	
			冶	9	制作箭镞、戈、戟	
			凫	10	铸造钟（乐器）	
			栗	11	铸造量器	
			段	12	制作金属农具	阙文
			桃	13	铸造剑	
三	攻皮之工	皮革工艺	函	14	制作护身披甲	
			鲍	15	鞣制皮革	
			韗	16	制作鼓	
			韦	17	制作祭服蔽膝之衣	阙文
			裘	18	制作皮衣	阙文

类号	技术门类	工艺学范畴	工种	序号	技术职责	备注
四	设色之工	画绘、染织工艺	画	19	绘或绣制五彩文饰	
			缋	20	绘或绣制五彩文饰	
			钟	21	染治羽毛	
			筐	22	染制布帛	阙文
				23	练丝、练帛	
五	刮摩之工	玉石、骨工艺	玉	24	琢磨礼用玉器	
			榔	25	制作梳	阙文
			雕	26	制作骨质用器	阙文
			矢	27	制作箭	
			磬	28	制作石质打击乐器	
六	抟埴之工	制陶工艺	陶	29	制作甗、甑、鬲等饮食用陶器	
			瓶	30	制作簋、豆盛食物用陶器	

注：《考工记》正文在"舆"之后衍出工种"辀"，系制作车辕。

　　《考工记》对产品制造工艺及其程序有严格的规定。比如《钟氏》记载染羽工艺曰："钟氏染羽，以朱湛丹秫，三月而炽之，淳而渍之。三入为纁（浅红色），五入为緅（青赤色），七入为缁（黑色）。"再如《荒氏》记载练丝、练帛工艺程序说："荒氏涑丝，以涚水沤其丝，七日去地尺暴之。昼暴诸日，夜宿诸井，七日七夜，是谓水涑。涑帛，以栏为灰，渥淳其帛，实诸泽器，淫之以蜃。清其灰而盝之，而挥之，而沃之，而盝之，而涂之，而宿之。明日，沃而盝之。昼暴诸日，夜宿诸井，七日七夜，是谓水涑。"其印染工艺及程序规范而科学，在其记录的练丝、练帛的工艺程序中，"贯彻了一个构想——利用丝胶在碱性溶液中有较大的深解度的特点，先用较浓的碱性溶液（栏灰水）使丝胶洗下来"[1]。再如《栗氏》关于量器的铸造工艺与程序，它指出："栗氏为量，改煎金锡则不耗，不耗然后权之，权之然后准之，准之然后量之。"并进一步指出："凡铸金之状，金与锡黑浊之气竭，黄白次之；黄白之气竭，青白次之；青白之气竭，青气次之。然后可铸也。"如此规范的工艺程序，是手工业达到相当高的水平之后方为可能；反过来，规范的工艺程序，又促进了手工业的进一步发展。

---

① 陈维稷主编：《中国纺织技术史》（古代部分），科学出版社，1984年，第71页。

齐国有专门官员负责煮练丝帛。练丝帛是染色基本的工序。具体过程就是，将生丝和绸坯进行暴练，对丝纤维进行脱胶处理，使丝纤维柔软，并得以漂白，这样就易于染色了。生丝脱胶主要是用草木灰等泡制的碱性液汁浸泡，"昼暴诸日，夜宿诸井"，共计七天七夜，直到把纤维上的丝胶和其他杂质除去。至于绸坯，因为丝线紧密地织造在一起，所以，其中丝胶等杂质就比生丝更难以去掉。经过反复的实践，人们就用碱性比较强的栏木灰和蜃蛤烧成的灰（含有氧化钙）与水配成浓浆，用来浸渍绸坯，经过七天七夜的反复浸晒，既脱了丝胶，又漂了白。这种暴练，实际上就是印染生产过程中的预处理工艺——练和漂。

在印染工艺上，当时的染色法有多次浸染的套色法，把待染的丝麻毛纱或织物几次先后浸入溶有一种或多种不同颜色的染料中，从而染出某种颜色的不同深度的近似色或其他各种新的颜色。《考工记·钟氏》所记"三入为纁，五入为緅，七入为缁"，指的就是这种浸染套色法，即说三次浸入红色染料就染出深红色；将它浸入黑色染料再浸染二次，便染出带红光的浅黑色，再继续浸染二次即得到深黑色。[1] 生丝染成不同的颜色，可以用来织各种色彩的锦；绸坯染好后，就可以直接用来制作衣物用品等。

《考工记》还记有"画缋"一职，负责在丝织品上画绘图案。从染练丝织品的精细分工和生产工艺，可以印证司马迁所说的"人民多文采布帛"的真实性。

《考工记》较全面地反映了先秦时期特别是"春秋时期手工业生产发展的状况，对各项手工业技术，它既记述其然，又多探索其所以然，使我们清楚地看到了我国手工业技术早期总结和提高的真切情况，以及生产的发展、技术的进步与科学理论的概括之间相辅相成的辩证关系"。[2] 它代表了当时所达到的科学技术和工艺以及手工业管理的水平，并对后世产生了深远影响。

四　《管子》与齐国丝织业

管仲，名夷吾，字仲，谥号敬，故又称管敬仲，颍上人。大约生于公元前723年，卒于公元前645年。管仲不但是一个政治家、经济家，而且还是一个卓有成就的思想家。他既有政治、经济、军事的实践与改革，又形成了自己的思想体系。他的"仓廪

---

① 杜石然等：《中国科学技术史稿》，上册，科学出版社，1982年，第115页。

② 杜石然等：《中国科学技术史稿》，上册，科学出版社，1982年，第116页。

实而知礼节，衣食足而知荣辱"，水为万物本原等许多朴素唯物的观点，对后世产生了重大影响，以至于他死后，形成了一个学术派别——管仲学派。管仲学派是中国古代学术发展史上的一个重要流派，它是由管仲奠基、齐国推崇管仲的学者构成，并受到官方扶持的历史悠久、阵容庞大的学术派别。它根植于齐文化的土壤中，对齐学的形成和发展起了重大作用。①

《管子》是管仲学派的著作。《管子》是我国古代的一部重要典籍，正如20世纪初著名学者罗根泽在《管子探源叙目》中所说："《管子》在先秦诸子，裒为巨帙，远非他书可及。……诚战国秦汉学术之宝藏也。"《管子》一书早在战国时就已流传，以至于"今境内之民皆言治，藏商、管之法者家有之"。② 管仲思想是继承太公而来的，在管仲相齐实践中，处处打着太公所确立的务实与通权达变的齐文化印痕，正如《盐铁论·轻重》所记："昔太公封于营丘，辟草莱而居焉。地薄人少，于是通利末之道，极女工之巧。是以邻国交于齐，则畜货殖，世为强国。管仲相桓公，袭先君之业，行轻重之变，南服强楚而霸诸侯。"管仲所袭先君之业，就是太公治齐的谋略与政策。可以说，管仲深谙太公谋略智慧之精髓，故司马迁《史记·管晏列传》说："管仲既任政相齐，以区区之齐在海滨，通货积财，富国强兵，与俗同好恶。……故论卑而易行。俗之所欲，因而予之；俗之所否，因而去之。其为政也，善因祸而为福，转败而为功。贵轻重，慎权衡……故曰：知与之为取，政之宝也。"这段文字，可以为我们提供这样的信息：一是管仲相齐，倚重通货积财，商工之业，以富国强兵；二是因俗而治，与俗同好恶；三是贵轻重，慎权衡，长于通权达变。仅就此三方面看，不难窥见管仲相齐之策中的太公之影。太公建国治齐，是以工商立国，强调的"通商工之业，便鱼盐之利"，没有认识到"农业是整个古代世界的决定性的生产部门"，虽有"冠带衣履天下"之荣，但无长治久安之本，故而出现"中衰"。管仲相齐，在继承太公重工商传统的同时，加强了对农业的重视，将农与士、工、商并列，称之为"国之石民"。并使四民分业而居，处农就田野，让他们及其子孙"少而习焉，其心安焉，不见异物而迁焉"。

《管子》记录了齐国关于蚕桑事业的基本信息，对我们了解春秋战国时代齐国蚕桑事业的发展提供了依据。

---

① 王德敏：《管仲学派研究》，《哲学研究》1990年增刊。
② 《韩非子·五蠹》。

（一）大力发展蚕桑事业

《管子》认为，欲要富国富民，国库里藏有用之不竭的财富，就是要广植桑麻、饲养六畜，并且要设置官员，有司田具体负责。

> 藏于不竭之府者，养桑麻育六畜也；……养桑麻，育六畜，则民富。①
>
> 君之所务者五：……三曰：桑麻不植于野，五谷不宜其地，国之贫也。……桑麻植于野，五谷宜其地，国之富也。②
>
> 使五谷桑麻，皆安其处，由田之事也。③
>
> 宫中四荣，树其余曰害女功。④
>
> 夫山泽广大，则草木易多也；壤地肥饶，则桑麻易植也；荐草多衍，则六畜易繁也。山泽虽广，草木毋禁；壤地虽肥，桑麻毋数；荐草虽多，六畜有征，闭货之门也。故曰，时货不遂，金玉虽多，谓之贫国也。故曰：行其山泽，观其桑麻，计其六畜之产，而贫富之国可知也。⑤

《管子·轻重戊》载："殷人之王，立帛牢，服牛马，以为利民，而天下化之。"帛是丝绸的总称，牢为仓库，说明那时已设立丝绸仓库，丝绸已成为最重要的商品。

《管子·揆度》所说："男有常业，女有常事，一农不耕，民有为之饥者，一女不织，民有为之寒者。"《轻重甲》亦云："一农不耕，民或为之饥；一女不织，民或为之寒。……是君朝令一怒，布帛流越而之天下。"耕织是衣食之源，是社会文明安定的基础；主张勤谨，反对懒惰；主张节俭与蓄积，反对浪费与奢侈。

（二）丝织品可以借贷与支付租税

春秋时期，已经出现了赊贷业。《管子·国蓄》："春赋以敛缯帛，夏贷以收秋实，是故民无废事而国无失利也。"尹知章注："方春蚕家阙乏，而赋予之，约收其缯帛。"春季养蚕时放货，用以敛收丝绸；夏季耕种时放贷，用以收回秋粮；因此，人民不会

---

① 《管子·牧民》。
② 《管子·立政》。
③ 《管子·立政》。
④ 《管子·山国轨》。
⑤ 《八观》。

荒废农事，国家的利益也不会受到损失。

赊贷业主要是农贷，所谓农贷就是在青黄不接之时贷给贫困农民衣食钱财以维持其生活，以使其能从事正常的生产活动。及至夏收、秋收之后，农民再还本付息，国家从中增加了收入，同时也解决了贫困农民的困乏。《管子·问篇》载："问：邑之贫人，债而食者几何家？""人之贷粟米，有别券者（有契券者）几何家？"《管子·国蓄》载："（春赋）以敛缯帛，夏贷以收秋实。是故民无废事，而国无失利也。"亦即春天赋与贫困农民钱粮，在夏天可以收回农民所织的缯帛；夏天贷给农民钱物，秋天又会收回粮食。这样农民能维持其正常的生产，国家也没有损失。这就是说，齐国统治者要把春、夏、秋、冬四时劳动者所用的东西都储存在国家的仓库中，待劳动者需要时借贷给劳动者。这些东西中包括械器、衣服等等。到用完后，再还给官府，并把借贷时的契券销毁。国家机构所从事的这种借贷业，有利于劳动者正常生产的进行，对国家也有利，因此是应当肯定的。

没有黄金可以用丝绢代替，细绢三十三制折为黄金一镒。没有绢可以用布，一百匹细白布折为黄金一镒，一镒的黄金即供百乘兵车食用一宿的费用。这样，征收布匹的地方，合六步土地征粮一斗，这是中等年成的税率。

　　无金则用其绢，季绢三十三制当一镒。无绢则用其布，经暴布百两当一镒，一镒之金，食百乘之一宿。则所市之地，六步一斗，命之曰中岁。[1]

　　阳春，蚕桑且至，请以给其口食筐曲之强。若此，则絓丝之籍去分而敛矣。[2]

镂枝兰鼓，是饰有钟鼓台架花纹的名贵美锦。齐桓公以"镂枝兰鼓"换取借贷凭证，为贫民偿还高利贷。《管子·轻重丁》记载：

　　桓公曰："寡人多务，令衡籍吾国之富商、蓄贾、称贷家，以利吾贫萌，农夫不失其本事。反此有道乎？"管子对曰："唯反之以号令为可耳。"桓公说："行事奈何？"管子对曰："请使宾胥无驰而南，隰朋驰而北，宁戚驰而东，鲍叔驰而西。四子之行定，夷吾请号令谓四子曰：'子皆为我君视四方称贷之间，其受息之氓几何千家，以报吾。'"鲍叔驰而西，反报曰："西方之氓者，带济负河，菹泽之萌也。渔猎取薪蒸，而为食。其称贷之家多者千钟，少者六七百钟。其出之，钟也

----

① 《管子·乘马》。
② 《管子·轻重甲》

一钟。其受息之萌九百余家。"宾胥无驰而南。反报曰："南方之萌者，山居谷处，登降之萌也。上斫轮轴，下采杼栗，田猎而为食。其称贷之家多者千万，少者六七百万。其出之，中伯伍也。其受息之萌八百余家。"宁戚驰而东。反报曰："东方之萌，带山负海，若处，上断福，渔猎之萌也。治葛缕而为食。其称贷之家枣丁、惠、高、国，多者五千钟，少者三千钟。其出之，中钟五釜也。其受息之萌八、九百家。"隰朋驰而北。反报曰："北方之萌者，衍处负海，煮沸水为盐，梁济取鱼之萌也。薪食。其称贷之家多者千万，少者六七百万。其出之，中伯二十也。受息之萌九百余家。"凡称贷之家出泉三千万，出粟三数千万钟，受子息民三万家。四子已报，管子曰："不弃我君之有萌中一国而五君之正也，然欲国之无贫，兵之无弱，安可得哉？"桓公曰："为此有道乎？"管子曰："惟反之以号令为可。请以令贺献者皆以镂枝兰鼓，则必坐长什倍其本矣，君之栈台之职亦坐长什倍。请以令召称贷之家，君因酤之酒，太宰行觞。桓公举衣而问曰：'寡人多务，令衡籍吾国。闻子之假贷吾贫萌，使有以终其上令。寡人有镂枝兰鼓，其贾中纯万泉也。愿以为吾贫萌决其子息之数，使无券契之责。'称贷之家皆齐首而稽颡曰：'君之忧萌至于此！请再拜以献堂下。'桓公曰：'不可。子使吾萌春有以傅耜，夏有以决芸。寡人之德子无所宠，若此而不受，寡人不得于心。'故称贷之家曰皆：'再拜受。'所出栈台之织未能三千纯也，而决四方子息之数，使无券契之责。四方之萌闻之，父教其子，兄教其弟曰：'夫垦田发务，上之所急，可以无庶乎？君之忧我至于此！'此之谓反准。"

（三）奖励政策

《管子·山权数》记载：

桓公问于管子曰："请问教数。"管子对曰："民之能明于农事者，置之黄金一斤，直食八石。民之能蓄育六畜者，置之黄金一斤，直食八石。民之能树艺者，置之黄金一斤，直食八石。民之能树瓜瓠荤菜百果使蕃衮者，置之黄金一斤，直食八石。民之能已民疾病者，置之黄金一斤，直食八石。民之知时：曰'岁旦阨'，曰'某谷不登'，曰'某谷丰'者，置之黄金一斤，直食八石。民之通于蚕桑，使蚕不疾病者，皆置之黄金一斤，直食八石。谨听其言而藏之官，使师旅之事无所与，此国策之者也。"

（四）丝织善染

《管子·轻重丁》记载：

> 管子曰："昔者揆度居人之国，必四面望于天下，天下高亦高。天下高我独下，必失其国于天下。"桓公曰："此若言葛谓也？"管子对曰："昔莱人善染。练茈之于莱纯锱，绡绞之于莱亦纯锱也。其周中十金。莱人知之，闻纂茈空。周且敛马作见于莱人操之，莱有推马。是自莱失纂茈而反准于马也。故可因者因之，乘者乘之，此因天下以制天下。此之谓国准。"

（五）丝织品生产

一年当中，要安排纺织时节，以保证丝织品的生产，并作为官员的"四务"之一。《管子·轻重丁》记载：

> 大秋，甲兵求缮，弓弩求弦，谨丝麻之谢物，且为之举。

《管子·轻重乙》记载：

> 夫岁有四秋，而分有四时。故曰：农事且作，请以什伍农夫赋耜铁，此之谓春之秋。大夏且至，丝纩所作，此之谓夏之秋。而大秋成，五谷之所会，此之谓秋之秋。大冬营室中，女事纺绩缉缕之所作也，此之谓冬之秋。

《管子·山国轨》云：

> 桓公曰："何谓四务？"管子对曰："泰春，民之且所用者，君已廪之矣；泰夏，民之且所用者，君已廪之矣；泰秋，民之且所用者，君已廪之矣；泰冬，民之且所用者，君已廪之矣。泰春功布日，春缣衣、夏单衣、捍、宠、累箕、胜、籯、屑、鳝，若干日之功，用人若干，无赀之家皆假之械器、滕、籯、筲、鳝、公衣，功已而归公（衣），折券。故力出于民，而用出于上。春十日不害耕事，夏十日不害芸事，秋十日不害敛实，冬二十日不害除田。此之谓时作。"

（六）女红调查

齐国政府也对女性劳动力非常关注，《管子·问》载做社会调查时有一栏是："处女操工事者几何人？"问男女有巧伎能利备用者几何人？处女操工事者几何人？尹知章注："能操女工之事，谓绮绣之属也。"

同时，还要调查一乡的女劳力全年进行纺织，其成品多少？应当把成品按时价算出总值，全年，供全部人口穿用后，余布多少，实行统计理财方法应该怎么办。

桓公曰："行轨数奈何？"对曰："某乡田若干？人事之准若干？谷重若干？曰：某县之人若干？田若干？币若干而中用？谷重若干而中币？终岁度人食，其余若干？曰：某乡女胜事者终岁绩，其功业若干？以功业直时而棤之，终岁，人已衣被之后，余衣若干？别群轨，相壤宜。"①

另外，统计预测一乡从事纺织的妇女有多少，余布有多少。调查与统计预测，是齐桓公与管子治理齐国的重要模式。

管子对曰："某乡田若干？食者若干？某乡之女事若干？余衣若干？"②

五　重要考古发现

（一）临淄郎家庄春秋末至战国初期墓葬出土麻、丝织品

通过齐国临淄郎家庄一号东周殉人墓所残存的丝织品，也可窥见齐国丝织业的发达。该墓在古代和近代多次被盗掘，棺椁已焚毁，在炭堆中夹杂着不少被烧过的丝织品、残片。因和棺椁一道被焚而炭化，才得以保存下来。现据 1977 年第 1 期《考古学报》发表的《临淄郎家庄一号东周殉人墓》，介绍该墓出土的丝织品和丝编如下：

绢：平纹组织，每平方厘米经丝 76 根，纬丝 36 根。除绢片外，在铜镜等器物上和填土中也发现有已腐朽的绢纹。

锦：标本为经二重组织，每平方厘米约经丝 56×2 根，纬丝 32 根。每根经丝又是双头合股的（是同色丝的合股还是花色丝的合股无从判断），黏度是很不均匀的。测其径向投影宽，经丝为 0.2～0.25 毫米，纬丝为 0.13～0.2 毫米。锦残片完全炭化，外观黯黑，但组织结构却还十分清晰，顺着一根经丝查看，

---

① 《管子·山国轨》。
② 《管子·山国轨》。

在一个（三上一下的）长浮线位置里，可以找到表经浮过夹纬转入背面，里经又浮过同一夹纬转到正面的情况。在这里，表经、里经都只浮过两根纬丝，并且此种现象在相邻的地方是多见的。这正是"经线起花的平纹组织"织物、不同颜色的两组经丝互换位置起花的特征，因而可以确定，锦标本是一件典型的两色织锦残片。它在织造工艺方面已臻于成熟。这是迄今为止我们看到的我国最早的织锦遗物。

刺绣残片：该墓出土的刺绣残片，是在绢地上以丝缕用锁绣针刺绣，以2~3道并成块面花纹。绣工风格比较精放疏朗，针脚长短不甚整齐。用丝也略分粗细，目的在于增强纹饰的表现力。绣花的绢地密度为每平方厘米经丝48根，纬丝43根。并经碾砑加工，织物不仅表面平滑，而且看不出明显的空隙。无怪乎有人说："齐郡世刺绣，恒女无不能。""齐国给献素缯帛，飞龙凤凰相追逐。"

丝编织物：丝编织物主要有两种，可能是丝履上不同部位的残片。它不是一般的机绢品，而是手工缝制成的编织物。据考证，其中一种织物表现显出强烈的畦纹效果，可能是丝履鞋帮一部分。另一种残片可能是丝履上鞋面的一部分，表面饰有乳钉状花饰。据分析，编好的成品，还要在相邻的两麻绳之间，以针引双根丝线自背面剌出表面，挽成散点布置的乳钉纡缝。针法同于后世绣花的"打籽"。其作用主要在于保护鞋面的丝线，使之比较耐磨耐穿，收到实用与装饰兼得的效果。（图2-1）

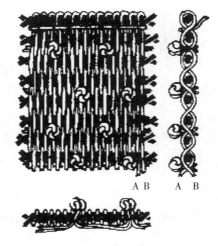

图2-1　临淄战国早期墓葬出土丝织品织法复原图

（二）沂源东里战国墓出土麻、丝织品

2010年9月沂源东里东台地一号战国墓出土了一批珍贵的竹、木、丝麻等有机质器皿和丝织品①。这是迄今出土的数量最多的齐国丝织品，也是北方地区出土的最大宗的丝织品。目前正在修复整理中。

---

① 任相宏、郑德平、苏琪、杨中华：《沂源东里东台地一号战国墓及相关问题的思考》，《管子学刊》2016年第1期。

可见，沂源牛郎织女故事的传说有其缘由。
（图2－2）

（三）山东博物馆藏战国绮织品

图2－2　沂源东里战国墓出土丝织品

2013年，山东博物馆接收到出自齐故都临淄的一批捐赠文物，经鉴定，其中的纺织品属于战国晚期的实物。在清理修复过程中，发现有两件质地柔软轻薄、透光性好的平纹组织提花织物——绮残片黏附在一只履上，一件最大尺寸7厘米×6厘米，另一件最大尺寸11厘米×5厘米，外观呈现深褐色，表面有黄色星点状显花，属于一种色彩绮。"这两件平纹显花织物的提花技术，运用了战国丝织品中锦类织物上常用的挂经工艺。""纹经有规律地分布在地经一侧，在显花部位，与地经并行排列，与地纬交织，不显花时则被抛浮在织物背面。……这种平纹地经显花织物可称之为早期提花织物，它用较少的局部丝线增添织物色彩和纹饰，从而改善织物艺术效果，是当时纺织技术的一个重要成就，也是后世出现的纬线显花和妆花织物早期雏形。""这两件几何纹提花绮出于齐国临淄，应是战国时期广泛使用的高档丝织品，具有明显的地域和时代特征，承载着古代纺织科技和文化信息，真实地揭示出当时齐国地区丝绸染指技术及手工业发达程度，是研究古代齐国发达丝织业以及海上丝绸之路起源的珍贵实物材料。"①

《释名·释采帛》记载："绮，欹也，其文欹不顺经纬之纵横也，有杯文形似杯也，有长命，其彩色相间，皆横终幅，此之谓也。"《说文》："绮，文缯也。"《书·禹贡》："兖州，厥贡漆丝，厥筐织文。"孔传："地宜漆林，又宜蚕桑。织文，锦绮之属，盛之筐筐而贡焉。"《汉书·高帝纪下》："八年，贾人毋得衣锦绣绮縠絺纻罽。"颜师古注："绮，文缯也，即今之细绫也。"绮即彩帛。

绮是一种单层提花织物，即平纹地上起斜纹花的织物。到了两汉时期，平纹地暗花织物即被称为绮，与锦、绣等被同列为有花纹的高级丝织品。《太平御览》引《太公

---

① 刘靓、徐军平、白广珍：《山东博物馆藏战国绮织物研究》，《海岱考古》第九集，科学出版社，2016年。

六韬》曰："夏桀、殷纣之时，妇人锦绣文绮之，坐食衣以绫纨常三百人。"《汉书·地理志》记载："织作冰纨绮绣纯丽之物。"《汉书·叙传》载："在于绮襦纨绔之间。晋灼曰：白绮之襦，冰纨之裤也。云白绮，则织素之明证也。"《乐府·陌上桑》："缃绮为下裳，紫绮为上襦。"晋代将绮作为官服，《晋令》记载："三品以下得服七彩绮，六品以下得服杯文绮。"早期绮的纹样，呈杯纹，菱形纹、方纹等几何纹，汉以后，绮的纹样有了进一步发展，出现了对鸟花卉纹绮，鸟兽葡萄纹绮等。

（四）临淄大夫贯一号战国墓出土丝织品

临淄大夫贯一号战国墓，出土的纺织品有 1 件丝绵袍、1 件卷绢、1 床絮草的麻布褥子以及纱、组、锦、刺绣等丝织物和麻布的残片，其丝织品保存较好，保存了原来的色泽，并有一定的抗拉强度。

丝绵袍的里、面均为绢，内絮丝绵，袖口织绵缝制。面绢黑色，里绢棕色。面绢织造细密，是战国时期绢类织物中的典型作品。有的面绢的纬线比经线粗，外观纬线凸出，显出畦纹效果。袖头为黑底几何纹锦，系四枚二重或三重平纹经锦。黑色底，朱红色，棕色花纹。织造时，如果主体花纹用棕色丝线，则以朱红色丝线勾边；有朱红色线时，则以棕色线勾边，两种色彩交替使用。织出的花纹有几何纹、杯纹、呈齿状相对排列的三角纹、Z 形纹以及三角回纹等十余种纹样。此锦提花规整，织造细密，构图严谨而又富于变化，用色沉稳而鲜明，同样是战国经锦中的典型织物。

在木椁和椁圹的夹缝中的一卷绢，呈棕色，机边为平纹组织。幅宽 24 厘米，纵不详。出土成卷的绢极为罕见。[1]

（五）齐阿缟、罗纨

1953 年，湖南长沙仰天湖战国墓葬中出土了一部分丝织物，虽年久腐朽，与泥土相混，看不出原物的形状，但经纬纤细，文理清楚。据随葬"遣册"记录，这批丝织物即有齐国生产的阿缟。史树青《长沙仰天湖出土楚简研究》认为："这些竹简都是写的各种器物名称，其中大部分都是衣衾锦绣之属……我们可以把这批竹简叫作'遣

册'，就是生人赠送死者的物品清单。"①

（六）河南光山出土齐紫

1983 年，河南光山春秋晚期黄夫人孟姬墓，出土了丝织品残片 6 件，其中紫色绣绢 2 件。这两件紫绢，质地均匀，绣窃曲纹，锁绣针法，由三色或四色线绣成。此类紫绢可能就是史称"冠带衣履天下"的"齐紫"。②

---

① 戴亚东：《长沙仰天湖第 25 号木槨墓》，《考古学报》1957 年第 2 期。
② 张之恒、周裕兴：《夏商周考古》，南京大学出版社，1995 年，第 372 页。

第三章

汉代丝路

　　自汉武帝时期张骞凿通西域起，在古老的亚欧大陆上，出现了一条横亘近万里的长途，德国著名的地质地理学家费迪南德·冯·李希霍芬（Ferdinand von Richthofen，1833～1905）命名曰"丝绸之路"。"丝绸之路"实际上有两条，一条是上述的陆上丝绸之路，另一条是海上丝绸之路，山东最早开通了与韩、日间的海上丝绸贸易。据目前考察，丝绸之路上的商品很多，有丝绸、瓷器、香料、皮毛等，但从大量考古发掘和文献记载来看，丝绸曾作为丝绸之路上的主要商品，源源不断地运往南亚、中西亚、北非和欧洲各地。

　　通常讲，陆上丝绸之路从京都长安或洛阳出发，经过河西走廊，到达西域，然后自葱岭继续向西，经过中西、西亚，到达希腊、罗马。法国学者布尔努瓦在《丝绸之路》一书中，就记载了罗马人第一次接触丝绸的情景。公元53年，古罗马统治者克拉苏率军在卡尔莱与安息人大战时，安息人突然展开大片以丝绸制作的军旗，鲜艳夺目、光彩闪耀，罗马军眼花缭乱、惊慌失措以致溃不成军，克拉松阵亡，两万多名罗马士兵血染沙场，另有1万多名士兵被俘。丝绸从此以高昂的代价传入罗马。其后不久，当凯撒大帝第一次穿着中国丝绸服饰出现在剧院时，所有在场的人都目瞪口呆、惊诧赞叹，惊呼为一个美丽的梦和天堂里才有的东西。之后，丝绸大量渗透到罗马民众的风俗习惯和日常生活中，成为罗马人的时髦用品和奢侈品，以至于公元14年，古罗马元老院不得不诏令禁止男性臣民穿戴丝绸服装，并对妇女们使用丝绸也做了一定限制。

　　丝绸给世界政治、经济、文化与人们日常生活的发展带来了极大的影响，受到人们的重视，有关丝绸之路起源地的问题也因此而受到学术界的关注。在以文化促进经济发展与产业转型的今天，有关丝绸之路起源地的探讨更是乐此不疲。在此，我们必须明确，丝路之源与丝路起点不是同一概念，丝路之源即丝绸之路的起源地，是指丝绸的主要生产区域和供货区域，也就是丝绸商品的货源地；丝路起点是指丝路的出发点，主要是指丝绸聚集地和转运站。因政治原因，起点往往设在京都，如长安为西汉和唐的京都，洛阳为东汉、曹魏、北魏和隋的都城，因此说，长安和洛阳为陆上丝路的起点，这已成为无可争辩的事实。但是，丝路起源地是不是也在都城及其周围地区呢？这存在都城及其周边地区是否适宜于蚕桑生产，以及其蚕桑生产量的大小问题。

齐涛的《丝绸之路探源》和姜颖的《山东丝绸史》两部书，分别从长安及其周围地区的丝绸产量大小、汉代丝绸生产的主要区域论证，从春秋战国到汉代，山东一直是全国丝织业生产的重要中心，因此，也是丝绸之路上的主要货源地。

汉代山东丝绸生产的主要区域在哪里呢？大量的文献资料记载、考古发掘以及历史传说证明，主要在以临淄为中心的齐国都城及其腹心地区，如於陵（周村的前身）等地。

第一，汉代在齐郡下属临淄县设有三服官，从官方高度定位了临淄及其周边地区丝织业中心地位。三服官就是主做皇帝和宫廷春、夏、冬三季服饰的管理和生产机构，从汉武帝时起生产规模非常大，劳动者约万人，每年花费达数万万钱，远远超过同时期的河南襄邑服官和长安东西织室等官设丝织机构。三服官设置在齐郡，说明当地环境极其适宜于丝绸生产，丝绸产品数量大、质量高。

第二，《史记》和《汉书》等文献中关于桑麻和丝织品的记载，主要在齐鲁地区。如《史记》惟独提到"齐、鲁千里桑麻"，并且说，"齐带山海，膏壤千里，宜桑麻，人民多文彩布帛鱼盐"等，这表明山东特别是齐地是当时全国丝织业生产的中心。

第三，汉武帝元封元年（前110年）东巡泰山、东海时，所过之处，赏赐帛约百余万匹。赏赐品虽然由大司农提供，但按就地取材原则，产品主要来自于赏赐地山东，而且当时也只有山东有这样大的能力提供如此多的丝织品。而作为山东来说，蚕桑丝织业生产区域分布经历了由小到大的发展过程，据《魏书·食货志》记载，北魏太和八年（484年）征收户调时，只有兖、徐、青、齐、济等州贡绵绢及丝，其他地方皆以麻布充税；隋代的蚕桑丝绸业也只提及山东的北海、齐郡、东莱、高密；但从唐玄宗时期的《唐六典》看，唐代中期齐地所有州府皆以丝织品缴纳赋税。因此说，汉代丝绸生产区域主要还是在以临淄、於陵为腹心地区的齐地。

第四，从考古发掘来看，汉代画像石说明了於陵在汉代丝织业中的地位。目前出土的有织机形象的汉代纺织画像石达10余块，其中山东占9块，江苏境内有6块，安徽、四川境内各有1块，这说明，山东丝织业在当时具有领先地位。从山东画像石内容来看，一方面，山东的织机引领时代潮流。一是已经普遍使用脚踏式织机，有关脚踏式织机的记载在战国时期文献中已经出现，但实物形象却最早见于汉代画像石中。据夏鼐先生研究，这是世界上最早出现的脚踏织机，欧洲到6世纪才开始出现，13世纪才广泛采用；二是出现了经纱斜放式织机，斜式机是从早期与地面竖直的竖机到后来与地面平行的平机之间的过渡式织机。另一方面，在山东嘉祥东汉武梁祠石刻上明晰地出现了董永故事。目前国内刻有董永侍父的画像石约十例，画中都有坐于车上的老人和手持农具侍立于旁的壮年，但唯有武梁祠画像石有明确"永父"以及"董永千乘人也"榜题。千乘即今山东省淄博市高青县高城镇。后来董永从千乘到於陵卖身葬父，其妻又以丝织替其还债。周村至今还有董永墓——国内唯一的有关董永的真实遗存，以及董永后代居住的与董永和七仙女相关的东董与西董村、石埠村、东衣与西衣村等地名。这些再次证明，齐国都城及其腹心地区是汉代丝织业生产的中心，是丝绸之路的重要源头。

第五，文献记载和考古发现证明，秦汉时期，齐地与韩、日黄海相连，由于齐国发达的航海术，齐地丝绸和纺织品早已输入东亚韩、日境内。

一　文献典籍

（一）桑麻种植

《史记·货殖列传》："泰山之阳则鲁，其阴则齐。齐带山海，膏壤千里，宜桑麻，人民多文彩布帛鱼盐。""邹、鲁滨洙、泗，犹有周公遗风，俗好儒，备于礼，故其民龊龊。颇有桑麻之业，无林泽之饶。地小人众，俭啬，畏罪远邪。及其衰，好贾趋利，甚于周人。""沂、泗水以北，宜五谷桑麻六畜，地小人众，数被水旱之害，民好畜藏，故秦、夏、梁、鲁好农而重民。三河、宛、陈亦然，加以商贾。齐、赵设智巧，仰机利。燕、代田畜而事蚕。""安邑千树枣；燕、秦千树栗；蜀、汉、江陵千树橘；淮北、常山以南，河济之间千树萩；陈、夏千亩漆；齐、鲁千亩桑麻；渭川千亩竹；及名国万家之城，带郭千亩亩锺之田，若千亩卮茜，千畦姜韭：此其人皆与千户侯等。"《集解》徐广曰："卮音支，鲜支也。茜音倩，一名红蓝，其花染缯赤黄也。"

《淮南子·地形训》："中央之美者，有岱岳以生五谷桑麻，鱼盐出焉。"

《伏侯古今注》："东莱郡东牟山有野蚕为茧。茧生蛾，蛾生卵，卵著石。收得万余石，民人以为蚕絮。"

《后汉书·光武帝纪上》："野谷旅生，麻菽尤盛，野蚕成茧，被于山阜，人收其利焉。"

《齐民要术》卷五载《氾胜之书》："种桑法：五月取椹着水中，即以手溃之，以水灌洗，取子，阴干。治肥田十亩，荒田久不耕者尤善，好耕治之。每亩以黍、椹子各三升合种之。黍、桑当俱生，锄之，桑令稀疏调适。黍熟，获之。桑生正与黍高平，因以利镰摩地刈之，曝令燥；后有风调，放火烧之，常逆风起火。桑至春生。一亩食三箔蚕。"

《四民月令》："清明节，命蚕妾治蚕室：涂隙、穴，具槌、栻、薄、笼。"四月，"茧既入簇，趣缫；剖绵，具机杼，敬经络。""六月……命女红织缣缚"。三月"可种蓝"；六月中伏后，"可种芜青、冬蓝……可烧灰，染青、绀诸杂色"。

（二）纺织

《史记·货殖列传》："太公望封于营丘，地潟卤，人民寡，于是太公劝其女功，极技巧，通鱼盐，则人物归之，襁至而辐凑。故齐冠带衣履天下，海岱之间敛袂而往朝焉。"

《史记·平准书》载，汉武帝元封元年（前110年），"北至朔方，东到太山，巡海上，并北边以归。所过赏赐，用帛百余万匹，钱金以巨万计，皆取足大农"。

《史记·李斯列传》："阿缟之衣，锦绣之饰。"

《论衡·程材篇》："齐部世刺绣，恒女无不能；襄邑俗织锦，钝妇无不巧。"

《汉书·食货志》："冬，民既入，妇人同巷，相从夜绩，女工一月得四十五日。必相从者，所以省费燎火，同巧拙而合习俗也。"

《汉书·地理志》曰：齐"俗弥侈，织作冰纨绮绣纯丽之物，号为冠带衣履天下。"臣瓒注曰："冰纨，纨细密坚如冰者也。"颜师古注曰："冰，谓布帛之细，其色鲜洁如冰者也。纨，素也。"

《汉书·贡禹传》："元帝初即位，征禹为谏大夫，数虚己问以政事。是时，年岁不登，郡国多困，禹奏言：'……故时齐三服官输物不过十笥，方今齐三服官作工各数千人，一岁费数钜万。蜀广汉主金银器，岁各用五百万。三工官官费五千万，东西织室亦然……'天子纳善其忠，乃下诏令太仆减食谷马，水衡减食肉兽，省宜春下苑以与贫民，又罢角抵诸戏及齐三服官。迁禹为光禄大夫。"

《汉书·元帝纪》：初元五年（前44年），元帝下诏"罢角抵、上林宫、馆希御幸者、齐三服官……"李斐注曰："齐国旧有三服之官。春献冠帻縰为首服，纨素为冬服，轻绡为夏服，凡三。"

《汉书·食货志上》载，初元二年（前47年）："齐地饥，谷石三百余，民多饿死，琅玡郡人相食……罢建章、甘泉宫卫，角抵，齐三服官。"

《汉书·哀帝纪》：绥和二年（前7年），哀帝即位后，为了"制节谨度以防奢淫"，有司条奏："齐三服官、诸官织绮绣，难成，害女红之物，皆止，无作输。"对于"无作输"，如淳解释为："其所作已成未成皆止，无复作，皆输所近官府也。"颜师古注曰："谓未成者不作，已成者不输耳。""绮，文缯也，即今之所谓细绫也。"《说文》曰："绮，文缯也"；"绣，五采备也"；"缯，帛也"；"绫，东齐谓布帛之细曰绫"。

《汉书·匈奴传》：汉哀帝元寿二年（前1年），单于来朝，"加赐衣三百七十袭，锦绣缯帛三万匹，絮三万斤。"《后汉书·章帝纪》：东汉章帝建初二年（77），"诏齐相省冰纨、方空縠、吹纶絮。"

《汉书·东方朔传》："东方朔字曼倩，平原厌次人也……上尝使诸数家射覆，置守宫盂下，射之，皆不能中。朔自赞曰：'臣尝受《易》，请射之。'乃别著布卦而对曰：'臣以为龙又无角，谓之为蛇又有足，跂跂脉脉善缘壁，是非守宫即蜥蜴。'上曰：'善。'赐帛十匹。复使射他物，连中，辄赐帛。"

《后汉书·宦者列传》："冰纨、雾縠之积。"

《后汉书·皇后纪》："又御府、尚方、织室锦绣、冰纨、绮縠、金银、珠玉、犀象、玳瑁、雕镂玩弄之物，皆绝不作。"

《后汉书·董卓传》："坞中珍藏有金二三万斤，银八九万斤，锦绮缋縠纨素奇玩，积如丘山。"

《淮南子·修务》："衣阿锡，曳齐纨。"

《水经·河水五》注："（东阿）县出佳缯缣，故《史记》云：秦王服太阿之剑，阿缟之衣也。"

张衡《七辩》："京城阿缟，譬之蝉羽。制为时服，以适寒暑。"

《流沙坠简考释·器物类》载："任城国亢父缣一匹，幅广二尺二寸，长四丈；重二十五两，直钱六百一十八。"

《汉书·惠帝纪》颜师古注：长安的东、西织室只是"主织作缯帛之处"。

《韩诗外传》七："陈饶曰：'绫纨绮縠，靡丽于堂，从风而弊。''绫纨'即'冰纨'也。"《方言》云：'东齐言布帛之细者曰绫。'《释名》云：'绫，凌也。'其文望之如冰凌之理也。"

《后汉书·章帝纪》注曰："'縠，纱也。'方空者，纱薄如空也。或曰空，孔也，即今之方目纱也。纶，似絮而细。吹者，言吹嘘可成，亦纱也。"

《汉书·江充传》中颜师古注为："轻者为纱，绉者为縠。"

《后汉书·韩安国传》颜师古注云："缟素也，曲阜之地，俗善作之，尤为轻细。"

《盐铁论·本议》："齐、阿之缣，蜀、汉之布。"

《盐铁论·散不足》："古者，庶人耋老而后衣丝，其余则麻枲而已，故命曰布衣。及其后，则丝里枲表，直领无袆，袍合不缘。夫罗纨文绣者，人君后妃之服也。茧紬缣练者，婚姻之嘉饰也。是以文缯薄织，不粥于市。今富者缛绣罗纨，中者素绨冰锦。常民而被后妃之服，亵人而居婚姻之饰。夫纨素之贾倍缣，缣之用倍纨也。""今富者黼绣帷幄，涂屏错跗。中者锦绨高张，采画丹漆。"

《后汉书·王符传》：京师贵戚的徒御仆妾皆"服文组彩牒，锦绣绮纨"。

《潜夫论·浮侈》："今京师贵戚，衣服饮食，车舆文饰庐舍，皆过王制，僭上甚矣。从奴仆妾，皆服葛子升越，筩中女布，细致绮縠，水纨锦绣……"

《后汉书·淳于恭传》："淳于恭字孟孙，北海淳于人也。……王莽末，岁饥兵起……百姓莫事农桑。恭常独力田耕，乡人止之，曰：'时方淆乱，死生未分，何空自苦为？'恭曰：'纵我不得，它人何伤。'垦耨不辍。……建初元年，肃宗下诏美恭素行，告郡赐帛二十匹，遣诣公车，除为议郎。"

《后汉书·章帝纪》载元和二年（85年）："乙丑，帝耕于定陶。诏曰：'三老，尊年也。孝悌，淑行也。力田，勤劳也。国家甚休之。其赐帛人一匹，勉率农功。'"

《后汉书·祭彤传》载光武初年："天下郡国尚未悉平，襄贲盗贼白日公行。彤至，诛破奸猾，殄其支党，数年，襄贲政清。玺书勉励，增秩一等，赐缣百匹。"

山东嘉祥宋山汉画像石刻铭文中所描述的汉画题材："交（蛟）龙委蛇（蛇），猛虎延视，玄猿登高，陁（狮）熊［噭］戏，众禽群骇，万狩（兽）［云］布。"①

西汉史游《急就篇》末东汉人增附部分："齐国给献素缯帛，飞龙凤皇相追逐。"

《太平广记》卷三百引《广异记》载开元初："天下唯北海（青州）绢最佳。"

（三）胡饼——丝绸之路的见证

《太平御览·饮食部·饼》引《续汉书》："灵帝好胡饼，京师贵戚皆竞食胡饼"。

《资治通鉴·汉纪四十六》载，汉桓帝延熹三年（160年）："左兄胜为河东太守，

---

① 朱锡禄：《山东嘉祥宋山1980年出土的汉画像石》，《文物》1982年第5期；赵丰：《丝绸艺术史》，浙江美术学院出版社1992年，第115页。

皮氏长京兆赵岐耻之，即日弃官西归。唐衡兄为京兆尹，素与岐有隙，收岐家属宗亲，陷以重法，尽杀之。岐逃难四方，靡所不历，自匿姓名，卖饼北海市中；安丘孙嵩见而异之，载与俱归，藏于复壁中。及诸唐死，遇赦，乃敢出。"经学家、并州刺史赵岐因党锢之祸，逃到北海，以卖饼为生。北海是东汉时期山东中部的一个地方行政区划，辖区相当于今天的潍坊市和淄博市一部分。

《艺文类聚·食物部》卷七二引《三辅决录》："赵岐避难至北海，于市中贩胡饼。孙嵩乘犊车入市，见歧，疑非常人，问曰：'自有饼耶？'曰：'贩之。'嵩曰：'买几钱？卖几钱？'歧曰：'买三十，卖亦三十。'嵩曰：'视处士之状，非卖饼者。乃开车后，载还家。'"

二 考古资料

汉代山东丝绸业的考古资料，一是相关的实物资料，如临沂金雀山九号汉墓出土的帛画，其上共有 5 组当时人的生活场面，其中第四组中的纺织场面向我们展示了当时的纺丝情景。二是日照海曲汉墓出土的平纹素绢织品，保存完好，是山东乃至北方地区迄今发现保存最好的汉代丝织品。

（一）临沂金雀山九号汉墓出土帛画中的纺织场面

1972 年和 1973 年，湖南长沙马王堆一号和三号汉墓彩绘帛画的相继出土，对于研究秦汉时期的美术史是一份极为重要的资料；1974 年山东临沂金雀山九号汉墓的彩绘帛画出土，又有其不同于马王堆西汉帛画的内容和艺术特色。

金雀山不同于马王堆招贴画那种极其少见的"T"字形构图，而与一般沿用的铭旌相似，呈"口"字形。金雀山帛画不像马王堆帛画那样富于装饰性，而是把图案花纹尽可能简化，从而使较多的人物活动场面更加紧凑和突出。它的笔法虽不如马王堆帛画那样娴熟和巧妙，但是省去一些繁复的画意，就显得更为朴素厚实。总的来说，金雀山帛画较马王堆帛画为逊色，却又以它的人物较多地从事科技和文艺等实践活动为显著特点而见长……

帷幕以下所展示的便是人物活动的几个场面，总计二十四人，男十三（根据衣冠特征，神医扁鹊暂作男论），女十，另有一孩。次第排列为五组，内容均为墓主人对自己身后生活状况的想象。

第四组，共有六人，在形式上可分为两个场面，右边三女一孩，为纺绩场面；左边是老妇问医。关于纺绩，这是一部分具有重要研究价值的内容。右边一个身着左衽上衣的劳

图 3 - 1 金雀山汉墓帛画中的纺织场面

动妇女正在操一架纺车，右手用力运转，左手执一工具扬起抽纱，对面的两个妇女都在看她操作，小孩也在招手向她呼唤，颇具生活气息。画中的纺车，基本结构与使用方法同近代民间使用的木制纺车极其相似。这对我们探索古代的纺织工艺水平是一份很好的参考资料。（图 3 - 1）①

（二）日照海曲汉墓丝织品

日照市西郊西十里堡村西南约 1 公里的日（照）东（明）高速公路南侧，为了配合同（江）三（亚）高速公路建设工程，山东省文物考古研究所于 2002 年 3 ~ 6 月，组成考古发掘队对建设工程占压封土内的墓葬进行了抢救发掘，田野发掘取得丰硕成果，一度引起社会各方面的广泛关注，被评为"2002 年度全国十大考古新发现"之一。

……

出土的大量丝织品，不仅数量多，而且保存好，虽然历经两千余年，仍具有一定的柔韧性。大部分为平纹素面，呈咖啡色，属于绢类。其中揭取到一块长达 2.6 米、宽 0.96 米。这块丝织品，覆盖在死者骨架上面，一侧刺绣有精致的花草和云气纹，图案制作相当精美。这是山东乃至北方地区迄今发现保存最好的汉代丝织品，因此，成为这次考古发掘中最重要的收获。②

---

① 刘家骥、刘炳森：《金雀山西汉帛画临摹后感》，《文物》1977 年第 11 期。
② 何德亮、郑同修、崔圣宽：《日照海曲汉代墓地考古的主要收获》，《文物世界》2003 年第 5 期。

（三）汉代画像石资料

1. 画像石上的扶桑图

山东武梁祠画像石……安邱画像石上均有马车、鸟（即太阳）、后羿及扶桑形象。嘉祥画像石上的扶桑树，树边一个采桑蓝，树下还有采桑妇形象（图3－2）。①

2. 汉代画像石上的织机

目前所知有织机形象的纺织画像石已达 10 余块，其中山东境内的有滕州宏道院、黄家岭、后台、西户口各 1 块，龙阳店两块，嘉祥武梁祠、长清孝堂山郭巨祠、济宁晋阳山慈云寺各 1 块，共 9 块；江苏境内有铜山洪楼和青山泉 2 块，沛县留城、邳县白山故子 1 号墓、泗洪曹庄、新沂各 1 块，共 6 块；安徽宿县褚兰东汉墓 1 块；四川成才曾家包东汉墓各 1 块。这些画像石上描绘的大多是曾母训子或牛郎织女的故事，画中的织机反映了当时一般家庭织造技术的水平。②

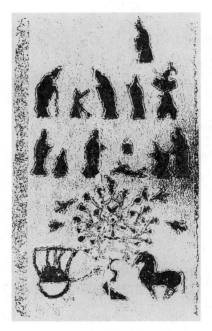

图 3－2 山东吉祥宋山画像石中的桑马图

3. 汉代画像石上的董永像

武梁祠石刻位于山东省嘉祥县纸坊镇武翟山，是中国东汉晚期武氏家族墓地石刻建筑群落，其中以"武梁祠"年代最早，因而得名。在武梁祠堂石刻画像中，董永佣耕事父画像位于武梁石室第三石上，也就是后壁石刻之第二层，右数第三幅画像。

早在北宋时期，欧阳修《集古录》、赵明诚《金石录》对嘉祥武梁祠的碑刻与画像已经有所记述；南宋郑樵《通志·金石志》中亦提到"武氏石室画像"，

---

① 赵丰：《中国丝绸通史》，苏州大学出版社，2005 年，第 16 页。
② 赵丰、金琳：《纺织考古》，文物出版社，2007 年，第 70 页；赵丰：《中国丝绸通史》，苏州大学出版社，2005 年，第 16、40 页。

洪适又将武梁祠之榜题和画像著录于《隶释》《隶续》。大约在元代，武梁祠历经黄河洪水淤漫，湮没于泥沙之中，直到清代乾隆年间，才被金石学家黄易重新发掘出来。清代以前，对武梁祠董永事父画像，并无人专门研究，黄易的《小蓬莱阁金石文字》对此画像也没有多加留意。清代学者中，较早对武梁祠董永事父画像进行解说的是翁方纲，其《两汉金石记》卷十五曰："第卅八幅，凡二榜，画永父持杖，后有车，董永立其前。"清代嘉庆、道光年间，阮元、毕沅等《山左金石志》卷七也对武梁祠董永画像进行了记述："左一车轮，一人坐于辕上，右手执杖，左手高举，榜题'永父'二字。左一人，背立向地取物，首顾坐者，榜题'董永，千乘人也'六字，'也''字半泐。左右空处，各缀一兽，半泐。"此后，清代学者不断对此图进行考释，王昶《金石萃编》卷二十曰："一人坐辕上，榜题'永父'。左一人，背立向地取物，榜题'董永千乘人'也。"冯云鹏、冯云鹓《石索》卷三曰："永父坐车辕上，与世传卖身葬父事不合，盖别有事实，于今失传耳。永父车后有一树，有一人攀缘而上，俱未考。"瞿中溶所撰《汉武梁祠堂石刻画像考》于嘉祥武梁祠画像描述详细，考证精深，此书卷五对武梁祠董永事父图有确切说明："图有二人，其右左手扶杖，杖头有鸠，左手前指，坐于一轮车架之辕，面左者，董永之父也，其车架上有一器如甕。……其左一人向左立，首回后右顾其父，而两手拖物者，董永也。"（瞿中溶：《汉武梁祠画像考》）

　　经过瞿中溶及其之前学者的努力，武梁祠董永事亲图中几个最主要的画面形象已经被解说清楚。关于董永和永父，原画中的榜题已经注明，论者皆无异议……

　　在武梁祠董永画像中，董永右上方的仙女实际上既是织女，也是飞鸟，是一个人鸟合一的形象，瞿中溶所依据的拓片较为清晰，从中可以清楚看到双翼人形图案，即其所谓"有翼而身被衣绣衣"。在汉代人的思想中，织女是仙人，却以飞鸟的形态出现，她既是飞来秉机助织的仙女，同时又作为神鸟配合左方的大象，一左一右对称处于董永两侧，似乎有助耕之意，形成了"象耕鸟耘"的图案。"象耕鸟耘"原本是舜和禹的事迹，在汉代广为流传，《论衡·书虚篇》曰："传书言：舜葬于苍梧，象为之耕；禹葬会稽，鸟为之田。盖以圣德所致，天使鸟兽报佑之也。世莫不然。"正如牛郎织女传说和董永传说在流传中所发生的自然而然的演变合成一样，虞舜的孝行和夏禹的德行也很容易地被移植到了董永身上。……

　　从东汉到两宋，在各种祠堂与墓葬的石刻和砖刻画像中，还有不少以孝子董永为题材的作品。肖贵田《汉至南北朝时期董永故事及其图像的嬗变》对东汉至北朝时期董永事父图进行了搜集和整理，共发现包括武梁祠董永图在内的东汉画像10例，其中山东画像石4例，分别为武梁祠董永画像、泰安岱庙所藏大汶口东汉墓董永画像、山东长清大街汉墓中室第4小室西横梁石右端董永事父图、山东临沂吴白庄汉墓门楣董永画像；四川画像石6例：乐山麻浩Ⅰ区1号崖墓、渠县燕家村沈府君阙、渠县蒲家湾无名阙、乐山麻浩Ⅱ区40号崖墓、乐山柿子湾Ⅰ区1号崖墓及Ⅱ区22号崖墓。在这十例当中，只有武梁祠董永画像有明确榜题，可以确认为董永画像石，其他画像石由于与武梁祠董永画像有类似图式，遂被识别为董永事父图。肖贵田认为："武梁祠董永事父图因有正确榜题使其成为汉代董永图的标准样式，是识别其他同类题材图像的参照物。"①

（四）临淄封泥印

山东临淄是早期出土古代封泥的地区之一。光绪二年（1876年），陈介祺获得"姑幕丞印"封泥，致书吴云曰："东土竟亦有封泥。"②

今临淄齐都镇北郊的刘家寨，位于齐故城内大城之中区。1936年王献唐撰《临淄封泥文字叙》，对其地出土封泥的情况，有比较具体的记载。王氏记：

> 光绪二十三年（1897年），临淄县城北刘家寨附近农田出土封泥一坑，共得一百余枚。次年，县城东门外偏北一带农人制砖时又掘获一坑。刘家寨一带先后发掘封泥遗存达十余坑。民国二十三年（1934年）春，刘家寨村农田中又发现数十枚封泥，而后村民挖掘不止。

王献唐又记述：

> 县城东门外所出多见秦封泥，印文有栏格；刘家寨所出则无界栏。则东门外存在秦代官署遗址。

齐故城内是山东地区秦汉封泥最集中的发现地。

至20世纪50年代为止，公私各家比较集中收藏的临淄出土封泥约为1300枚。

近年陆续见于发表、传出于临淄的封泥，数量超出40年代前所出的总和，品

---

① 赵羽：《武梁祠董永事父画像考释》，《赤峰学院学报》2014年第5期，第191～193页。
② 《簠斋尺牍》。

类大多与早年出土的重合，主要属汉初刘氏齐国及其属郡辖县、乡官印一系。也有一小部分据文字可知时代上限为战国，下限为西汉中晚期与东汉前期。这似可提示，近年齐故城一带又有多个出土地点的发现。

临淄新出土封泥多已流散，难以确切统计数量。由《齐鲁封泥集存》《封泥存真》《续封泥考略》《临淄封泥文字》《新出封泥汇编》诸书所辑，以及此次展出的封泥为主要数据范围，可提取出这一封泥群所含职官的主要类别：

一、王国诸卿及其属官；

二、王国支郡及辖县、邑、乡官；

三、王国封域以外之郡、县、邑、乡官。

朝官系统下行之官印，在以往临淄封泥中比较少见。值得注意的是，此次展览首次公布的"服官令印"（L005）"服官右尉"（L008）"服官金丞"（L009）"技巧火丞"（L010）"武库丞印"（L011）等封泥具有重要的价值。新发现的"齐服官丞"（L081）"齐服官监"（L080），应与中央所置职官构成对应关系，故文献失载的朝官体系中置有"服官"一职由此获得了补正。《汉书·地理志》载齐临淄有"服官、铁官"，考古工作者在此前勘查中已明确刘家寨及附近的冶铁遗址与居住地区遗址。现在多枚"服官金丞""金丞""齐服官丞""齐织官长"（L083）封泥的发现，以及过去刘家寨曾出土"齐铁官印"（L077）"齐铁官长""齐铁官丞""齐武库丞"等封泥，这些实物资料不仅证明了其地有服官、织官、铁官与武库之官署的存在，也揭示了汉代对主要产业如采金业、冶铁业、盐业等，实行中央与郡国双重管理体制。[①]

三　民间传说

（一）董永与七仙女的传说

1. 董永故事记录

典籍上对董永传说的最早记载，据传是西汉刘向的《孝子传》。但该书久佚，唐道世的《法苑珠林》、敦煌本句道兴《搜神记》中还保留着部分佚文。大致内容为：千乘人董永至孝，于农田劳作之时，以鹿车推父于田头树荫之下。后来其父死去，董永

---

① 王令波、乔中石：《临淄新见战国两汉封泥展图录》，西泠印社，2018 年。

卖身于富家，得钱以葬父。路遇一女子，愿为其妻。富家让女子织绢三百匹代董永赎身。女子经一旬而织完，富家放其夫妻回家。路上，女子说自己是天女，天帝怜董永孝行，遣她到人间助其还债。言毕，飞天而去。

山东省嘉祥县的东汉武梁祠画像中，有董永以鹿车载父于田的图画。到了三国时期，曹植有《灵芝篇》诗："董永遭家贫，父老财无遗。举假以供养，佣作致甘肥。责家填门至，不知何用归。天灵感至德，神女为秉机。"这是真实可考的关于董永故事的早期文字记录。但是，与所传刘向《孝子传》相较，其内容却有些不同：其一，董永家贫父老无力供养，只好靠借贷和出卖劳力来养活父亲，并不是卖身葬父；其二，在董永遭债主堵门索债而无法偿还之时，天灵派神女下凡，织布为董永还债，并不是织布为董永赎身。这一记载显然与《孝子传》不同。有学者怀疑刘向《孝子传》是后人伪托之作，伪书的年代约在南北朝时期。

东晋干宝的《搜神记》较为完整地记载了这一故事，并明确记载董永为"千乘人"：

> 汉董永，千乘人。少偏孤，与父居。肆力田亩，鹿车载自随。父亡，无以葬，乃自卖为奴，以供丧事。主人知其贤，与钱一万，遣之。永行三年丧毕，欲还主人，供其奴职。道逢一妇人曰："愿为子妻。"遂与之俱。主人谓永曰："以钱与君矣。"永曰："蒙君之惠，父丧收藏。永虽小人，必欲服勤致力，以报厚德。"主曰："妇人何能？"永曰："能织。"主曰："必尔者，但令君妇为我织缣百匹。"于是永妻为主人家织，十日而毕。女出门，谓永曰："我，天之织女也。缘君至孝，天帝令我助君偿债耳。"语毕，凌空而去，不知所在。

干宝云："汉董永，千乘人。"千乘是何地呢？郦道元《水经注》卷五云："汉高帝六年，以为千乘郡……和帝永元七年，改为乐安郡，故齐地。"顾祖禹《读史方舆纪要》卷二云："千乘郡，秦齐郡地，高帝置千乘郡，领千乘等县十五。今青州府以北至济南府东境，是其地。千乘故城，今见青州府高苑县。"[①]《水经注》所云的"乐安郡"，《读史方舆纪要》所云的"高苑县"，故址都在今淄博市高青县，董永应该是不折不扣的汉千乘今淄博人，董永与七仙女传说与淄博文化有不可分割的关系，这一故事的发源地也应该是淄博。

---

① ［清］顾祖禹撰，贺次君、施和金校：《读史方舆纪要》，中华书局，2005 年，第59 页。

董永故事与淄博的关系，除了《搜神记》所记"千乘人"以外，淄博地区还有些与之相关的古代文化遗存。如元代于钦《齐乘》卷五记"董永墓"云，在"博兴南三十五里，世说永东汉人，鬻身以葬亲；般阳长山南又有冢庙，皆出野语"。淄博市周村区从唐至清隶属长山县；淄博市淄川区在元代为般阳路治，长山县属般阳路；故"般阳长山南"即指现在淄博市周村区之南部。清乾隆《淄川县志》卷八《轶事志》载："城北阿里庄东有古冢，相传为孝子董永墓。又东北五里许，其庙在焉。"这里的"阿里庄"，今名韩家窝。董永墓坐落于今周村东南四公里处韩家窝村北大埠山之阳。

董永墓北的大埠山上，曾建有孝仙祠，孝仙祠又名董永庙，其始建年代不详。据史料记载，明成化十五年（1479 年），长山县知县张誉募捐，义民许果增修。嘉靖二十七年（1548 年），贡生孟岚又重修。清康熙三十一年（1692 年），石慎再次重修。

清人蒲立德（蒲松龄之孙）之《东谷文集》中也有《募修董孝子祠并书院文》《为学校公请董公庙祀呈》《为百姓请董公庙祀呈》等。《为百姓请董公庙祀呈》云："缘淄长两界，去邑三十里，有师埠山。旧庙一所，创自民间，奉后汉孝子董永者。由来已久，不记何年。相传此地织女下降，遗迹犹存，周环二里许，地无严霜，至今犹然。孝感天地，良不诬矣。"这里所说的"淄长两界"，即指旧淄川长山两县交界处、"师埠山"，即指今周村区南郊镇韩家窝村北的大埠山。

孝仙祠东有一池塘，传说就是七仙女沐浴的地方，西边的大槐树就是当年二人婚配的媒人。周村东南，今有西衣、东衣两个村庄，传说是七仙女晾衣的地方。周村西边还有东董、西董两个村庄，传说董永的后人在此居住。[①]

2. 董永故事的演变：从孝子到浪漫爱情

董永与七仙女的故事可谓家喻户晓，虽然这只是个传说，但董永卖身葬父则确有其事。

北宋太平兴国年间的《太平御览》中，有这样一段记载："刘向《孝子图》：……前汉董永，千乘人，少失母，独养父，父亡无以葬，乃从人贷钱一万，永谓钱主曰：'后若无钱还君，当以身作奴。'主甚悯之。永得钱葬父毕，将往为奴，于路逢一妇人，求为永妻。永曰：'今贫若是，身复为奴，何敢屈夫人之为妻？'妇人曰：'愿为君妇，不耻贫贱。'永遂将妇人至。钱主曰：'本言一人，今何有二？'永曰：'言一得二，理何乖乎？'主问永妻曰：'何能？'妻曰：'能织耳。'主曰：'为我织千匹绢，即放尔夫

---

① 　岳长志：《淄博文化通史》，山东人民出版社，2017 年，第 307 ～ 311 页。

妻。'于是索丝，十日之内，千匹绢足。主惊，遂放夫妇二人而去。行至本相逢处，乃谓永曰：'我是天之织女，感君至孝，天使我偿之，今君事了，不得久停。'语讫，云霞四垂，忽飞而去。"

刘向乃西汉文学家，这段故事可以说是董永由孝子的故事变为浪漫爱情故事的滥觞。

千乘即今淄博市高青县高城镇。董永自幼丧母，与父亲相依为命，因为家道贫寒，父死不能安葬，就跑到数十里外的於陵（今周村南）插草自卖，安葬父亲。有位姓傅的富绅感念此事，送给董永银两，让他回家葬父，且不要任何回报。但董永坚持在傅家做了三年苦工，后来娶了一位勤劳善织的姑娘，生活非常幸福。

三国时，曹植《灵芝篇》写道："董永遭家贫，父老财无遗。举假以供养，佣作致甘肥。债家填门至，不知何用归。天灵感至德，神女为秉机。"

东晋时，干宝在他的《搜神记》里记载了同样的故事。

到宋朝，董永卖身葬父的故事被列为二十四孝之一。

千百年来，经过不断加工改造，董永与七仙女的故事成就了我们今天看到的《天仙配》，董永的故事也由此家喻户晓。

在淄博市周村区东南四公里处的大埠山上，曾建有孝仙祠。

大埠山上苍松翠柏，景色清幽。孝仙祠东有池塘据说是七仙女沐浴的地方，西边的大槐树就是当年的媒人了。

孝仙祠又名董永庙、董永祠。其始建年代不详。据史料记载，明成化十五年（1479 年），长山县知县张誉募捐，义民许果增修建；嘉靖二十七年（1548 年），贡生孟岚重修；清康熙三十一年（1692 年）石慎重修。

孝仙祠门前有一对高大的石狮，山门上书有"山门""肃静"四字，横匾刻"孝仙祠，长山县正堂肖学慎题"。进院后，是顺山势修建的七级台阶。台阶上左右各有一只石狮。台阶之上便是董永殿，门楣上悬有"孝感天庭"金字大匾。

过甬道，来到董永殿后，隔院有三间北楼，称天仙阁。楼下有天仙木雕像。楼上塑有董永和仙女的雕像。道东有东西配殿，北面三间是佛爷殿，塑西天如来和十八罗汉像。孝仙祠西侧有槐荫书院，是当时长山县最高学府之一，明末清初之礼部尚书兼东阁大学士刘鸿训、刑部尚书李化熙等一批显官曾在此攻读而声誉鹊起。院内曾存有刘一相、曲迁乔、韩取善、韩萃善四进士题诗碑两通。

旧历七月初七和正月十五，这里有两次庙会，同时，庙前设有三、八大集，各地工商业及附近村民云集于此进行交易，各行各业的买卖热闹非常。

解放后，孝仙祠被毁。

董永墓坐落于韩家窝村北大埠山之阳，坐北朝南，墓葬封土直径 8.8 米，高约 2 米，四周有砖砌护栏。"文革"时，董永墓被扒开一个口子，墓碑被砸碎。如今，坟墓犹存，墓前有 2004 年新立石碑，上书"汉孝子董永之墓"。今山东嘉祥县境内的东汉桓帝建和元年修建的武梁祠石刻，即有董永孝养父亲的画像。①

3. 天仙配的传说与周村

董永与七仙女的传说，是中国古代四大民间传说之一，湖北孝感、安徽歙县都有七仙女的传说，但大量的历史遗迹及史书记载表明，董永与七仙女（织女）的传说诞生于周村。从周村南郊古代於陵，至青州的古道，东去周村不远，在南郊大埠山下路边会看到一座高大的坟墓，墓前石碑上刻着"汉孝子董永之墓"。墓周围的村庄名字也别具特色，有的叫槐荫碑、金盆底、新韩（心寒）村、石埠（湿埠）村、望娘沟、变衣铺、萌山等。这些地名是怎么得来的呢？查《周村地名志》《周村地名故事》，原来这些地名都与天仙配故事紧密相关。② 如："刘家庄，明朝前建村，刘姓定居最早，定名刘家庄。……刘氏碑文记载：自洪武二年迁居长邑，一居董公祠之东十余里李家庄，一居董公祠之西里余，始祖葬于此。"周村城西有东董、西董两个村庄，传说是董永后人的居住地。金盆底，是一个山溪汇聚成的深潭，传说是七仙女曾经洗澡的地方。新韩（心寒）村，是七仙女被迫与董永分离，伤心欲绝、心寒至极的地点。石埠（湿埠），则是董永、七仙女抱头痛哭、泪如雨下的小埠。今东变衣铺村、西变衣铺村，是七仙女上天时更换衣服的场所。望娘沟，则是七仙女的孩子们仰望天空，渴望母亲回到人间的地方。萌山，更具神话色彩，民间传为是王母娘娘要隔断董永夫妇，拔下头上的玉簪划地成河，就是今天的明水河，玉簪插在地上久而萌发成山，被称之为萌山。由此可见，这些村庄得名的年代都已经十分久远了。

在目前发现的汉代董永佣耕事父画像石中，只有山东嘉祥武梁祠画像石有榜题。乾隆五十一年（1786），山东嘉祥武梁祠出土了东汉晚期画像石，其中便有董永事亲图。画面上有一辆独轮车，即所谓鹿车，老者手持鸠杖，坐在独轮车上，车上有盛食器皿，独轮车停放在大树之下。一年轻农民手持农具，回头望着老者。画面上有"董

① 王军：《董永故事的演变：从孝子到浪漫爱情》，《齐鲁晚报》2011 年 03 月 10 日。
② 《周村地名志》，周村地名办公室编印，1988 年，第 106 页。樊传度、孙方之：《周村地名故事》，黄河出版社，2016 年，第 318、420 页。

永，千乘人也""永父"题记，表明图中的年轻农民是孝子董永，老者为董永的父亲。①

东晋干宝《搜神记》卷一，董永与七仙女目中，明确写道："汉，董永，千乘人。"千乘，古代郡县名，今淄博市高青县。父亲去世后，无以为葬，于是董永到当时经济繁荣发达、雇佣机遇多的周村卖身葬父。在周村有不少与董永相关的历史遗迹、地名。董永祠又名董永庙、孝仙祠，位于淄博市周村区南郊镇马鞍山上，由董永祠、槐荫树、槐荫书院三部分组成，可惜其祠庙、墓碑在历次运动中被毁。槐荫碑，传说是董永与七仙女私订终身的地方。槐荫书院在董永祠西侧，是当时长山县最高学府之一，曾有一批显贵，如明代礼部尚书、东阁大学士刘鸿训、通政使韩源等在此攻读并进士及第，书院由此而声誉鹊起。

即使周村周边有如此多的地名与董永相关，也不能完全证明"董永故事"的真实性。正如宗教的诞生一样，董永故事体现了周村人民对理想道德、美好生活的渴望。即使有类似的事情发生，那么所谓"董永"不过是一个受人尊敬的孝子，他的妻子也不过是一个擅长织造的女子。汉朝统治者为了教化群众，选择了一部分民间有影响的道德模范作为典型，"董永"有幸被选中，被列为孝子。由于政府的倡导和宣传，几乎家喻户晓。他的事迹在流传过程中就被神化了，他的妻子也被神化，变成天上的七仙女。

"文化大革命"以前，周村董永庙会每年农历七月初七日进行，时间是七天。董永庙会除了搭台唱戏，就是举行大型丝绸产品贸易。周村的丝绸厂家都去设摊销售、展示样品，来自全国各地的批发商人前来订购，实质上是丝绸商品交易会。

七夕期间，周村区城乡都举行纪念董永的活动。其中主要活动是演出关于董永故事的戏剧，如《天河配》等，周村的专业剧团在七天里只演这一个剧目。据退休的淄博市京剧院老演员刘韶声介绍，这一时期演出的《天河配》中道具大部分用实物，如：舞台上董永表演耕地用的黄牛，就真的牵一头老黄牛上台。需要表现七夕鹊桥会的时候，就在舞台上放飞很多鸽子来替代喜鹊，生动逼真，如临其境。这种演出形式极像今日盛行的"实景演出"。周村文艺界实景演出的确切时间已不可考，但必定是周村商业繁荣和人们娱乐需求所催生的结果。消费、创新、商贸的有机融合，体现了齐文化的创新精神在周村的延续。

① 《武氏祠汉画像石》，山东美术出版社，1986 年，第 18 页。

明万历二十五年（1579 年），周村四位致仕官员刘一相、曲迁乔、韩取善、韩萃善在董永祠西，捐资修建槐荫书院，并亲自为当地士子谈诗论道，讲经说史。他们在这里指导当地士子读书作文，谈诗论艺，帮助他们科举仕进。当时钦差分守济南道右参政汪应蛟特立"四贤讲艺所"碑，以记其事。四人还以《拜谒董子墓》为题，各作诗一首，诗中都提到了董永织女的典故。如通政司通政使曲迁乔诗曰："典身董子系吾乡，庙貌重新闻里光。耿耿精诚通霄汉，飘飘织女下云章。孝思关心人欲泪，祥呈和气地无霜。几回瞻谒多惆怅，蒿莪诵罢吁穷苍。"诗中描写董永庙重修后，作为董永的同乡，自己感到无上光荣。董永的至诚孝心感天动地，以至于天上的织女特地下凡为他织"云章"。每当拜谒孝子墓，诗人们都会感慨万端，如何大济苍生，如何使天下百姓丰衣足食。可知，曲迁乔的责任感和担当精神。

由于四位文人都身居要津，于是讲艺所在当时产生了很大影响。其中，在这里学习过的刘鸿训后来成为明崇祯宰相，韩源官至清顺治银台等。当年的纪念碑今则保存在淄博市博物馆。董永祠主体建筑毁于战争年代，剩下的建筑民国末年前被改造为董永庙小学，1949 年后彻底拆毁。韩家窝村东的董永墓，1966 年为淄博七中红卫兵挖掘破坏，2005 年由周村区政府重新恢复，2006 年被淄博市政府列为市级重点文物保护单位。①

（二）牛郎织女传说

1.《淄博文化通史》载牛郎织女故事

沂源县燕崖乡有一座大贤山，山上有一座金代石塔，塔上有金朝泰和六年（1206 年）的文字题刻，记录道士张道通"乃避此地，谓人曰山名大贤，织女崖口"。这是此地最早的关于织女崖的记载。明正德六年（1511 年）《重修迎仙观玉皇行祠记》也记载："所谓山之大贤者，因织女之称也。"说大贤山的命名，是因为山上住着贤能的织女。明万历七年（1579 年）《沂水县重修织女洞重楼记》则云："唐人闻个中札札机声，以故织女名。"是说织女洞命名的原因。该文称县令王凤竹对主持道人面授机宜，让其把织女洞搞"虚"搞"秘"，主持道士心领神会，不但重修扩建织女洞，还隔着沂河，在对面新建了牛郎庙。"于是乎在天成象者，而在地成形矣。"天上牛郎织女隔银河相望的景象被搬到了地上，成了织女和牛郎隔沂河相望的情形，这就是"牛郎织

---

① 朱丽霞：《文化周村》，山东人民出版社，2019 年，待版。

女传说被附会在沂源县大贤山一带的历史发展脉络"。①

故事在此进一步演绎,大贤山下坐落着一个牛郎官庄,牛郎庙在庄西头。牛郎官庄人大部分姓孙,明朝末年由淄川孙家大庄迁徙而来。当地人传说,牛郎的名字叫孙守义,牛郎官庄的孙姓人家都是牛郎的后裔。此外,当地有"百鸟搭桥"的说法,证明是"初八早上,沂河里会出现很多死鸟,都是为了牛郎织女会面搭桥累死的"。还有"上有天河,下有沂河"的说法,村民们说就是眼前的沂河阻隔了牛郎织女的爱情。②在这里,"神灵信仰、祖先崇拜交织在一起,促成了沂源牛郎织女传说独特的内涵"。沂源县有如此奇妙的地理对应,有丰厚的民间传说积累,因此在关于牛郎织女的诸多传说地中,占据了举足轻重的位置。

沂源县作为牛郎织女传说的核心传播地之一,被中国民俗学会授予"中国民间传说之乡(牛郎织女传说)"称号。2008 年,文化部正式将山东省沂源县与山西省和顺县分别申报的"牛郎织女传说"列入"第二批国家级非物质文化遗产名录(民间文学)"。③

2. 鲁山与沂源轶事

鲁山轶事 众所周知,中原是中华文明的重要发祥地,牛郎织女的民俗文化起源于中华大地上农耕文明最早发达起来的区域。而农耕文明最早形成于气候、地理条件十分优越的中原嵩山周围地区。嵩山南面的汝水、潕水平原,都是先民最早开展农耕生产的区域,也是春秋战国及秦、汉、晋等朝代农业文明最发达之地。河南省平顶山市鲁山县中原名镇,夏商建制,历史悠久,鲁山县几部志书,包括最早的明嘉靖《鲁山县志》及市、县、乡的地名志,对于牛郎织女的地名传说故事均有记载。《平顶山市地名志》《鲁山县地名志》《鲁山县辛集乡(辖鲁峰山)地名志》等书中载:"古时,该村有一姓孙名守义的小伙子,忠厚朴实,常在鲁山坡上放牛,俗名牛郎。一天,玉皇的九个女儿在鲁山坡根潭里洗澡,九妹(即织女)的衣裳被孙守义拿走,遂与牛郎成亲。"牛郎后裔就是鲁峰山西南脚下孙义村孙氏村民,该村 80% 村民姓孙,都尊牛郎为祖先,尊织女为九老姑或九姑奶、老祖奶,尊"老天爷"为"老天外爷"。

鲁峰山(又名鲁山、鲁山坡)周边有关牛郎织女故事的遗迹有十多处。明嘉靖《鲁山县志》为鲁山现存最早的一部志书,载:"牛郎洞,在瑞云观下半山,面南,内

---

① 叶涛、苏星:《中国牛郎织女传说·沂源卷》,广西师范大学出版社,2008 年,第 3~4 页。
② 叶涛、苏星:《中国牛郎织女传说·沂源卷》,广西师范大学出版社,2008 年,第 10 页。
③ 岳长志:《淄博文化通史》下卷,山东人民出版社,2017 年,第 306 页。

立牛郎神……九女（传织女为玉帝之九女）潭，在县东北十八里鲁山之下，潭上有九女、龙王庙。"鲁峰山山顶的瑞云观中有牛郎织女殿，内塑牛郎织女全家福彩塑及壁画；瑞云观前为南天门，传为牛郎和织女上天处；山南半腰牛郎洞传为牛郎栖身并与织女成亲的地方；洞前方7米处有一石壁挂墙，传为织女的梳妆台。2008年3月，鲁山县文物所对牛郎洞进行发掘，发现洞口为汉砖垒砌，还出土了唐宋时期的黑瓷碗、罐片和元明清时期的瓷盏片、铜箱饰件、铜钱等，可见鲁山民众在此对牛郎的祭祀由来已久。

在牛郎洞下西南800米处有一牛郎坟，其后裔常到此祭祖；西坡山梁处有高、宽各5米的白色巨型石台，人称亮石台或亮声台，传为牛郎织女对歌跳舞处；距亮石台不远处有面积约40平方米的九女潭，潭水清澈，四季不枯，传为织女与众姐妹沐浴处，也是当地民众祈雨求子的地方。潭侧有三座大殿，一祀玉皇大帝和王母娘娘，一祀玉皇大帝九位女儿，另一殿为九女灵霄殿，所祀九女即织女。孙氏祠堂祭祖主要在每年农历腊八、春节、二月初二、七月初七等日子，祭祖时要从牛郎洞、九女灵霄殿请祖，然后再送祖，祭祖时唱祭祖歌、洒酒、上五谷等，这些民风民俗也是和牛郎织女传说的民俗文化遗风相吻合的。

鲁山至今保留着牛崇拜的习俗，把牛看作家庭一员。鲁山有40余处带"牛"字的地名。鲁山的牛市也十分有名。一年一度的七夕庙会，会址原就在牛郎故里孙义村（现移至乡政府所在地辛集街），这既是鲁山夏季最热闹的一次大会，也是牛郎织女传说起源于鲁山的最好佐证。鲁山有植柞养蚕的历史，传鲁山的织绸技术就是织女下凡后传授的，鲁山丝绸被誉为"织女织""仙女织"，鲁山人还喜种"九姑娘花"。九姑娘花即油菜花，传为织女从天上带下来让人间度春荒的。鲁山民众还多在院落里种植葡萄，相传牛郎织女七夕鹊桥相会时，人们躲在葡萄架下可以偷听到他们的喁喁私语。

沂源轶事　山东省沂源县燕崖乡拥有始建于唐代的织女洞和牛郎庙。二者隔沂河东西相对，一河两岸的山水格局，与天上"牵牛星—银河—织女星"遥相呼应，有着惊人的相似，形成了天人合一、天地神奇的独特景观。牛郎庙原先是一幢两层阁楼式建筑，后经多次重修，始具规模，建有三间正殿，青砖绿瓦，彩绘斗拱，建筑宏伟。庙内大殿塑有牛郎及其子女像，旁卧金牛塑像一尊。院内古柏参天，清幽别致。

牛郎庙旁边的村叫牛郎官庄，村里的人大部分都姓"孙"，与牛郎（孙守义）刚好同姓，这个村子明朝就有，村里人以牛郎后代自居，并历代传承牛郎织女故事，至今沿袭着养蚕、织布、取双七水等习俗。每至七夕节，牛郎官庄的妇女都会兴致勃勃的用纸折出金元宝，供奉在织女洞中。

沂源县燕崖乡大贤山上的石碑以前非常多，只是因为先前被破坏过，现存完好的为数不多，但是所有的石碑上所刻的内容，都与牛郎织女有着或多或少的联系。有一块石碑"织女洞重楼记"是明万历七年（1579 年）所立。碑文记载说："志云唐人过谷，闻洞内札札机声，以故织女名"，讲得就是织女的来历，意思是说在唐代时有人从此经过，听到洞内有札札的机杼声，以为织女在织布，所以就修建了此织女仙洞，碑文的第二句——"对岸并起牛宫，于是乎在天成象者，于地成形矣……"①

3.《文化沂源》中的故事

宋元时，织女仙洞益发名噪，明清两朝香火愈旺。全省官宦骚客，举子士绅争相光顾瞻览，留下不少诗文碑刻，现仍存宋代至明清碑碣数通。明朝成化五年（1469 年）乙丑科进士、刑部副使，沂水籍人杨光溥回乡省亲游织女洞后留诗：

织女仙洞

金梭晓夜为谁忙，隔水桃花满洞香。

万国尽沾尧雨露，九重欲补舜衣裳。

绮罗光映云霞中，机杼声抛日月长。

却笑天台有仙子，此生谁解忆刘朗。②

作者激情描摹了家乡依水林峰中织女仙洞的旖旎景色，歌颂了美貌织女的辛勤劳作。尾联化用唐诗"刘郎已恨蓬山远"之典，热情赞美了牛郎织女的纯真爱情。明万历十八年（1590 年），又一位风流倜傥的蒙阴县（时沂源西部属之）名门望族后人光顾织女仙洞，他就是日后的万历辛丑进士公鼐。他游织女洞后题诗：

宿织女洞

洞在沂河西岸，牵牛庙在沂河之东。

古洞临流万树荒，依然牛女日相望。

山横远黛时凝睇，水咽鸣环欲断肠。

---

① 百度百科：牛郎织女，见 https：//baike. baidu. com/item/% E7% 89% 9B% E9% 83% 8E% E7% BB% 87% E5% A5% B3/35843？ fr = aladdin）

② 〔清〕张燮修、刘遵和纂：《沂水县志》，道光七年刻本。

孤枕梦魂清漏寂，半岩风露晓窗凉。

可怜石鼓声如诉，应为黄姑隔两方。

　　这年，公鼐因其父在朝遭佞党迫害贬谪（公鼐父公家臣，官为翰林院编修、会典编修官）后，在滁州病逝，家道为此中衰，加自己此时功名不畅，颇不得志。他到大贤山时，这片浸透了家乡山水情韵动人故事的美好景致，在他的诗中却是一种悲戚之感。山上迎仙观住持见他的状况，便请他饮茶、留宿，予以开导。公鼐离后，住持对观内道人说："此公乃朝之鼎才矣，日后迟早再来。"此后十年中，公鼐连中举人和进士，官历礼部右侍郎兼翰林院侍读学士、詹事府詹事、两朝实录副总裁、赠礼部尚书。万历四十八年（1620 年），公鼐见魏忠贤乱政引疾归"，在回乡途中又游织女洞。当大贤山道人拿出他 30 年前的题诗时，他心绪不平，感慨万千，又赋诗：

再谒织女洞

　　庚申自沂上归，过织女洞，自赓庚寅一游三十年矣。

沂上寻源觅旧游，榆花会合几经秋。

闲情已共青春往，好景翻为白发羞。

梭化机虚石自在，鹊归鸾去水空流。

仙童细指前题诗，却数年华动客愁。①

　　他观景以诗抒情，觅旧地散志澄怀。他感到，仙女织机和鹊鸟已非昔日，时光荏苒，慨叹人生维艰，理想难遂；在山巅远眺北方，忧虑世事叵测，国运难料。

　　时光转到清嘉庆二十年（1815 年），沂水县廪生、道光七年版《沂水县志》编订、绅士王松亭游览织女洞，并题诗二首，由云溪处士书写后，于嘉庆二十五年（1820年）镌刻成诗碑，立于织女洞旁。该诗碑今仍存：

登织女台

高盘石蹬赴仙关，洞口如逢列宿还。

仿佛星河垂碧落，依稀牛女降人间。

---

　　①　本首与《宿织女洞》均参见公鼐《问次斋集》。

纵知机杼此中有，那信鹊桥渡后闲。

我欲乘槎谁接引，客星高照水潺潺。

天孙台上望仙楼，危槛平临景物幽。

山径南随林麓转，沂河东折古今流。

泉溪声急晴疑雨，松柏风寒夏亦秋。

但于此间得少趣，寻源何事问牵牛。①

上诗也是用白描手法，描绘了大贤山、沂河、牛郎庙等美好景致，抒发了登织女台，游织女洞的感想。

在大贤山下，沂河对岸牛郎官庄村河边，有座与织女洞隔河相望、建于明代万历年间的庙宇—牛郎庙，为二层楼阁式建筑，青砖碧瓦，彩拱绘栋，朴素别致。庙内有牛郎及子女塑像，旁卧金牛。该庙现存明清碑碣十数通。其中，明万历七年（1579年）立石碑，上镌沂水知县王凤竹撰写的《沂水县重修织女洞重楼记》，记载重修此楼后，织女洞、牛郎庙气势更大，天上的牵牛星、织女星渡银河的意象，在地上建成实际形状了（原文："……于是乎，在天成象者而在地成形矣"）。②

抗日战争爆发后，八路军山东纵队兵工一厂在大贤山东南山顶建厂生产。1939年6月日军大"扫荡"时，兵工一厂藏匿设备转移出山。日军扑空后，威逼迎仙观道人王元修、刘明仁、宋明武师徒三人说出工厂设备及人员去向，三位骨气道人始终缄口不言，后王元修、刘明仁被日军用刺刀残忍挑死，宋明武毅然跳下悬崖（恰被松树接住生还，寿至1981年）。日军将迎仙观和沂蓝书院纵火焚毁。

明清以后，大贤山一带牛郎织女爱情传说文化，通过官府和文人墨客的弘扬，如前文提到的诗文和碑碣歌颂的传统，不断在民间催化文化支撑社会思维和活动，又反过来对其起到引领和传承作用。其中，有关牛郎织女爱情传说的民俗，也直接参与了这一传承：

首先是"三月三"赶庙会。在沂源大贤山附近的村庄，自古即有农历三月初三日赶庙会习俗。每到这天，四村八庄的群众，便放下手头的活计，结伴到大贤山和青牛山等，在山上宫观烧香祷拜。道人亦积极配合施以道法，宫观圮毁无道

---

① 见清代沂水县儒生王松亭于嘉庆二十五年立《织女仙洞诗碑》，沂源县文物管理所（博物馆）馆藏。
② 见明万历七年立《沂水县重修织女洞重楼碑》，存沂源县大贤山织女洞景区。

人的，民众也如前既往，并适时攒钱简修道场。这天，山上售卖糖人、泥人玩具
和竹木刀剑哨子，头绳针线的，好生热闹。

再就是七夕节，又称"乞巧节"。每逢农历七月，从月初到初七日，大贤山周
边村庄常自发排练地方小戏《天河配》等，在山上演出。配以旱船、高跷等扮玩
活动，祝愿牛郎织女相会，祝福有情人终成眷属。盼望带来福气。①

四 汉代丝绸研究

汉代山东丝织业在春秋战国时期的基础上继续繁荣和发展，并且仍然居于全国丝
织业中心地位。中原地区和四川、江南丝织业虽然也有发展，但或者丝织业生产规模
或质量不及山东，或者发展时间较晚。相反，山东丝绸生产成为一种普遍活动，丝绸
生产技术、生产质量和生产数量不仅较前有新的突破，而且在许多方面处于全国领先
地位，丝织品种类也较前明显增加。

（一）汉代山东丝织业处于历史上繁荣发展时期

汉代山东丝织业较春秋战国时期有极大发展，不仅桑树种植面积扩大，丝绸生产
成为男耕女织时期农业生产的一种普遍行为，而且丝织品生产数量惊人、质量上乘，
生产技术有极大提高，在人工培育桑树，以及桑树、缫丝、纺织方面，都有处于全国
领先地位的发明创新，当时还出现了不少丝织业生产重镇。

1. 种桑纺织成为当时的一种普遍行为

（1）桑树种植规模扩大

《史记·货殖列传》中，记载各地特产，如"安邑千树枣；燕、秦千树栗；蜀、
汉、江陵千树橘；淮北、常山以南，河济之间千树萩；陈、夏千亩漆；齐、鲁千亩桑
麻；渭川千亩竹"，其中唯有齐鲁提到千亩桑麻，这说明当时齐鲁桑树种植相当普遍。

此外，根据汉政府的政策，田地中不准种植桑树，要求"还庐树桑"，《汉书·食
货志》中说："田中不得有树，用妨五谷。……还庐树桑……女修蚕织，则五十可以衣
帛，七十可以食肉。"庐即乡间房舍，还庐树桑不仅充分利用土地资源扩大桑树种植面

---

① 《文化沂源》，山东人民出版社，2019 年待版。

积，而且还有其他益处。

庐是与城邑中的居室相区别的乡间房舍，"还庐树桑"就是指将桑树种植在乡村房舍周围及田边路旁。这样做的目的，一是可以起到保护农作物耕种面积的作用，因为在田中植桑会妨碍五谷的生长，所以规定田中不得有树；二是可以起到保护丝绸业发展的作用，充分利用庐舍周围及田边路旁的有限资源，可以增加桑叶的产量，达到农耕与丝织共同发展的目的；三是可以起到遮阴蔽阳、保护环境，同时又不妨碍交通的作用。①

（2）家家户户纺织，妇女个个刺绣

纺织刺绣成为山东妇女的一种普遍行为，汉代大思想家王充曾说："齐部世刺绣，恒女无不能；襄邑俗织锦，钝妇无不巧。"②这说明山东的妇女世代从事纺织刺绣行业，个个是纺织刺绣的能工巧匠。

《汉书·食货志》记载，纺织是当时的家庭事业，每到农闲时节，妇女便相聚从事纺织生产。

一年四季，尤其是冬季农闲时节，妇女们往往结伴，相聚从事纺织。《汉书·食货志》记载："冬，民既入，妇人同巷，相从夜绩，女工一月得四十五日。必相从者，所以省费燎火，同巧拙而合习俗也。"从文中可看出，大家聚于一起，结伴进行纺织刺绣，有诸多好处。第一，"省费燎火"，即节省能源，在生活不富裕的时期，凑在一起工作可以节省不少灯油。第二，"同巧拙而合习俗"，即可以互相学习研讨。第三，大家聚在一起有利于提高工作效率，因为在一起热闹，能形成良好的工作氛围，起到提高精神状态、减轻疲劳的作用。第四，"女工一月得四十五日"，即将白天和黑夜都充分利用，这样女工一月可得到一个半月的工作时间。总之，秦汉时期山东的妇女是勤劳的，也是辛苦的，不仅冬天的农闲时节，她们不得休闲，因为此时是她们纺织的最佳时节，而且夜晚她们也不得休闲，因为这样可以延长劳动时间，将一月变成一个半月使用。③

---

① 姜颖：《山东丝绸史》，齐鲁书社，2013年，第90页。
② 《论衡·程材篇》。
③ 姜颖：《山东丝绸史》，齐鲁书社，2013年，第80页。

（3）当时也出现了较大规模的家族产业

这主要在一些地方富豪家中出现，如官渡之战时，山阳郡巨野人李典曾"率宗族及部曲输谷帛"以供曹军之需。① 这说明，李典生活在一个较大的宗族中，并且粮食和丝织品生产已达到一定的规模，有能力凑集相当的谷帛辅佐军需。

2. 山东丝绸生产规模大，产品数量惊人、质量上乘

《史记·平准书》记载：汉武帝元封元年（前 110 年），"北至朔方，东到太山，巡海上，并北边以归。所过赏赐，用帛百余万匹，钱金以巨万计，皆取足大农"。东巡一次就赏赐百官、地方富豪等百余万匹帛，说明当时经济富庶，官府奢侈，同时也说明当时所过之地丝织业发达。到泰山封禅和巡视海上，这主要在山东境内，按当时就地取材原则，所赏赐的帛大部分应当出自于山东，由此可见当时山东丝绸生产相当发达。

此外，政府采用均输的办法，从民间得帛五百万匹。据估计，那时候要织五百万匹绢，至少须用鲜茧四十万担，② 2500 吨左右。③ 据现存西汉牙尺推算，五百万匹就是2400 万平方米左右，而当时全国人口约 6000 万（西汉末年统计数为 5960 万左右），④如此算来，人均生产丝织品约 0.4 平方米。这些帛主要产自何处？按照人口与经济发展成正比的原理，主要应该产自山东。据研究，西汉末年，山东拥有不少人口密度大、人数多的城市，如济阴、甾川、东平、高密、鲁国、北海、齐郡人口密度居全国前十位；济阴郡 138 万人，居全国第九位。⑤

汉代山东丝织业的繁盛，主要还体现在临淄三服官的设置，以及三服官惊人的生产规模、生产质量上。汉元帝时御史大夫、山东琅琊人贡禹曾说："故时齐三服官输物不过十笥，方今齐三服官作工各数千人，一岁费数钜万。蜀广汉主金银器，岁各用五百万。三工官官费五千万，东西织室亦然。"⑥

关于三服官，有两种说法，一是专为皇室生产春、夏、冬三季精美丝织品的地方特设机构，如《汉书·元帝纪》中李斐（大约为东汉人）注释为："齐国旧有三服之官。春献冠帻縰为首服，纨素为冬服，轻绡为夏服，凡三。"二是三处官营丝织手工业

① 《三国志·魏书·李典传》。
② 章楷：《蚕业史话》，中华书局，1979 年，第 6 页。
③ 朱新予：《中国丝绸史（通论）》，纺织工业出版社，1992 年，第 53 页。
④ 李仁溥：《中国古代纺织史稿》，岳麓书社，1983 年，第 41 页。
⑤ 葛剑雄：《中国人口史》（第一卷），复旦大学出版社，2002 年，第 340、333 页。
⑥ 《汉书·贡禹传》。

生产场所，就如北齐的泾州、雍州、定州诸丝绫局，以及清代内务府所辖的江宁、苏州、杭州三织造官一样，宋代学者吴仁杰的《两汉刊误补遗》、王先谦的《汉书补注》、日本学者佐藤武敏的《汉代丝织品的生产形态》、傅筑夫的《中国封建社会经济史》第2卷、英国学者崔瑞德和鲁惟一编的《剑桥中国秦汉史》、范文澜的《中国通史》第2册等都持此观点。宋代学者吴仁杰在《两汉刊误补遗》卷二"三服官"条下写道："所谓'三服官'者，盖言其有官舍三所，非谓其为首服、冬服、夏服而名官也。贡禹论'三服官作工各数千人'，言'各'，则知其非一矣。《汉纪》载此疏，乃去'各'字，非也。"

政府既然在临淄设置三服官，那三服官设于何时？生产情况怎样？有学者根据贡禹的话分析，汉武帝之前临淄就设有三服官，那时生产规模小，汉武帝到汉元帝时生产规模达到鼎盛，以至于政府不得不采取了罢免三服官的意向和行动。

汉武帝之前临淄已设有三服官，但究竟设于何时，没有明确记载，从《汉书·元帝纪》中李斐所注"齐国旧有三服之官"判断，秦朝以前的齐国早已有之。"笥"，《汉书·贡禹传》中颜师古注释为盛衣的竹器，又称"竹笥"，它是一种长方形容器，估计每笥可装服饰约10件，或丝织品约27件。贡禹所说的"故时齐三服官输物不过十笥"表明，汉武帝以前，临淄三服官每年为朝廷生产的服饰仅百件左右，或丝织品270件左右。依《淮南子·天文训》中的"四丈而为匹。匹者，中人之度也，一匹而为制"记载，一匹布或丝织品为一般人裁制衣服所需的用量，古代裁制衣服以一匹为定制，因此，百件服饰约需百匹丝织品。依《西京杂记》卷一中巨鹿陈宝光妻织散花绫"六十日成一匹，匹直万钱"的记载推算，织百匹高级丝织品共需六千个劳动日，一年只需十六七个工人，最多不过二十人即可完成，耗费不过百万钱。而"方今齐三服官作工各数千人，一岁费数巨万"则表明，汉武帝之后至元帝之时，齐地三服官生产规模大增，从事生产的工人各数千人，三服当在万人左右；"巨万"即万万，一年耗费"数巨万"即数万万钱。如此算来，齐三服官"方今"和"故时"比，工人大约增加了五百倍左右，一年耗费也增加了约数百倍。[1]

---

① 姜颖：《山东丝绸史》，齐鲁书社，2013年，第84页。

3. 山东拥有临淄、东阿和任城国亢父县等多处著名的丝绸产地

汉代山东各地丝织业的发展并不均衡，发展区域主要集中在中西部地区，据文献记载，主要在山东中部的临淄、西部的东阿和西南部的任城国亢父县。临淄是《史记·货殖列传》中所列秦汉时期的二十个通邑大都之一，有四通八达的交通、稠密的人口、富庶的经济，是三服官的所在地；东阿盛产丝织品缣和缟，其缟甚至进入秦宫，其缣或与蜀、汉之布媲美；任城国亢父县的缣，行走在丝绸之路上，出现于新疆境内。

临淄是秦汉时期的大都市之一，《史记·货殖列传》中列出的二十个都市中就包括山东的临淄和陶。汉武帝时大臣、临淄人主父偃曾说："齐临菑十万户，市租千金，人众殷富，巨于长安，此非天子亲弟爱子不得王此。"（《史记·齐悼惠王世家》）临淄有"连衽成帷，举袂成幕，挥汗成雨"（《战国策·齐一》）及"冠带衣履天下"（《汉书·地理志》）的历史，自然得到秦汉政府的重视，秦汉政府在此设置三服官就是重要表现。

东阿，今山东聊城市阳谷县阿城，春秋时称柯邑，战国时称阿邑；秦始称东阿，属东郡；汉置东阿县，仍属东郡。东阿盛产缣与缟，除《史记》有"阿缟之衣，锦绣之饰"的记载外，《盐铁论·本议》有"齐、阿之缣，蜀、汉之布"的记载，此处的"阿"原作"陶"，王利器先生根据洪颐煊之说校改为"阿"，洪说："'陶'即'定陶'，不闻出缣。'陶'当是'阿'字之伪。"此外，他还列举了许多东阿产缣的佐证，如《淮南子·修务训》"衣阿锡，曳齐纨"，阿与齐并举，阿当为地名；《史记·司马相如列传》中有"被阿锡"，《集解》云："《汉书音义》：阿，细缯也。"《正义》云："东阿出缯。"《水经注·河水五》云："（东阿）县出佳缯缣，故《史记》云：秦王服太阿之剑，阿缟之衣也"。缣即绢，《汉书·外戚传》颜注曰："缣，即今之绢也"。张衡的《七辩》中也有"京城阿缟，譬之蝉羽。制为时服，以适寒暑"之说。上述缟、缯帛、缣、绢等众多说法，足以证明阿是当时山东重要的丝织品产地，并且所生产的丝织品质量很高，光滑、薄如蝉翼，可与蜀、汉的名产布相媲美。

任城国今属山东济宁市任城区，春秋战国时曾隶属过齐、鲁，秦时改为任城县，西汉时属东平国，东汉章帝元和元年（84 年）析东平国而置，其亢父县盛产缣。《流沙坠简考释·器物类》有任城缣题字云："任城国亢父缣一匹，幅广二尺二寸，长四丈；重二十五两，直钱六百一十八。"这是东汉时亢父产缣的有力证

明。亢父缣每匹重二十五两，直钱六百一十八，这与当时河内郡所产之帛每匹仅重二十两、直钱三百五十①相比，价格、质地皆属时之上乘。②

（二）汉代山东丝织业地位

从目前的研究成果来看，汉代我国丝织业生产的发展情况，可以分为西汉和东汉前后两个时期。西汉时期，我国丝织业生产的中心，无疑在黄河中下游地区，其中又主要在山东；东汉时期，丝织业生产从中原向外辐射，河南、河北，四川丝织业都发展起来。

西汉时期，我国丝织业生产中心仍然集中在黄河中下游地区，特别是黄河下游地区，从朱新予先生的《中国丝绸史通论》中可以看出，全国范围内，唯有黄河下游两岸，密密麻麻地分布着丝织生产城镇，而其他地区，如四川地区和长江中下游，纺织业主要在东汉时期发达起来（图3-3）。按李剑农先生的分析，西汉时期，四川区域主要是麻织之布，长江流域主要是麻葛制品。

两汉服物机织工业，皆以齐鲁区及其附近为特殊发达之地。其次于齐鲁区者似为蜀。……唯齐鲁区，丝麻虽并具，而丝织业尤盛，蜀在西汉似唯以麻织之布著称。……至若大江以南，则在西汉时尚无桑蚕之业，服物惟有麻葛制品。③

黄河下游主要包括今天的山东、河南、河北三省，当时丝织业都有所发展，但从有关的文献记载

图3-3 两汉时期蚕织生产区域分布图

---

① 李仁溥：《中国古代纺织史稿》，岳麓书社，1983年，第44~45页。
② 姜颖：《山东丝绸史》，齐鲁书社，2013年，第85~87页。
③ 李剑农：《中国古代经济史稿》，武汉大学出版社，2006年，第159~160页。

资料来看，山东丝织业的发展水平应高于其他地区。据《山东丝绸史》一书分析，这一方面在于《史记》《汉书》中唯独提到"齐鲁千里桑麻"的记载，另一方面在于齐临淄三服官生产规模和生产质量居于全国最高水平。当时全国设有两处服官，河南襄邑位于黄河以南、山东西邻，与山东丝织业生产连成一片，可算为山东丝织业生产向西部的一个延伸，并且襄邑主要生产皇室所用衮龙文绣产品，虽然高级，但规模小。

秦汉时期山东蚕桑丝绸业居于全国首位，还有其他几点也可以说明这一问题。第一，《史记》和《汉书》在谈到各地物产时，唯独提到齐、鲁千亩桑麻，这说明，齐鲁桑麻业在全国最为有名。第二，在全国所有的官营纺织机构中，临淄三服官也是无与伦比的，从生产职责来说，临淄三服官主要负责皇帝、宫廷春、夏、冬三季服饰，襄邑服官则专制衮龙文绣高级礼服，长安的东、西织室也只是"主织作缯帛之处"（《汉书·惠帝纪》颜注）。从生产规模和丝织水平来说，东、西织室和襄邑服官都远远比不上临淄"三服官"，否则汉政府每次"罢""省"的也不会只是齐三服官了。可见，齐地丝织业在秦汉时期是首屈一指的，处于领先地位。当然，就山东内部而言，以临淄为中心的齐地蚕桑丝绸业又明显发达于鲁地。①

东汉时期，由于奢靡之风盛行，而齐三服官发展势头又过盛，于是，自汉元帝初元五年（前44年）开始，到东汉章帝建初二年（77年），连续三次罢三服官，这对三服官的生产和发展来说，是一个很大的影响。因此，东汉后，丝绸生产向外辐射，生产区域扩大，四川、江南丝绸生产都开始发展起来。当然，这也与秦汉统一，上述地区加强了与中原的联系，以及中原地区向上述地区移民有很大关系，正如朱自钤《丝绣笔记》卷上中所说："盖春秋时，蜀未通中国，郑、卫、齐、鲁无不产锦，皆禹贡兖州厥篚织文之地。自蜀通中原而织事西渐。"

对于汉代山东丝织业在全国丝织业发展中的地位，丝织史研究专家朱新予先生和赵丰先生给予了充分的肯定。朱新予先生明确提出，黄河下游地区，特别是以临淄和襄邑为中心的山东、河南、河北接壤地区，以及陕西长安等地，是当时丝绸生产最兴盛的地区。赵丰先生认为，齐郡是我国最早出现的纺织中心；秦汉时期，齐郡仍然是我国生产丝织品的中心；从西汉初至东汉中叶，齐郡一直是为汉皇室、贵族提供高档

---

① 姜颖：《山东丝绸史》，齐鲁书社，2013年，第88页。

丝织品的生产中心。

战国、秦汉时期，蚕桑丝绸生产主要分布于黄河中下游、四川省和长江中下游三大地区。黄河中下游地区是当时丝绸生产最兴盛的地区，主要是以临淄和襄邑为中心的山东、河南、河北的接壤地区，以及陕西长安等地；次则为渭水流域、山西中部和南部地区。生产的丝织品种有锦、绮、罗、纱、缣、素、绨、绫等。

山东的蚕织业，在这一时期有了较大的发展。史称："齐带山海，膏壤千里，宜桑麻，人民多文采布帛鱼盐。"当时齐郡的临淄已成为全国丝织手工业中心之一。民间蚕织生产较为普及，缫作技术堪称一流，开创了"齐冠带衣履天下"的盛况。战国之鲁，蚕织生产已达到一定水平，并以擅长生产缟、绨等丝织品而著称。至汉朝已"颇有桑麻之业"。缣也是这一地区的主要产品，汉朝定陶（今山东定陶）、东阿（今山东阳谷）、亢父（今山东济宁）出产的缣都是比较有名的。

战国秦汉时期，中国丝绸生产无论是技术水平，还是丝织品的生产质量，其重心均在北方，其次为蜀地，再则为长江中下游以及南方的一些地区。这是与当时中国的政治、经济、军事中心一直在北方有密切关系的。同时，在两汉时期，尤其是东汉时期，中国蚕织生产区域出现了以黄河中下游和长江中下游为中心向四周迅速扩展的趋势。[1]

秦汉时期，丝绸的产地有所扩展，主要分布在黄河中下游地区与四川地区。齐郡是我国最早出现的纺织中心。齐国的土地是"齐带山海，膏壤千里，宜桑麻"，齐国的经济除农业外，渔业、盐业与纺织业也得到了发展，"人民多文采布帛鱼盐"，临淄在春秋战国时成了我国著名的纺织中心。秦汉时期，齐郡仍然是我国生产丝织品的中心，"齐部世刺绣，恒女无不能"。在《急就篇》末东汉人增附的两章中，第一章首句就是"齐国给献素缯帛"。史载建初二年（77 年）四月有癸巳"诏齐相省冰纨、方空縠、吹纶絮"。从西汉初至东汉中叶，齐郡一直是为汉皇室、贵族提供高档丝织品的生产中心。[2]

齐涛在《丝绸之路探源》一书中，详细地编制了《史记》与《汉书》中所列各地物产图表，从表中可以清晰地看出，当时生产桑麻的主要区域，就在泰山南北的齐鲁

---

① 朱新予：《中国丝绸史通论》，纺织出版社，1992 年，第 47、51 页。
② 赵丰：《中国丝绸通史》，苏州大学出版社，2005 年，第 85 页。

大地。

汉唐时期，究竟哪个地区丝织业最为普及，纺织技术最为发达？我们不便贸然做出结论，我们还得逐一收拢汉唐时期各地丝织业发展的资料，去伪存真，分类比较，得出客观、真实、正确的结论。

[《史记》《汉书》与汉代丝织业的重心]

要寻求二千年前中国丝织业最发达的地区，似乎不是一件容易的事，千百年岁月流迁，加上内地特定的湿度、温度条件，使得这些地区不像干燥的新疆那样保存下了大量的古代丝绸。近数十年来，考古发掘取得了迅速进展，但出土的丝织物屈指可数，如果仅仅依靠这些残存的丝织物，我们不可能找到汉代丝绸的中心产地。值得庆幸的是，我们的先人为我们留下了翔实的文献资料。由这些史料，可以全面、完整地了解汉代全国的经济发展包括丝织业发展状况。西汉史学家司马迁的《史记》与东汉史学家班固的《汉书》，是研究这一时期历史的第一手资料，也是公认的最具权威性的资料。这二部不朽著作中都曾全面叙述了当时全国的经济状况，根据他们的叙述，我将涉及各地物产与经济发展的资料列为三份图表，以免大家翻检之劳。

表3-1　西汉各地商品生产一览表

西汉地域	相当于今地域	商品特产
安邑	山西南部	千树枣
燕秦	河北北部与关中	千树栗
蜀汉江陵	四川、汉中与湖北一部	千树桔
淮北、常山以南	今河南北部及河北南部	千树萩
河济之间	鲁西北及豫东一部分地区	千树萩
陈、夏	今河南一部、湖北一部	千亩漆
齐、鲁	今山东大部	千亩桑麻
渭川	今渭水流域	千亩竹

上面这些资料是司马迁在叙述西汉商品经济的发达时，所枚举的例证，他的原话是这样写的："安邑千树枣；燕秦千树栗；蜀汉江陵千树桔；淮北常山以南，河济之间千树萩；陈、夏千亩漆；齐、鲁千亩桑麻；渭川千亩竹；及各国万家之城，带郭千亩亩钟之田，若千亩卮茜，千畦姜韭：此其人皆与千户侯等。"也就是

说在安邑拥有千棵枣树；燕秦拥千棵栗树，……在齐鲁拥有千亩桑麻，这一类人的家产财富，可与千户侯相比拟。这里就比较确切地反映了当时各地最有影响的商品生产的分布情况。

司马迁在《史记·货殖列传》中还十分全面、系统地介绍了当时各地的物产与经济状况，据此，我们可以做成一份西汉物产一览表。

表3-2　《史记》所载西汉各地物产一览表

原地名	相当于今地域	物产情况
关中	今陕西中部	好稼穑，殖五谷，四方辐凑并至而会，地小人众，故其民益玩巧而事末。
巴蜀	四川一带	亦沃野，地饶卮、丹沙、石、铜、铁、竹木之器。西近邛笮，多筰马、旄牛。
天水、陇西、北地、上郡	甘肃、宁夏及陕西北部	畜牧为天下饶。
燕	今北京一带	勃、碣之间一都会，有鱼盐枣栗之饶。
邯郸	今河北邯郸	漳河之间一都会，北通燕、涿，南有郑、卫。
齐	今山东大部	齐带山海，膏壤千里，宜桑麻，人民多文彩布帛鱼盐。临淄亦海岱之间一都会也。
邹、鲁	今山东南部	颇有桑麻之业，无林泽之饶。好贾趋利，甚于周人。
梁、宋	今鲁西南、豫东一带	陶、睢阳亦一都会也，其俗好稼穑，虽无山川之饶，能恶衣食，致其蓄藏。
沛，陈、汝南、南郡	今苏北一部、河南，湖北各一部分	地薄、寡于积聚；江陵有云梦之饶，陈通鱼盐之货，其民多贾。
东海，吴，广陵	今江苏大部	东有海盐之饶，章山之铜，三江、五湖之利。吴亦江东一都会。
衡山、九江、江南、豫章、长沙	今安徽南部及湖南、江西、广东、浙江一带	合肥受南北潮，皮革、鲍、木输会也；江南卑湿、多竹木；豫章出黄金；长沙出连、锡；九嶷、苍梧以南至儋耳，与江南物产相近，番禺亦其一都会也，珠玑、犀、玳瑁、果、布汇集。
颍川、南阳	今河南中南部	南阳之宛亦一都会也，俗杂好事，业多贾。

班固在《汉书》中对当时全国经济区划与物产的叙述，详于《史记》，现在我们据《汉书·地理志》，将其中有关物产与经济区划的内容列表如下：

表 3－3　《汉书》所载汉代经济区划与物产简表

原地名	相当于今地域	经济概况
秦地	今陕西大部	好稼穑、务本业，有鄠社竹林、南山檀柘、号称陆海，为九州膏腴，又郡国辐凑，浮食者多，民去本就末。
天水，陇西	今甘肃东部	山多林木。
武威以西	今甘肃西部	地广民稀，水草宜畜牧，凉州之畜为天下饶。
巴，蜀，广汉	今四川一带	土地肥美，有江水沃野，山林竹木疏食果实之饶，民食稻鱼，无凶年忧。
河东	今山西一带	土地平易，有盐铁之饶。
周地	今洛阳一带	周人之失，巧伪趋利，贵财贱义，高富下贫，喜为商贾，不好仕宦。
颖川，南阳	今河南中南部	其俗夸奢，上气力，好商贾渔猎。宣帝时，召信臣为南阳太守，劝民农桑，去末归本郡以殷富。
赵、中山	今河北大部	地薄人众，邯郸北通燕，涿，南有郑、卫，漳、河之间一都会也。
上谷至辽东	今河北北部与辽东一带	地广民稀，有鱼盐枣栗之饶。
齐地	今山东大部	太公以齐地少五谷而人民寡，乃劝以女工之业，通鱼盐之利，而人物辐凑……后其俗弥侈，织作冰纨、绮绣纯丽之物，号为冠带衣履天下。临淄，海岱之间一都会也。
鲁地	今山东南部	地狭民众，颇有桑麻之业，无林泽之饶，俗俭啬爱财，趋商贾，好訾毁，多巧伪。
宋地	今豫东，鲁西南、皖北各一部	其民犹有先王遗风，重厚多君子，好稼穑，恶衣食。
楚地	今湖北，湖南一带	有江汉川泽山林之饶，江南地广，或火耕水耨。民食鱼稻，以渔猎山伐为业，果蓏嬴蛤，食物常足。江陵，故郢都，西通巫巴，东有云梦之饶，亦一都会也。
吴地	今江苏南部、安徽中、南部、浙江、江西一带	寿春、合肥受南北湖皮革、鲍、木之输，亦一都会也。吴东有海盐，章山之铜，三江五湖之利，亦江东之一都会也。豫章出黄金，然堇堇物之所有，取之不足以更费。
粤地	今广东一带	处近海，多犀、象、玳瑁、珠玑、银、铜、果、布之凑，中国往商贾者多取富焉。番禺，其一都会也。

以上图表清楚地向我们显示了汉代丝织业的中心在泰山南北，也就是在今天的山东地区。

泰山南北蚕桑丝织业之发达，我们在前面司马迁、班固的记载中已经看到，司马迁在《史记》中多次称道这一地区的蚕桑丝织业，而且是仅仅称道这一地区。他说："齐带山海，膏壤千里，宜桑麻；邹鲁滨洙泗，颇有桑麻之业。"他还说："沂、泗水以北，宜五谷桑麻六畜"，他更说："齐鲁千亩桑麻，其人皆与千户侯等"，这样一再地称道，可知绝非泛泛的说法。这种遍地桑麻的情景当是由来已久，我们在第一章第三部分中，曾介绍过春秋战国时期的齐鲁蚕桑业，可资印证。正因为此，当时籍居邹地的孟子才会在游说梁惠王时，脱口而出"五亩之宅，树之以桑"。当然，汉代齐鲁桑蚕业之发达，不独司马迁如是说，班固也如是说，而且当时的其他人也都如是说。《盐铁论》卷一曾记有西汉文学之士与公卿大夫的一场争论，文学之士反对均输法，就特别提到均输法实行时，"齐阿之缣，蜀汉之布"，是重点均输对象。齐，当然是指古齐地，阿，在今山东西部一带。据《汉书》记载，均输法初实行时，一年可收入绢帛500万匹，其中，齐阿之缣的比重当居绝对优势。这本身充分反映了汉代山东蚕桑丝织业之发达。论起汉代山东丝织业之发达，最值得一提的便是设在齐地的三服官。

所谓三服官，是当时中央政府所办纺织机构。汉代，春季使用的冠、帻、緾为首服；纨素为冬服；轻绡为夏服。因此，所谓三服也就是指生产冬、春、夏三季服装。根据《汉书·地理志》的记载，汉代设有二处服官，一处在襄邑，属陈留郡；一处在齐郡临淄，襄邑即今河南睢县，靠近山东，此处的服官除见于《汉书·地理志》外，其他记载较少，规模当小于设在齐郡的服官。齐地服官在汉代典籍中多有记载，其主要职责是为皇帝生产冬、春、夏三季服装，所以，叫三服官。颜师古在《汉书·贡禹传》中注道："三服官主做天子之服，在齐地。"既然是主做天子之服，这儿就应当是全国丝织业水平最高的地区。当然，三服官在主做天子之服外，还为皇室或政府的其他需要生产大批高档丝织品。丝绸之路上就曾发现有齐三服官所生产的丝织品。

齐三服官的设立与发展，以西汉武帝为界，可以划分为两个阶段。第一阶段，自西汉建国到武帝即位。第二阶段，自武帝到东汉时期，两个阶段的区别，山东琅琊人贡禹讲得很清楚。他在给西汉元帝的一份上奏中指出："故时，齐三服官输物不过十笥，方今齐三服官作工各数千人，一岁费数巨万。"

他这儿的"故时"，指何时呢？在这篇奏文中，他是从古者讲起，一直讲到西汉高祖、文、景，循古节俭，接着又说"后世争为奢侈"。显然，"故时"是指武帝以前。后世是指武帝及其以后，方今则指他所在的元帝时期。实际上，讲武帝始兴奢侈，是汉代人的共识，贡禹在另一篇奏折中也称"武帝始……天下奢侈"。《汉书·杜周传》也说"武帝奢侈"。

武帝以前，也就是贡禹所说的"故时"，齐三服官每年所产织物不过十笥。所谓笥，是盛衣服的竹器，一般是长方形。从目前出土文物看，汉代竹笥一般长约50厘米、宽28厘米、高15厘米，盛缯帛服装是特制的竹笥，较一般竹笥为大。据有关学者推算，一笥所盛衣服在10件左右，若盛一般丝织品，在27件左右。因此，十笥也就是能盛百件左右的衣服。

《淮南子·天文训》曾记有汉代人的服装用料。书中说：四丈为匹，一匹是一般身材的人所需绢料。照此算来，百件衣服，不过用绢百匹左右。西汉前期，每匹绢的价格自数百钱到千余钱不等，按司马迁的记载，市面流通的最贵的一种丝织品"文彩"，每匹一千二百钱，依此计，百匹绢帛约值十余万钱。

《西京杂记》曾记有这样一件轶事：西汉中期的显赫人物大将军霍光之妻，曾专门召一位民间织工为她织造散花绫，这是一种十分高级的丝织品，六十日方织成一匹。对于齐三服官所产百匹绢帛，我们也按六十日一匹计，百匹需耗费六千个劳动日，有十六七个工人，一年便可完成。

根据以上推论，齐三服官在第一阶段的生产规模，不过是一年生产百匹左右的高级绢帛，有织工不会超过数十人。但到武帝以后，齐三服官作工各数千人，三服合计当有万人左右，一岁耗费数巨万，也就是数万万。第二阶段较之第一阶段，织工增加了数百倍，一年所费也增加了数百倍，扩展速度之快，令人叹止。

长期以来，可以说自西汉至今二千年间，人们在论及齐三服官的突然膨化时，无不归之于汉武帝的奢侈，但若仅仅是皇帝一人的奢侈，能导致齐三服官以数百倍的速率扩展吗？况且，西汉武帝并不像人们所普遍认为的那样奢侈无度。实际上，稍稍留心一下当时的国内外形势，便不难发现，齐三服官突然膨化之时，正是丝绸之路正式开通之际。因此，在西汉武帝时期，一方面是齐三服官的迅速扩大，另一方面则是大量丝织品通过汉王朝，源源不断地输入西方，这两者之间难道就不存在着一丝一缕的联系吗？

从文献资料看，齐三服官主要出产冠帻縰、纨素、轻绡、绮绣、以及冰纨、方空谷、吹纶絮等丝织品。

冠帻维，即包头发用的丝巾，颜师古称为"方目纱"，又叫方眼纱、方孔纱。这种纱经纬线比较稀疏，露出方孔，是平纱组织的丝织品。

纨素就是本色绢，也是平纹组织的丝织品。

轻绡，是一种轻纱，是平纹组织的轻薄如纱的薄绸。

绮绣是具备五采图案的细绫，是一种精致的斜纹起花的绸。

冰纨是一种洁白如冰的细绢，方空谷是一种极薄的方目纱，吹纶絮是精致的丝绵。

这些都是高档的丝织产品，反映了齐三服官织造工艺之高超。不过，正因为如此，也使得齐三服官给当时的国家财政带来沉重负担，以致屡屡招人非议。

齐鲁地区官营丝织业如此发达，民营丝织业也毫不逊色。《论衡·程材篇》中说"齐部世刺绣，恒女无不能"。也就是说这儿的女子人人都会刺绣。实际上，中国历史上丝织业的生产，主要是由分散的家庭手工业进行的，秦汉时期更是如此。山东是宜桑地区，又具有悠久的蚕桑丝织传统，因此，丝织业肯定遍及家家户户，"恒女无不能"是对这一现象的真实写照。近数十年来，山东地区出土了大量的有关纺织的画像石与帛画，也充分反映了这一问题。

除农民进行一家一户的家庭副业式的丝织生产外，山东地区的地主、官僚也利用手工业者进行丝织生产，这也是汉代山东丝织业的一个大项。1974年，山东临沂金崔山九号汉墓出土了一幅彩绘帛画，长200厘米、宽42厘米，帛画以红色细线勾勒，平涂色彩，设色有蓝、红、白、黑等，帛的织造十分精致，为已出土汉代绢帛中的精品之一。尤其值得注意的是，帛画所反映的生产内容。这幅帛画中的内容分为五组，均为墓主人——一位费夫人对自己身后生活状况的设想。其中，第四组画面共有六人，有二个场面，右边三位女子，一个儿童，为纺织场面，左边是老妇问医。纺织场面中，右侧一位身着左衽上衣的妇女操作着一架纺车，右手在用力运转，左手执一工具扬起抽纱，对面的二位妇女正在看她操作，儿童也招手呼唤，颇有生活气息。这幅画实际应是墓主人现实生活的缩影，画中的纺织场面也应是墓主人家所经营的纺织手工业的一道工序，也就是说，画中的纺织场面说明墓主人家可能是一家同时经营纺织手工业的官僚地主。

汉代全国蚕桑丝织业最普及最发达的地区是今山东地区。①

（三）汉代丝绸生产技术

秦汉时期山东丝绸生产技术主要反映在《氾胜之书》和《四民月令》中，虽然《氾胜之书》已亡佚，但因《齐民要术》的引用而幸运地保存下来一部分。从文献记载中可以看出，当时山东培育出的鲁桑，有先进的种植方法；出现了曝茧震蛹储茧法、手摇缫车，以及世界上最早的脚踏式斜织机；丝织品种类更丰富，冰纨、方空縠、吹纶絮是上贡朝廷的高档丝织品。

1. 种桑

根据《氾胜之书》的记载，出现了种椹法、套种法和烧茬法。

> 种桑法：五月取椹着水中，即以手渍之，以水灌洗，取子，阴干。治肥田十亩，荒田久不耕者尤善，好耕治之。每亩以黍、椹子各三升合种之。黍、桑当俱生，锄之，桑令稀疏调适。黍熟，获之。桑生正与黍高平，因以利镰摩地刈之，曝令燥；后有风调，放火烧之，常逆风起火。桑至春生。一亩食三箔蚕。②

当时种桑的具体方法在于：第一，种椹法。每年五月桑椹成熟时，用手渍破，放入水中灌洗，取出桑椹子，阴干后种植。第二，注重地力。桑树也喜欢肥田，因此，最好是长期未耕的荒田，具有充足的地力。第三，套种法。将黍与桑椹并种，黍是禾谷类中生长期最短的植物，长势比桑苗快，到成熟时已高出桑苗，割去黍穗，既可多一季农作物收成，黍秸还可留做助燃材料和有机肥料。第四，烧茬法。包括平茬和火烧两部分。先"平茬"，即当桑树长到与黍一样高平时，用镰贴近地面割去桑苗，以促使根系发育。再放火烧茬。烧茬的作用很大，一是促使桑苗根颈部的潜伏芽至来春较早萌发，新条生长较快；二是消灭一些越冬害虫；三是以烧下的草木灰做有机肥料。不过，当时没有特别提出火不可过大、过大损根问题。此外，在耕地方面，当时还特别注意到了季节和地气的关系，"凡耕之本，在于趣时，和土，务粪泽，早锄，早获。春冻解，地气始通，土一和解。夏至，天气始署，阴气始盛，土复解。夏至后九十日，昼夜分，天地气和，以此时耕田，一而当五，名曰膏泽，皆得时功。"（《齐民要术》

---

① 齐涛：《丝绸之路探源》，齐鲁书社，1999 年，第 157~166 页。
② 《齐民要术》卷五。

卷一)

2. 养蚕

汉代人们对蚕一生的演变过程以及茧层与出丝率的关系有了新的认识，在东汉王充的《论衡》中有"蚕食桑老，绩而为茧，茧又化而为蛾；蛾有两翼，变去蚕形"的记载，表明当时人们已经认识到了蚕变茧、茧化蛾、蛾再生蚕的奇妙变化过程，书中同时也提到了出丝率与茧层关系的"虫茧重厚，称其出丝，孰为多者？"理论。

当时所养仍以一化性三眠四龄蚕为主，在《四民月令》中记载了养蚕的准备工作和蚕蚁初生时的照顾工作，如"清明节，命蚕妾治蚕室：涂隙、穴，具槌、栘、薄、笼。""谷雨中，蚕毕生，乃同妇子，以憩其事。无或务他，以乱本业！有不顺命，罚之无疑。"具体准备工作如下：

> 首先是准备好蚕室。清明时节，蚕妾们用泥将墙壁裂缝和洞穴堵严实，以防虫、鼠进入，并易于掌控蚕室温度，这一点相对于春秋战国时来说是一个进步。有关这一方面的资料在其他书籍中也可见到，如汉代的纬书《龙鱼河图》曰："冬以腊月鼠断尾。正月旦，日未出时，家长斩鼠，着屋中，祝云：'付敕屋吏，制断鼠虫；三时言功，鼠不敢行。'"《淮南万毕术》曰："狐目狸脑，鼠去其穴。"注云："取狐两目，狸脑大如狐目三枚，捣之三千杵，涂鼠穴，则鼠去矣。"这些方法虽然有的带有迷信色彩，但足以说明当时人们对治理蚕室的重视程度比以往加强。其次是准备好饲蚕工具，如槌、栘、薄、笼等。槌即竖立的架柱，栘是横条，都是为安置蚕薄（即蚕匾）用的。"薄"在《齐民要术》中作"箔"，"箔"是后来新字。笼是盛桑叶的，与春秋战国时相比，没有太大变化。①

3. 缫丝

据《四民月令》记载，阴历四月，"茧既入簇，趣缫；剖绵，具机杼，敬经络。"即茧成后，就要准备缫丝了。在缫丝方面，当时出现的新成就就是曝茧震蛹储茧法和手摇缫车。茧成熟后往往无法及时缫制，需要先储存一段时间，春秋战国时期没有好的储茧方法，汉代出现了曝茧震蛹法，即暴晒蚕茧，导致蛹虫在茧内挣扎致死。当时的缫丝工具有两种，一种是传统的手持丝篗，即缫车出现前的绕丝工具，表现为平面

---

① 姜颖：《山东丝绸史》，齐鲁书社，2013年，第91~92页。

呈"工"形或"H"形的绕丝架；另一种是辘轳式的缫丝轩，应当就是手摇缫车，[①] 这说明，至晚到汉代，手摇缫车已经出现。

4. 纺织

《四民月令》记载，"六月……命女红织缣缚"，缚即绢及纱縠之属，因此，缫丝之后便进入丝织业最重要的程序——纺织丝织品环节。

有关汉代山东纺织情况，最主要的就是考察汉代纺织工具，因为"织机是衡量纺织技术发展的重要标志"。[②] 目前，有关汉代纺织工具的情况，主要出现在临沂金雀山汉墓出土的帛画，以及考古发现的汉代画像石中。目前发现的汉代画像石中，有纺车、络车、织机等图像，其中拥有织机的画像石，山东境内最多，不少学者，如宋伯胤和黎忠义、夏鼐、赵丰等，先后对这些画像石进行了研究，结果发现，当时山东出现了世界上最早的脚踏式斜织机，斜织机是从竖机到平机的过渡形式。根据汉代三服官生产皇室所用高档丝织品的情况推断，当时山东也出现了提花机设备。此处引用《山东丝绸史》中的资料，看一下当时织机及纺织情况：

首先，从金雀山汉墓出土彩绘帛画和画像石中可以看出，当时出现了手摇木制纺车和络车，纺车一直延续使用至近代。

> 纺车见于前面所提到的临沂金雀山九号汉墓出土的彩绘帛画和汉代画像石中。帛画中一劳动妇女正在操一架纺车，右手用力运转，左手执一工具扬起抽纱。这种纺车，基本结构与使用方法同近代民间使用的木制纺车极其相似，甚至在新中国成立初期山东的偏僻农村仍可见到，由此断定，画中的纺车是手摇木制纺车。1952 年，山东滕县龙阳店出土的一块汉画像石上，刻有几个形态生动的人正在纺车、织机和络车旁操作的情景。这种纺车由木架、锭子、绳轮和手柄四部分构成。这种纺车与纺坠相比，不仅生产效率高，而且还可以根据所纺纱线的使用特点，高质量地加捻并合出粗细不同的丝或弦线。此外，滕州宏道院、济宁晋阳山慈云寺等地纺织画像中也都有女子络丝、摇纬图像。早在两千多年前的西汉前期，山东就已经广泛使用这种纺车和络车，说明山东纺织手工业已具备很高的水平。

其次，从汉代画像石上可以看出汉代脚踏式斜织机的结构。

---

① 朱新予：《中国丝绸史（通论）》，纺织工业出版社，1992 年，第 56 页。
② 张保丰：《中国丝绸史稿》，学林出版社，1989 年，第 58 页。

织机见于汉代画像石中，"目前所知有织机形象的纺织画像石已达十余块，其中山东境内的有滕县宏道院、黄家岭、后台、西户口各一块，龙阳店两块，嘉祥武梁祠、长清孝堂山郭巨祠、济宁晋阳山慈云寺各一块，共九块"。（赵丰、金琳：《纺织考古》）此外，江苏境内有六块，安徽、四川境内各有一块。从目前所发掘的绘有织机的汉代画像石的数量来看，汉代山东确为全国丝织业的中心。从山东与江

图 3－4　汉代织机复原图

苏汉画像石上的织机图以及据此所做的汉代织机复原图（图 3－4）中可以看出，汉代织机构造比较简单，看来是当时民间一般家庭所常用的普通小型织机。这种织机有两个特点，一是脚踏式。第二章已谈到脚踏式织机早在战国时期就已出现，但最早的实型却见于汉代画像石，这说明，脚踏式织机在汉代已广泛采用，这是一种进步，因为脚踏织机有助于织工手脚并用，从而大大地提高织机的效能。同时，"这是世界上最早出现的脚踏织机，欧洲到第 6 世纪才开始出现，13 世纪才广泛采用"。（夏鼐：《我国古代蚕、桑、丝、绸的历史》）二是斜式，即经纱斜放的织机。关于织机的演变，据学者研究，从经面看，最早是垂直于地面的竖机，以后角度逐渐缩小，最后发展成为与地面接近平行的平机。而在竖机到达平机之间还有一种过渡的形式，即经纱斜放的斜式机。从汉画像石中可以看出，汉代山东的织机正处于由竖机向平机转换的过渡时期，（宋伯胤、黎忠义：《从汉画象石探索汉代织机构造》）这是纺织事业中的又一大进步。对于汉代斜织机的异同，赵丰先生在其《丝绸艺术史》中做了如下分析：斜织机的共同特点是机身倾斜、经面倾斜，以及有一些相同部件，如经轴、卷轴、单片综、分经杆、蹑、"马头"等，不同点主要表现在提综装置的区别上。汉画像石上的织机图，可根据提综装置的不同，分成三类：提压式双蹑斜织机、中轴式双蹑斜织机和单蹑斜织机。其中山东有前两种，如山东宏道院、龙阳店和慈云寺汉画像石上的织机形象可能属于提压式双蹑斜织机，其双蹑对综片的作用是一提一压（下拉），而武梁祠的织机型制

属于中轴式双蹑斜织机，其双蹑均用绳子或木杆与一根中轴相连，再由中轴来控制综片开口，这一开口方法与后世立机的开口相似，是汉代斜织机的最主要类型。[①]

再次，根据《九章算术》和任城缣题记，可推断出汉代丝织品生产的效率和幅度。

关于汉代织机，一些古代文献也提供了间接证据。首先，中国古代第一部数学专著《九章算术》卷三中的算题反映了当时普通织机的效率。算题问："今有女子善织，日自倍，五日织五尺。问日织几何？"答曰：初日织一寸余，第二日织三寸余，第三日织六寸余，第四日织一尺二寸余，第五日织二尺五寸余。陈直先生认为，这"虽为假设算题，推断当距事实不远。以最后一日来看，每日成二尺五寸，十六日成一匹"（陈直：《两汉经济史料论丛》）。其次，从敦煌发现的"任城缣"残帛上面的汉文题记及汉帛的一般宽度，我们也可以估算出汉代织机的大致宽度。题记为："任城国亢父缣一匹，幅广二尺二寸，长四丈；重二十五两，直钱六百一十八。"一般认为汉尺约合 23 厘米，"幅广二尺二寸"当为 50.6 厘米，而原物幅广为 50 厘米（夏鼐：《我国古代蚕、桑、丝、绸的历史》）如此说来，汉代织机宽度为 50 厘米左右。在汉代画像石上，武梁祠石刻画像为曾母投杼图，从中可以看到，其织机与新中国成立初农村所用形式变化不大（图 3-5）。武梁祠位于今山东济宁市嘉祥县，始建于东汉桓、灵帝时期，其石刻画像中的织机无疑是汉

图 3-5　汉武梁祠"曾母投杼"画像石

---

① 赵丰：《丝绸艺术史》，浙江美术学院出版社，1992 年，第 17～18 页。

代织机的真实反映。这种织机的速度竟然在当时著名的数学书籍中出现，说明了这种织机在当时已普遍使用，对于学生来说已是耳熟能详，同时也说明，"十六日成一匹"在当时是一种比较普通的织机速度。

最后，尽管估计战国出现了简章的提花工具，但缺乏实物，真正意义上的提花机出现于汉代。根据史书记载，最早的提花机并不出现于临淄，但临淄无疑使用了当时先进的提花设备。

提花机是古代织造技术中的最高成就。春秋战国时期，人们主要使用普通织机织造单色丝物，织物上的花纹大多由画缋和刺绣工艺来完成，虽然当时也出现了文绮和锦这些色彩丰富的织品，估计也出现了简单的提花机，但遗憾的是，目前还没有史料来说明这一问题。真正意义上的提花机出现于汉代，它不仅可以将织物装扮得美丽多彩、高贵典雅，而且可以大规模地进行生产，解决手工刺绣费工费时的问题。

相对于普通织机来说，提花机主要在于如何解决提花综的问题。普通织机，依照汉代丝绸的平纹织法，只需两片交织综和两个脚踏板就可以。两片交织综通过一根翘丝木（分经木），在织机一上一下的运动中，形成一个开梭口，使两组经线分别成为梭口的底经（里经）和面经（表经）。提花机则不同，幅广50厘米左右的织机，为了处理好花纹，可能需要提综几十片之多（此处的综当为"提花线束"形式，而不是长方架子的"综框"形式），因此必须有提花设备。从文献记载中可以看出，汉代临淄和襄邑的三服官都在研制提花设备，并且到东汉明帝时，解决了这一问题。有关这方面的记载有两条，一是绥和二年（前7年），为了防止奢侈，汉哀帝下诏云："齐三服官、诸官织绮绣，难成，害女红之物，皆止，无作输。"（《汉书·哀帝纪》）这说明到西汉末年，齐地三服官没能研制成提花机。二是永平二年（59年），汉明帝率公卿大臣于明堂祭祀光武皇帝时，所着服装已非同寻常。董巴《舆服志》曰："显宗初服冕衣裳以祀天地。衣裳以玄上下，乘舆备文日月星辰十二章，三公、诸侯用山龙九章，卿已下用华虫七章，皆五色采。乘舆刺绣，公卿已下皆织成。陈留襄邑献之。"（《后汉书·明帝纪》注）此处"织成"是名词，是指按实际需要、规格、形状图案设计、织造出来的高档丝织品。从公卿大臣已衣五色采织推定，当时陈留襄邑已研制成了提花机，已能织出众多精美的彩色丝织品。上述两条资料表明，汉代临淄和襄邑两地的三服官都在抓紧时间研制提花机，只是临淄的研制在西汉末遭到遏制，而东汉初襄邑开始采用这种技术，并走在了前面。那是不是襄邑三服官发明了提花机呢？史料没有明确记载，因此无从断定。但从现存文献资料得知，最早明确地使用提花机的是西汉中期民间的纺织手工业者——陈宝光妻。据《西京杂记》卷一记载："霍光妻遗淳于衍蒲桃锦二十四匹，散花绫二十五匹。绫出巨鹿陈宝光家，宝光妻传其法。霍显召入其第，使作之。机用一百二十镊，六十日成一匹，匹直万钱。"依据这条记载，蒲桃锦和散花绫都是彩色丝织品，这种丝织品由陈宝光妻织成，因此，她被看成提花机的发明者。但鉴于《西京杂记》一书本身的真伪问题，人们对此说也存有疑问。但是，不管怎么说，巨鹿和襄邑都是临淄的近邻，并且巨鹿郡的东南部还属于山东，因此，作为"主作天子之服"的山东临淄，也应会受到影响，很快地掌握提花技术和使用提花机的。

5. 练漂染整

汉代临淄既然设置三服官，那必定有高水平的染整机构。当时的染整方法较春秋战国时期草木灰汁浸泡织物的灰练法和水练法进步，主要是采用了煮练和捣练两种方法，将练漂工艺从依靠自然转变成一种自觉主动行为。当时也出现了相当多的植物染料，还出现了整理衣物的熨斗。

为了织出精美的丝织品，汉政府在朝廷中专门设有练染机构，西汉时称暴室，《三辅黄图》记载："主掖庭织作染练之署，谓之暴室，取暴晒为名耳。"东汉时设有平准令，"掌知物贾，主练染，作采色"（《后汉书·百官志》）。朝廷中有专管染练的机构和官员，在各丝织地自然有其属官，设置三服官的山东，染练是一个重要的部门，只不过文献中缺乏相应的记载而已。

与周代相比，秦汉时期丝绸的练漂工艺有很大变化。春秋战国时期使用的是草木灰汁浸泡织物的灰练法和水练法，而秦汉时期则采用了煮练和捣练两种方法，练漂工艺从依靠自然为主转变为人们的一种自觉主动行为，大大缩短了练漂丝帛的时间，提高了练漂技艺。煮练法主要是利用提高温度加速丝胶溶解、从而提高练丝帛功效的方法。《释名·释采帛》曰："练，烂也。煮使委烂也。"这里讲的就是一种煮练法。捣练法就是采用砧杵，即捣衣石和棒槌，槌捣丝帛以促进丝胶溶解的方法，通过班婕妤《捣素赋》，可以感受到山东妇女们捣练丝帛的场景，"投香杵，扣玫砧，择鸾声，争凤音。梧因虚而调远，柱由贞而响沉。散繁轻而浮捷，节疏亮而清深"。姑娘们舞起捣衣的木棒，和谐地敲打精美的捣衣石，从而发出轻巧疾速、节拍清亮、悦耳动听的声音。

在染色方面，近年出土文物里就发现过汉代染色用具炉和杯，如山东潍坊昌邑就出土过铜染炉，高12.7厘米、长16厘米（史树青：《古代科技事物四考》）。这种染炉一般与染杯连在一起，染杯的体积比染炉小些，所以，这是供当时封建地主家庭进行纺织手工业生产的小型染丝、帛用具，并不适用于大规模的染色。汉朝临淄的三服官能为皇室织做出五颜六色的朝服，这说明染色技艺的高超和染料的丰富，但具体染色工艺缺乏记载。汉朝的植物染料很多，西汉史游《急就篇》中提到的色彩按色谱名分类，已达20多种；东汉时期丝织品的色彩名，在《说文解字》中共有30余种之多。在这些染料中，有两点需要说明，第一，当时较多用的是茜草和木蓝属植物，"依照对于汉代丝织物所作的化学分析，我们知道染料中有茜草素和靛蓝。前者当由茜草而来，后者取自木蓝属植物。媒染剂当为铁盐和铝盐（矾石）。如果和茜草素相结合，前者成绿色（复原状态）或褐色（氧化状态），后者成红色"（夏鼐：《我国古代蚕、桑、丝、绸的历史》）这说明，当时人们对于植物染料的属性，以及媒染工艺有了进一步的认识，因而能染织出更丰富的色彩。第二，有不少植物染料已是人工种植，成为重要的经济作物，不少种植的家庭相当富有，如《史记·货殖列传》中的"名国万家之城，带郭千亩亩钟之田，若千亩卮茜，千畦姜韭：此其人皆与千户侯等"，《集解》引徐广注曰："卮音支，鲜支也。茜音倩，一名红蓝，其花染缯赤黄也。"《四民月令》中也多处提到蓝草种植问题，如三月"可种蓝"，六月中伏后，"可种芜青、冬蓝……可烧灰，染青、绀诸杂色"，蓝就是叶含蓝汁、可制蓝靛作染料的植物。

文献记载，我国至迟在汉朝已出现了真正的熨斗，《古器评》中在谈到汉烫斗时说："此器颇与今之所谓熨斗无异，盖伸帛之器耳。"西汉时期的熨斗均为铜制，在汉朝的墓葬中有多次发现。这种熨斗在制作皇室服饰的山东临淄被使用具有极大的可能性。[①]

6. 丝织品的花纹与种类

由于生产力水平的提高，三服官的出现，以及丝织业生产范围的扩大，汉代山东

---

① 姜颖：《山东丝绸史》，齐鲁书社，2013年，第98~100页。

丝织品花纹与种类都较春秋战国时期丰富，并且出现了具有全国领先地位的冰纨、方空縠、吹纶絮等丝织品种类。

汉朝丝绸生产技术的提高，以及真正意义上的提花机的出现，为丝绸纹样的创新和发展提供了必要的条件。就制作方式来说，秦汉时期的丝绸纹样，一是用传统的刺绣方式制作而成，如《后汉书》记载，东汉永平二年（59 年），明帝率公卿大臣祭祖时，明帝所着祭服即是刺绣而成，刺绣费时费工，灵活独特，因此甚为珍贵，造价极高。汉代山东的刺绣大部分是辫绣，俗称辫子针，也称锁绣，由绣线环圈锁套而成，绣纹效果似一根锁链。二是机织而成，有了提花机后，大宗绣花衣服可由机器来完成，因此，明帝所率大臣穿的祭服都是机织而成，称织成。就丝绸纹样来说，秦汉时期有了很大发展，出现了许多新的丝织纹样，或者以祥禽瑞兽为主题，或者为几何纹，并用花草作为衬托、附件加以装饰，为后世植物花草纹样之渊源。而在所有的丝织纹样中，以祥瑞动物图案为主。就山东丝织纹样来说，在当时应当是很有代表性的。除前述日照汉墓中刺绣的花草与云气图案外，还有两处清晰地描述了当时山东丝织品纹样，一处是山东嘉祥宋山汉画像石刻铭文中所描述的汉画题材："交（蛟）龙委虵（蛇），猛虎延视，玄猿登高，师（狮）熊［噪］戏，众禽群骤，万狩（兽）［云］布。"[①] 二是西汉史游《急就篇》末、东汉人增附部分写道："齐国给献素缯帛，飞龙凤皇相追逐。"意为齐国所献丝织品上所织的花纹，为飞龙凤凰之象，飞翔追逐以成文章。这两则文献记载提到了飞龙凤凰、委蛇猛虎、玄猿众禽以及狮熊等动物。这些动物或想象中的，或现实中的；或者表示祥瑞，或者表示勇猛、威武。《说文解字》中有"虎，山兽之君也"的说法，《诗经·小雅·斯干》中说："维熊维罴，男子之祥；维虺维蛇，女子之祥。"这说明，当时丝织物上所织动物图案都是很受欢迎的，反映了当时人们的审美观念和思想意识。如虺、蛇为阴物，柔弱隐伏穴处；熊、罴是阳物，身强力壮居于山中，分别是古代阴阳思想的反映。能织出品种众多、图案复杂、形态生动的动物图案，也表明当时山东具有精湛的丝织技术水平。

秦汉时期丝织品的种类较以前更为丰富，可以从织纹（平纹、斜纹和缎纹）、花色（白织和色织）、质地（厚薄松紧等）、原料、漂练（练过的为熟帛，未练过的为生帛）等方面划分，非常复杂。李仁溥先生在《中国古代纺织史稿》中就列举了"纨、绮、缣、绨、绅、缦、紫、素、练、绫、绢、縠、缟，以及锦、绣、纱、罗、缎等花色品

---

① 朱锡禄：《山东嘉祥宋山 1980 年出土的汉画像石》，《文物》1982 年第 5 期。

种"。所有这些丝织物在汉代统称为"缯"或"帛"，合称为"缯帛"，如同今天将丝织物统称为"丝绸"或"绸缎"一样。

下面根据所见到的文献记载，来了解一下秦汉时期山东丝织品中的典型代表。

（1）纨素、轻绡

在谈到齐三服官时，《汉书·元帝纪》颜注引李斐注："齐国旧有三服之官。春献冠帻为首服，纨素为冬服，轻绡为夏服，凡三。"颜注曰："与同，音山尔反，即今之方目纱也。纨素，今之绢也。轻绡，今之轻纱也。"可见，就是方目纱，也叫"方孔纱"或"方眼纱"，这种纱，经纬线的密度比较稀疏，露出方孔，用这种丝织品织帽子和包头发的头巾，给人以美观、高贵的感觉。纨素是两种丝织品的称呼，其实就是今天的绢。轻绡即轻薄似纱的薄绸。它们都是汉代平纹组织的丝织品，也是齐国三服官早期向朝廷进献的丝织品。

（2）冰纨、方空縠、吹纶絮

关于这三种丝织品，《后汉书》中有不少相关记载，最典型的是汉章帝建初二年（77年），"诏齐相省冰纨、方空縠、吹纶絮"（《章帝纪》）。这是国家出现财政困难时，减少齐三服官丝织品生产的一个诏令。此外，《宦者列传》中有"冰纨、雾縠之积"的记述，《皇后纪》中有"又御府、尚方、织室锦绣、冰纨、绮縠、金银、珠玉、犀象、玳瑁、雕镂玩弄之物，皆绝不作"的记述，《董卓传》中有"坞中珍藏有金二三万斤，银八九万斤，锦绮缯縠纨素奇玩，积如丘山"的记述。上述文献记载中提到几种重要的丝织品，如纨、縠、纶、绮、锦、缯、素等。纨在春秋战国时期即已出现，是齐国的高级丝织品，素有"齐纨鲁缟"之称。汉代它是齐三服官进献朝廷的重要丝织品之一，并且织作水平越来越高，出现了"冰纨"之称，如《汉书·地理志》曰："（齐）俗弥侈，织作冰纨绮绣纯丽之物，号为冠带衣履天下。"颜注引臣瓒注曰："冰纨，纨细密坚如冰者也。"颜注曰："冰，谓布帛之细，其色鲜洁如冰者也。纨，素也。"可见，冰纨是一种细密坚韧、光鲜洁白如冰的绢，深受人们喜爱。对于"冰"字，还有另外一种解释，如《潜夫论·浮侈篇》云："细致绮縠，冰纨锦绣。"今人彭铎注："'冰'盖即'绫'之古文。《艺文类聚》六十九引《六韬》云：'桀、纣之时，妇女坐以文绮之席，衣以绫纨之衣。'《韩诗外传》七，陈饶曰：'绫纨绮縠，靡丽于堂，从风而弊。''绫纨'即'冰纨'也。《方言》云：'东齐言布帛之细者曰绫。'

《释名》云：'绫，凌也。其文望之如冰凌之理也。'"① 此处所说之冰即绫，冰纨即绫
纨，意指纨是一种纹理如同冰凌一样的细密的丝织品。至于縠和纶，《后汉书·章帝
纪》注曰："《释名》曰：'縠，纱也。'方空者，纱薄如空也。或曰空，孔也，即今之
方目纱也。纶，似絮而细。吹者，言吹嘘可成，亦纱也。"《汉书·江充传》颜注：
"轻者为纱，绉者为縠。"所以说，縠实际上是指质地轻薄、纤细透亮、表面起皱的平
纹丝织物。空即孔，方空縠即方孔纱，也是今天的方目纱，因其纱薄如空而得名。从
上述特征看，方空縠当与早期进献的是同一种丝织品。纶，系秦汉时期百石官吏系印
所用的青丝绶带，其细如絮，如同吹嘘而成，实质上也是纱的一种。

（3）缟与缣

二者都是绢家族中的成员，缟是质地比较细薄而精白的织物，是织成后经过后处
理漂练工程的熟绢；缣是质地细致紧密、不漏水的织物，也有染为五色的，是先漂练、
再织、后染的平纹织物。从《史记·李斯列传》中的"阿缟之衣，锦绣之饰"以及张
衡《七辩》中的"京城阿缟，譬之蝉羽。制为时服，以适寒暑"看，阿缟既是秦宫中
所用的高级奢侈品，也是汉代精美的丝织品。此外，东阿、任城亢父也都盛产缣，缣
即绢，按《盐铁论·本议》中"齐、阿之缣，蜀、汉之布"的说法，东阿之缣可与蜀
汉之布相媲美；依照《流沙坠简考释·器物类》中任城缣题字内容推断，任城亢父缣
是丝绸之路上的著名商品。

（4）绮绣

《汉书·哀帝纪》云："齐三服官、诸官织绮绣，难成。"《汉书·地理志》又云：
齐地"织作冰纨绮绣纯丽之物"。颜注曰："绮，文缯也，即今之所谓细绫也。"这里
提到绮、绣、缯、绫几种织物，这些织物在《说文解字》中做如下解释："绮，文缯
也。""绣，五采备也。""缯，帛也。""绫，东齐谓布帛之细曰绫。"据此推断，绣是
色彩极为丰富、号称为五色兼备的绣花丝织品，工艺精湛、色彩丰富而鲜艳，但费工
费时。至于绮，具有以下特点：第一，织纹。《释名·释采帛》曰："绮，欹也。其文
欹邪，不顺经纬之纵横也。"可见，绮是纹理欹斜、不顺经纬纵横的织物，据研究，古
代绮是一种平纹底、斜纹面的织物，但到汉代也出现了平纹底、平纹面的织法。第二，
花纹。绮是有花纹的细帛，据《释名》说，绮有杯形纹、棋形纹、长命纹（采色相间
的长横纹）等不同的花纹图案。但是，绮的花纹是先染后织的还是先织后染的呢？对

---

① ［汉］王符著，［清］汪继培笺：《潜夫论校正》，彭铎校正，中华书局，1985 年，第 131 页。

此说法不一，《范子计然》云："绮出齐郡，案用二色采丝织成文华，次于锦，厚于绫。"即用二色采丝织成，自然为先染后织织物。元戴侗《六书故》又称："织采为文曰锦，织素为文曰绮。"既然织素为文，那又像是先织后染织物。看来绮在汉代是先染后织、具有两种或两种以上色彩的经丝显花织物，后来发展为先织后染织物。①

（四）汉代丝绸与丝路之源

有关汉代山东丝绸与丝路之源关系的探讨，一方面从丝绸征收情况来证明，长安许多运往丝绸之路西端的丝织品来自于山东。另一方面，从丝绸之路上考古发掘的丝织品实物证明，山东许多丝织品曾是丝绸之路上的主要物品。

1. 从贡赋看丝绸之路上的山东丝织

长安周围基本不生产丝织品，因此，丝绸之路上的丝织品主要来自于其他地方，其中最主要的区域就是汉代丝织品生产的主产地山东。当时丝织品集中主要有两种方式，一是贡赋，二是官手工业生产。除临淄三服官以官手工业生产中心的身份向皇室提供高档丝织品外，山东丝织品大多贡赋的方式源源不断地输送到长安。当时山东丝织品以两种贡赋方式输送到长安，一是山东自身以丝织品为贡赋，二是在均输政策引导下，其他不产丝织品的地区，将当地商品变卖后，购买山东丝织品，而后输入到长安。正是以官手工业或贡赋方式，山东的丝织品大量运送到长安，成为丝绸之路上的重要商品。

汉唐时期，长安丝绸的来源主要是贡赋与官手工业所产。官手工业所产以山东为最，一般是直接调运长安，我们不再赘述。这儿，我们重点要了解的是贡赋的集中与使用中的山东丝绸。

［丝绢征收与长安丝绢的来源］

在本书第四章中我们曾经提到，长安丝绢的来源在哪里？在小农经济的汪洋大海中，中国农村男耕女织的生产方式为长安提供着基本的丝绸来源。当然，我们并不是说所有的男耕女织的生产方式都会生产出轻软华丽的丝织品，事实上，在秦汉时期，丝织品的生产主要集中在今山东一带，到魏晋隋唐时期，丝织品生产地区扩大到了江南等地，但就全国而言，也只有黄河下游、四川盆地以及长江

---

① 姜颖：《山东丝绸史》，齐鲁书社，2013 年，第 100~104 页。

三角洲这三个基本生产中心，面黄河下游地区依然占据着绝对优势的地位。这一点，我们在前面也已有交代。丝绸产地之外的农民家庭，当然也是男耕女织，不过织的是纻布、麻布而非丝绸罢了。

男耕女织的汪洋大海中的丝绢，主要通过贡赋的方式源源流向长安，其余部分也通过商业贩运等渠道进入长安市场。

在正式考察之前，我们要先区别二个概念，即贡与赋。在中国古代社会，贡赋是两个截然不同的概念，贡是指各地方政府向中央王朝与皇帝的贡奉，俗称"进贡"，一般是本地土特产品，也有从外地甚至异域购入特产进贡，以讨好皇帝的。进贡物品数量较少，主要用于皇帝个人及皇室成员的消费。赋是中央王朝向全国民众所征税项的总称，面阔量大，是中央王朝财政的基本收入。比如，汉朝的地税、口赋、算赋，唐朝的租、调等等，都是赋的基本构成部分。

西汉武帝以前，中央政府与皇室的丝绢主要来自各地的进贡与官手工业作坊所产。由于这一时期丝绢需求相对较小，进贡与官手工业所产基本上能满足中央王朝与皇室的需求，当时向长安进贡丝绢的主要就是今山东一带。据《史记》记载，秦始皇宫中最常用的丝绢就是"阿缟"，阿缟产自东阿，是秦汉时期丝织品中的上乘。西汉时期，阿缟依然是重点进贡物，是皇室贵族，达官贵人们青睐的宠物。张衡在《七辩》一文中曾引述了空桐子的一段有关阿缟的评价："京城阿缟，譬之蝉羽，制为时服，以适寒暑，……此舆服之丽也。"（《艺文类聚》卷五十七）

一般农民家庭所生产的丝绢主要则流向了市场，这一时期，农民除田租交纳粟谷外，口赋、算赋都要交钱，就当时的生产状况而言，一般农民家庭的农业生产物，在交租之后已无什么剩余，难以再投入市场换回交纳的赋钱与生活必需品。西汉前期政治家晁错曾对农民家庭进行过这样的分析："如今农夫五口之家，服役者不下二人，能耕之田不过百亩，百亩的收获，不过百石。春耕、夏耘、秋收、冬贮，还要砍伐柴草，服务官府，应征徭役。春不得避风尘，夏不得避暑热，秋不得避阴雨，冬不得避寒冻。一年四季，无日休息。又要送往迎来，吊死探病，还要抚养孤老幼子。如此勤苦，还要遭受水旱灾害，苛政暴虐，赋敛不时，朝令而暮改。交赋税之时，家有粟帛的，往往半价而卖，无者，则以成倍的利息借贷交纳。这样，便有卖田宅、鬻子孙来偿还债务的。"（《汉书·食货志》）

这种现实会迫使农民把自己生产的丝织品全数投入市场，这种全数投入，一方面使得当时市场中的丝织品交易十分发达，丝织品价格也十分低廉，司马迁在

《史记》中所描绘的"通都大邑"中，往往有拥有"文彩千匹"、"帛絮细布"千钧的大丝绸商。按司马迁的统计，"文彩千匹"可值120万钱，则每匹1200钱。文彩是具有彩色花纹的丝绸，散花绫、能绣细文、绿绫、缥、绿等都属此类，这些丝绸价格的低廉，是后世所无法比拟的。另一方面，丝绸既是商品，又起着货币的作用，西汉前期丝绸大量的投放市场，极大地刺激了商业的繁荣。研究中国经济史的学者无不认为，在唐宋之前，商品经济最发达、商业最为繁荣的时期，不是3~6世纪的魏晋南北朝时期，也不是公元初的东汉时期，而是公元前2世纪的西汉前期。原因何在？当然是众说纷纭，但大家都忽略了一点，就是我们刚刚提到的丝绸的大量投放，离开了这一点，便不会出现"富商大贾周流天下，交易之物莫不通"的局面，也不会出现"陆行不绝、水行满河"的空前的商业繁荣。

在这一历史时期，齐鲁是基本的丝绢产区，市场上流通交易的大部分丝绢应当源于此地，所以，这一地区也就成为当时全国最繁盛的商业中心之一。《盐铁论》中，西汉卿大夫们在纵论天下商业形势时，便把齐鲁放到了重要的位置：

自京城东西南北，历山川，经郡国，那些繁荣的都市，无非是四通八达，商贾汇聚，贸易万物。宛、周、齐、鲁，商遍天下。

宛为今河南南阳，周指落阳一带。四处最繁盛的商业中心，今山东地区占了二个，这不能不归之为山东丝织业之发达。正由于当时的齐鲁商遍天下，所以山东丝绢便源源不断地涌入市场、周流天下，班固在《汉书》中也才有齐纨鲁缟"冠带衣履天下"的感叹。

西汉长安是全国的政治中心，同时又是商业中心与消费中心。长安周围基本不产丝绢，因此，大批的齐纨鲁缟会通过商业渠道不断进入长安。

西汉武帝的即位，标志着中国历史的一个新时代的到来，北征匈奴、南通夜郎，西开丝绸之路，财政支出激增，中央王朝对丝绸的需求也迅速膨胀，原有的进贡方式所提供的丝绸已远远满足不了这种迅速增长的需求。均输法便在这种情况下应运而生。均输法是为解决中央王朝财政的拮据、丝绸的短缺而实行的一种新经济政策。公元前115年，桑弘羊任大农中丞时开始试办，公元前110年推行全国。

均输实际上是一种官营商业，全国的均输由大农令负责，大农令又向全国各地派出数十个大农部丞，充当吏使，分别主管各郡国的均输等事务。在各主要县，又设均输令丞，均输令丞的分布比较普遍，大凡有土特产品贩运出境的地方都有均输官的设置，以"输其土地之所饶"。一些产品比较单一的地方，就不笼统地称为均输官，而以当地主要土特产的名称来命名。如巴郡朐忍（今四川云阳县）、鱼复（今四川奉节）称桔官；蜀郡严道称木官；九江多水产，称湖官；山东一些地区如泰山郡的奉高、济南郡的东平陵则称工官。西汉王朝就这样通过大农部丞和均输官，在全国建立起一个官营商业网，"尽笼天下之货物"。

各级均输部门的主要职掌有二项，第一是灵活处理所属地区的贡品。在此以前，各地上缴的贡品五花八门，道远的郡国把贡物运到京师时，按市价计算，很可能还不足抵偿傈雇车船的运费。贡物在长途运输中又容易损坏，更加大了费用。有些贡物在当地是上品，到首都与其它地区同类贡物一比很可能便是次品。当然，还有相当一部分贡物并非京城所需。新的均输法规定，各地原上页物品以及运输费用，统统折合为当地的特色商品，标准是商人们所乐意贩运出境的商品。各郡国将这些商品交给各地的均输官员，在这些商品中，除了一些京城王室所用的必需品以及山东地区所缴丝绢要运往京城外，其余物品一律由均输官像商人那样运往适宜地点出售。

第二，均输官除处理应交纳的贡品外，还可以在贡品的额度外进行经营，他们可以自备本钱，以买卖方式收购本地价廉丰饶的产品贩运转卖，牟取厚利，发挥着官营商业网的作用，部分地取代了私营商业的贩运贸易。

贩运贡品收入及自主经营的收入，主要是收购丝绢、麻布与粮食，陆续调运长安，当时所收购的丝绢与麻布，分别是面向今山东、四川两地。西汉后期，在有关经济政策的大论战中，儒生们即指出，当时"吏之所入"主要是"齐、阿之縑"与"蜀、汉之布"。当然，这种收购往往并不完全是一种商品交换关系，对于民间的丝绢、麻布，"吏恣留难，与之为市"，结果是"行奸卖平，农民重苦，女工再税，未见输之均也"。（《盐铁》卷一《本议第一》）

由上可知，均输法的实施，强化了对山东绢帛的征集，除山东地区上贡的丝织品被直接运往长安外，均输官们（当然不只是山东地区的均输官）还通过种种不平等的手段，将山东民间的丝织品榨取出来，转运长安。在均输法全面推行后的一年之内，西汉王朝就收集到 500 万匹绵帛。这一年，汉武帝"东到泰山，巡海上，所过赏赐，用帛百余万匹"。这些绢帛都由大农供给（《史记·平准书》）。我想以桑弘羊之妙算，断不会由长安库储中车载船运，带着这一百多万匹绢帛随武帝在东方周游，而应当就地从大农属下的山东均输官那儿随时支取，这也反映了当时山东地区的丝绢征集数量之巨。

武帝以后，这种丝绢征收方式断断续续地被继承下来。到三国时期，情况为之一变。建安初年（约公元2世纪末），占据兖州、许昌一带的曹操推行了新的赋税制度，所有民户不再像汉代那样按人头与地亩收税，而是以地亩与户为单位收取赋税，除每亩要交纳四升粮食外，每户要交纳二匹绢，二斤绵作为户调，这是中国古代正式通过赋税征收绢帛的开始。①

2. 丝绸之路上的山东丝绸

除任城缣以外，在丝绸之路上，考古发现的山东丝织品越来越多，其中有官手工业丝织作坊的产品，也有一些山东地区的特产丝织品，还有一些一般的丝织品。这些产品的出土，足以证明，山东是汉代丝绸之路上的重要源头。

山东是汉唐丝绸之路的主要源头，山东丝绢的大量西运，使齐国黄海之滨与欧洲地中海畔铺起了一座五彩长桥。虽然两地相隔万里，如同参商，但西去的绢帛却把两地紧紧地联在了一起。下面，我们便动身去探寻这连接黄海与地中海的山东丝绸，去探寻这座五彩长桥的方位与走向。

［从任城缣到双距绫］

随着近代考古活动的发展，丝绸之路上不断地有古老的丝织品出土，它们不停地向人们诉说着丝绸之路往昔的繁盛，也不停地抱怨着岁月与黄沙的无情。透过这绚丽斑斓的古代丝织品，我们似乎可以聆听到沙漠之中那悦耳的驼铃，似乎可以看到罗马大剧院凯撒大帝身着中国彩绸引来万目凝注的场面，我们似乎还可以看到，在世界的东端，在今天的黄河岸边，勤劳的山东居民正辛勤地摘桑、育蚕、纺织，把一匹匹丝绸运往长安，发向丝绸之路。对历史文献的研究已经告诉我们，山东是丝绸之路的主要源头，由汉唐长安络绎西去的丝织品主要就是由山东供给。既然如此，古老的丝绸之路上也必然会留下山东丝绢的倩影，会洒下汉唐时期山东居民的汗水与友情。

自本世纪初以来，丝绸之路上既有一般的山东丝织品出土，又有设在山东的官手工业丝织作坊的产品出土，还有一些山东地区的特产丝织品。如敦煌曾发现任城元文缣，题字云："任城元文缣一匹，幅广二尺二寸，长四丈，重二十五两，

---

① 齐涛：《丝绸之路探源》，齐鲁书社1992年，第229～234页。

直钱六百十八。"(《流沙坠简考释》）这是一般的缣帛，属于贡赋征收后转运西去的丝织品。任城是东汉的一个封国，首府在今山东济宁的鲁桥镇附近，元文为任城国属县，在今济宁市南。再如，在甘肃武威磨咀子，曾出土有一副漆纚冠，是临酒齐三服官的产品，这是官手工业产品出现在丝路上的代表。（刘曼春：《汉唐间丝绸之路上的丝绸贸易》，载《丝路考古》，甘肃人民出版社，1982 年）再如，绨是古代山东中南部与西南部的特产，它是一种比较粗厚的丝织品，《说文解字》和《急就篇》都提到"绨，厚缯之滑泽者也"。绨可用作衣料，主要有赤绨、紫绨与白绨。在古代丝绸之路上的重镇高昌附近，曾出土有这种山东特产，出土物是赤绨，平纹，每一平方厘米经纬线是 18×18 枚。（《新疆考古三十年》，新疆人民出版社，1983 年，第 123 页）这是属于山东地区特产丝织品的出土文物。

　　由于山东丝织品种类繁多，而且数量巨大，丝绸之路上出土的丝织品也是千姿百态，令人目不暇接，所以，我们在这里只择要浏览一下出现在丝绸之路上的山东的特色丝织品。

　　绮与绣是汉代山东地区的首位特色丝织品，班固所称颂的"衣履冠带天下"的齐鲁丝织品主要就是绮与绣。我们先看绮，绮是平纹底起斜纹花的提花织物，原产地主要集中在山东。1959 年，丝绸之路上的尼雅古城出土了东汉时期的黄色菱纹绮。这是一块裙子的残片，长 25 厘米，宽 10 厘米，地纹是平纹组织，经密每厘米约为 66 根，纬密约为 18～19 根。因为经线较细密，纬线较稀松，所以织物地纹表面便呈现由经线所组成的水平横行的凸纹，一般称为畦纹。相邻的两根经线和浮线的交织点，像阶梯一样斜出，呈现为连续倾斜线。而这一整片的斜纹组织，由于经线的浮长关系，便由平织的地纹上突出来，构成花纹图案。在织物的背面，便由纬线构成了同样的花纹图案。除这种汉绮组织外，还有一种比较典型的汉绮组织，其特点是起源花仍是三上一下的斜纹组织，而每一根经斜纹浮线的经线，与它相毗邻左右排列的另两根经线，都是一上一下的平纹组织。从其花部组织单元来看，也可以说是一种斜纹和平纹的混合组织，似乎是前一种绮的改进形式。这两种汉绮组织在丝绸之路上十分常见，除尼雅及新疆许多地区外，在前苏联克里米岛上的公元 1 世纪刻赤遗址中、叙利亚的帕尔米拉遗址中都有发现。这也应当是当时山东流行的汉绮组织。值得注意的是，尼雅汉绮的纹样主要是大型的菱纹，菱形内部又包含有树叶纹，菱形之间的空隙处，又点缀以对称的心形树叶纹。另外，鸟兽葡萄纹、变形植物、对鸟、对兽等等也是尼雅汉绮的典型纹样。刻赤与帕尔米拉出土的汉绮也具有类似的纹样。这些纹样是当时山东地区盛行的纹饰，由于水文、地质与气候条件的影响，今山东地区未能保存下汉代丝织物，我们无法对丝绸之路上汉绮的纹饰进行直接比较，但从山东地区出土的大量的铜镜、汉画像石以及其他器物的纹饰看，大型的菱纹、对称的心形树叶纹以及鸟兽葡萄纹、变形植物、对鸟、对兽等纹样都十分常见，而且与丝绸之路上出土的汉绮纹样风格十分接近。

以帕尔米拉出土的汉绮为例，帕尔米拉是地中海附近的一座城市，也是丝路西端的重要贸易都市。1933年和1937年，在这儿的古墓中出土了若干件汉绮。典型纹样有两种，一种是大菱纹，中间有对兽，另一种是两种图案的组合，一组是两层圆纹中有两组四只对兽，环绕一圆形纹饰，被环绕的圆形纹饰中又有一六角形图案，二者之间有连珠图案；第二组是接续的大菱纹，菱纹中间有对称的心形树叶纹，上述纹饰山东就很常见，大菱形纹是山东汉画像石中的重要装饰纹样。1970年，郓城县苏庄出土的汉画像石中，就有这种纹饰。心形树叶纹更是普遍，1973年，肥城县石横镇出土的画像石上，1978年淄博西汉齐王墓出土器物的纹饰中，都有很典型的代表。齐王墓中出土的银盒上，一组野兽的造型与风格使人不由得想到帕尔米拉汉绮中的对兽图案。在临沂银雀山出土的一汉代瑞兽葡萄镜上，我们更发现了铜镜图案与帕尔米拉汉绮中的对兽图那样肖似、神似，使人不得不认为，对兽图就是"剽窃"了这面铜镜的图案纹饰。

现在我们再看丝绸之路上出土的绣，绣也是古代山东的特产，尤其是齐地的特色丝织品，东汉王充所说"齐都世刺绣，恒女无不能"，表明齐地的妇女人人都会刺绣。刺绣与其他丝织品不同，它的花纹不是织成的，而是在已织好的织物上面以针刺添附上各色丝线，绣出绚丽的彩色花纹，在高明的绣师手中，绣针犹如画师的彩笔，可以绣出像绘画一般细致而流畅的花纹，表达出绣师的技巧与个性。所以它的艺术性比织锦更高。又由于它不是机械化的织机所制，而是完全用手绣制出来的，同样花纹的一幅刺绣要比织锦更费工夫，价格也就高得多。在丝绸之路上的尼雅古城、罗布泊、诺音乌拉（今蒙古人民共和国境内）、帕尔米拉以及怀安、武威，都曾发现过汉绣，前苏联巴泽雷克的古墓中还发现有公元前5世纪的绣品。其中以尼雅出土的汉绣最为精美。

尼雅汉绣首推男裤脚上作为边饰的那件绿地动物花草绣，它是以草绿色细绢为地，以锁绣法用绛紫、宝蓝、湖蓝、正黄、藕荷、纯白等各种丝线，绣出成束的卷草、成丛的金钟花、菱形的涡旋纹、豆荚形的树叶，还有藏在叶丛中露出大耳朵的兔头和带爪的前足。纯白和绛红两色常作为镶边和细线条。花纹既瑰丽奇离，又显得活泼生动。花纹的每一图案单元约纵横 11～11.2 厘米，循环反复，但每一单位的细节都微有差异，不像织锦的花纹那样整齐划一。

另一件女内上衣袖上边饰的刺绣也十分出色，这是以翠蓝色细绢为地，用各色丝线绣出花草和小鸟。小鸟张口瞪目，头的上部耸立竖羽三根，翅翼向后转弯，尾部下垂内卷。它虽不是完全写实，却也活泼可爱，在鸟嘴下和花草间还点缀着一些圆点，也许是代表果子。

这两件出色的绣品使我们能有机会在异乡领略到古代山东刺绣的风采，让人陶醉。这二件绣品的图版发表在《文物》1960 年第 6 期。

前苏联巴泽雷克出土的刺绣也十分精彩，刺绣画面是用彩色丝线以链环状的针脚绣成，刺绣主题——凤栖于树上，凰飞翔于树间的素地间，形象生动多样。这件绣品应当也是出自齐地女工之手，我们若将绣品上的凤凰图案与山东汉画像石中的凤凰图案略作比较，也会发现其中的内在联系。

最后，我们再看一下锦。自汉到唐，山东地区的织锦技术也比较先进，1976年，在临淄郎家庄东周墓中出土的丝织品残片就是最简单的锦。东汉以来，是锦的黄金时代，丝路上多有出土。东汉以来，中国的锦都是经锦，到唐朝初年，山东等地已开始生产纬锦。故宫博物院保存着一件从新疆吐鲁番阿斯塔那 331 号墓出土的瑞花几何纹纬锦，这件锦是和高昌义和六年（即公元 619 年）的文书同时出土的，说明它最晚生产于公元 619 年。它的花纹是初唐时期山东等地流行的典型样式。在阿斯塔那 332 墓（665 年）还出土有颈绕绶带的立鸟纹锦，也是一种纬锦，本世纪初，斯坦因在阿斯塔那也得到过一块类似图案的纬锦。西方考古学家阿克曼认为这种纬锦可能是萨珊朝波斯东部即中亚地区织造的。我国著名考古学家夏鼐先生也认为，这些花纹的织锦图案自成一组，与中亚、西亚的图案花纹十分接近，这种颈有绶带的立鸟纹，与我国原有的鸾鸟或朱鸟纹不同，它的颈后有二绶带向后飘舞，颈部和翅膀上都有成列的联珠纹。这些都是所谓萨珊式立鸟纹的特征，新疆拜城克孜尔石窟的壁画上也出现了这种风格的立鸟纹饰。

对上述观点，笔者认为还需推敲。阿斯塔那的立鸟纹饰以及克孜尔石窟的同样图案在装饰风格上是带有一些中亚风味，但从其整体构图，以及图案中的对鸟、联珠纹等内容看，还是比较典型的中原纹饰内容，类似的图案在山东等地出土的铜镜纹饰中都十分常见。尤其是颈绕向后飘舞着的绶带的对鸟纹饰，更是山东地区传统的纹饰。早在汉代，山东就盛行这一富有地方特色的纹饰。1972 年，山东沂水县韩家曲出土的一块汉画像石上，刻有一对凤鸟，其中一只颈部缠绕绶带，另一只颈部则绕着一个向后飘舞的绶带，身上的羽片呈半圆形，陈陈相因，其造型风格与几百年后阿斯塔那的立鸟纹锦中的图案颇有异曲同工之妙（《山东汉画像石选集》）。如果说这种纹饰的图案是西亚、中亚的纬锦所特有的，就难以解释数百年前的山东为什么也流行这种纹饰。事实上，这种立鸟纹锦应是山东特产，在长期的中外文化交流中，它自然也可能染上一些异域风味，但我们不能买椟还珠，把山东特色的立鸟纹饰本身也奉送给他人。实际上，唐代山东地区上贡的兖州双距绫，使用的恐怕也是这种图案。

上述事实形象、翔实地说明了大量的山东丝绢由山东出发，经长安中转，进入了丝绸之路，构成了丝绸之路的主源。①

苏联科学院物质文化史研究所 C. H. 鲁金科博士在其《论中国与阿尔泰部落的古代关系》一文中，他列举了公元前 1 世纪中叶生活于东欧和亚洲北方的少数民族，他说：

在公元前第一千年的中叶时，在当时文明国家——希腊、波斯和中国的周围，在东欧和亚洲的辽阔的草原、半沙漠和山区地带，散居着无数独立的牧马部落。这些居住在东欧、西伯利亚和中亚细亚的部落，希腊人把他们统而称之为斯基泰人，汉斯人称之为萨迦人，而中国人则把其亚洲的一部分称为塞。在现在的蒙古人民共和国境内，当时居住的是匈奴部落的联盟，而在现在的中国东北则是东胡部落。希腊人和波斯人所知道的仅是个别部落的名称，以及他们大多数所居住的地方，而并不是全部的。例如，希腊人便不知道当时居住在阿尔泰山区的部落的名称，只是神话般地把它们称之为"看守金子的狮身鹰头兽"。而我们所发掘的，正是这些人的墓。②

根据墓中出土的西亚细亚的织物——羊毛线毯和非常细密的羊毛织品可以准确地断定，是公元前 5 世纪的墓葬，因此，作者推断，"中国与苏联阿尔泰居民的最早的关

① 齐涛：《丝绸之路探源》，齐鲁书社，1992 年，第 253～266 页。
② ［苏联］C. H. 鲁金科：《论中国与阿尔泰部落的古代关系》，《考古学报》1957 年第 6 期。

系是发生于公元前一千年的中叶"，具体来说在春秋战国时期。墓中发现有阿尔泰王的尸体，有其夫人，有中国丝绸和四匹马拉的车，由此断定，这些墓可能是中原与阿尔泰人和亲联盟的结果，墓中女子可能是阿尔泰王所娶的中国夫人。因此，可以说这是发生于春秋战国时期的草原丝路的一个见证。

我们在阿尔泰发现了一些显贵人物的、主要是部落首领的石顶巨墓，这些墓，由于墓土封冻很结实，墓中很好地保存了中国的丝织品和其他织物。

这些巨墓是在卡童河（卡坦金地方）、伯莱利河（伯莱利地方）、乌尔苏耳河（锡宾、巴沙达尔、土爱克廷等地方）和乌拉干河（巴泽雷克地方）等流域发现的。

某些巨墓中出土的中国织物，有用大量的撚股细丝线织成（每平方厘米为34×50支）的普通平纹织物。这类织物，有小块的，也有整幅的（铺盖在皮衣服的上面）。

其中图案和制作技术最为特出的，是巴泽雷克第3号墓出土的一块有花纹的丝织物。这块丝织物，一平方厘米为18×24支纱，由一经两纬织成。纱织纹为1/3和3/1斜纹（即三下一上和三上一下的斜纹——译者）。红色纬纱和经纱以1/3斜纹交织，而反面则以3/1斜纹交织。绿色纬纱的织纹，正与上面相反。相织变换，是按照纹布与底布的交替而变换的。

巴泽雷克第5号墓出土的茧绸，特别精致。这是一块鞍褥面，制作技术为平纹的，一平方厘米为40×52支纱，宽约43厘米。上面的刺绣，是用彩色丝线以链环状的线脚绣成。刺绣主题——凤栖息于树上，凤飞翔于树间的素底间——的形象是极其多样化的。图一是刺绣的花纹结构，图三、图四是花纹的各个部分。图二是凤凰的形象。

按照织物上的花纹，它的富于表现力的形象和优美的色调，无疑是一种市级的艺术品。

已故的 B. M. 阿列克谢耶夫院士说，这类丝织品是中国制造的，供最富有的人们、特别是供"公主"出嫁时用的。刺绣的题材，大概与古代关于凤凰的故事有关系。认为凤凰是飞翔在壮硕的梧桐树之间，并按朱子的注疏，它还象征着宫廷的昌隆。

……

毗邻各国的统治者们，为了预防这些好事的部落的侵扰，于是与这些部落的上层首领人物缔结"和亲之盟"。例如，波斯王居鲁士向玛萨盖特人的已故"王"的夫人托米丽司求婚，萨迦"女王"查利娜嫁给安息国的一位大公。中国朝廷，曾多次缔结过基于这种"和亲之盟"的姻缘，把公主下嫁给强大的部落匈奴、乌孙的首领，或其他部落的君长。

这种婚姻关系中对我们特别有意义的是，婚嫁时必定互赠礼品。中国朝廷在公主下嫁时，陪赠丝织品、布匹和各种食物，并且以后每年都必有这类礼品赠送，或为一种习俗。畜牧部落的首领，主要是以马回赠。

中国朝廷赠送给畜牧部落首领的传统礼品是四马驾的马车。如中国正史中所记载的，这种马车是皇帝在公主下嫁这些部落首领时赐予公主的。

根据上述四马驾的马车、珍贵的中国绣缎和天鹅装饰共存于同一个墓中的情况，以及该墓女主人的独特的头饰和发饰，很自然地便使人产生这样一种推测：该墓女主人是不是一个中国人呢？她是不是一个由于缔结"和亲之盟"而被下嫁给阿尔泰部落的一个首领的人呢？①

3. 长安——淄（博）青（州）路路通

汉代山东至长安运送货物主要有三条线路，一是北路，"济南西北行—石家庄—太原南下渡河—蒲津关西南行—长安"；二是中路，"济南—兖州或定陶—洛阳—三门峡—潼关—长安"；三是南路，"山东莒县、诸城—徐州—商丘—开封—郑州—洛阳—三门峡—潼关—长安"。通过北、中、南三条路，将长安与山东连接在一起，山东内部再走济南到淄博到青州一线，或莒县、诸城一带，就这样，山东的丝织品被源源不断地输送到长安，然后走向丝绸之路。

由丝绸之路的主源山东地区到长安，汉唐时期主要有三条运输丝绸的交通干线。一条可称为北路，由今西安（长安）东北行，自蒲津关渡河，再北上经太原、石家庄再东南行，到今济南一带，与中路汇合。一条可称为中路，由长安出发，东过潼关、三门峡、洛阻直抵定陶，由定陶东去兖州或由定陶北上，抵济南一带，再由济南一带东去，抵淄博、青州等地，这是东方丝绸之路的主干线。第三条可称为南路，此路自长安到洛阳与中路重合，然后自洛阳东去，经郑州、开封、商

---

① ［苏联］C. H. 鲁金科：《论中国与阿尔泰部落的古代关系》，《考古学报》1957 年第 6 期。

丘抵徐州，再由徐州一带东北行，抵山东的莒县、诸城一带。

现在，我们还是由古都长安出发，先去踏勘东方丝绸之路的中路。

由长安出灞桥东行，经渭南、华县、华阴，可抵潼关，这是东方丝绸之路三线会合后西去长安的必由之路，自秦汉以来，这段路程一直是水陆并用。初时，水路是由渭河东行至潼关再入黄河，但由于渭河泥沙太多，容易沉淀，运道常常受阻。西汉中叶，为了解决这个问题，开凿了一条漕渠，西起长安昆明池，东抵潼关入黄河，与渭河大致平行。魏晋南北朝时期，漕渠湮没，隋初又在此基础上开修了广通渠，但还是常受流沙壅塞的影响，唐玄宗时又曾开通漕渠，也未维持多久。因此，这段路途仍是陆运为主，辅之以渭河运输。

出潼关东去，水路可沿黄河经陕县至洛阳北郊，陆路可经古柏谷（今灵宝县）、陕县、新安，至洛阳。这一段水路要经过黄河的三门、砥柱之险，十分困难。隋初开通广通渠时，只是由现在河南孟津县西北的小平城改用陆运，到陕县再改用水运。唐朝初年，曾一再设法开凿三门峡与砥柱，都未成功。唐玄宗开元时期，李齐物在三门峡一带开挖了一条开元新河，想取代三门峡一段的漕路，结果河水并不能顺利地流入，也只好作罢。所以，这一段运输以陆运为主，即使是水运，到达三门峡地段时也往往改用陆运，抵陕县后再行水运。这样，今陕县也就成了丝绸之路上的一个重要接转地，无论水运、陆运，都要经由此地。西方的商人东行西去，也往往在这儿落脚、中转。1956年，在陕县刘家渠一座隋墓中，出土了两枚波斯库思老一世时的银币。在陕县一带还有一批隋唐时期的佛教造像与佛寺，如宝轮寺及温塘摩崖造像等，反映出此地在中外交流中的重要地位。

当然，若与陕县东侧的洛阳相比，也就小巫见大巫了。洛阳是东方丝绸之路上著名的水旱码头，又是最大的货物集散地之一，东来的丝绢，经由这里源源西去。尤其是在北魏时期，这儿是北方的政治、经济中心，一度取代长安，成为丝绸之路上的重要起点。根据北魏人杨衒之《洛阳伽蓝记》一书的描绘，洛阳商业格外发达，不仅有东市、西市，西阳门外四里，还有"洛阳大市，周围八里"。在北魏宣武帝时期，这儿"蕃贡继路，商贾交入"，到孝明帝时期，更是"东夷西域，贡献不绝"。唐代的洛阳，仍是"东贾齐鲁，南通宛楚。"，是东方的重要商业中心。洛阳周围，与中外文化交流相关的佛教造像更是美不胜收，其中以龙门石窟最为著名。1955年，洛阳北邙山唐墓中，出土有16枚波斯萨珊王朝的银币，也印证了它在丝绸之路东部通道上的重要地位。

由洛阳继续东行，经郑州一带，再沿济水而去，便可到达号称"天下之中"的定陶。这段路程自古以来便是齐鲁地区通往洛阳的必由之路，早在春秋时期，齐国与鲁国的人员前往洛阳都要经此路，越当时的郑国而至，所以，郑国也就成了东西部大国争夺的重点。春秋初年，周王室的凡伯奉使往鲁国，归途在楚丘被戎人劫掠。楚丘在今山东曹县东南，恰在鲁国、郑国中间，正为往来必经之地。定陶在战国秦汉时的繁荣我们不必赘述，虽然西汉以后由于黄河多次决口，给这一带的经济带来严重影响，但由于它地处交通要道，自西汉至唐代，依然是最为繁荣的地区之一。西汉末年，定陶所在的济阴郡是全国人口最稠密的地区，唐代这一地区仍是重要的经济都会。

东部丝绸之路的中线由定陶出发又分为两途，一条道路是沿菏水东去，在今鱼台入泗水，北经古任城国抵兖州一带。按唐人的记载，这段路程为 370 华里。菏水是春秋末年吴国所开，当时吴正致力于争霸中原，为便于运输与用兵，开通了这一河道。它是从定陶东北分济水东南流，在古湖陵附近合于泗水，古湖陵在今山东鱼台东南。现在，这一带有一条万福河，可能就是它的故道。这条新河后来被写进《禹贡》中，称菏水。《禹贡》所说的兖州、徐州一带向长安的贡赋是"浮于淮泗达于河"。这儿的河并非黄河，而是指菏水。不过，魏晋南北朝时期，菏水逐渐堵塞，这一通路改以陆运为主。唐武则天时期，在今开封附近的汴河中引了一条湛渠，东北灌注到开封以北的白沟，目的是通到曹州（今菏泽）与兖州。由兖州北上可经泰山至济南，在唐朝以前，这段路程为陆路，不太顺畅。唐穆宗时，在兖州开凿了盲山故渠，由兖州可沿此渠抵泰山附近，比以往方便了许多。

由定陶分出的另一路途是由定陶沿济水北上，先入巨野泽，又经今梁山县、东平县、平阴县、长清县，抵达济南。自汉至唐，这条路线一直是鲁西南通往济南的主干线路，比经由兖州、泰山往济南的线路，利用率要高得多。正由于此，在这段路程上也就残存着许多中外经济、文化交往的痕迹。如东平县城西的白佛山石窟造像、长清县的五峰山石刻造像等等。

济南在汉唐时期只是一个中等城市，唐开元时期，济南所在的齐州也只有四万九千多户人家，但它在东部丝绸之路上却是一个重要的十字路口，由这儿可以东往重点丝绢产区淄博与青州，还可以沟通几乎所有的山东丝绢产区，根据《元和郡县志》的记载，唐代济南，已伸出了若干条丝路支线，连接起各主要丝绢产地，这儿"东至淄川（今淄川）190 里；西渡河至博州（今聊城）290 里；东北渡河至棣州（今惠民）350 里；正南微西至兖州 330 里；正北微西至德州 245 里；西南至曹州（今菏泽）610 里"。可谓四通八达。济南附近众多的佛教遗址，如龙洞山、大佛寺、黄石崖造像、四门塔、千佛崖等等，也都反映出这一地区所受的异域文化的影响以及人员往来的频繁。

由济南东行可抵淄博，汉唐时期著名的商业都会与丝绢盛产地临淄就在这儿。临淄商业之繁荣我们已介绍过，就不赘述了，我们还是沿着这条丝绸之路继续东去，前往这条干线的起点——青州。淄博到青州，不足百里，但这儿却称得上古代山东丝织业的心脏地带。汉代，临淄齐三服官的织造技术居全国之冠，唐代青州丝织品的质量则是全国第一。发达的丝织业，加上这一地区东绾半岛，西通济南的有利条件，使它成为汉唐时期山东东端的最大丝绸产地与丝绸集中地。所以，我们认为这儿就是丝绸之路的东端源头。

东部丝绸之路的中线穿越了山东主要的两大丝绸产地，即山东中部的淄、青与鲁西南，这条线路也就成为丝绸之路的主源，汉唐山东地区大部分的丝绸都由此西运。

现在我们再折返长安，到东部丝绸之路的另外二条线路，按《元和郡县志》的有关记载，了解一下这二条线路的大致走向。

先看北路，北路出长安后过渭桥东去，沿西北方向的陆路至蒲津关。浦津关是黄河上的重要渡口，这儿架有浮桥，过往车旅频繁，每年耗费的竹索钱就达二万。过蒲津关后，便是河东地区，也就是今山西省。由蒲津关东北行，约 260 里左右，便到达了新绛（唐代绛州），由新绛沿汾水河谷继续北上，经临汾（唐晋州）、霍县（唐霍邑）可抵太原。绛州到太原 640 余里。太原是河东重镇，经济发达，商业繁荣，古来为商旅荟萃之地。由太原东行，出娘子关，便进入了今河北省。此后，这条线路便大致与今天的石家庄——济南铁路走向相一致，经恒州（石家庄）、冀州（冀县北）、德州抵济南，与中路会合。这条通路在统一与安定年代利用率不高（当然主要就丝绸运输而言），一般在分裂与动荡时期，尤其是中原地区混乱时期，利用率才比较高一些。

再看南路，南路自长安到洛阳一段与中路重合。自秦以来，由潼关到今连云港，一直有一条通衢大道，横贯东西，利用率颇高，东部丝绸之路的南路，实际就是这条大路上的一条伸向山东的支线。它由洛阳经开封到徐州，自徐州东北行，与潼关——连云港大道分手，经今枣庄、费县、沂南、莒县抵诸城。唐代山东南部沂、密等州的丝绢就是由此西去。

以上，我们简略地介绍了东部丝绸之路的大致路线，最后，还有二个需要说明的问题。首先，东部丝绸之路上的丝绸西去的方式比较单一，除个别历史时期外，基本都是通过国家贡赋调运的方式西去。因此，在这些路段上商业的痕迹，尤其是中外丝绸贸易的痕迹比较少见，不可能像西部丝绸之路那样有那么多引人入胜之处。其次，我们在前面已经讲过，虽然汉唐山东地区是丝绸之路的主要供货地，也是丝绸之路的主源，但我们并不排其他地区如江南、四川等地向长安提供丝织品的情况，这些地区也都是丝绸之路的不同源头。不过，由于山东以外的其他地区无论在运往长安的丝绸数量上，还是丝绸质量上都远逊于山东地区，所以在上述介绍中，我们主要介绍了通往丝绸之路主源的若干干线，对其他地区的情况未作介绍。[①]

4. 东方海上丝绸之路

除了陆上丝路外，山东从自身的地理优势出发，一直从事与韩、日的丝绸贸易，成为海上丝路的一个重要组成部分。目前日、韩考古中，都出现过汉代山东丝织品。

秦汉之际，东方海上丝绸之路仍然是畅通的，如汉武帝元封二年（前109年），楼船将军杨仆，"从齐浮渤海，兵五万"（《汉书·朝鲜传》），北击朝鲜，若不是一条开辟已久的畅通航道，五万大军想要浩浩荡荡，乘船走海路至朝鲜，这是绝不可能的。秦汉之际，大批居民，尤其是燕、齐居民，通过东方海上丝绸之路到达朝鲜、日本，如"陈胜等起，天下叛秦，燕、齐、赵民避地朝鲜数万口。"（《三国志·魏书·东夷传》P848）王满曾"役属真番、朝鲜蛮夷及故燕、齐亡在者王之，都王险。"（《汉书·朝鲜传》）王险即今朝鲜平壤。1世纪末，王莽政权崩溃时，内地纷乱，河北北部和山东半岛的人民，很容易避往朝鲜半岛。根据《后汉书·郡国志》记载，140年汉政府得到的人口报告中，乐浪郡的人口有25万多，据分析，主要是中国人，其中就包括逃亡而去的山东居民。东汉末黄巾大起义失败后，军阀混战，或许也有许多人避居乐浪郡，"陆路由辽东移往乐浪，海路由山东半岛避居朝鲜半岛"（张政烺等：《五千年来的中朝友好关系》，开明书店，1951年，第15～16页）。也有一些到达日本，如秦朝徐福等"得平原广泽，止王

---

① 齐涛：《丝绸之路探源》，齐鲁书社，1992年，第266～272页。

不来"(《史记·淮南衡山列传》），学者多认为"平原广泽"在日本。这些移民带去了先进的生产工具和生产技术，促进了朝鲜和日本丝织业的发展。如在日本左贺县高来郡三会树景化园的弥生文化（前3世纪~公元3世纪）墓葬中，发现了日本最早的丝绸残片，一寸见方，放在陶瓷中，经测定，经线40~50根，纬线30根，与齐地所产丝绢大体相同（李英森、王秀珠、程刚：《齐国经济史》，齐鲁书社，1997年，第566页），可以断定，这些丝绸残片不是从齐地至日本的，就是齐地移民在日本生产的。1916、1924、1925三年，日本人在平壤乐浪郡旧址发掘古墓，得到了一些汉代丝织品，有学者认为，"汉代齐地有三服官，以制衣服材料著名。乐浪和山东半岛，海程甚近。墓内发见绫绢残片，以及菱文之罗，织工很精，大概是从山东半岛运输来的，足镜这种精美的丝织物，已为运销朝鲜半岛的商品"（张政烺等：《五千年来的中朝友好关系》，开明书店，1951年，第18页）。这些人口移动和考古发掘表明，齐地丝织业对朝鲜、日本社会影响之大。[1]

（六）汉代山东丝织业繁盛的原因

汉代山东丝织业之所以处于繁荣发展期，这与优越的地理环境、良好的统治政策、生产技术的进步，以及社会的奢靡之风都有很大关系。

1. 优越的自然与人文地理环境

汉代山东如同秦汉时期一样，仍是膏壤千里、水源充足、气候温暖温润之地。

（1）土地肥沃

按《尚书·禹贡》记载："（兖州）桑土既蚕，是降丘宅土。厥土黑坟，厥草惟繇，厥木惟条。厥田惟中下，厥赋贞，作十有三载乃同。""（青州）厥土白坟，海滨广斥。厥田惟上下，厥赋中上。""（徐州）厥土赤埴坟，草木渐包。厥赋中中。"大禹治水后，将土壤和赋税各划分为九等，三州都在中、上等行列。坟为高起且肥沃之意。大禹治水后，兖州地区百姓都从高丘迁入平地，植桑养蚕；当地土壤为黑坟土，即地高、色黑、肥沃的土壤，草木茂盛，郁郁葱葱；土质为中下，即第六等；赋税为第九等。青州古代多森林，所积腐殖质因沿海湿润而较丰富，但为酸性，所以，成为白坟土，即白壤，或称灰壤；土质列为上下，即第三等；赋税为中上，即第四等。徐州为赤埴坟，即带有黏性的棕色土壤；当地也是草木丛生，土质为上中，

---

① 姜颖：《山东丝绸史》，齐鲁书社，2013年，108~109页。

即第二等；赋税为中中，即第五等。

到秦汉时期，山东土壤的性质没有什么变化，仍是适宜于桑麻生长的膏壤之地，这在史籍中多有记载，如，《史记·货殖列传》载："齐带山海，膏壤千里，宜桑麻"；"邹、鲁滨洙、泗……颇有桑麻之业，无林泽之饶"；"沂、泗水以北，宜五谷桑麻六畜"。《淮南子·地形训》载："中央之美者，有岱岳以生五谷桑麻，鱼盐出焉。"

（2）水源充足

《尚书·禹贡》中提到：兖州，"九河既道，雷夏既泽，灉、沮会同。……浮于济、漯，达于河"；青州，"嵎夷既略，潍、淄其道。……浮于汶，达于济"；徐州，"淮、沂其乂，蒙羽其艺，大野既猪，东原底平。……浮于淮、泗，达于河"。这些资料表明：

> 山东境内有众多河流湖泊，如流经兖州的除黄河、济水外，还有黄河下游的诸多河道——九河，以及黄河支流灉水、漯水和济水支流沮水等，还有雷夏泽（位于今菏泽东北）；位于青州的潍水、淄水和汶水；位于徐州的淮水、沂水、泗水、菏水，还有大野泽（今巨野县东北的巨野泽）等。此外，山东境内还有时水（又名如水）、淯水、濮水、沭河、胶莱河、大沽河、小沽河、徒骇河、马颊河，以及位于今广饶东北的巨定泽、今定陶县东的菏泽（又作荷泽）、今莱阳东北的奚养泽、今阳谷东的阿泽等水域。[①]

（3）气候温暖

> 竺可桢先生认为，秦、西汉时期，我国气候继续温和，但在东汉时期，有趋于寒冷的趋势，但冷期时间不长。张丕远先生则认为，除西汉初期寒冷外，西汉中期至东汉末都属于温暖气候。[②]

肥沃的土壤、充足的水源、温暖温润的气候，有利于桑树的生长，并带来山东丝织业发展的第二高峰期。当时甚至出现过两次野蚕大丰收的景象，《伏侯古今注》记载：西汉元帝永光四年（前40年），"东莱郡东牟山有野蚕为茧。茧生蛾，蛾生卵，卵著石。收得万余石，民人以为蚕絮"，东牟山，在今牟平、乳山、文登交界处，东牟山

---

① 姜颖：《山东丝绸史》，齐鲁书社，2013年，第19页。
② 张丕远：《中国历史气候变化》，山东科学技术出版社，1996年，第288~289页。

收野蚕茧是关于柞蚕产茧的最早记载；《后汉书·光武帝纪上》记载，东汉光武帝建武二年（26 年），"野谷旅生，麻菽尤盛，野蚕成茧，被于山阜，人收其利焉。"旅即寄，旅生即自然而生。

（4）国家统一和社会安定，为山东蚕桑丝绸业的发展提供了安定的政治局面和良好的社会环境；汉初的休养生息也为山东蚕桑丝绸业的发展奠定了良好的基础。

2. 统治者重视并实施了发展蚕桑丝织业的政策

统治者的重视是丝织业发展的保障，制定并实施发展农桑的政策，更是推动了山东丝织业的发展。

秦国商鞅变法时期就采取了奖勤罚懒政策，规定："僇力本业，耕织致粟帛多者复其身。事末利及怠而贫者，举以为收孥。"（《史记·商君列传》）致力于农业，努力耕织，收获粮食和布帛多的可以免除徭役；从事工商之业以及懒怠而贫者，则纠举并收录其妻子为官奴婢。

秦朝时以法律条文形式保护农桑事业的发展，《法律答问》中规定："或盗采人桑叶，臧（赃）不盈一钱，可（何）论？赀繇（徭）三旬。"[1] 偷采别人桑叶不足一钱就要罚三十天徭役，可见法律之严酷和对蚕桑业的重视。秦碣石《石刻辞》中说："男乐其畴，女修其业，事各有序。"（《史记·秦始皇本纪》）以此督促男女重视农桑事业。

西汉时，统治者吸取秦亡教训，将工作重点转移到发展生产上来，《汉书》中出现了许多重视丝织业的言行。如：

《景帝纪》：后元二年（前 142 年）下诏："雕文刻镂，伤农事者也；锦绣纂组，害女红者也。农事伤则饥之本也，女红害则寒之原也。夫饥寒并至，而能亡为非者寡矣。朕亲耕，后亲桑，以奉宗庙粢盛祭服，为天下先；不受献，减太官，省徭赋，欲天下务农蚕，素有畜积，以备灾害。"三年又下诏："农，天下之本也。……令郡国务劝农桑，益种树，可得衣食物。"

《昭帝纪》：元平元年（前 74 年）下诏："天下以农桑为本。"

《成帝纪》：阳朔四年（前 21 年）下诏："方东作时，其令二千石勉劝农桑，出入阡陌，致劳来之。"

《平帝纪》：元始元年（1 年）置"大司农部丞十三人，人部一州，劝农桑"。

《食货志》中晁错说："务民于农桑，薄赋敛，广畜积，以实仓廪，备水旱，故民

---

[1]　睡虎地秦墓竹简整理小组：《睡虎地秦墓竹简》，文物出版社，1990 年，第 95 页。

可得而有也。"

《魏相丙吉传》中济阴定陶人魏相言:"夫风雨不时,则伤农桑;农桑伤,则民饥寒;饥寒在身,则亡廉耻,寇贼奸宄所繇生也。"

《循吏传》中渤海太守龚遂说:"见齐俗奢侈,好末技,不田作,乃躬率以俭约,劝民务农桑。"结果,数年"郡中皆有畜积,吏民皆富实。"

《刑法志》载:"孝文即位,躬修玄默,劝趣农桑,减省租赋。"

《五行志》载:"出入有名,使民以时,务在劝农桑,谋在安百姓。"

《后汉书》中也有相关记载,如《明帝纪》记载,明帝永平三年(60年)下诏:"有司其勉顺时气,劝督农桑,去其螟蜮,以及蝥贼。"《章帝纪》记载,章帝建初元年(76年)下诏:"二千石勉劝农桑,弘致劳来。"

将"农"、"桑"并提,这说明汉代"桑"与"农"同样受到重视,都列入"本"的地位。

此外,汉代的均输政策、王莽及东汉时的货币政策,都刺激了丝织业的发展。

> 西汉中叶实施"均输"政策,开始在部分地区以丝绸实物征税;王莽时货币杂用布、帛、金、粟等;东汉章帝时谷贵,乃封钱以布帛为租;东汉末年,曹操直接下达了征收丝织品令,即"户出绢二匹,绵二斤"(《三国志·魏书·武帝纪》注),丝织品地位的上升,客观上刺激了人们对蚕桑丝绸业的追求。①

3. 奢靡的社会风气的影响

随着生产力的发展和社会的繁荣,汉代逐渐出现了奢靡之风,增加了社会对丝织品的需求,刺激了丝织业的发展。如《史记·货殖列传》中说,一个通邑大都,估计一年需消费"帛絮细布千钧,文彩千匹,榻布皮革千石";再如《潜夫论·散不足》中说:"今富者黼绣帷幄,涂屏错跗。中者锦绨高张,采画丹漆。"

4. 生产技术的变革

汉代丝织业生产技术较前代有极大发展,出现了全方位的变革,如:

> 在桑树种植方面,人们研究出了种椹法、套种法、因地制宜种植法、火烧黍茬以增加肥力等方法。在养蚕方面,人们对蚕的习性有了更加深入的了解,不仅

---

① 姜颖:《山东丝绸史》,齐鲁书社,2013年,第112页。

知道了蚕是阳性动物，喜温而恶暑，喜湿而恶雨，三伏三起等，而且知道了从蚕到茧，再到蛾，再到蚕的转变过程；在蚕室与蚕具的准备方面比以往更为科学、精致。在缫丝方面，除沿用旧的煮茧缫丝法外，还发明了晒茧震蛹储茧方法，解决了鲜茧缫不及时而出蛾的问题。在纺织方面，变化更大，此时已普遍采用了手摇木制纺车和脚踏式织机，并且采用了提花机，能够织造出更为精美的丝织品，丝织品上的图案与色彩更为丰富，出现了龙凤、蛇虎、狮熊、猿禽等动物图案。在漂练方面采用了煮练法和捣练法，人工种植的植物染料越来越丰富。生产技术的革新为秦汉时期山东蚕桑丝绸业的发展提供了技术保障。①

---

① 姜颖：《山东丝绸史》，齐鲁书社，2013 年，第 113 页。

第四章

唐宋丝韵

　　魏晋南北朝到宋元时期，我国封建社会的历史依次经历了魏晋南北朝的分裂、隋唐的统一、宋代的再分裂和元代的再统一几个阶段，与分裂和统一相伴随的，是人口的逐步南迁及经济重心的南移。西晋时期的八王之乱开始了北方人口的第一次大规模向南迁徙，之后的社会动荡以及农民起义，都成为北方人口南迁的重要原因。据冻国栋先生分析，唐贞观十三年（639 年），受隋末农民大起义的影响，我国南方人口自汉以来的六百多年间，第一次超过了北方。虽然北方人口到唐开元和天宝年间有所恢复，但经过安史之乱的打击，到元和年间，南方人口再次超过北方。北方经济彻底衰落下来，到南宋时期，南方经济完全超过北方，成为全国的经济中心。

　　山东丝织业的发展演变是与全国经济重心的南移相伴随的。魏晋南北朝时期，随着多方政权的建立和其他区域丝织业生产的逐渐兴盛，山东蚕桑丝织业的中心地位开始动摇；安史之乱以后，特别是到南宋时期，山东蚕桑丝织业的中心地位完全丧失，但是，不管怎样变化，山东作为全国蚕桑丝织业生产重要基地的地位一直没有改变，无论在蚕桑丝织业生产区域范围、向政府缴纳的贡赋数量，还是蚕桑生产技术与丝织品质量方面，山东都名列前茅。山东内部在魏晋南北朝和隋唐时期，丝织业生产中心转移到青州，相比之下，原来作为丝织业生产中心的临淄和周村等地，丝织业生产地位暂时有所下降。

　　魏晋南北朝时期，尽管山东蚕桑丝织业的地位与以前相比有所下降，但丝织业仍然得到进一步发展，这主要与政府的土地政策、货币政策、服饰政策有很大的关系。曹魏的屯田制，西晋的占田制，北魏、北齐和北周的均田制，一方面使荒地得到开发，刺激了劳动人民的生产积极性；另一方面推动了蚕桑丝织业的发展，如均田制明确地将一部分土地划分为世袭的桑田，并且规定了种桑数量，有效地保证了丝织业生产的进行。魏晋以后，由于政权更迭频繁，货币相当混乱，所以，绢帛逐渐成为市场上的流通货币。自曹操实行"亩课田租，户调绢绵"的税收制度后，上调丝织品成为国家制度，并且主要在冀州、豫州、青州、并州和司隶等地征收，据李剑农分析，南北朝时，北方所调之物主要是丝绸，而南方六朝均调麻布。北周武帝下令的庶民以上都可以穿丝织品的政令，也推动了当时丝织业的发展。

据《齐民要术》记载，魏晋南北朝时期，山东丝织业生产技术有了很大进步。首先，在种桑方面，不仅认识到黑鲁桑优于黄鲁桑，而且在种椹、移植的基础上，出现了压条法；在耕桑、喂桑、修剪桑枝和采桑方面都有了科学的方法。在养蚕方面，蚕种主要是选取居簇中的好茧；主张用鸡毛和鹅毛扫初生蚁蚕；探索出平面和悬挂两种上簇方法。在缫丝方面，除日晒法外，创新性的研究出盐杀法。在纺织方面，普遍采用脚踏纺车，以及马钧改良的十二蹑织机。在练漂染整方面，采用了灰练和水练两种方法，将春秋时的灰练与秦汉时期的煮练结合在一起的新式灰练法缩短了练漂时间；浸泡与捣练结合在一起的水练法，使丝更洁白柔韧。当时出现了大文绫和连珠孔雀罗等新丝织品种，并且青州绢特别受南方欢迎，史称"青州绢号天下第一"。从青州北齐石室墓中的线刻画像可以看出，当时丝绸之路畅通，西方商人直达青州，墓主人经商范围可能远及中、西亚。

安史之乱前，山东丝织业仍然处于繁盛期，丝织品在全国的贡赋中占有重要地位，名牌丝织品种数量明显增多。据统计，唐代蚕桑丝织业生产范围更为广泛，黄河下游地区蚕桑丝绸业生产达到全覆盖；山东各州赋税都上缴绢及锦（《唐六典》）。在上缴丝织品的密度，即上缴丝织品的州府在当地全部州府中所占比例方面，山东所在的河南、河北两道分居冠亚军，其中山东的密度为100%，居全国之首；在各地上缴丝织品的绝对数量方面，河南、河北道也分居一、二位。相反，唐代前期关中地区、河西地区、新疆地区、江南地区的丝织业生产都相对迟缓，产品数量少质量差，难以作为丝路货源地；四川地区丝织业相对发达，但其上交丝织品的绝对数量只有山东的57.64%。就丝织品的质量来说，山东丝织品生产质量仍居全国之冠，各州所产丝绢都列入上绢与次绢，而全国质量最差的六、七、八等丝织品，主要都源自四川。唐代山东丝织品完成了动物纹向花鸟图案的转变，受西方的影响，出现了以联珠、几何等抽象纹饰为主的新型图案，如出现双丝绫、仙纹绫、镜花绫、双距绫等。位于周村、立于大唐贞观十年的唐代摩尼教碑成为丝路之源的最好见证。

宋元时期，山东丝绸的生产范围进一步扩大，各地丝织业生产相对均衡。北宋政府还在青州设有丝织品生产场院，专门为皇室宫廷生产高级丝织品；当时山东的丝织品生产质量高，名牌产品多，契丹人将山东所在的河北东路称为"绫绢州"；金人入侵时，只索要河北、山东精绢；青、齐绢价明显高于其他地区。除正常纳贡赋外，政府每年还通过和买方式从山东搜刮走大量丝织品。宋代山东还出现了新型丝织业生产关系——机户，据记载山东机户不仅出现的早，而且有相当的数量。元代政府在山东恩州设有织染局；山东缴纳给官府的五户丝的户数及数量，皆占全国一半左右或一半以上。山东邹县李裕庵墓反映了元代山东丝织品面料、技艺、织法、花纹图案及刺绣特点。

宋元时期，种桑方面，在汉代种椹法和北朝压条法基础上，增加了嫁接法；养蚕方面，对于蚕的生长变化过程、养蚕的温度、亮度等都有了新的经验，选种从原有的选茧发展到选蛾和选卵；当时已可通过调节温度来控制蚕卵的孵化。在储茧方面出现了笼蒸法；在缫丝方面出现了脚踏式缫车，采用了不同于南方冷缫的火缫法，缫丝效率高，并且出现了自然带绪接丝法，接出的丝绪没有疙瘩。在纺织方面，丝织机具更加完备。北宋时期，先后通过登州、莱州和板桥镇与高丽、日本进行贸易；元代山东高唐州的丝织品深受高丽人喜爱，高丽人奔走于高丽与高唐之间进行贩卖。

一　魏晋南北朝时期山东的丝织业生产

魏晋南北朝时期，尽管社会动荡不安，政权更迭不已，但是，政府的土地与税收政策、城市的发展都推动了丝织业的发展。南北朝时期出现了记载山东丝织业发展的名著《齐民要术》，从书中可以看出，当时在种桑、养蚕、缫丝、纺织以及练漂染整等方面，都出现了新的技术，丝织品质量越来越高。从其他典籍和考古资料中也可以看出，丝织品种类众多，纹绫、连珠孔雀罗是当时精美的丝织品。对外贸易的主要对象是南朝和西方，青州的丝绢深受南方人喜爱，青州的北齐石室墓证明，当时丝绸之路畅通，东西方商人为销售丝织品而往来于山东与中、西亚之间。

（一）蚕桑丝织业发展的原因

1. 土地政策与生产政策

为了保证军民的物资供给，各届政府都制定了适合于蚕桑丝织业发展的土地政策和生产政策。土地政策经历了从曹魏的屯田制到西晋的占田制，再到北魏孝文帝开始、北齐和北周同样实施的均田制的变化，以及从没有明确规定所屯与所占之田的用途，到将均田明确划分为露田和桑田的变革。

曹魏时实行屯田制，利用军民垦荒种田，以保证军队供给和税收。西晋时针对土地兼并严重的情况，实行了占田制，规定："男子一人占田七十亩，女子三十亩。其外丁男课田五十亩，丁女二十亩，次丁男半之，女则不课。男女年十六已上至六十为正丁，十五已下至十三、六十一已上至六十五为次丁，十二已下六十六已上为老小，不事。"（《晋书·食货志》）魏晋时尽管没有明确规定所屯或所占之田的用途，但屯田制与占田制政策的实行为社会提供了比较安定的环境，客观上促进了蚕桑丝绸业的发展。到北魏孝文帝改革时，情况发生了很大变化，一是实行了均田制，二是明确将土地分成了露田和桑田。太和九年（485 年）下诏："诸男夫十五以上，受露田四十亩，妇人二十亩，奴婢依良。""诸初受田者，男夫一人给田二十亩，课莳余，种桑五十树，枣五株，榆三根。"并且限三年种完，如没有全部种完，就没收未种之地，如果在地里多种桑榆，不受限制；露田不准买卖，桑田可以买卖定额 20 亩的不足或多余部分；露田在身没后须归还国家，但桑田实行世业制，可世代传承。北齐如同北魏，授露田与桑麻田，武成帝河清三年（564 年）规定："男子十八以上，六十五已下为丁；十六已上，十七已下为中；六十六已上为老，十五已下为小。率以十八受田，输租调，二十充兵，六十免力役，六十六退田，免租调。""一夫受露田八十亩，妇四十亩。奴婢依良人……又每丁给永业二十亩，为桑田。其中种桑五十根，榆三根，枣五根。不在还受之限。"（《隋书·食货志》）北周也有露田与桑田之受。从北魏开始实行的、以永业方式授予百姓的桑田，非常有利于稳定蚕桑生产基地和发挥人民经营蚕桑的积极性，有利于促进山东蚕桑丝绸业的发展。[1]

劝课农桑政策体现在皇帝的诏令以及大臣的劝谏言论之中：

曹魏明帝时，大司农司马芝奏言："国家之要，惟在谷帛。武皇帝特开屯田之官，专以农桑为业。建安中，天下仓廪充实，百姓殷足……臣愚以为不宜复以商事杂乱，专以农桑为务，于国计为便。"（《三国志·魏书·司马芝传》）可见，曹魏武帝和明帝都实行了专以农桑为务的政策。西晋武帝泰始四年（268 年）下诏劝四海之内，弃末反本，竞农务功；八年（272 年），司徒石苞提出："州郡农桑未有殿最之制，宜增掾属令史，有所循行。"（《晋书·食货志》）东晋元帝于太兴元年（318 年）下诏："二千石令长当只奉旧宪，正身明法，抑齐豪强，存恤孤独，隐实户口，劝课农桑。"（《晋书·元帝纪》）后赵石勒曾"遣使循行州郡，劝

---

① 姜颖：《山东丝绸史》，齐鲁书社，2013 年，第 145～146 页。

课农桑"(《晋书·石勒载记》)。北魏太祖皇始元年（396年）征战时规定："军之所行，不得伤民桑枣。"(《魏书·太祖纪》）明元帝神瑞二年（415年）分简尤贫者就食山东，敕有司劝课农桑。世祖太武帝太平真君四年（443年）曾提出："牧守之徒，各厉精为治，劝课农桑，不听妄有征发，有司弹纠，勿有所纵。"(《魏书·世祖纪》）高祖孝文帝太和元年（477年）诏曰："今牧民者，与朕共治天下也。宜简以徭役，先之劝奖，相其水陆，务尽地利，使农夫外布，桑妇内勤。若轻有征发，致夺民时，以侵擅论。民有不从长教，惰于农桑者，加以罪刑。"九年（485年）冬十月下诏："今遣使者，循行州郡，与牧守均给天下之田，还受以生死为断，劝课农桑，兴富民之本。"(《魏书·高祖纪》）世宗景明三年（502年）十二月下诏："民本农桑，国重蚕籍，粲盛所凭，冕织攸寄。比京邑初基，耕桑暂缺，遗规往旨，宜必祗修。"(《魏书·世宗纪》）[1]

2. 税收制度

绢帛成为流通货币的货币政策、户调绢绵的税收制度，以及民庶以上皆可衣绢帛的服饰政策，都推动了蚕桑丝织业的发展。

魏晋以来，由于政权更迭频繁，货币相当混乱，所以绢帛逐渐取得了市场上流通货币的地位，正如李剑农先生所说："钱币虽未明令废弃，然其交换中之地位及主要任务，已渐为绢帛占去。钱币之主要任务应为一切物价之标准；自钱制混乱，其自身之价格，恒在动摇不定之状态中，已不能有一定之标准，反不若绢帛之价较为稳定，因此在交换时，诸物多以绢帛评价。在两汉时，黄金一斤值钱万，凡言物价，皆称若干金或若干钱。至魏、晋以来，则凡涉及物价，多称若干匹。"(李剑农：《中国古代经济史稿》，武汉大学出版社，2006年，第339~340页）绢帛能取得流通货币的地位，这一点本身就表明了包括山东丝绸业在内的全国丝绸业的发展了。当然，这一政策反过来也推动了丝绸业的发展。

从赋税收入方面来说，自曹操实行"亩课田租，户调绢绵"的税收制度后，户调成为一种定制。调即调拨，是赋税收入的一种，所调之物由各地的物产确定。在南北朝时，由于产丝区主要还是集中在黄河流域，因此，"中原国家一般调以丝绸，而南方六朝均调麻布"（朱新予：《中国丝绸史·通论》，纺织工业出版社，

1992 年，第 132 页），这也说明黄河流域仍是全国丝织业的中心，而山东居其一。从户调情况看，曹魏及其前后时期，以冀州、豫州、青州、并州和司隶等地的地位重要。西晋文学家左思的《魏都赋》中有"锦绣襄邑，罗绮朝歌。绵纩房子，缣总清河"之说，从东汉到隋，山东西北一部分区域便属于清河郡，如平原西北、临清、东武城等，所以说清河缣出名，同样也有山东的一部分功劳。北魏孝文帝时期开始实行"户调帛二匹、絮二斤、丝一斤"的制度，并且"所调各随其土所出"（《魏书·食货志》），因之上贡绵、绢及丝的就达十九州，其中就有青、齐、济、兖、徐等州。

从服饰衣料来看，北周时期，随着经济的恢复和发展，政府对服饰衣料的规定有所放松，北周武帝建德六年（577 年）九月下令："民庶已上，唯听衣绸、绵绸、丝布、圆绫、纱、绢、绢、葛、布等九种，余悉停断。朝祭之服，不拘此例。"（《周书·武帝纪》）从此，百姓也可以享受多种丝织服饰，这不仅刺激了丝绸业的发展，同时也间接地反映了当时山东丝绸业的发达①

3. 城市的发展推动了商业的繁荣

战乱并未阻止住城市与商业发展的步伐，如果按所辖城乡人户统计，山东所属郡内人口过万户的郡城即由西晋时的 9 处增加到北朝后期的 18 处左右，其中包括乐陵、平原、泰山（山东泰安东南）、鲁县（山东曲阜）、高平（山东邹城西南）、无盐（山东东平东）、临淄、平寿（山东潍坊南）、济南、太原（山东长清西）、掖县（山东莱州）、长广（山东平度）、东牟（山东蓬莱南）、平昌（山东潍坊南）、兰陵、左城（山东定陶西）、东阳（山东青州）、兖州等（安作璋：《山东通史·魏晋南北朝卷》，人民出版社，2009 年，第 170 页）。城市的发展带动了商业的繁荣，特别是随着北魏对手工业者控制的放松，城市中出现了各行各业的手工业户，销售的商品越来越丰富，其中丝织品成为重要的商品，丝织品的供应量越来越大，以至于绢布价格出现下降状况，如北魏献文帝天安、皇兴间（466 ~ 471 年），岁频大旱，绢匹千钱；而到孝文帝太和十九年（495 年），绢匹为钱二百；魏孝庄帝永安二年（529 年），"官欲贵钱，乃出藏绢，分遣使人于二市卖之，绢匹止钱二百，而私市者犹三百"（《魏书·食货志》）。最后一条资料不仅说明丝

---

① （姜颖：《山东丝绸史》，齐鲁书社，2013 年，第 123 ~ 124 页）。

织品价格下降，同时也表明，当时的市场不只有官市，还有黑市。①

（二） 山东蚕桑丝织业生产状况

有关魏晋南北朝时期山东蚕桑丝织业发展情况，主要体现在《齐民要术》一书中。该书作者贾思勰即为北魏益都（今山东青州）人，不仅做过青州高阳郡（今山东临淄西北）太守，还考察过河北、河南、山西等许多地方。该书详尽地反映了黄河中下游，特别是山东中部蚕桑丝织业生产的状况，体现了技术的进步和生产质量的提高。

此外，北齐颜之推的《颜氏家训·治家》载："河北妇人，织纴组紃之事，黼黻锦绣罗绮之工，大优于江东也。"这里的河北是指包括山东在内的黄河中下游广大地区；江东指长江以南地区。当时北方妇女纺织刺绣的功夫绝对胜于江南妇女。

1. 种桑

荆桑与鲁桑是山东传统的桑树品种，其中鲁桑系汉代山东劳动人民培育而成，并且对后来的湖桑、川桑的形成有很大的影响。

（1）桑树品种与种植

在桑树品种与种植方面，人们进一步认识到，鲁桑优于荆桑，黑鲁桑优于黄鲁桑；总结出种椹法、压条法、移植法、假植和定植法等新方法。淘洗黑鲁椹，晒去水分后随即种之，以免失去生命力；正月、二月间，将近地枝条用小木桩钩住压到地面，促其长成新植株，这比育苗周期短，且保持母株的优良品性，当时多采用此法；第二年正月移植；若移植到住宅边或园畔，可直接定植，间距大些，若是移植到田中，则可先密植两三年，间距小，五尺一根，两年内不采叶、不耕锄，还可间种豆类以增加养分，两年后长成臂粗时即可定植，十步一根，成品字形排列，以方便耕犁。《齐民要术》记载：

> 桑椹熟时，收黑鲁椹（黄鲁桑，不耐久。谚曰："鲁桑百，丰绵帛。"言其桑好，功省用多），即日以水淘取子，晒燥，仍畦种（治畦下水，一如葵法）。常薅令净。
>
> 明年正月，移而栽之（仲春、季春亦得）。率五尺一根（未用耕故。凡栽桑不得者，无他故，正为犁拨耳。是以须概，不用稀；稀通犁耕者，必难慎，率多死

---

① 姜颖：《山东丝绸史》，齐鲁书社，2013 年，第 142 页。

矣；且概则长疾。大都种椹长迟，不如压枝之速。无栽者，乃种椹也）。其下常斸掘种绿豆、小豆。（二豆良美，润泽益桑）。栽后二年，慎勿采、沐（小采者，长倍迟）。

大如臂许，正月中移之（亦不须髡）率十步一树（阴相接者，则妨禾豆）。行欲小掎角，不用正相当（相当者则妨犁）。

须取栽者，正月、二月中，以钩弋压下枝，令著地；条叶生高数寸，仍以燥土壅之（土湿则烂）。明年正月中，截取而种之（住宅上及园畔者，固宜即定；其田中种者，亦如种椹法，先概种二三年，然后更移之）。

（2）耕桑与喂桑方法

耕桑与喂桑方法，一是砍掉桑树浮根，用蚕粪喂；二是用猪翻土以及猪和禾豆施肥。《齐民要术》记载：

凡耕桑田，不用近树（伤桑、破犁，所谓两失）。其犁不着处，斸地令起，斫去浮根，以蚕矢粪之（去浮根，不妨楼犁，令树肥茂也）。

又法：岁常绕树一步散芜菁子。收获之后，放猪啖之，其地柔软，有胜耕者。

种禾豆，欲得逼树。（不失地利，田又调熟。绕树散芜菁子，不劳逼也。）

（3）修剪桑枝

阴历十二月桑树处于休眠状态，树液流的上升活动几乎停止，修剪不伤树；正月和二月桑芽萌动，会因出白汁而伤树。桑枝多的多剪，少的少剪；秋天最好避开中午剪，以免树遇热而焦枯。《齐民要术》记载：

剶桑，十二月为上时，正月次之，二月为下（白汁出则损叶）。大率桑多者宜苦斫，桑少者宜省剶。秋斫欲苦，而避日中（触热树焦枯，苦斫春条茂）；冬春省剶，竟日得作。

（4）采桑

采桑主要在春秋两季，主要在春天，而且得出长梯高凳不伤树、多人共采一树不劳累、枝条复位生长好、一次采净无鸠脚、早晚采叶润泽等经验。《齐民要术》记载：

春采者，必须长梯高机，数人一树，还条复枝，务令净尽；要欲旦、暮，而避热时（梯不长，高枝折；人不多，上下劳；条不还，枝仍曲；采不净，鸠脚多；

旦暮采，令润泽；不避热，条叶干）。秋采欲省，裁去妨者（秋多采则损条）。

2. 养蚕

（1）人们意识到选种、环境、工具和桑叶的重要性

种茧最好取居蚕簇中间者，因其饱满、丝多。蚕室之中，一是需防鼠虫食蚕，最好选用福、德、利上土；二是要有合适的温度和亮度，蚕吃食时喜欢明，其他时候喜欢静和暗，因此，蚕室需四面开窗以通明；每次喂蚕时，都要将窗帘卷起，喂完后放下；蚕室窗户要用纸糊的很厚，以保证蚕吃完后能在暗与静的环境中安眠与生长；小蚕和上簇蚕怕冷，室内需生火，且冷热适度和均匀。三是用鸡毛或鹅毛扫初生蚁蚕，获毛太硬易伤蚕；当蚕二眠时，只放中层蚕箔上，上层防土，下层潮湿，须空置。四是桑叶，小蚕所用为福、德上桑，且置怀中暖和后切细，以去湿气和邪气。《齐民要术》记载：

> 养蚕法：收取种茧，必取居簇中者（近上则丝薄，近地则子不生也）。泥屋用"福"、"德"、"利"上土。屋欲四面开窗，纸糊，厚为篱。屋内四角着火（火若在一处，则冷热不均）。初生，以毛扫（用获扫则伤蚕）。调火令冷热得所（热则焦燥，冷则长迟）。比至再眠，常须三箔：中箔上安蚕，上下空置（下箔障土气，上箔防尘埃）。小时采"福""德"上桑，着怀中令暖，然后切之（蚕小，不用见露气；得人体，则众恶除）。每饲蚕，卷窗帏，饲讫还下（蚕见明则食，食多则生长）。

（2）上簇

阴雨天蚕熟到吐丝结茧最好在室内进行，人们探索出平面上簇和悬挂上簇两种方法。平面上簇简便储量大，但不易控制蚕的粪便污染及疏密问题；悬挂上簇当时以蓬蒿为原料，解决了桑叶和蚕体排出的水分、不良气体薰蒸和死蚕、粪便、残叶污染等问题，保证了茧和丝的质量。《齐民要术》记载：

> 老时值雨者，则坏茧，宜于屋里簇之：薄布薪于箔上，散蚕讫，又薄以薪覆之。一槌得安十箔。
>
> 又法：以大科蓬蒿为薪，散蚕令遍，悬之于栋梁、橡柱，或垂绳钩弋、鸱爪、龙牙，上下数重，所在皆得。悬讫，薪下微生炭以暖之。得暖则作速，伤寒则作迟。数入候看，热则去火。蓬蒿疏凉，无郁浥之忧；死蚕旋坠，无污茧之患；沙、

叶不作，无瘕痕之疵。郁浥则难缲，茧污则丝散，瘕痕则绪断。设令无雨，蓬蒿
簇亦良；其在外簇者，脱遇天寒，则全不作茧。

3. 缫丝

鲜茧大批下簇后，因缲不及时，会出现孵化为蛾现象，因此，储存蚕茧历来是丝
织业生产中的重任。秦汉时以曝茧震蛹法储存，魏晋南北朝时，在日晒法基础上，创
新性地出现了盐杀法。日晒法丝白但薄而脆，缲则易断，用料多，甚至有的直接无法
使用。盐杀法则不仅不损伤丝的品质，而且易缲、丝坚韧。盐杀法是当时人们对丝织
业生产的一大贡献。《齐民要术》记载：

> 用盐杀茧，易缲而丝韧；日曝死者，虽白而薄脆，缣练衣着，几将倍矣，甚
> 者，虚失岁功：坚、脆悬绝，资生要理，安可不知之哉？

当时人们缫丝所用的仍是沸水煮茧缫丝法，如南朝民歌《作蚕丝》云："绩蚕初成
茧，相思条女密。投身汤水中，贵得共成匹。"

4. 纺织

据研究，当时已普遍采用脚踏纺车，以及马钧改良的十二蹑的织机，蹑或为以踏
板牵动杠杆提综的提花综设备。

在纺车方面，东晋顾恺之曾为刘向《列女传·鲁寡陶婴》画了配图，图中鲁寡陶
婴所用为脚踏纺车，寡陶婴虽为东周时期
人物，但画做为东晋，表明，至迟到东晋
时，脚踏纺车已普及。（图4-1）

我国的织机到魏晋南北朝时共发生
了两次重大变化，第一次是西汉巨鹿人
陈宝光妻发明的织机，"机用一百二十
镊，六十日成一匹，匹直万钱"（《西京
杂记》卷一）。第二次是三国马钧时，
晋代傅玄在《傅子》中谈到三国马钧时
说："旧绫机五十综者五十蹑，六十综
者六十蹑，先生患其丧功费日，乃皆易
以十二蹑。"（《三国志·魏书·方技

图4-1 三锭脚踏纺车

传》注）由于文献对这一改良的记载过于简单，所以目前出现两种解释。周启澄先生认为，蹑就是控制开口用的踏脚杆，赵丰先生并据此进行了复原研究（赵丰：《中国丝绸通史》，苏州大学出版社，2005 年，第 151 页）。夏鼐先生认为，汉代丝绸都是平纹织物，织机上只需要两个脚踏板就够了。至于提花综的多少，便要视花纹的需要而定。因此，"镊"可能是竹或金属制的用以夹挟"提花线束"（综）以便向上举起的东西。至于"蹑"，或者是取其"以踏板牵动杠杆提综"之意，引申为一般用以举起提花综的设备。汉代的一百二十镊（蹑）过于复杂，于是，人们一再进行简化，到马钧时，已简化到五六十综和镊（蹑），但马钧认为还是过于繁杂、费功耗时，于是发挥聪明才智，简化到十二镊（蹑），从而大大简化了劳动强度，提高了劳动效率。总的来说，我国的织机经历了由简到繁，又从繁到简的两次飞跃。马钧是扶风人（今陕西兴平东南），曾担任魏朝给事中，其发明的织机在北方得到推广，这对山东丝绸业的发展也是一种很大的促进。[1]

5. 练漂染整

在练漂方面，当时有灰练和水练两种方法。灰练是春秋战国时期灰练和秦汉时期煮练相结合的方法，只不过省掉了春秋战国时期用灰水长期浸泡的过程，主要采用灰水加热到沸点以脱胶的方法，时间短，但碱性强，易造成灰伤；水练是浸泡与捣练（即拍击）相结合的方法，先将丝织物放水中沤一周，然后捣练。虽然时间长，但丝洁白柔韧、质地甚佳。《要术》卷三记载；"以水浸绢令没，一日数度回转之。六七日，水微臭，然后拍出，柔韧洁白，大胜用灰。"与秦汉时期相比，茜草逐渐被红花取代，不仅出现了种红花的方法，还出现了制备红花的方法；除地黄、蓼蓝和菘蓝外，还从印度输入了木蓝，并出现了制靛蓝的方法。《齐民要术》卷五中记载有种红花、制红花、制蓝靛等方法。

6. 丝织品的种类

此时丝织品有二十多种，主要有缯、绮、縠、缣、绨、缟、练、紬、绫、绣、绢、纱、纨、素等。主要参考资料源于三国魏时张揖撰写的《广雅》和南梁顾野王撰写的《（原本）玉篇》。由于当时南朝丝织业不甚发达，纺织技术多源自北方，所以，《（原本）玉篇》可做参考。锦的主要产地是以邺城为中心的魏地和以

---

① 姜颖：《山东丝绸史》，齐鲁书社，2013 年，第 136 ~ 137 页。

成都为中心的蜀地。魏地一般情况下是指以邺城（曹魏时称魏郡，今河北临漳县）和大梁（战国时为魏都，今河南开封）为中心，包括河南、山西、河北、江苏、山东等省的部分地区。①

《北史·祖珽传》中说，祖珽为北齐仓曹参军时，曾"出山东大文绫并连珠孔雀罗等百余匹，令诸妪掷樗蒲赌之，以为戏乐。"大文绫和连珠孔雀罗等精美丝织品当为山东等地用以贡赋的丝织精品。《齐鲁文化通史》中也说："北魏时期，山东的蚕织业仍然十分发达，山东的大纹绫、连珠孔雀罗、阿缟是当时最高级的丝织品。"②

（三）山东丝织品贸易状况

魏晋南北朝时期，山东的丝织品主要是南下和西进。在南北贸易中，南方最喜欢齐地的丝绢，特别是青州绢，史称"青州绢号天下第一"；从青州北齐石室墓中发现的线刻画像中可以看出，当时丝绸之路畅通，西方商人直达青州，墓主人经商范围可能远及中、西亚。

在当时的南北贸易中，南朝尤其喜爱齐地丝绢，公认"青州绢号天下第一"。而青州北齐石室墓中的线刻画像，更是形象直观地反映了当时山东与西方贸易的场景。在青州北齐石室墓中共发现了8件具有独立主题的线刻画像，包括《商旅驼运图》（图4-2）、《商谈图》（图4-3）、《车御图》、《出行图》（2件）、《饮食图》、《主仆交谈图》、《象戏图》等，这些画像形象、全面地反映了墓主人生前的生活经历。从画像场景中可以推断：第一，墓主人是一位身材高大、穿着考究、面相丰满、身份高贵的商人。主人公在画像中多次出现，上唇留须，头戴上翘折巾式冠或巾子，一长簪横贯于冠和发髻之中，系腰带，佩挂香囊，下穿紧腿裤，脚穿软底尖头皮靴，外穿适时的中式服装，如直裾肥袖便服，或斜领窄袖长衫；出行时前簇后拥，并有华盖、团扇等仪仗；经商、饮食时都有仆人相伴、服侍，仆人中有中原人，也有深目钩鼻、头发卷曲的西方人。第二，墓主人的经商范围远及中、西亚。如《商旅驼运图》中出现的单峰骆驼，产自西亚；《象戏图》中所刻画的似乎是流行佛教的南亚地区的风俗景象。所有图中刻画的朱雀都是展翅

① 朱新予：《中国丝绸史（通论）》，纺织工业出版社，1992年，第120页。
② 安作璋、王志民：《齐鲁文化通史·隋唐五代卷》，中华书局，2004年，第387页。

图4-2　青州北齐石室墓《商旅驼运图》　　　　图4-3　青州北齐石室墓《商谈图》

向左飞翔，似乎在暗示着墓主人向西方行进的交往路线。但从画像中出现深目钩鼻、头发卷曲的域外人物形象分析，墓主人所到之处，主要是中、西亚，这些西方商人或许是来自于萨珊波斯的商人。第三，墓主人所贸易的主要商品应当是丝织品。《商旅驼运图》中，驼峰两侧为成卷的织物；《商谈图》中，墓主人端坐于束腰坐墩上，左手执物半举，右腿盘于左膝上，双目注视着对面的商人，一副自信和高贵的形象。而对面深目钩鼻、头发卷曲的商人，穿着考究，面相肥胖，手捧一物，双腿弯曲，流露出殷勤献媚的姿态。是什么商品能使双方的地位形成鲜明的对照呢？是什么能使齐地商人如此自傲而尊贵、西方商人如此仰慕而谦卑呢？当时中国最吸引西方的还是丝织品，驼峰两侧成卷的织物，最大的可能就是丝织品。按照"百里不贩樵，千里不贩籴"（《史记·货殖列传》）的民俗，齐地商人远途跋涉，也不可能贩卖物重价廉的商品，而最具有吸引力的当然是西方人喜爱、轻便的丝织品。此外，在青州附近的石窟中，还发现了为数不少的胡服供养人造像，这说明，北朝中晚期的青州，如同北魏都城洛阳一样，曾经汇集了各路前来贸易的外商，他们有的已在此设店开铺，长期定居。青州已成为黄河下游最为重要和繁荣的商业经济中心之一，成为东汉以后至唐宋时期丝绸之路的一个重要源头。①

二　隋唐时期山东丝织业的发展

隋唐进入中国封建社会的鼎盛时期，随着社会的统一，丝织业也进入前所未有的繁荣阶段，但是，由于安史之乱的破坏和人口南迁、经济重心相应地南移，山东的丝织业，以安史之乱为界，分成前后两个阶段，前期是繁荣发展阶段，后期因长江流域经济的发展明显超过黄河流域而显现衰落趋势。但无论如何，山东仍是全国蚕桑丝织业生产中心之一。

唐代山东蚕桑丝织业有以下几个特点：第一，蚕桑丝织业生产范围较前更为广泛；第二，山东丝织业在全国贡赋中占有重要地位；第三，私营手工业作坊发达，名牌丝织品数量明显增多。

（一）唐代山东丝织业生产状况

1. 实现了蚕桑丝绸业生产分布区域的全覆盖

山东蚕桑丝织业生产区域的分布，经历了由小到大的发展过程，据文献记载，北魏和隋代山东户调中缴纳丝织品的，只有几个州。但是，在唐代全国 315 个州中，有 185 个州生产蚕桑丝绸，其中黄河下游地区蚕桑丝绸业生产达到 100% 覆盖：

表 4-1　唐代全国蚕桑丝绸业生产情况统计表②

地　区	州　数	产蚕桑丝绸州数	蚕桑丝绸州在总州数中的百分比
黄河下游	51	51	100%
黄河中游	38	18	46.8%
黄河上游	25	11	52%
长江下游	28	27	96%
长江中游	37	24	64.8%
长江上游	66	46	69.6%
岭南地区	70	8	11.4%
合　　计	315	185	58.7%

---

① 姜颖：《山东丝绸史》，齐鲁书社，2013 年，第 143～145 页。

② 卢华语：《唐代蚕桑丝绸研究》，首都师范大学出版社，1995 年，第 10 页。

据上表，我们可以做如下分析：

从上表可以看出，当时黄河中上游地区共 63 州，其中产蚕桑丝绸的有 29 州，占总州数的 46%；黄河下游有 51 州，并全部有蚕桑丝绸业生产，蚕桑丝绸业覆盖率达 100%。这说明，隋唐时期，北方的蚕桑丝绸业主要集中在黄河下游地区，关中地区的丝绸业已经衰落。长江中上游地区共 103 州，其中产蚕桑丝绸的 70 州，占总州数的 67.9%；长江下游有 28 个州，其中 27 个州有蚕桑丝绸业生产，蚕桑丝绸业覆盖率高达 96%。可见，隋唐时期，长江流域蚕桑丝绸业也以下游为主。总体来说，当时各地相差悬殊，并且，黄河下游州几乎是长江下游州数的一倍，所以，至少安史之乱前，在蚕桑丝绸业生产方面，占优势的仍是黄河下游地区。

山东蚕桑丝绸业生产区域的分布经历了由小到大的发展过程。据《魏书·食货志》记载，北魏太和八年（484 年），实行以户调养官、所调各随其土所出的政策时，只有兖、徐、青、齐、济等州贡绵绢及丝，而光州及青州北海郡之胶东县、胶州平昌郡之东武、平昌县，高密郡之昌安、高密、夷安、黔陬县，东徐州东莞郡之莒、诸、东莞县，徐州北济阴郡之离狐县，东海郡之襄贲县等，皆以麻布充税。《隋书·地理志》所记各地风俗物产，当提及蚕桑丝绸业时，也只提及山东的北海、齐郡、东莱、高密。这些记载表明，即使在蚕桑丝绸业发达的黄河下游，其发展也是极不均衡的，唐代之前，有的州并不以蚕桑丝绸业生产为主，有的州或许还没有蚕桑丝绸业生产。但从上述图表中可以看出，到唐代天宝年间，经过百余年的发展，蚕桑丝绸业在山东已可谓遍地开花，蚕桑丝绸区域州县相连，跨州接道，大范围的合成一片。无论是农业发达的腹心地带，还是边远的周边地区；无论是原来蚕桑丝绸业发达的区域，还是原来不进贡蚕桑丝织品的区域；无论河谷、平川还是山地丘陵，到处桑柘翳野，普遍养蚕投梭。①

2. 唐代山东贡赋丝织品范围实现全覆盖

唐代有关各地贡赋情况主要记载于《唐六典》（唐玄宗撰、李林甫注，739 年成书）、《元和郡县志》（李吉甫撰，820 年成书）和《新唐书》（欧阳修、宋祁等撰，1060 年成书）三部书中，由于三书存在所依材料和时代不一问题，记载有所差异。其中《唐六典》年代最早，又是官修，情况应更全面、准确一些。

---

① 姜颖：《山东丝绸史》，齐鲁书社，2013 年，第 157 页。

唐代上贡丝织品主要是调和土贡，调即赋税，按所生产物品进行征收；土贡则是各地进献给朝廷的珍贵土特产品，进贡项目原来由官府确定，但到开元二十五年（737年）后，进贡随各地所出，因此，从各地贡赋可以看出丝织业发展情况。从《唐六典》看，当时山东各州赋税都上缴绢及绵，实现了山东丝织品生产的全覆盖；从《元和郡县志》《新唐书》的记载看，密、登未缴丝织品，二者连同淄、莱、沂三州土贡也不是丝织品，与《唐六典》有一定出入，这只能说明，第一，唐代后期，各地丝织品的发展有一定变化，第二，唐代山东丝织品生产还存在不平衡现象。

隋唐时期丝织品的税收方式主要有两种，一是缴纳租庸调中的调，二是土贡，即各地进献给朝廷的珍贵土特产品。据《唐六典·户部郎中员外郎》记载……河南道共 28 州，赋绢、絁、绵、布。除陈、许、汝、颍四州调絁、绵，唐州调麻布，其余各州，包括河南府、陕、郑、汴、蔡、豫、亳、宋、曹、滑、濮、郓、济、齐、淄、徐、兖、泗、沂、青、莱、登、密、海等，赋税一律为绢及绵。这说明，时至唐代，河南道所涉及的山东所有的州皆以丝织品缴纳赋税，这是唐代山东蚕桑丝绸业生产范围扩大到全境的一个重要表现。

表 4-2 是据《新唐书·地理志》《元和郡县图志·河南道》《河北道》、《文献通考·土贡一》整理的唐代山东各州郡的贡赋丝织品情况。

表 4-2　唐代山东各州郡贡赋丝织品的种类及数目

州郡	新唐书（土贡）	元和郡县图志（开元贡赋）	文献通考（常贡）
齐州济南郡	丝、葛、绢、绵	贡丝、葛，赋绵、绢	丝葛 15 匹
青州北海郡	仙纹绫、丝	贡仙文绫，赋绵、绢	仙纹绫 10 匹
密州高密郡	赀布	贡细布，赋布	—
淄州淄川郡	—	贡无，赋绵、绢	—
莱州东莱郡	赀布	贡无，赋绵、绢、赀布	—
登州东牟郡	赀布	贡无，赋麻、布	—
兖州鲁郡	镜花绫、双距绫、绢	贡镜花绫 20 匹，赋绫、绢、绵	镜花绫 10 匹
沂州琅琊郡	—	贡无，赋绵、绢	—
曹州济阴郡	绢、绵	贡无，赋绵、绢	绢 20 匹
郓州东平郡	绢	贡绢 15 匹，赋绵、绢	绢 20 匹
棣州乐安郡	绢	贡绢 10 匹，赋绢	绢 10 匹

续表

州郡	新唐书（土贡）	元和郡县图志（开元贡赋）	文献通考（常贡）
德州平原郡	绢、绫	贡绫，赋绢、绵	绢 20 匹
博州博平郡	绫、平紬	贡平紬 10 匹，赋绵、绢	紬 10 匹
徐州彭城郡	双丝绫、绢、绵紬	贡上细绢，赋绵、绢	绢 20 匹
濮州濮阳郡	绢	贡绢 20 匹，赋绵、绢	绢 20 匹
魏州魏郡	花紬、绵紬、平紬、绢	贡绵紬、平紬，赋丝、绵、絁、紬	白绵紬 8 匹，白平紬 8 匹
沧州景城郡	丝布	贡无，赋绵、绢	—
贝州清河郡	绢	贡无，赋绵、绢	—
宋州睢阳郡	绢	贡绢 20 匹，赋绵、绢	绢 20 匹

从上表中可以看出，唐代涉及山东的 19 个州府，除登州外，都有不同类别和数额的丝织品贡赋到官府，具体来说，第一，在赋税方面，除密州赋布，登州赋麻、布外，其他各州赋税中基本都有绵和绢。对于登、密二州，说法不一，据《唐六典》卷三记载，登、密两州也是缴纳绢及绵的，可见登、密二州也生产蚕桑丝织品，无贡赋，只能说明生产程度较低，与其他物品相比不占优势，所以，在贡赋中，没有将丝织品作为项目。第二，在土贡方面，密、登、淄、莱、沂几个州，或者贡赀布，或者贡其他。对于这个问题，可以作这样的理解，这些州是生产丝织品的，只是在这些州的土特产品中，有比丝织品名气更大的产品，这正如王永兴先生在《试论唐代丝纺织业的地区分布》中所说："在长时期内盛产丝织品的地区，不贡一般丝织品的州不一定不产一般丝织品，如该州有其他特产，更适合于上贡，则虽有一般丝织品可以不贡。"（中国社会科学院历史研究所：《魏晋隋唐史论集》第二辑，中国社会科学出版社，1983 年，第 287 页）总之，相对于唐代以前这些州主要以麻、葛生产为主来说，蚕桑丝绸业生产的发展是当地经济的一大进步，但是，相对于其他上贡丝织品的州来说，这些州蚕桑丝绸业的生产是有一定差距的，特别是密、登二州。所以说，尽管当时山东蚕桑丝绸业实现了生产区域的全覆盖，但发展也是不平衡的。[1]

3. 唐代山东上缴丝织品的密度，以及上缴丝织品的州府数，皆居全国首位

在唐代所划分的十道中，山东地区大部分在河南道中，小部分在河北道中。反映

---

[1] 姜颖：《山东丝绸史》，齐鲁书社，2013 年，第 158、161～163 页。

盛唐丝织业发展风貌的《唐六典》，详尽地列出了各道及各州的贡赋缴纳情况，这为比较当时各地区丝织业发展情况提供了非常好的参考。从《唐六典》的记载中可以发现，第一，在上缴丝织品的密度方面（密度即上缴丝织品的州府在当地全部州府中所占比例，实际上就是丝织品生产的普及程度），山东所在的河南、河北两道，分别居冠、亚军；山东缴纳丝织品的密度为100%，居全国之首，并实现了蚕桑生产的全覆盖。第二，在各地上缴丝织品的绝对数量方面，河南道居多，河北道次之，剑南道又次之。若以今日各省区为单位计算，山东同样居全国首位。

（1）依据《唐六典》整理的唐代全国贡赋情况一览表，为全面分析比较各地丝织业生产情况提供了重要参考资料。

（2）依据《唐六典》统计表，山东所在河南、河北道丝织品生产密度分居全国冠、亚军；山东地区又居于河南、河北道之首，因此，山东地区丝织业普及程度居全国首位。

表4-3 唐代诸道上缴丝绢州府统计表

道别	疆域范围	所辖州府数	贡赋丝绢州府数
关内	今陕西秦岭以北地区、甘肃东境一部及内蒙古自治区一小部。	22	4
河南	山东大部，江苏、安徽两省北部，河南省淮河以北地区。	30	24
河东	山西全省	18	0
河北	河北全境及辽宁西南境一小部分。	30	16
山南	陕西省秦岭以南地区，河南省西南一小部、湖北省西部、湖南省北境及四川省东北境各一小部。	32	6
陇右	甘肃省大部，今新疆等地	21	0
江南	江苏、安徽、湖北三省长江以南地区，浙江、江西、福建全省、湖南及贵州省的大部。	51	0
淮南	江苏、安徽两省长江以北，淮河以南地区，河南南境及湖北东北境各一小部。	14	3
剑南	四川省大部	38	11
岭南	广东全省、海南全省、广西大部，另一部分在今越南境内。	73	0

由表可知，各道上缴丝织品的密度分别是：关内18%；河南80%；河东0%；

河北 53%；山南 18.7%；陇右 0%；江南 0%；淮南 21%；剑南 28.9%；岭南 0%。排出名次如下：

表 4-4　唐代诸道上缴丝绢州府密度名次表

名次	道名	密度	名次	道名	密度
1	河南	80%	6	关内	18%
2	河北	53%	7	岭南	0
3	剑南	28.9%	8	江南	0
4	淮南	21%	9	陇右	0
5	山南	18.7%	10	河东	0

从各道上缴丝织品的密度看，山东所在的河南、河北道分居冠亚，这也反映了当时黄河下游地区丝织业的普及程度也居全国之首。那么在黄河下游地区中，今天山东省境内的丝织业普及程度怎么样呢？

从表 4-4 河南道的贡赋情况，我们可以得出这样一个统计数字：河南道中，计有今山东地区的州府 16 个（含交叉地区），每州府都上缴丝绢，密度一为 100%；河南道中有今河南省州府 14 个，8 个州府上缴丝绢，密度为 57.14%。若加上河北道境内所含今山东地区的州府，山东地区州府共为 22 个，密度仍为 100%，这样，若以今天的省区计算，唐代山东地区上缴丝织品州府的密度居全国之首，其丝织业普及程度也居全国首位。①

（3）依据《唐六典》统计表还可以看出，在各地上缴丝织品的州府数量方面，河南道居多，河北道次之，剑南道又次之。若以今日各省区为单位计算，山东同样居全国首位。（在下表中，作者只收录了唐代上缴丝绢州府的省区；"＊"号表示当时政区跨今日两省或两省以上、同时州治又不在今日省内的州）

表 4-5　（唐）代各地上缴丝绢州府名次表

名次	数量	今省区	原州府名
1	20	山东省	曹州，濮州，郓州，宋州＊，济州、齐州、淄州、兖州、徐州＊、泗州＊、沂州、青州、莱州，登州、密州、魏州＊，博州，贝州＊、德州、棣州

---

① 齐涛：《丝绸之路探源》，齐鲁书社，1992 年，第 180～181 页。

名次	数量	今省区	原州府名
2	13	河南省	河南府、陕州、郑州，汴州、豫州、宋州、滑州、怀州、相州、卫州、申州、光州
3	12	四川省	成都府、利州、彭州、蜀州、简州、资州、梓州、剑州、绵州、遂州、普州，陵州
4	10	河北省	魏州、贝州、洺州、冀州、深州，赵州、定州、易州、瀛州、莫州
5	5	湖北省	荆州、襄州、均州、随州、安州
6	5	陕西省	京兆府、华州、同州、岐州、梁州
7	3	江苏省	泗州、徐州，海州
8	2	安徽省	亳州、宋州*

由表可知，在交纳丝绢的州府的绝对数量上，山东也是居全国之首，境内计有 20 个州府交纳丝绢，其次是河南省、四川省与河北省。[①]

4. 与全国其他生产丝织品的地区相比，山东丝织品生产数量居全国首位

（1）唐代关中地区的丝织业生产

唐代关中地区的丝织业生产起源虽早，但自西周至唐代一直发展平缓，主产量和质量档次都不高，难以作为丝路货源地。

文献记载与考古发掘都表明，关中地区至迟在西周时期，就出现了蚕桑业。但自那时到唐代，关中地区的蚕桑业的发展一直比较平缓，与发达地区相比，产量既少，质量档次也不高。所以，唐朝皇帝曾专门下令："关辅寡蚕，诏纳米粟。"《旧唐书·食货志》也认为："关辅庸调，所税非少，既寡蚕桑，皆资菽粟。"唐代前期，实行租庸调制，租收米粟，庸与调都收取绢帛，不产绢帛处则收麻布，其中以调的比重为大。调又称赋，是唐王朝中央绢帛的基本来源，前引唐朝皇帝特许关中地区可以不纳绢帛，以米粟代替，实际是指庸调而言。除庸调外，各地还要根据自己的特产向皇帝上贡。

现在，我们依据公元 820 年成书的《元和郡县图志》，为唐代关中地区上缴调（赋）与土贡的情况列一简表：

---

① 齐涛：《丝绸之路探源》，齐鲁书社，1992 年，第 182 页。

表4-6　唐代关中赋、贡缴纳一览表

州郡	赋	贡
京兆府	绵、绢	葵草席、地骨白皮、酸枣仁
华州	绵、绢	茯神、茯苓、细辛
同州	绢、绵	绉纹吉、莫皮
凤翔府	麻、布	龙须席、蜡烛
陇州	布、麻	榛实、龙须席
泾州	麻、布	龙须席
原州	布、麻	覆鞍毯
邠州	麻、布、米粟	荜豆、白蜡
宁州	麻、布	龙须席
庆州	胡布	牛苏、麝香
鄜州	麻、布	龙须席
坊州	（缺）	龙须席、枲、麻、弓弦麻
丹州	麻、布	麝香、蜡烛、龙须席
延州	麻、布	蜜蜡、麝香
灵州	（缺）	甘草、青虫子、鹿皮、红花、野马皮、乌翎、鹿角胶、杂筋、麝香，花苁蓉、赤柽、马鞭
会州	（缺）	覆鞍毡
盐州	（缺）	盐山四十颗
夏州	麻、布	角弓、毡、酥、拒霜荠
绥州	布、麻	蜡
银州	麻、布、粟	女稽布
新宥州	（缺）	（缺）
麟州	（缺）	（缺）
胜州	麻、布	女稽布、麻、粟
丰州	布、麻	野马皮

　　由上表可以看出，唐关中地区计有州府24，可统计赋调的州府18，赋调为绢帛的州府3，占可统计州府的16.7%；可统计贡品的州府为22，贡品中无一有丝织品。这两个数字，在当时全国来说，都是低水平的（详见第五、六章）。赋调物品反映了该物品的生产面积与生产量，上贡物品则表明该物品的质量与特色。上

表的统计告诉我们，唐代关中地区的丝织品无论从数量上看，还是从质量上看，均非上乘。所以，《旧唐书》的作者会有这样一种评价："关辅庸调，所税非少，既寡蚕桑，皆资菽粟。"既如此，长安绢帛之汇集，与关中地区无多大关系当为定论。①

（2）唐代河西和新疆地区的丝织业生产

河西地区和新疆地区的丝织业出现晚，据研究不早于魏晋时期，而且发展缓慢，不能作为丝绸之路上丝织品的货源地。

河西地区至两汉时期，尚无桑蚕痕迹，魏晋以后，虽然在内地传入了蚕桑业，但一直不够发达，在唐代的赋调中，河西地区所在的整个陇右道无一州府上缴丝帛赋调，也无一州府上贡丝帛织品。

新疆地区的蚕桑之始，至今未有定论，但有一点是可以肯定的，即新疆蚕桑业至早不早于魏晋，到南北朝时期，关于这一地区的蚕桑，开始有了一些零星记载，如高昌"宜蚕"，焉耆"养蚕不以为丝，唯充绵纩"。纺织技术尚未发展起来，学术界讲起新疆丝织业，最喜津津乐道的就是于阗巧取蚕种的一段轶闻。玄奘《大唐西域记》卷十二"瞿萨旦那国"（即于阗国）条写道："过去此国不知蚕桑，听说东国有此，派使者索求，当时东国君主秘而不宣，并严令关防，不许蚕桑种出境。瞿萨旦那王遂恭敬致礼，向东国求婚，东国君有经略远方的计划，答应了这桩婚事。瞿萨旦那王派使者迎娶时，告诫使者：'你要致辞东国君女，我国历来没有丝绵蚕桑之种，可以带来好织造衣服。'公主听说后，暗自求得蚕种，放到帽子里面。至关防，关吏盘查物品，只有这顶帽子不敢验看，于是来到瞿萨旦那王城，驻鹿射伽蓝故地。备置礼仪后，将公主迎入宫中，蚕种留在鹿射伽蓝故地。阳春初始，开始植桑，蚕月来临，又采桑养蚕。起初，尚以杂叶喂蚕，以后便桑树成荫。公主又刻石下令，不许伤害蚕儿，待蚕蛾飞尽后，才能缫丝，如有违反，神明不祐，于是先为蚕儿建造了这个伽蓝。现有数株枯桑，说是最早的桑种。如今这个国家有蚕不杀，如有人杀蚕取丝，来年即不宜养蚕。"

《新唐书·于阗传》也记有此事。本世纪初，斯坦因在新疆洛浦东北50公里的丹丹乌里克庙遗址得到一木质画版。画面中有一贵妇，头戴高冠，有女郎踞于

---

① 齐涛：《丝绸之路探源》，齐鲁书社，1992年，第151~154页。

两旁，画面一端有一篮，内中充满形同果实之物，又一端有一多面形物，左侧侍女左手指向贵妇冕。斯坦因认为，这就是世传公主夹带蚕种出关故事的画面，篮中所盛是蚕茧，另一端的多面形物为纺车。当然，这也只是推测。

这个离奇故事的年代，大家一般认为是在公元五世纪中叶，这表明，至迟到公元五世纪，于阗地区就有了蚕桑业。但遗憾的是，新疆的蚕桑业直到唐朝，依然步履迟缓。玄奘在讲述这个故事的同时，还告诉我们一个重要信息："如今此国有蚕不杀。"有蚕不杀，就是要等蚕蛾飞出后才能治丝，这固然有利于蚕的传播，但这样一来，蚕茧便被钻出一个大洞，蚕丝零断，无法织成绢帛，只能充作绵、纩或捻成丝线再行纺织。这表明到唐代，这儿的蚕桑技术还十分落后。前面我们所说焉耆"养蚕不以为丝，唯充绵纩"，恐怕也是这个原因。

既然如此，新疆地区的丝织品不仅不能外调，而且还要仰仗内地，由丝绸之路进行供给。唐代的地理典籍在叙述新疆地区的赋调、土贡时，仅指出高昌一地，土贡丝，其他地区，则了无丝绢踪影。

汉唐新疆地区主要通过三种方式从内地获取丝绸，即商运，赏赐与和籴。商运毋庸赘述，新疆地区的商人远行长安，贩运丝绸者比比皆是；赏赐主要是对上层人物的，自汉至唐，对这地区上层人物的丝绸赏赐也是不绝于史；对一般居民与百姓而言，取得丝绸还有一个便捷方式，这就是和籴。唐代设在新疆等地的官署、军队，需消耗大量粟米，为避免转输之劳，唐王朝从内地运来大量绢帛，当地人氏可以用粟米到指定地点换取绢帛，这就是和籴。吐鲁番阿斯塔那唐墓中曾出土了一件文书，文书是一份讼牒，称"郭林驱驴人蒋化明……先使往伊州纳和籴，称在路驴疫死损，所纳得练，并用尽"。这是和籴换绢练的一份实证。①

(3) 唐代江南地区的丝织业生产

江南地区丝织业出现较早，特别是在魏晋南北朝时期，随着全国经济重心的南移而得到发展，但唐代前期，江南主要生产和上交贡赋的是纻麻和麻布，而不是丝织品。安史之乱后，江南在上交丝织品的州数上实现了零的突破，但是，交纳绢帛州府的数量以及比例都不及河南道和河北道，因此，唐代江南的丝织品生产还是无法与黄河下游地区相比。

---

① 齐涛：《丝绸之路探源》，齐鲁书社，1992 年，第 154～156 页。

江南地区的丝织业出现较早，已见前述，但直到两汉时期，江南地区的丝织业仍未发展起来，其原因主要应归之于经济的落后，尤其是农业生产的落后，西汉时，江南地区有丹阳、豫章、会稽三郡，据公元 2 年的统计，当时全国共有县级建制 1577 个，户 12356470，共 57671401 口人。江南三郡领县不过 61 个，仅占总数的 3.24%，有户 398041，占全国总户数的 3.22%，有人口 1789739，占全国总人口的 3.10%。至汉末，今福建全境只设一县。人口稀少，是古代社会经济落后的首要标志。在两汉时期，江南地区仍停留在"火耕水耨"阶段。《后汉书·循吏传》记载了东汉王景出任庐江太守时，当地百姓不知牛耕、致使"地力有余而食常不足"，于是率吏民，修芍陂，教用牛耕，使垦田增多，粮食丰饶。东汉庐江治今安徽庐江县西南，芍陂在今安徽寿县境，都地处江淮之间，此地尚不知牛耕，整个江南地区由此可以想见。西汉时，中央王朝共在 44 县设铁官，负责铸造农具，其中 36 处分布在黄河中下游地区，江南地区无一处铁官。农业生产技术与生产规模不言而喻，在这种经济条件下，蚕桑丝织业不可能发展起来。

魏晋南北朝时期，随着北方战乱与政治中心的转移，大量北方人口南下，为江南地区提供了先进的农业生产技术与充足的劳动力。这一时期是江南经济的大开发时期，此后直到隋唐，江南经济一直在持续发展。在历史记载中，对江南的描述也出现了"良畴美柘，畦畎相望，连宇高甍，阡陌如绣"的字眼。农业经济的发展，为江南丝织业的发展创造了条件，大量的北方南下人口，在带来先进的农业生产技术的同时，必定也会带来先进的丝织技术与蚕桑技术，加上政府的提倡，使江南丝织业逐渐发展起来。东晋末，刘裕灭后秦，将长安原中央政府的锦工迁到江南，在建康城内建斗场锦署，开创了江南织锦业。官府倡导蚕桑者，如梁朝建德（今浙江建德东）县令沈瑀，教百姓种桑种栗，"顷之成林"。江南丝织蚕桑业发展的结果，使绢帛产量迅速增加。南齐萧子良称："东晋初到江南时，绢帛价格，十倍于今，元嘉（424~453 年）之后，逐渐转贱。"（《南齐书·王敬则传》）这是绢帛产量增加的结果。

不过，需要指出的是，在魏晋南北朝到盛唐这一历史时期中，江南丝织业还只是发展阶段，无论是整体规模还是生产技术，都远不及北方。在南北朝对峙阶段，据有北方的魏曾封锁南销的丝绢，禁止北方丝绢南销，江南商人却依然冒生命危险进行走私，以至有了一个专门称号"伪梁细作"。到北魏末年，才取消了这一限制，使北方丝绢源源流向南方。这充分反映了南方丝织技术的相对落后。死于隋初的颜之推在《颜氏家训》一书中曾这样说："北方妇人织纴组细之事，黼黻锦绣之工，大优于江东。"唐朝前期，还发生过这样两件事：

唐太宗时期，萧翼奉太宗之命，到越州山阴县（今浙江绍兴）欣永寺谋取辩才和尚收藏的王右军《兰亭序》真迹。萧翼微服来到越州，身着宽长的黄衫，一副穷困潦倒的样子。他装扮成山东书生，直进庙里，遇到辩才，辩才问："何处檀越？"萧翼回答："弟子是北人，将少许蚕种来卖。"（《法书要录》卷三）既然萧翼要乔扮为北方卖蚕种的人，说明这时一定常有北方人到江南兜售蚕种，北方蚕种也一定比江南本地蚕种为优，受到江南蚕农的信任。

唐中宗时期，薛兼训为江东节度使，因越人不工机杼，薛兼训便募集军队中还没有结婚的人，发给他们一些钱，密令他们回北方去选择善于缫织的女子成亲。一年中娶回数百人，越地的缫织技术迅速提高，所产绫纱"妙称江左"（《国史补》卷下）。这二个事件，说明直到唐前期，江南的蚕桑丝织业还落后于北方，正受到北方技术的影响。

唐朝前期江南丝织品的质量，我们在前面已经提到，《唐六典》所列八等丝绢，江南地区仅在最末一等中有三州入选，只占整个八等绢帛生产州府的 3.44%，江南在这三州之外，并非绝对不产丝绢，而是质量太差，不入等次。正因为此，在唐朝前期，整个江南地区的赋调中一概交纳绁麻、麻布，而不上交丝织品。所以，《唐六典》在江南道一条内，只写道"厥赋麻绁"。

在唐前期，江南是典型的麻布产区，织布业十分发达，不仅庸调交布，而且还"以布代租"。玄宗天宝年间（742~756 年），每年交纳的布多达 579 万端，如加上庸调布，就超过 1000 万端。麻布生产的发达，使江南本士产麻供不应求，每年需从四川调运大批蜀麻，杜甫曾在诗中写道："蜀麻吴盐自古通，万斛之舟行若风。"直到安史之乱爆发后的唐肃宗时期，还专门在江陵设卡，征收蜀麻之税，以资国用。

安史之乱的爆发结束了盛唐气象，唐王朝由此进入了它的后期。在唐后期，北方战乱较多，动荡不宁，而南方相对稳定，江南经济开始赶上北方。与此同时，江南地区的丝织业也有了新的起色，在全国的赋调绢帛中，也占有了一定的地位。我们在上一部分所制"唐代全国贡赋情况一览表"主要是根据盛唐情况，体现了唐前期蚕桑丝织业的发展概况。那一时期由于江南丝织业水平所限，在绢帛赋调中是一片空白，现在，既然唐后期情况发生了变化，为了准确地把握变化的幅度，了解江南绢帛在全国赋调中的地位，我们再根据唐后期元和年间（806～820 年）成书的《元和郡县志》，将全国赋调绢帛情况列一简表：

表 4-7 《元和郡县志》所载唐代交纳绢帛州府统计表

道别	所辖州府数	交纳丝帛州府	在本道中的比例
关内道	31	3	9.6%
河南道	30	24.5	81.6%
河东道	21	4	19%
河北道	30	17	56.6%
山南道	35	8	22.8%
陇右道	21	—	—
江南道	51	14	24.7%
淮南道	12		
剑南道	40	13	32.5%
岭南道	73	3	4.1%

《元和郡县志》中，陇古道、淮南道残缺太多，无法统计，由所统计的八道情况可以看到，江南上交绢帛的州府较之前期已不只是实现了零的突破，而且还具有了一定的地位。但从总体上看，交纳绢帛州府的数量还是河南道为最，其次河北道、江南道只能屈居第三，交纳丝绢州府在本道中的比例，又是河南道第一，河北道第二，江南道名列第四。这表明，这一时期的江南还是无法与黄河下游地区相比。[①]

（4）唐代四川地区的丝织业生产

四川丝织业生产晚于江南，但因为社会相对安定，所以，发展较江南快，在唐代的贡赋中，四川上交丝绢的州府数，仅次于河南道和河北道，居全国第三位，但其人口只是山东的 57.64%，所以，依据唐代按人户赋调绢帛的原则，四川地区上交丝织品的绝对数量只有山东的 57.64%；从《唐六典》记载看，全国质量最差的六、七、八等丝织品，主要源自四川。因此，唐代四川的丝织业生产也无法与山东相比。

---

① 齐涛:《丝绸之路探源》，齐鲁书社，1992 年，第 188～192 页。

　　就丝织蚕桑方面的发展来说，四川最初恐怕是晚于江南。《禹贡》中所记入贡丝织品各州，在天下九州中唯缺梁、雍二州，梁州当时包括了今四川全部，这表明在《禹贡》时代，蜀中的丝织业在国内还毫无地位，或者是还未开始。那么，四川究竟在什么时期开始养蚕的呢？历史上没有明确记载。一般都说，蚕丛氏首先在蜀中教民养蚕。蚕丛氏究竟是什么时代的人，说法不一。《华阳国志》说："周失纪纲，蜀先称王，有蜀侯蚕丛，……始称王。"则蚕丛氏当为春秋时代的人。但扬雄《蜀王本纪》却写道："从开明上到蚕丛，积三万四千岁。"若这样，便早出春秋三万多年了。蚕丛氏既是没有一定时期的神话中人物，蚕丛氏教民养蚕我们也只好视为传说与神话。

　　有关四川地区丝织业的最早记载是西汉时期，扬雄在《蜀都赋》中称赞蜀都"自造奇锦"，"绵茧成衽"。到三国时期，蜀锦更成为蜀汉政权的重要财政支柱。此后直到隋唐时期，四川地区相对稳定，农业、手工业与商业都获得较快发展，丝织业自然也有了较大进步。在唐代的贡赋中，四川上交丝绢的州府数，在全国居第三位，这也可见四川丝织业的进步。不过，从整体上比较，唐代四川地区的丝织业还有二个明显的弱点。

　　第一，虽然上交丝织品州府数仅次于山东、河南二省，居全国第三，但这些州府所含人口却大为逊色。以山东为例，山东上交丝织品的州府共20个，人口户数为1017534，而四川上交丝织品州府所含人口户口仅为586513，占山东的57.64%，唐代赋调的绢帛，完全是按人户征收，这表明唐代四川地区上交丝织品的绝对数量只有山东的57.64%。

表4-8　唐代四川、山东两地纳丝绢州府户口一览

省	户口数	州府	户口数	州府	户口数
四川	586513	成都	160950	利州	13910
		彭州	55922	蜀州	56577
		简州	23066	资州	29635
		梓州	61824	剑州	23510
		遂州	35632	绵州	65066
		普州	25693	陵州	34728

续表

省	户口数	州府	户口数	州府	户口数
		兖州	87987	莱州	26998
		青州	73148	淄州	42737
		郓州	83048	登州	22298
		齐州	62485	魏州	75000
山东	1017534	曹州	100352	博州	52631
		濮州	57782	贝州	50000
		密州	28292	德州	83211
		沂州	33510	棣州	39150
		徐州	33500	宋州	40000
		泗州	18500	济州	6905

本表以天宝年间户口统计为准，两省交叉州的户数，一省按1/3计，三省交叉州的户数按1/3统计。

第二，四川地区所产绢帛已具备了一定的数量规模，但其丝绢的整体质量较差。作为四川历史丛书之一的《唐代四川经济》一书是这样评价当地丝绢质量的：

从《大唐六典》的记载中可以看出，玄宗时期（即盛唐时期），四川绢帛的产地虽然很多，但是质量却相当差。当时全国绢帛共分为八个等级，列为六等绢的有12州，四川占六州；七等绢14州，四川有13州；八等绢12州，四川占6州，可知当时全国质量最差的六、七、八等绢，主要就是产自四川。

这一评价十分中肯。正由于这一地区绢帛质量很差，所以价格极低。公元737年（开元二十五年），御史中丞李林甫上奏，曾指出当时这一地区绢次价贱，每匹只有200多文，而山东等地却是每匹700文以上，几乎是三倍之差。（《唐会要》卷四十。）绢价的这种巨大差异、充分反映出这一地区丝织业的整体水平还比较落后。[1]

有唐一代，巴蜀所产丝织品要胜于江南所产，但巴蜀丝织品质量的总的趋势比山东所产为差。[2]

（5）山东缴纳绢帛州府的数量及比例居国之首

在河南道不纳绢的州中，山东唯有登州一处，因此说，山东缴纳绢帛州府的数量，

---

[1]　齐涛：《丝绸之路探源》，齐鲁书社，1992年，第186~188页。
[2]　严耕望：《唐代纺织工业之地理分布》，《大陆杂志》1956年第11期。

以及在本地所占比例，绝对居于全国之首。

　　据《元和郡县志》的记载，河南道中有登州、唐州、陈州、颍州赋调纳麻布、粟麦；亳州纳麻、麦、绵、绢、黍稷；濠州纳绢、麻布；申州纳麻布、纻、绢。对亳、濠、申三州，我们按二州折合为一个纳州绢计算，这样，整个河南道便有5.5个州府不纳织帛，其中，山东只有一个登州。这样，在这一时期，山东地区计有19个州府交纳绢帛，占全部州府数的96%，无论从交纳绢帛州府的数量，还是在本地所占比例都远高于其他地区，仍居全国之首。[①]

5. 山东丝织品质量和品牌居全国首位

就唐代丝织品的质量看，山东为首，河南、河北次之，四川、江南又次之。唐代后期，尽管江南与四川的丝织业有了较大发展，但山东丝织品的质量仍居全国之冠。

　　（1）据《唐六典》记载，唐代山东丝织品生产的质量居全国首位

　　《唐六典》除了记载开元赋调情况外，对全国丝绢质量也有一个综合记载，它将主要产地的丝绢分为八等，如下表所示：

表 4－9　《唐六典》所记丝绢质量等次表

等级	产地
一	宋州、亳州
二	郑州、汴州，曹州、怀州
三	滑州、卫州、陈州、魏州、相州、冀州、德州、海州、泗州、濮州、徐州、兖州、贝州、博州
四	沧州、瀛州、齐州、许州，豫州、仙州、棣州、郓州、深州、莫州、洺州、邢州，恒州，定州、赵州
五	颍州、淄州、青州、沂州、密州、寿州、幽州、易州、申州、光州、安州、唐州、随州、黄州
六	益州、彭州、蜀州、梓州、汉州、剑州、遂州，简州、绵州、襄州、襄州、邓州
七	资州、眉州，邛州、雅州、嘉州、陵州、阆州、普州、璧州、集州、龙州、果州、洋州、渠州
八	通州，巴州、蓬州、金州、均州、开州、合州、兴州、利州、泉州、建州、闽州

　　由表可知，全国质量最好的丝绢出自宋州与亳州，也就是今山东、河南、安徽

---

　　① 齐涛：《丝绸之路探源》，齐鲁书社，1992 年，第 188 页。

三省交界的地区，地域范围北到山东成武，及曹县、单县一带，西至河南睢县，东抵安徽砀山，南至安徽蒙城。现在我们将这一地区以外的丝绸质量根据今省区范围进行统计与比较，看看今天各省境内在盛唐时期丝织品的质量状况。按唐代人的习惯，第三等以上属于上等绢，简称上绢；第四、五两等属于中等绢，称次绢；第六、七、八三等属于下等绢，称下绢，八等之外，则为等外绢，质量最次。请看下表：

表 4-10　唐代各地丝绸质量一览表

省区	上绢州府数	所占比例	次绢州府数	所占比例	下绢州府数	所占比例
山东	9	56.25%	7	43.75%	0	
河南	7	50%	3	21.43%	4	28.57%
河北	4	26%	11	74%	0	
安徽	0		3	100%	0	
湖北	0		1	33%	2	67%
陕西	0		0		1	100%
四川	0		0		30	100%
福建	0		0		3	100%

表中"所占比例"一栏系各等绢帛生产州府在被统计州府中的比例，并非是占当地全部产绢州府的比例。《唐六典》记载中的山东、河南、河北、四川四省诸等绢帛生产州府的数量与四省生产绢帛的州府的实际数量大致相符，因此，"所占比例"基本可以视为在整个丝绸生产中的比例。如山东省生产上绢的州府在被统计州府中的比例为56.25%，在当地全部生产丝绸州府中的比例也大致如此。但安徽、湖北、陕西、福建各省却不能如是推论，表中所列州府数，只是这四省生产丝绸州府总数的一部分，这四省更多的州府所生产的丝绸是等外品，不被计入，因此，这四省"所占比例"一栏只能是在被统计州府中的比例，不能推论其他，如安徽在表中有生产次绢州府3个，被列入统计的州府也是3个，"所占比例"一栏便是100%，但这并不意味着安徽丝绸的整体质量水平都相当于次绢，实际上，更多的产绢州府质量在八等之外。

另外，江南大部分地区未见诸表格，并不意味着这些地区没有丝绸生产，它仅仅表明江南地区当时的丝绸质量一般都在八等之外，所以被《唐六典》摈于统计之外，这也是开元时期唐王朝不向江南征调丝绸的原因所在。

从表中内容来看，山东生产上绢的州府在全国居首位，生产上绢的州府在产绢州府中的比例也居首位，而且，山东各州所产丝绢都列入上绢与次绢，未有下绢，这在全国也是十分突出的。

河南与河北情况比较复杂，从生产上绢州府的数量与比例看，河南都居全国第二，但河北丝绢的整体质量却不弱于河南，河北所产，都在上绢、次绢之内，而河南却有 21.43% 的州府生产下等绢帛。这两省若综合考察，丝绢质量难分伯仲。

这样，我们可以得出结论：就唐代丝织品的质量看，山东为首，河南、河北次之，四川、江南又次之。唐代后期，尽管江南与四川的丝织业有了较大发展，但山东丝织品的质量仍居全国之冠。台湾著名历史学家严耕望先生在《唐代纺织工业之地理分布》一文中指出："有唐一代，巴蜀所产丝织品要胜于江南所产，但巴蜀丝织品质量的总的趋势比山东所产为差。"这是十分中肯的。实际上，唐代人也是这种看法，《太平广记》卷三百引《广异记》载曰："（开元初）天下唯北海（青州）绢最佳。"

好了，现在我们可以回答开头所提出的问题了。经过魏晋南北朝以来的发展与变化，尽管山东丝织业已不再是一枝独秀，但还完全可以艳压群芳，无论从生产规模、普及程度，还是丝绢质各方面看，它都居全国之首，仍然是全国蚕桑丝织业的中心地带。①

（2）从丝织品生产品牌看，山东位居全国前列

表 4-11　唐代河北、河南两道进贡丝织品情况表

地区	时期	贡丝织品州	贡特殊丝织品州
河北道	前期	18 州：怀、魏、博、相、卫、洺、恒、冀、深、赵、德、定、易、幽、瀛、莫、邢、棣	7 州 12 种：怀（平纱），恒（春罗、孔雀等罗、罗），相（纱），定（细绫、两窠细绫、瑞绫、大独窠绫、独窠绫），邢（丝布），幽、德（绫）
	后期	20 州：怀、魏、博、相、卫、贝、邢、洺、惠、镇（恒）、冀、深、赵、沧、德、定、易、幽、瀛、莫	10 州 13 种：怀（平纱），相、惠（纱），博、卫、贝、幽、德（绫），邢、沧（丝布），镇（孔雀罗、瓜子罗、春罗），定（罗、细绫、瑞绫、独窠绫、二包绫、熟丝绫）
	变化	后期增加贝、惠、沧 3 州	后期增加博、卫、贝、惠、沧 5 州

① 齐涛：《丝绸之路探源》，齐鲁书社，1992 年，第 183~185 页。

地区	时期	贡丝织品州	贡特殊丝织品州
河南道	前期	20 州：河南府、汝、仙、陕、滑、郑、颍、许、陈、豫、汴、宋、亳、徐、泗、郓、曹、濮、青、兖	6 州 6 种：河南府（绫），仙、滑（方文绫），豫（鸂鶒绫、双丝绫），兖（镜花绫），青（仙文绫）
	后期	24 州：河南府，汝、虢、滑、郑、颍、许、陈、蔡（豫）、汴、宋、亳、徐、泗、濠、宿、郓、齐、曹、濮、青、棣、兖、海	8 州 13 种：河南府（文绫、縠），滑（方文绫），蔡（四窠、云花、龟甲、双距、鸂鶒等绫），徐（双丝绫），濠（丝布），青（仙文绫），兖（镜花绫、双距绫），海（绫）
	变化	后期增加宿、齐、海 3 州，减少陕州	后期增加徐、海 2 州，品种增幅较大

说明：1. 前期据《唐六典》卷三，《元和郡县图志》开元贡，《通典》；后期据《新唐书·地理志》、《元和郡县图志》元和贡。

2. 棣州前期属河北道，后期入河南道；虢州前期属河东道，濠州前期属淮南道，后期均入河南道。

3. 仙州开元二十六年（738 年）并入汝州。

从上表中列举的特殊丝织品中可以看出，山东具有众多的丝织品牌，如河北道前期，德州贡绫，后期又增加了博、贝贡绫，沧州贡丝布；河南道前期兖州贡镜花绫，青州贡仙纹（文）绫，后期又增加了徐州的双丝绫、兖州的双距绫。……魏州的花紬、绵紬、平紬也是重要的组成部分。这些都表明，唐代山东是全国丝织业生产的大户之一，在全国丝织业生产中占有重地位。

绫是一种在绮的基础上发展起来的斜纹底上起花的丝织品，纹理象冰绫，从六朝开始发展，到唐代达到高峰，当时全国贡绫的州共有 30 个，而山东就占有 6 个，即河北道的博、贝、德，河南道的徐、青、兖，特别是兖州，该地所生产的绫是非常有名气的，仅次于河北道定州和河南道蔡州，位列第三。

青州的北海绢和曹州的成武缣也都是当时著名的产品。宋代的《太平广记》有"天下唯北海绢最佳"之说。《太平广记》引《广异记》中《三卫》篇云，开元初，有人赠三卫两匹北海绢，并告诉他可卖二万贯，三卫乃入京卖绢。买者闻求二万，莫不嗤骇，以为狂人。后数日，有白马丈夫来买，直还二万，不复踌躇……丈夫曰："……天下唯北海绢最佳，方欲令人往市，闻君卖北海绢，故来尔。"《三卫》篇虽属志怪小说，有神异色彩，但其中关于北海绢品质佳之说当不为虚。关于唐代的绢价，按《新唐书·食货志》记载，天宝初，海内富实，青、齐间绢一匹钱二百，但到唐末，最高时一匹为钱三千二百，最低时一匹为钱一千六百。相比来说，三卫所卖北海绢每匹为天宝年间绢价的 50 倍，晚唐时绢价的大约 3~6 倍，简直是天价。由此可见，青州绢在京城长安有着极高的声誉，与清河绢是齐名的。成武即成武县，在唐朝属曹州，以盛产双丝绢（双丝细绢即缣）而扬名于世。宋代庄绰在《鸡肋编》中描写了成武缣的特点："单州成武县织薄缣，修广合于官度，而重才百铢，望之如雾。著故浣之，亦不纰疏。"这说明成武绢（缣）具有薄而不疏的特色。庄绰所记虽为宋代情况，但唐代成武已有双丝绢，所以也可作为唐代成武绢发达之例证。在《唐六典·太府寺》所记载的唐代八等绢中，曹州绢位列第二等，这也说明唐代成武绢之发达实不为虚。正是由于河北、河南两道丝织品质量高，所以自隋代起从两地运送到朝廷的丝织品络绎不绝，"诸州调物，每岁河南自潼关，河北自蒲坂，达于京师，相属于路，昼夜不绝者数月"（《隋书·食货志》）。潼关是河南道最西部，蒲坂则是河北道运送进京贡物的重要渡口。正是由于各地的丝织品源源不断地流入京师以及各地府仓，唐玄宗天宝初年出现了"海内富实……天下岁入之物……庸、调绢七百四十万匹，绵百八十余万屯，布千三十五万余端"（《新唐书·食货志》）的大好局面。唐制规定，锦、罗、纱、縠、绫、紬、絁、绢、布，皆宽一尺八寸，丝织品四丈为匹，布五丈为端，绵六两为屯，丝五两为绚，麻三斤为（《新唐书·百官志》），按照唐代一尺等于今天的 0.295 米的例制换算，唐代一匹绢合今天的 6.2658 平方米，麻布每端合今天的 7.83225 平方米。依此，天宝年间庸调的绢约为 4637 万平方米，绵为 1080 余万两，麻布约为 10299 余万平方米。这一数字是相当惊人的。[①]

6. 文学作品中也反映了唐代山东蚕桑丝织业的盛况

唐代山东丝绸业的发展盛况亦可在当时的诗文中得到印证。杜甫《忆昔》："忆昔开元全盛日，小邑犹藏万家室。……齐纨鲁缟车班班，男耕女桑不相失。"无名氏的《维扬空庄四怪联句》："齐纨鲁缟如霜雪，寥亮高声予所发。"李白《送鲁郡刘长史迁弘农长史》："鲁缟如白烟，五缣不成束。临行赠贫交，一尺重山岳。"韩翃《鲁中送从事归荥阳》："轻橐归时鲁缟薄（一作满），寒衣缝处郑绵

---

① 姜颖：《山东丝绸史》，齐鲁书社，2013 年，第 160、163~165 页。

多。"上述诗句中，诗人皆提到齐纨或鲁缟，齐纨与鲁缟本是春秋以来以齐地临淄为中心的齐鲁地区的重要丝织品类，以其洁白轻薄而著称，唐朝诗人大量借用，足以说明这两种丝织品在唐时仍是名品佳作。此外，在天宝十二年（753 年），岑参在《送颜平原》诗中还描写了从华北平原中部的德州一直到北边的幽燕一带桑柘遍野的场景，诗云："郊原北连燕，剽劫风未休。鱼盐隘里巷，桑柘盈田畴。"①

（二）唐代丝织品生产技术和产品种类

1. 种桑

从韩鄂的《四时纂要》看，相较于前代，出现了白桑品种，并且更为重视土质的松软和肥沃、压土的厚薄，以及控制桑树的高度问题，如：

> 种桑：收鲁桑椹，水淘取子，曝干。熟耕地，畦种如葵法。土不得厚，厚即不生。待高一尺，又上粪土一遍。当四五尺，常耘令净。来年正月移之。
>
> 白桑无子，压条种之。才收得子便种，亦可，只需于阴地频浇为妙。
>
> 移桑：正月、二月、三月并得。熟耕地五六遍，五步一株，著粪二三升。至秋初，劚根下，更著粪培土。三年即堪采。每年及时科斫，以绳系石坠四向枝令婆娑，中心亦屈却，勿令直上难采。

2. 养蚕

山东的蚕种优良，出现专门到南方贩卖的商人。

此时出现了蚕市，表明了蚕桑制种技术的进步。唐代何延之的《兰亭始末记》中记载了这样一个故事：东晋王羲之的《兰亭序》传到七世孙智永和尚手中，智永传给了弟子辩才。为了得到这份真迹，唐太宗派出监察御史萧翼。萧翼装扮成潦倒的山东书生，接近辩才。当辩才问他从哪里来时，他说："弟子是北人，将少许蚕种来卖，历寺纵观，幸遇禅师。"之后两人谈得非常投机，并且辩才留萧翼客宿禅寺，之后，萧翼侦探到了真迹之所在，趁辩才外出之时，萧翼便盗得了真迹。这一故事表明，当时必定常有包括山东在内的北方人带着蚕种到浙江一带出售。②

---

① 姜颖：《山东丝绸史》，齐鲁书社，2013 年，第 158 页。
② 姜颖：《山东丝绸史》，齐鲁书社，2013 年，第 171～172 页。

3. 缫丝

当时仍用手摇缫车，并安装了响绪。

根据朱新予先生的考察，唐朝以前我国文献中没有缫车的名称，而在唐诗中却多处出现缫车的记载，如王建《田家行》诗："五月虽热麦风清，檐头索索缫车鸣。野蚕作茧人不取，叶间扑扑秋蛾生。麦收上场绢在轴，的知输得官家足。"这首诗表现了野蚕丰收的大好景象，蚕茧多到无人收取，以至在野外扑扑生蛾的程度，其中的"檐头索索缫车鸣"和"麦收上场绢在轴"也表现了农家忙着缫丝和纺织的情景。陆龟蒙《奉和夏初袭美见访题小斋次韵》中有"四邻多是老农家，百树鸡桑半顷麻。尽趁晴（清）明修网架，每和烟雨掉缫车"句。从这些诗中可以推断，唐代已普遍使用缫车，诗中的"掉"是摇动的意思，这说明，当时所用是一种手摇缫车，而不是脚踏缫车；从索索鸣响估计，当时缫车上已安装了鼓轮，即后来的"响绪"。[①]

4. 印染

唐代青州印染水平高，出现了大的印染家族；练丝主要方法是煮练和捣练。

"李清，北海人也。代传染业。……家富于财，素为州里之豪氓。子孙及内外姻族，近百数家，皆能游手射利于益都。每清生日，则争先馈遗，凡积百余万。"从这则资料中可以看出，第一，从纵向看，北海（即青州）的染色行业是有历史传统的，前述在益都附近的昌邑发现的汉代铜染炉就表明青州地区染色业有悠久的历史，"代传染业"表明李氏家族的染业至唐已传了不知有多少代了。因此可以推断，当时山东的染色业必定积累了丰富的经验，形成了高超的染色技艺，因此青州能进贡仙文绫，并且出现"天下以北海绢最佳"的赞誉。第二，从横向看，北海的染色业形成一个庞大的染色集团。"家富于财，素为州里之豪氓。子孙及内外姻族，近百数家，皆能游手射利于益都"的记载表明，这是一种家族手工业，其技术是世代相传和保密于家族内的。李氏家族子孙及其姻族，都从事于这一行业，得以达到"近百数家"的规模。从"家富于财"以及当时备厚礼贺生日的记载中我们又可以推断，当时他们的生意是相当兴隆的。第三，从李氏家族染色行

---

① 姜颖：《山东丝绸史》，齐鲁书社，2013 年，第 172～173 页。

业之发达可以推断出，当时青州地区的蚕桑业、丝绸业也是相当发达的。因为染色是需要原料的，如果没有发达的丝绸业提供丝织品做原料，也就不会带动起染色行业的兴隆，所以丝绸业的发达是李氏家族染色行业兴隆的前提，反之，染色行业的发达又推动了丝绸业的发展。青州之所以有如此庞大的染色集团，这也与青州成为山东丝绸业中心有关。

然而，有关染色以及漂练的工艺，从上述记载中无法得知，只能借助于其他资料。在这方面，朱新予先生做了大量工作，其《中国丝绸史（通论)》可供参考。唐代的练丝由两方面构成，一是煮练，二是捣练。煮练是一种传统的练丝方法，即利用精练剂以及加温的方法练丝。传统的精练剂主要是碱剂，而唐代又发明了胰酶剂酶练法，即充分利用猪胰中蛋白酶对丝胶的高效水解作用练丝的一种方法，这是我国古代劳动人民的一项伟大发明，比国外利用胰酶进行生丝脱胶要早1200多年。捣练法在汉代已出现，其作用就是将经草木灰碱性溶液沸煮、日晒氧化漂白后的丝织品，用杵捣，以加强草木灰水对丝胶的渗透能力，使丝织品脱胶均匀彻底，使丝绸变得更加柔软洁白。在碱剂中，以往主要是楝、蒿、藜、荻、椿等草木灰，唐代又出现了桑紫灰和青蒿灰。就染色来说，唐朝织染署下练染之作有六，除白作为练作外，青、绛、黄、皂、紫五作均为染作，所用材料以植物染料为主。唐朝用于丝绸染色的植物染料有三十多种，除传统的茜草、蓝草、紫草等外，还出现了苏木、槐花等。媒染剂分铁媒剂（绿矾和铁浆）和铝媒剂（明矾和草木灰）两大类，铁浆是铁在水中氧化后形成的青色沉淀，可用于染青，它是我国最早经化学过程制备的媒染剂。有关山东的染料，《新唐书·地理志》中还特别提到青州贡红蓝、紫草，魏州贡紫草。此外，我国的印花技术在唐代也发展到了顶峰，随着雕版技术的出现，型版印花和手工印花技术此时均已定型，丝织品的成花技术，从传统的画缋、刺绣、提花发展到印花。唐朝丝绸的整理方法也得到发展，除平挺（熨烫）外，还出现了涂层整理法，即用漆或油（主要用大麻油）将丝织物制作成防雨用具的方法。

在唐代，关于捣练，还有两个形象的资料，即魏璀的《捣练赋》和张萱的《捣练图》，这两件作品对了解唐代山东的相关丝织工艺提供了诸多参考。魏璀的《捣练赋》形象地描绘了捣练场景："细腰杆兮木一枝，女郎砧兮石五彩。闻后响而已续，听前声而犹在。夜如何其？秋未半。于是拽鲁缟、攘皓腕；始于摇扬，终于凌乱。……"张萱的《捣练图》则形象、全面地反映了丝织品的练整工艺，图中共刻画了十二个人物形象，按劳动工序分成捣练、检查修缝、熨烫三组场面。第一组描绘四个人以木杆捣练的情景，两人为一轮，对面站立，齐举捣槌，槌打砧上的白丝绢；第二组中的两人，一人坐在地毯上用牵引车整理丝线，另一人则坐于凳上检查修缝丝绢上的微小破绽；第三组主要是熨烫的场景，两位妇女双手用力拉开煮熟的洁白丝绢，一位妇女小心翼翼地用熨斗熨烫，另一位少女则在紧张而细心地察看熨烫情况，整个场面紧张而宁静，唯有一女孩，淘气地从布底下窜来窜去，增添了画面的生活情趣（图4-4）。这是一幅鲜活的唐代仕女生活写照，也是唐代丝绸业生产程序和工艺的形象反映。从两件作品中可以推断，唐代山东的捣练，仍是二人对立，利用捣槌和砧板，进行杵捣的工艺。①

图4-4 张萱《捣练图》

5. 丝织品种类

当时出现了一些新的丝织品种类和图案，如绫有双丝绫、仙纹绫、镜花绫、双距绫等不同花样，花纹从动物纹为主转向以花鸟图案为主，出现了以联珠、几何等抽纹饰为主的新型图案。

从《新唐书·地理志》等文献的记载中可以看出，唐代山东丝织品的种类众多，不仅有缴纳赋税的普通丝织品绢、绝（一种粗质的丝织物）、绵，还有上贡朝廷的特殊丝织品绫、绸、丝、锦等，如徐州（领有滕州）的双丝绫、绵绸，青州北海郡的仙纹绫、丝，兖州鲁郡的镜花绫、双距绫，魏州（领馆陶、冠氏、莘、朝城等）的花绸、绵绸、平绸，博州的绫、平绸，沧州（领有乐陵、无棣）的丝布，德州平原郡的绫等。绫是唐代制作官服的主要材料，是各地特殊贡品的主要代表。唐代的绫发展出双丝绫、仙纹绫、镜花绫、双距绫等不同织法和纹理，绸

---

① 姜颖：《山东丝绸史》，齐鲁书社，2013年，第173~175页。

也出现了绵绌、花绌、平绌等不同的种类，这足以说明唐代山东丝织工艺和花样纹理较以往更为丰富。此外，从"齐纨鲁缟"、单州成武缣（双丝细绢）、"天下唯北海绢最佳"等记载中也可以看出，当时平纹绢类织物，如縠、纱、缣、纨、缟等丝织品在山东仍有生产。

就丝织物花纹图案来说，唐代经历并完成了由动物图案为主向以花鸟图案为主的转折，出现了大窠、小窠等团窠纹，龟甲、双距、仙纹、镜花、十花等几何纹，鹘衔瑞草、雁衔绶带、双孔雀、地黄交枝等折枝、缠枝的花鸟纹。黄河下游以联珠、几何等抽象纹饰为主，如山东的双距、仙纹、镜花等，而长江下游则以生动的折枝、缠枝花鸟等写实纹饰为主，二者形成强烈反差。①

（三）周村摩尼教碑成为丝路之源的最好见证

周村有块最古老的石碑，发现于周村北郊石庙村的石佛庙中。1998 年，经德国慕尼黑大学汉学专家廉亚明博士与周村学者一起考证，认为属于摩尼教碑，该碑现存周村文物管理所。碑高 910 毫米，宽 580 毫米，正面为浮雕造像，上部正中为一尊主佛造像，两侧有四尊胁侍像；下部刻有五个造型怪异的形象，据学者推断为摩尼教主要神祇五明子刻像。背面刻有"大唐贞观十年仲春朔日立"十一个大字。石佛庙又称观音堂，1991 年被拆毁。石碑即嵌在石佛庙西殿后墙之中，据《长山县志》记载，此殿重修于元大德四年（1300 年）（图 4 - 5）。

摩尼教由公元三世纪古代波斯萨珊王朝（224 ~ 651 年）的摩尼创立，融佛教、基督教和波斯琐罗亚斯德教（中国称祆教）于一体，崇尚光明，宣扬光明与黑暗的斗争，旨在建立一个世界性的宗教，所以，他极力向外传播自己的信仰，并且尽量以佛教的形象向东方传播，以至于自称为"摩尼光佛"。从现有的相关文献记载看，大约在公元六世纪，摩尼教沿丝绸之路传入中国西域地区，并在唐代之前，沿丝绸之路传入中原地区。由此推断，唐贞观十年，周村立有摩尼教碑是一件很正常的事情；碑上有石佛的雕像，这正是摩尼教的教义和传播方式之一。但遗憾的是，由于摩尼教的内容充满了斗争性，加之以佛教形象出现，所以，在唐武宗会昌年间（841 ~ 846 年）灭佛时遭到沉重打击。

---

① 姜颖：《山东丝绸史》，齐鲁书社，2013 年，第 176 ~ 177 页。

图 4 - 5　唐贞观摩尼教碑（图片源于《周村历史文化遗产》）

据日本和尚圆仁的《入唐求法巡礼行记》记载：会昌三年四月中旬，朝廷下令杀摩尼师，将剃发、穿着袈裟、成沙门形状的法师一律斩杀，从此，摩尼教由公开转入秘密活动。会昌法难是摩尼教碑嵌入石佛庙西殿墙壁中的主要原因，但也正是这一藏匿活动，使石碑得以保存，从而为周村是中外文化交流的重要节点、是丝绸之路上的一个重镇提供了确凿的证明。

会昌法难后，摩尼教吸收道教和民间信仰，并且因崇尚光明、反对黑暗而改名为明教，建立了明教寺。明教于明末演变为白莲教，如唐赛儿就是白莲教起义的女首领。为了躲避官府，明教寺在明代只好改为佛教明觉寺，从而得以保存下来。明教寺位于周村兰布市路北，与南面的绸市街相对。

如果说唐贞观十年仲春所造石碑还无法明确证实是摩尼教遗物，20 世纪 70 年代肃仪殿碑中出土的《肃仪殿序》里的记载，再次提供了有力证据。该碑建于康熙四十二年（1703 年），序文中写道："长山之有周村，相传以为古昼也。"将周村称为古代昼国，应该与摩尼教崇尚光明有关，认为周村是东方的光明之地。接着写道，"镇北头有明教寺，创始于唐，重修于元"，明教寺即会昌法难后由摩尼教寺所改建，位于千佛阁前；创始于唐，说明摩尼教受到打击后，立马改头换面，重新复兴；元代重修，当与元代的宗教政策宽松有很大关系。序文中接着谈到周边建筑：明末山西人李祥宇重修明教寺，并在西侧建关帝庙；后又有望轩丘善人修三义殿和天王殿。康熙年间，有当地的张善人在明教寺东北侧修复泰山行宫；然后有长山县廪膳生员李瑜声等人，在泰山行宫前又建一殿，殿内肃穆清静，殿外各处都能得到瞻拜，所以命名为肃仪殿。摩尼教碑和明教寺是西方商人通过丝绸之路到周村经商的确凿证明。

三　宋元时期山东的丝织业生产

宋元时期是我国封建社会的成熟时期，虽然南宋时期我国经济重心完全南移，但在全国丝织业生产大发展的背景下，山东丝织业得到进一步发展。山东丝织业的发展主要表现在，生产范围进一步扩大，各地丝织业生产相对均衡，丝织品牌更为丰富，向北宋政府缴纳大量丝织品，丝织品质量仍居全国前茅，同时出现了丝织业专业生产机户。元代向中央缴纳五户丝的户数和数量，山东最多；此外，出现了丝织生产工具的革新。（图4－6）1975年山东邹县李裕庵墓出土的刺绣衣物同样反映了当时山东丝织业发展的盛况。

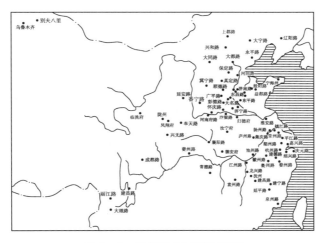

图4－6　元代蚕业区域分布图

（一）宋元时期山东丝织业发展情况

1. 宋代山东丝织业发展情况

（1）贡赋丝织品州数和品种增多

从贡赋情况看，山东各州的参与范围较唐代有所扩展，唐代不上贡丝织品的淄、密、沂、莱、登五州中，有两州加入进贡行列，其中密州贡绢、淄州贡绫。

有关宋代山东丝织品生产的情况，《宋史·地理志》、《太平寰宇记》、《元丰九域志》中都有记载。下面以图表的方式看一下当时各地丝织品生产情况：

表 4 – 12　宋代山东丝织品土产与贡赋情况统计表

州府	宋史（贡）	太平寰宇记（土产）	元丰九域志（土贡）
济南府（齐州）	绵、绢	绵、绢、丝、葛	绢 10 匹，绵 100 两
青州	仙纹绫	仙纹绫、丝、绵、绢	仙纹绫 30 匹
密州	绢	细布、絁布	绢 10 匹
潍州	综丝素絁	旧贡仙纹绫，今贡综丝素絁、绢、绵	仙纹绫 20 匹，综丝絁 20 匹
淄州	绫	絁绢、麻布、绢、绵	绫 10 匹
莱州	—	绵、绢、麻布	—
登州	—	纱布	—
袭庆府（兖州）	大花绫	镜花绫、绢、绵	花绫 10 匹
沂州	—	绢、绵	—
济州	—	绵	—
兴仁府（曹州）	绢	贡绢	绢 10 匹
徐州（辖滕县）	双丝绫、绸、绢	—	双丝绫、绸、绢各 10 匹
东平府（郓州）	绢	绵	绢 10 匹
单州	—	赋绸、绢	—
濮州	绢	绵、绢贡	绢 10 匹
大名府（辖临清、夏津等县）	花绸、绵绸、平绸	绢、丝、绵、绸	花绸、绵绸、平绸各 10 匹
沧州（辖无棣、乐陵县）	大绢	绵、绢、绫	绢 10 匹
博州	平绢	绵、绢、平绸	平绸 10 匹

续表

州府	宋史（贡）	太平寰宇记（土产）	元丰九域志（土贡）
恩州（贝州）	绢	丝布、、绢	—
棣州	绢	绢	绢、各 10 匹
德州	绢	绫、绵、绢	绢 20 匹
滨州	绢	绢	绢 20 匹

说明：1. 以上资料来源于《宋史·地理志》卷八五、八六；《太平寰宇记》卷十三、十四、十五、十八、十九、二十、二一、二三、二四、五四、五八、六四、六五；《元丰九域志》卷一之京东路、卷二之河北路。

2. 表中所列各地之丝织品，《宋史·地理志》为上贡情况，《太平寰宇记》为土产情况，有的地方也注为贡，有的地方也注为赋；《元丰九域志》所列为土贡情况。

3. 表中数字为神宗元丰三年（1080 年）各地的土贡数额记录。①

（2）文学作品所反映的丝织业盛况

许多文人雅士的作品也反映了当时山东蚕桑丝织业发展的盛况。

北宋中期，曾巩（1019～1083 年）曾任齐州知州，其作品中多次提到山东的蚕桑问题，如《凝香斋》中的"一尊风月身无事，千里耕桑岁有秋"，《北渚亭雨中》中的"耕桑千里正无事，况有樽酒聊开颜"，《到郡一年》中的"陇上雨余看麦秀，桑间日永问蚕眠"。苏轼（1037～1101 年）的《和蒋夔寄茶》诗称："自从舍舟入东武（属密州），沃野便到桑麻川。"两宋之交的庄绰（1126 年前后在世）的《鸡肋编》记载："河朔、山东养蚕之利，逾于稼穑。"河朔在古代泛指黄河以北地区，河朔、山东相当于宋代的河北与京东二路。京东西路单州的成武县，官府严禁冬天砍伐桑枝为薪，于是"一邑桑柘，春阴蔽野，人大受赐"。南宋末文天祥（1236～1283 年）被押解北上途中所作诗也反映了山东蚕桑业的当时情况，《新济州》"时时见桑树，青青杂阡陌"，《发东阿》"秋雨桑麻地，春风桃李天"，《发陵州》（陵州即今山东德州）"远树乱如点，桑麻郁苍烟"。曾巩和苏轼、庄绰、文天祥，他们分别是北宋中期和末期、南宋时期的代表，从他们的作品中可以看出，尽管历经安史之乱、唐末战争、北宋末年动乱以及金朝的统治，但山东依靠其深厚的根基、顽强的生命力，每次在战乱后都能迅速地恢复和发展经济，蚕桑丝绸业都能很快地重新展现出勃勃生机。

---

① 姜颖：《山东丝绸史》，齐鲁书社，2013 年，第 197～199 页。

从诸多文献中也可以看出山东仍然是宋代盛产丝织品的重要地区。如《宋史·地理志》记载，河北路，盖《禹贡》兖、冀、青三州之域，而冀、兖为多，"茧丝、织纴之所出"。开封府、京东路，得兖、豫、青、徐之域，"有盐铁丝石之饶。其俗重礼义，勤耕纴"。当时不只是有人为进行的蚕桑丝绸业，甚至还出现了自然造化之功。如《文献通考》记载，宋太祖开宝七年（974 年）正月，"齐州献野蚕茧二万枚"；宋哲宗元祐七年（1092 年）五月，"潍州北海县蚕自织如绢，成领带"。这些记载或许有些奇异或夸张，但更增添了山东蚕桑丝绸业兴盛的氛围。

正是在蚕桑业兴盛的大好局面下，山东出现了几乎是家家纺织、户户蚕桑的大好景象。据记载，当时的妇女皆须从事纺织事业，如果有不从事蚕织业的，便会遭到他人的责骂耻笑，如秦观（1049~1100 年）笔下的兖州就是如此，"予游济河之间，见蚕者豫事时作。一妇不蚕，比屋訾之。故知兖人可为蚕师"（《蚕书》）。[①]

(3) 丝织品牌增多

宋代山东的丝织品牌较唐代增多。一方面，北宋政府在全国设有包括青州在内的五大丝织品生产场院——西京、真定府、青州、益州、梓州，专门为皇室宫廷生产锦绮、鹿胎、透背等高级丝织品[②]；二是在唐代丝织品牌基础上，出现了许多新的丝织品牌，如淄州的绫和絁绢，沧州的绫和大绢，潍州的仙纹绫和综丝素絁等，各州府上贡朝廷的丝织品品种及数量比唐代也明显增多，还有，许多著名的丝织产品深受百姓喜爱，如契丹称河北东路为"绫绢州"。

北宋时，山东著名的丝织品品种比唐代明显增多，除青州场院进贡的锦绮、鹿胎、透背等高级丝织品外，各地都有自己的土产或者贡品，从表 6-1 中可以看出，第一，各地除保持原有的丝织品种，如青州的仙纹绫，兖州的镜花绫、双距绫，魏州的花紬、绵紬、平紬，徐州的双丝绫，以及各地的绢、绵外，不少州又出现了新的丝织品种，如淄州的绫和绢，沧州的绫和大绢，潍州的仙纹绫和综丝素，整体来说，宋代各州府的土产较唐代更为丰富多彩。第二，各州府上贡朝廷的丝织品品种及数量较唐代明显增多。如青州的仙纹绫从 10 匹增加到 30 匹，齐州

① 姜颖：《山东丝绸史》，齐鲁书社，2013 年，第 199~201 页。
② ［元］马端临：《文献通考》卷二十《市籴一》，中华书局，1986 年，第 195 页。

从贡丝葛 15 匹到贡绢 10 匹、绵 100 两，徐州从贡绢 20 匹到贡双丝绫、紬、绢各 10 匹，魏州从贡白绵紬、白平紬各 8 匹到大名府贡花紬、绵紬、平紬各 10 匹，棣州从原来贡绢 10 匹到贡绢、各 10 匹，密州从原来贡赀布 10 匹到贡绢 10 匹，淄州从原来无贡到贡绫 10 匹，沧州从原来无贡到贡绢 10 匹，新增加的潍州贡仙纹绫和综丝各 20 匹，滨州贡绢 20 匹。当然也有部分州府，如东平府、曹州、濮州，因需要贡绢从 20 匹减少到 10 匹，兖州的镜花绫、博州的平紬、德州的绢贡数不变。第三，各州的丝织品种，如青州的丝绵、隔织绢、仙纹绫，济南的绵绢，博州的平紬，潍州的综丝素、仙纹绫，棣州的绢，淄州的绫、绢，密州的，兖州的镜花绫，徐州（领滕县）的双丝绫，大名府（领临清、夏津等县）的花紬、绵紬、平紬，以及贡品中未提到的单州的薄缣，都是当时的名牌产品，或者上贡朝廷，或者运销河南、陕西、山西等地区，深受内外商人及少数民族喜爱。南来北往的商人都舍近求远，到河北与京东路交易丝织品。契丹人因"河北东路民富蚕桑"，称之为"绫绢州"。[①]

（4）丝织品质量最佳

山东丝织品质量明显高于其他地区，金军入侵时，只向朝廷索要河北、山东精绢犒赏军队，青、齐绢价明显高于其他地区。

河朔、青齐一带因丝织品的高档，也获得了"燕赵衣裳福"（《清异录·入事门》）的美誉，成为当时天下的九福之一。单州成武缣，据《鸡肋编》记载，"修广合于官度，而重才百铢，望之如雾。着故浣之，亦不纰疏"，按古制，24 铢为 1 两，16 两为 1 斤，百铢仅 4 两多一点而已。该织品尺寸与官府规定相同，但轻薄细密，望上去如云雾一般，且浣洗也不会出现纰疏，简直是当时丝织品中的极品，织作技术可谓炉火纯青，可以与织锦院的产品相媲美，只是不知为什么未列入宋代贡品名册之中。

宋代丝织品质量较唐、元时期的都要高。明代书画收藏家张应文在《论古纸绢素》中认为"唐绢粗而厚，宋绢细而薄，元绢与宋绢相似而稍不匀净"。北宋末金人入侵时，向宋廷索取一千万匹绢以犒赏军队，在朝廷从京师及京畿府库仅收集到几十万匹的情况下，只好忍痛"于内府选择北绢之奇绝者，方发行避戎"，以

---

① 姜颖：《山东丝绸史》，齐鲁书社，2013 年，第 201～202 页。

致内府元丰、大观库"河北积岁贡赋为之扫地，如浙绢悉以轻疏退回"。(《三朝北盟会编》) 蔡條的《铁围山丛谈》也记载了此事，金人"以敌犯顺时，元丰与内帑，自出河北、山东精绢一千万匹，他绢则勿取"。从两段资料中可以看出，第一，这里所说的北绢，当指北方所出之绢，与浙绢等南绢相对应，而非仅为河北路所出之绢。第二，北绢数量巨大，当时除其他府库所收集的几十万匹各地绢外，余下的皆出自内储所藏北绢，可见北绢深得朝廷青睐。第三，北绢质量精良，内府所藏之北绢多为奇绝者，其精良也让金人垂涎，当看到精良的北绢后，竟以轻疏为由将浙绢全部退回。从其他资料也可以看出，当时北绢质量明显高于南绢，北绢精密，南绢粗疏，如南宋赵希鹄在《洞天清禄集》中对南北绢质量曾做过如下评价："河北绢经纬一等，故无背面；江南绢则经粗而纬细，有背面。"其实，不仅南绢制作质量不如北绢，而且还常出现假冒伪劣产品，如疏薄短狭不合规制、使用涂粉入药等伎俩。太祖乾德五年(967年)十二月、太宗太平兴国九年(984年)十月、真宗大中祥符九年(1016年)都曾下诏，严加禁止，主张"吏察捕之，重置其罪"，"民敢违诏复织，募告者三分赏其一"。(《宋会要辑稿·食货·四帛》) 但屡禁不止。政府曾明确规定："自周显德中，令公私织造并须幅广二尺五分，民所输绢匹重十二两，疏薄短狭、涂粉入药者禁之；河北诸州军重十两，各长四十二尺。宋因其旧。"(《宋史·食货志》) 政府之所以规定民所输绢匹重十二两，而北绢可以十两，主要是因为南绢多出现涂粉入药现象，而北绢却是诚信精密的。

正由于南北绢质量不同，所以在人们心目中的地位不同，价钱也是不同的，《续资治通鉴长编》记载，真宗大中祥符九年，官府不惜以高价和买青、齐绢。当时青、齐间绢价八百文，绸价六百文，官府不仅拿出内藏钱二十万贯贷给京东、京西路预买，而且付给绢一千文、绸八百文的高价，结果导致绸绢之价日增，"后数岁遂皆倍于昔时"的局面；神宗元丰四年(1081年)"川绢二千一匹，河北、山东绢差贵三二百"。①

(5) 政府和买丝织品数量最大

北宋时期，因为政府对丝织品需求量非常大，所以，政府每年通过和买的方式，

---

① 姜颖：《山东丝绸史》，齐鲁书社，2013年，第202~203页。

从山东所在的京东东路（青州、密州、沂州、登州、莱州、潍州、淄州）、京东西路（济州、单州、定陶、滕县、阳谷等）、河北东路（博议处、棣州、德州、滨州等）收取大量丝织品，数量甚至占到政府全年和买量的一半以上。此外，每年各种节日时，山东也得向政府进奉丝织品，动辄数千万之巨。

按北宋例制，大凡租税有谷、帛、金铁、物产四类。"布帛丝绵之品十：一曰罗，二曰绫，三曰绢，四曰纱，五曰绝，六曰䌷，七曰杂折，八曰丝线，九曰绵，十曰布葛。"（《文献通考·田赋四》）在纺织品中，除去杂折和布葛，其余八种皆为丝织品，可见，宋代丝织业仍是纺织业中的主力军。北宋政府对丝织品的需求量是非常大的，除供皇室宫廷大量的消费需求外，每年还要向辽、西夏进贡，支付军旅所需，购买战马等。因此，宋代的税收沉重。宋代沿用唐代的两税制，对农民征收夏、秋两税。夏税以丝绸、丝绵、布匹为主，秋税以粮食为主。此外，男子从二十岁到六十岁还要交身丁税，北宋时每丁交税绢一丈、绵一两。除常规的税收外，宋政府还采取了"和买"制度，每年以"和买"的方式从山东额外搜刮大量的丝织品，即所谓的"宋朝如旧制，调绢、䌷、布、丝、绵以供军需，又就所产折科、和市"（《文献通考·市籴一》）。这里所说的"和市"即"和买"，也称"预买"或"和预买"。和买就是官府在春荒之季贷款给百姓作本钱，以从事蚕桑丝绸业生产，百姓日后以丝织品偿还。其实早在春秋时期管仲所实行的"春赋以敛缯帛，夏贷以收秋实"（《管子·国蓄》）可以看作是和买制度的源头，真正意义上的和预买开始于北宋，从文献记载分析，具体始于太宗和真宗年间。据《宋史·食货志》记载，宋太宗太平兴国年间，三司判官马元方主张，"方春乏绝时，预给库钱贷民，至夏秋令输绢于官"。真宗大中祥符三年（1010 年），河北转运使李士衡又建议，"本路岁给诸军帛七十万，民间罕有缯钱，常预假于豪民，出倍称之息，至期则输赋之外，先偿逋欠，以是工机之利愈薄。请预给帛钱，俾及时输送，则民获利而官亦足用"，从此开始了和买。和买起初取息不高，官民自愿，官得利，民受益，有利于生产的可持续发展，渐渐地，和买出现了不少问题。一是利息很高，"重于常平数倍"；二是各地官府逐渐地以不同方式减克和买本钱，物重而价轻；三是和买逐渐变成一种定额摊派；四是存在"令民折输钱"，即按市价或官家规定价格缴纳实物税的现象，和买变相地成为低价购买，最终成为百姓的负担。和买的范围是非常广泛的，据《文献通考》记载，河北路与京东路始终是宋代政府和买的主要地区，政府每年从大名府、贝、沧、德、博、棣等州和市小绫，又从青、齐、郓、濮、淄、潍、沂、密、登、莱等州市平䌷。和买的数目是巨大的，据《宋史·食货志》记载，真宗时，河北每年需给"诸军帛七十万"。神宗初年，京东转运司曾贷给百姓三十万二千二百贯，令次年随夏税输绢，每匹千钱；元丰三年（1080年），京东转运司又增预买三十万。哲宗时，京东、河北转运司每年和买二百万匹两，因为灾民流徙未返，所以提点京东刑狱程堂上奏罢除例外增买。徽宗大观初年，因大观库物帛不足，尚书省令京东等七路和买罗、绫、纱一千至三万匹不等，第二年，又令京东等三路和买绢帛五万及三万匹，并输入大观库。此外，仁宗时，大臣梁适曾奏减"京东预买䌷百三十万"（《宋史·梁适传》）。由上可见，宋代官府从京东、河北路和买的有小绫、平䌷、帛、绸、绢、罗、绫、纱等，而主要的是䌷和绢；和买数额是巨大的，动辄数万、数十万甚至上百万，因此，可以得出这样的结论，宋代政府每年从河北、京东路和买的丝织品不少于二百万匹。汪圣铎先生曾估计，北宋政府每年的和预买额度最高达四五百万匹，一般约在三百万匹上下（汪圣铎：《两宋财政史》，上册，中华书局，1995年，第340页）。如果该数确实，那河北、京东每年预买丝织品占全国总量的一半以上，可谓巨大，这成为河北、京东两路北宋时仍为全国丝织品重要产区的又一例证。

《文献通考》和《宋会要辑稿》等文献中对于宋代山东所进奉的丝织品数量也有较为详细的记载。据《文献通考》记载，神宗元年（1068年）同天节时，京东路进奉绢7300匹；南郊祭天帝时，京东路进奉绢13000匹，京西路进奉绢15500匹。《宋会要辑稿》记载了从北宋太祖乾德五年（967年）到南宋孝宗乾道八年（1172年）间贡税收入绫、绢、绸、丝绵、罗、绵绮、鹿胎、透背、杂色匹帛等的一些重要数据。其中京东路所缴纳丝织品的数量及占全国同类税收总额的比例情况是：第一，赋税缴纳。绫4032匹，约占总额的28.21%；绢490429匹，约占总额的16.7%；绸54827匹，约占总额的13.19%；布49837匹，约占总额的10.22%；丝绵504431两，约占总额的5.5%。第二，在每年政府总收入中所占比例。锦绮、鹿胎透背250匹，约占总额的2.6%；绫5915匹，约占总额的4.01%；绸190672匹，约占总额的8.3%；布196525匹，约占总额的6.2%；丝绵745031匹，约占总额的5.37%。第三，上贡丝织品数。绵绮、鹿胎、透背250匹，占总额的24.75%；绢69566匹，占总额的24.19%；绫11452匹，占总额的25.5%；

绸 77596 匹，占总额的 16.55%；丝绵 121112 两，占总额的 5.12%；布 78526 匹，占总额的 14.13%。在此只列举了京东东、西路的情况，如果再加上河北东路中涉及山东的几个州县，如博州、棣州、德州、滨州，大名府所辖的馆陶、临清、夏津、清平、冠氏，开德府所辖的观城、朝城，沧州所辖的无棣、乐陵，恩州所辖的武城、历亭等县的情况，数字会更大，但由于不好做单独统计，故在此不予考虑。仅从京东路缴纳贡赋的数字就可以看出，在北宋时期，山东无论哪一种丝织品在全国都占有一定的比重，特别是绫、绢、绸和特色丝织品，但在全国丝织品生产中所占数值的比重，与之前占中心地位时期相比，已经大为降低，这说明宋代山东仍是全国重要的丝织品产地，但在全国丝织品生产中所占地位已相对下降。[①]

（6）机房出现的早，并且是具有相当数量

北宋时在山东丝织品生产行业出现了一种新的生产关系——机户。

　　宋代山东丝绸业生产主要表现为以下几种形式，一是官营丝织作坊。比如政府在青州设的丝织场院，这是一种高层次的纺织生产，面对的主要是宫廷皇室。二是传统的家庭纺织手工业。这是与农业相结合的一种生产方式，主要目的是为了缴纳赋税。不过，对于不同类型的家庭来说，生产结果又不相同。比如，对于无地的佃农来说，生产的成果主要是弥补家用，勉强从事简单再生产；对于半自耕农来说，主要是以家庭纺织成果缴纳赋税；而对于自耕农来说，生产具有相对的自由性，在有的家庭中，纺织生产占重要地位，甚至是支配地位。五代王仁裕《玉堂闲话》卷五中所记载的兖州贺氏女，丈夫常年在外做生意，但"不闻一钱济其母、给其妻"，家中生计全靠贺织女替人纺织，挣取佣资，即"佣织以资之，所得佣直，尽归其姑。己则寒不营衣，饥不饱食"（《厚德录》）。此处的贺织女，就是以加工来料为生、专门从事纺织生产的手工业机户了，而为她提供原料的，应当就是当时专业的纺织机户，二者之间形成一种早期的雇佣关系。三是官僚、地主、寺院的纺织手工业。有些武官倚仗手中权力，支使手下士兵中的匠人为其纺织；有些文官则在家中设置织机，雇人纺织。如神宗熙宁年间，京东、河北路提举盐税王伯瑜常利用职务之便，"贩京东、河北帛入京师，复以京师帛贾滨、棣

---

① 姜颖：《山东丝绸史》，齐鲁书社，2013 年，第 203～206 页。

间，往往与本部公人、秤子交市。家有数机，更自织造"（《资治通鉴长编》），该官不仅贩卖丝帛以牟利，而且家设织机数部，自行织造；淄州淄川县人王复，家饶于财，不乐私蓄，曾率乡里贵豪，郊祭之时，各输银绢十万以助赏赍，郡国效之。如果这些乡里贵豪，不自行组织纺织生产，何来如此多的丝织品？四是机户，即一种专业的纺织手工业生产形式，是纺织手工业生产发展到一定程度的表现，这种生产更多地表现出市场经济的特征。

机户起初可能出自家庭，即由家庭成员构成家庭作坊，专门从事纺织业生产，所生产的产品也不再只是满足家庭需要，除被官府收购外，大部分投放到市场。随着发展，有的机户吸收了非家庭成员，变成非家庭作坊，从而大大提高了生产能力和生产规模，为后来的手工工场的出现奠定了基础。据漆侠先生研究，机户的出现有以下几种途径，一是土地日益减少的自耕农，纺织手工业的收入在这类家庭中所占比重日益增大，以至成为专业的纺织机户；二是专门以从事蚕丝业为生的农户，大多发展为机户；三是有些城镇居民走上纺织作坊生产的道路。宋代的机户已经很多，当在十万户上下，占全国总户数的 0.5% ~ 0.7%（漆侠：《宋代经济史》，下册，上海人民出版社，1988 年，第 644 页）。作为传统的纺织业生产基地，山东机户出现的很早，并且具有相当的数量。《文献通考·市籴一》记载："旧济州有机户十四，岁受直织绫，开宝三年，诏廪给者送阙下，余罢之。"这是宋代关于机户的最早记载，它说明在太祖开宝三年（970 年）之前，济州已有十四家机户，并且已具有相当规模，故引起朝廷的重视。这里提到的旧济州，表明机户早已出现，早到什么时候呢？前述贺织女既然出现在五代时期王仁裕《玉堂闲话》中，这就说明早在五代时期即有机户出现，故《文献通考》中有"旧济州"之说。其他文献也出现有关山东机户的记载，如《续资治通鉴长编》记载，宋哲宗元祐五年（1090 年）十月戊戌查得，青州知州、资政殿学士王安礼，"在任买丝，勒机户织造花隔织等匹物，妄作名目，差役兵般担，偷谩一路商税，上京货卖，赢掠厚利，不止一次"，回程则"买首饰绫里售用家事"。这是一条官员借用织权之便勒索机户，进行织造，差役士兵，到京师出售产品，以满足家庭奢侈生活需要的记载。《宋会要辑稿·刑法二》中，宋徽宗崇宁五年（1106 年）提到河北、京东机户，宣和六年（1124 年）提到诸州机户。这些机户或者完成从纺纱到织帛的全套工序，或者只接受来料加工，进行纺织生产，前面的贺织女就是只接受来料加工、进行纺织生产的代表。机户的出现，反映了宋代山东丝织业发展水平的提高。①

2. 金代山东丝织业发展情况

金朝山东成为正式行政区划名称。金太宗天会五年（1127）改京东路为山东路，金完颜亮正隆年间（1156～1161年）置山东路统军司，金世宗大定八年（1168）复置山东东、西路统军司。如同其他少数民族入主中原一样，女真族先是对农桑生产造成破坏，但他们很快便意识到农桑生产的重要性，并采取相应政策给予了恢复。结果，金朝时期，山东的桑树种植和丝织业同样得到发展。据《金史·昂传》记载，金熙宗天眷二年（1139年）桑柘正茂之时，宋将岳飞率十万大军进攻东平，而金将昂只有守兵五千，在兵力悬殊的情况下，昂使用疑兵之计，在桑柘之林中广布旗帜，岳军以为士兵，不敢轻动，只得相持数日而退。据元代王祯《农书·桑椹》记载，金末发生大饥荒时，恰巧桑椹已熟，"民皆食椹，获活者不可胜计。"在南北方贸易中，山东的丝织品成为南方人喜爱的主要物品。

由于山东多丝织品，且受南方欢迎，所以丝织品成为山东与南方贸易的主要物品。据金章宗泰和六年（1206年）十一月尚书省奏，山东、河南、河北等产丝地区的"商旅多以丝绢易茶，岁费不下百万"（《金史·食货志》）。另据《金史·地理志》载，金代各地土贡产品中，久负盛名的山东丝、锦、绫、绢等丝织品仍占有相当大比例，山东西路东平府所产丝、锦、绫、绢、绵，以及夏津、临清、冠氏、朝城等县所产绸、绐、绢等皆闻名远近。丝绸衣物也被一般家庭所拥有，尤其是"富家尽服纨绮"（《金史·食货志》）。②

3. 元代山东丝织品生产情况

（1）政府在山东恩州设立

元代山东丝织品生产区域较前又有所扩大，并且政府在山东恩州设有织染局。

山东设立的官营纺织手工业生产机构有恩州织染局、恩州东昌局等，专门负责朝廷、官府所用名贵丝织品的织造与染色。与以往相比，山东的生产规模、生产区域都有所扩大，生产质量和品种都有所提高和增加。此时官营丝织品种众多，

---

① 姜颖：《山东丝绸史》，齐鲁书社，2013 年，第 206～208 页。
② 姜颖：《山东丝绸史》，齐鲁书社，2013 年，第 200～210 页。

各种规格有 10 余种，主要包括丝、绵、绫、绢、罗、绮、绸等。丝织品产地主要分布在济南、益都、泰安、东平、德州、济宁、濮州、宁海、高唐、滨州、潍县等地。

从一些文献记载中可以看出，元代山东丝绸业发展出现了以下几种情况：第一，山东的桑树种植迅速得到恢复，出现了定陶由蚕桑久废变成桑林极目，长清、禹城、馆陶和观城皆桑树郁然成林，滨州新桑遍野，"田野桑麻一倍增，昔无粗麻今纾缯"的局面（［元］赵孟頫：《松雪斋文集》卷八，台北学生书局，1970 年，第 330～331 页）。这些局面的出现与元政府的重视及各地官员们的努力有很大关系。第二，各地丝织业发展兴盛。据《马可波罗行纪》记载，强格里城（即临清）"有丝及香料不少，并有其他物产及贵重货品甚多"；向南的中定府（一说为济南府，一说为东平府）"有商人无数，经营大规模之商业，产丝之饶竟至不可思议"。该城"所辖巨富城市十有一所，商业茂盛，产丝过度而获利甚巨"。再向南的新州马头（即济宁），"船舶之众，未闻未见者，绝不信其有之，此种船舶运载货物往契丹、蛮子之地，运载之多，竟至不可思议，及其归也，载货而来，由是此二河流来往货物之众可以惊人"。在马可·波罗的笔下，山东西部沿运河一线，形成一个以济南为中心的丝织网络，西北的临清，西南的东平、济宁，皆丝织业发达，商业茂盛。其实，济南西北的高唐也是丝织业发达地区。高唐在宋金时期属博州，元代专设高唐州，隶属中书省，今属山东省聊城市。该州丝绸在元代久负盛名，据元末明初朝鲜所用的汉语课本《老乞大》记载，高丽商人多在每年五月赴高唐购买绫、绵、绢，然后从直沽经由海路，十月贩运至高丽都城王京（今开城）贸易。元代阎复《遗山先生挽诗》中的"野史夜寒虫蠹简，《锦机》春暖凤停梭"，王结诗中的"投闲颇衰懒，旧业亦已荒。幸闻民俗醇，讼简勤耕桑"，以及著名农学家王祯的"非丝非管声咿轧，村南村北响相答"，正是当时农村家庭纺织手工业发达的真实写照。①

（2）缴纳丝户数及数量居全国之最

元代山东缴纳给官府的五户丝的户数及数量，皆占全国一半左右或一半以上。

元世祖忽必烈即位后规定，每二户出丝二斤输于官府，每五户出丝二斤先输

---

① 姜颖：《山东丝绸史》，齐鲁书社，2013 年，第 210～211 页。

于官，然后由本投下差人领取。如果按一斤十六两计算，每户每年需缴纳丝料一斤六两四钱，这是个不小的数目。虽然历代帝王对其宗族姻亲都有封赐，但元代的封赐是空前的。《元史·食货志·岁赐》中记载了元仁宗延祐六年（1319 年）对诸王、后妃、公主及勋臣们进行封赐的情况，其中涉及原封赐的五户丝户数、仁宗延祐六年实有户数、仁宗延祐六年实纳丝数（斤），通过这些数字，可以看一下山东的五户丝数，以及它在全国五户丝数中所占比例。具体情况见下表：

表 4-13　元代山东五户丝户数及岁纳丝数统计表

路、州	五户丝原户数	仁宗延祐六年实有户数	仁宗延祐六年实纳丝数（斤）
益都路	63460	28624	11518
济南路	60400	22028	9745
东平路	99884	29140	8224
般阳路	24493	7954	3656
济宁路	30035	6530	2223
德州	20153	7146	3009
泰安州	20007	5971	2425
高唐州	20000	6729	2399
濮州	30000	5968	1836
宁海州	10000	4532	1812
恩州	11603	2420	1359
曹州	10034	1962	748
河间路（齐东、宁津、青城、临邑）	7148	2998	1311
总计	407217	132002	50265
全国总数	934994	243240	97145
山东所占比例	43.55%	54.26%	51.74%

上表所列为元政府在山东 5 路 7 州，以及河间府中涉及山东并且有明确数字记载的几个县，如齐东、宁津、青城、临邑征收五户丝的具体数字。从表中可以看出，第一，元政府征收五户丝的范围相当广泛，如果再加上大名府中涉及山东的几个县，几乎包括山东全境。第二，从数量上看，山东是元政府缴纳五户丝最重要的区域。据统计，全国原有五户丝总户数约为 934994，而山东有 407217 户，约占全国五户丝总户数的 43.55%；仁宗延祐六年全国实有五户丝总户数为243240，而山东为 132002 户，约占全国实有五户丝户数的 54.26%；仁宗延祐六

年全国实纳丝总数为 97145 斤，而山东为 50265 斤，约占全国实际缴纳五户丝总数的 51.74%。可见，山东缴纳五户丝的户数，无论原户数还是实有户数，都占全国的一半左右，缴纳五户丝的数量，也占全国总数的一半以上。如果再加上大名府中涉及山东的部分，这一数字还会增大。因此说，元代山东五户丝的征收范围和数量在全国所占的比例是最大的。①

(3) 山东邹县李裕庵墓的发言人发现

山东邹县李裕庵墓反映了元代山东丝织品面料、技艺、织法、花纹图案及刺绣特点。

李裕庵墓是元末顺帝至正十年（1350 年）的墓葬，李氏是邹县的名门望族，自元、明至清末有显传者二十一代，所以该墓很有代表性。仅该墓所出土的丝织品，就足以反映出元代山东丝织品的面料、技艺、织法、花纹图案和刺绣特点。

该墓出土有丝、棉、麻等 55 件纺织品，经故宫博物院织绣组鉴定，大部分是丝织品，其中有绸、罗、缎、丝绵等，缎是迄今为止出土最早的实物之一。这次出土的衣物，从鞋、帽、靴、袜，到袍、衫、裙、裤等，品种齐全。墓中葬有男女二尸，通身所着几乎皆丝织服饰。墓棺中还有 11 件填塞衣物，除 1 件棉布交领长袖单袍和 1 双高筒牛皮靴外，其余 9 件皆为丝绸制品。这些织物，光泽匀称，抗叠，耐扯，弹性良好，足以说明元代山东丝织技术水平之精湛。

男尸头戴深褐色素绸夹风帽。上身穿六层长袍，自外而内分别是：梅鹊方补菱纹绸短袖男夹袍，袍里深绛色素绸，胸前和背后各织有一幅"喜鹊闹梅"图案；深绛色、盘龙回纹暗花绸窄袖夹袍，袍里素绸；素绸短袖丝绵袍；素绸长袖丝绵袍；粗素绸长袖丝绵袍；素白棉布短袖夹袍，但袍里为绛色素绸。下身穿一件素绸开裆丝绵裤，外面围一件类似短裙的素绸绵裳。脚穿一双菱纹暗花绸纳帮鞋，另外在足部左侧放了式样相同的素绸纳帮鞋两双。

女骨架头戴一顶杂宝云纹缎夹帽，帽内衬一块深绛色绸女冠帻。上衣有五层，自外而内分别是：杂宝云纹绸交领长袖夹袍，袖口有刺绣镶边；莲花双鱼纹罗通领对襟短袖女夹袄；粗素绸通领对襟短袖丝绵袄；素绸通领对襟长袖夹袄，袖口和通领用暗花罗镶边；素绸通领对襟短袖丝绵袄。下身外着三层裙，内着两条裤子。自外而内分别是：荷花鸳鸯纹绸平展夹裙，裙外系一条菱纹暗花绸做的刺绣

---

① 姜颖：《山东丝绸史》，齐鲁书社，2013 年，第 211~213 页。

裙带；方棋小朵花罗平展单裙；素绸丝绵裙，裙外也系一条用罗和绸两种不同质地的料子缝合的刺绣裙带；素绸开裆丝绵裤；素绸单套裤。足着一双素绸袜，外穿一双花绸地绣花鞋。

棺内九件丝织填塞衣物依次为：斜纹绸交领长袖丝绵袍，缠枝莲纹绸交领长袖夹袍，两件素绸通领对襟长袖丝绵袄，杂宝云纹绸丝绵被，素绸丝绵被，菱纹绸纳帮鞋，素绸纳图帮鞋，素绸地绣花鞋。

墓中丝织品做工精美，构思巧妙，不仅有各式各样的花纹，如喜鹊闹梅、盘龙回纹、菱纹、斜纹、莲花双鱼纹、荷花鸳鸯纹、缠枝莲纹、杂宝云纹、方棋纹等，而且还出现了工艺之杰作，如男尸上身第二层袍的襟前放了一幅绛色绸方巾，长 65 厘米，宽 50 厘米，左右两边织成卷草纹图案，上下两端织成三行大小不同、相互交叉的方块纹。上部正中织一老翁（寿星），身穿曳地长袍，右手托一盘，盘内置灵芝，盘下系彩带。左侧有一只仰视的小鹿，左上角织"寿山福海"四字。右侧像一只仙鹤，昂首展翅，右上角织"金玉满堂"四字。方巾下部织有 6 行 42 字。整幅作品构图精巧，图案及文字同时织成，异常精美，堪称丝织佳品。再如喜鹊闹梅图案，一株枝干弯曲的梅树，梅花盛开，上下共有两对喜鹊栖在树上，有趣的是，整幅图案分织在两块绸料上，似乎专为做袍服而织，缝制袍服时需要精确，才能成为一幅完整图案（图 4-7）（山东邹县文物保管所：《邹县元代李裕庵墓清理简报》，《文物》1978 年第 4 期）。

此外，据朱新予先生分析，李裕庵墓出土的女帽，上织杂宝云纹图案，地组织是经五枚，花组织为纬五枚，整件织物织制精密，纹样繁杂却十分清晰，这说明元代山东的织缎技术已达到相当高的水平。当时文武百

图 4-7　裙带刺绣

官公服均用罗织物制成，贵族的帐幕大多亦用罗，所以罗的织作技术水平也很高。时至元代，宋朝十分流行的三经绞罗很少发现，但传统的四经绞罗还占有一定的地位，为出土实物所常见；早就出现、但在元朝以前的绞纱织物中始终不占重要地位的二经绞组织，到元朝却大量盛行。二经绞是在一个位置上有两根经丝和一根纬丝重叠，因此整个织物呈现绞效应。李裕庵墓中出土的鱼莲纹罗女夹袄，就以这种二梭罗作地，平纹起花，显现绞地平花的效应（朱新予：《中国丝绸史（通论）》，纺织工业出版社，1992 年，第 256~257 页）。墓中出土刺绣品具有典型的鲁绣特征：一是采用较粗的、不劈破的双股捻丝衣线绣成，带有明显的豪放、朴实、健美特色；二是采用接针、平针、套针和打籽等针法，以及辫绣、平绣、网绣、打籽绣等灵活多样的绣法，以增加刺绣内容的丰富性和层次感，如在 23 厘米长、5 厘米宽的狭窄裙带上，能绣出三个层次的画面。上部绣三块骨朵云、两只对首飞翔的凤鸟，接针绣出枝干扭曲的松树，套针绣出玲珑的假山。山左一着长袍的老人拄杖凝视，山右一株灵芝草，山下再以双丝线接针绣出地面。中部绣一身着短装、头扎双髻，在小路上行走的小童，前有一座假山，山上有一鹤一鹿。下部为近水景色，水中有杂草、荷花和一只水鸟，水面另有一只水鸟飞翔。三是针线细密，整齐匀称，特别是在仅有 1 厘米左右的人物上附加几根丝线，使人物面部眉、眼、口、鼻和袍服束带、交领及手杖等图纹，更加清晰逼真，难度之大，可想而知。这种绣法反映出当时绣工的熟练技巧和刺绣工艺水平（图 4-8）（王轩：《谈李裕庵墓中的几件刺绣衣物》，《文物》1978 年第 4 期）。①

图 4-8　裙带刺绣（上部）

① 姜颖：《山东丝绸史》，齐鲁书社，2013 年，第 213~216 页。

（二）宋元时期山东丝织业生产技术

宋元时期是我国丝织业生产技术的归纳与总结时期，出现了许多相关的研究成果，如宋代秦观的《蚕书》，元代政府编写的《农桑辑要》、王祯的《农书》，以及鲁明善的《农桑衣食撮要》、苗好谦的《栽桑图说》等。《蚕书》向南方推介了北方养蚕经验，提出了兖人可为蚕师之说；《农书》是继《齐民要术》之后最完备的一部农业百科全书，它从全国范围内对农桑生产进行了系统的研究；《农桑辑要》是现存最早的官修农书，其中引用了《氾胜之书》《齐民要术》《四时类要》《务本新书》《士农必用》《韩氏直说》《农桑要旨》《种莳直说》《博闻录》等大量农书资料，对元代北方的蚕桑业进行了技术指导和政令督促；《农桑衣食撮要》则以月令体裁总结和推广了包括北方在内的农桑生产。这些典籍成为研究宋元山东农桑生产的重要参考资料。

1. 种桑

对于荆桑和鲁桑的特点有了更深刻的认识，并且对于耕地与气候、时间的关系，以及嫁接、修莳、桑叶采摘等方面，都有了全新的认识。

耕地方面，一是将耕地与耙耧结合，二是顺天应时，最好是"秋耕宜早，春耕宜迟，此所谓顺天之时也"（《韩氏直说》），以及"北方农俗所传，春宜早晚耕，夏宜兼夜耕，秋宜日高耕，中原地皆平旷，旱田陆地一犁必用两牛三牛或四牛，以一人执之。"（（《农书》）

桑树的种植方法，较之汉代《氾胜之书》中的种椹法以及北朝《齐民要术》中的压条法，又增加了嫁接法。如《农桑辑要》中提到了插接、劈接、靥接和搭接四种嫁接方法，《农书》中则提出了身接、根接、皮接、枝接、靥接、搭接等六种方法。在具体的嫁接技术上也有不少经验。此外，在种椹方面也出现了烧茬法。

　　嫁接是桑树种植的一种新方法，有关这种方法的最早记载见于宋代温革《分门琐碎录》中的"种桑法"："榖树上接桑，其桑肥大。桑上接梨，脆美而甘。撒子种桑，不若压条而分根茎。"其中提到了榖树上接桑和桑树上接梨的嫁接种植法，这说明桑树的种植方法到宋元时期有了新的突破。汉代《氾胜之书》中只记载了种椹法，北朝的《齐民要术》在种椹法之外，又提出了压条法，并且指出，种椹法长得慢，压条法长得快。唐末五代初韩鄂的《四时纂要》中所提到的仍然是种椹法与压条法。因此，宋元时期出现的桑树嫁接技术是我国蚕桑业的一大进步。目前我国有关桑树嫁接技术最早的最完整的记载，即见于《农桑辑要》和《农书》中。《农桑辑要》中提到了插接、劈接、靥接和搭接四种嫁接方法，《农书》中则提出了身接、根接、皮接、枝接、靥接、搭接等六种方法，其实身接和根接、皮接和枝接实为同一种嫁接方法，只是嫁接部位不同而已。

接桑是桑树种植的优良方法，《农书》中说"桑果以接博为妙，一年后便可获利"，对于荆桑与鲁桑二者的嫁接，《农书》中说：荆桑可以接鲁桑。凡嫁接的枝条，最好选择宿条向阳者，气壮而易茂；根株各从其类。嫁接时间最好以春分前后十日为宜，或取其条衬青为期，总之必须在暖和时候进行，以取阳和之气。"一经接博，二气交通，以恶为美，以彼易此，其利有不可胜言者。"但是，接桑是一种新技术，要求很高，不易操作，如《士农必用》中说："接换之妙，惟在时之和融，手之审密，封系之固，拥包之厚，使不至疏浅而寒凝也。"所以宋元时期山东种桑仍以种椹和压条法为主。在种椹法中，除《齐民要术》、《氾胜之书》中的淘洗黑鲁椹子，阴干畦种，与黍同种外，《农桑辑要》卷三中又总结出以下几条经验：第一，种子宜新不宜陈，新椹种之为上，隔年春种，多不生。第二，荫畦，即为新桑蔽日之法，以搭棚为上，苘麻次之，黍苗又次之。第三，种椹时，土不得厚，厚即不生。第四，间距稀疏调适，桑芽之间相距五七寸。此外，也详细谈了浇水、施肥、火烧等方法。比如说，桑芽出后，频浇，过伏可长至三尺；至十月内，附地割了，撒乱草，放火烧；之后用粪草盖住，来春耙耧去粪草，再用水浇而生长。这比秦汉时期《氾胜之书》记载的种桑法详细和科学多了，不仅提到了施肥与浇水的具体方法，而且在烧茬法上取得了极大进展，此时人们已经意识到火势与损根的关系问题，《士农必用》中明确提到："火不可大，恐损根。"[①]

当时出现了多种治理桑虫的办法，还总结出了间种绿豆、黑豆、芝麻、瓜、芋、黍等则桑郁茂、第二年叶增二三分，但种蜀黍（即高粱）则会导致桑叶减产等经验。在防备霜灾方面，提到以温而不猛的粪草烟熏、"顺风以解霜冻"的方法，尽管到清代人们发现顺风对桑叶不利，但总结出烟熏法，也是当时的一大进步。

《农桑辑要·科研》中特别提到了四种需科之枝条，如向下垂的沥水条、向里长的刺身条、相并长的骈指条和稠冗的冗脞条。《农书·蚕桑门》中提到，用斧时必须转腕

---

① 姜颖：《山东丝绸史》，齐鲁书社，2013年，第219~220、220页。

回刃向上斫，这样不仅枝查顺，而且津脉不出，叶必定会再次茂盛。所以农语上流行这样一句话："锄头自有三寸泽，斧头自有一倍叶"。

2. 养蚕

《农桑辑要·养蚕》中，不仅对于蚕的品性、蚕种、蚕的生长过程、蚕的饲养方法、蚕具等有详细的介绍，而且总结出了十体、三光、八宜、三稀、五广、杂忌等养蚕经验。

　　《士农必用》中说："蚕之性，子在连则宜极寒，成蚁则宜极暖，停眠起宜温，大眠后宜凉，临老宜渐暖，入簇则宜极暖。"这里详细总结了蚕一生中不同发展阶段与温度的关系。

　　按王祯《农书》记载，当时北蚕多为三眠，南蚕俱是四眠。那当时山东该是三眠四龄蚕，除收种、浴连外，包括生蚁和三眠过程。

　　养蚕的第一步是选种。关于蚕种问题，古代"奉种浴于川"，主要是浴卵，通过浴种实行消毒，剔除不健康的卵。《齐民要术》发展为选茧，即"收取茧种，必取居簇中者"，因为近上的则丝薄，近地的则子不生。从《农桑辑要·收种》中的记载看，金元之间，在选茧的基础上，直接发展为选蛾和选卵。如《务本新书》说，养蚕之法，茧种为先。"开簇时须择近上向阳，或在苫草上者，此乃强梁好茧"。置于通风凉房内净箔上，待蛾生出，去除第一日出的"苗蛾"和最后一日出的"末蛾"，再择去各种病蛾，只留完全肥好者，匀稀布于连上，置于高明阴凉处，待母蛾生子后，将环成堆的蛾与子去掉，余下的再养三五日以待气足。①

浴连时间在卵生后第十八日、三伏内、冬至日、腊八日、元日五更等；冬天将蚕连置于屋外，称"天浴"；浴连最好用长流水，其次是井花水。

当时总结出通过蚕的颜色变化了解蚕的生长过程，以及控制蚕卵孵化进度的办法。

　　宋元时期，对于蚕的变化过程有了更为细致的观察和记载，就蚕的孵化来说，《农桑辑要》中提出以下几点：第一，清明和谷雨时节，准备蚕卵的孵化，其过程可以通过颜色变化来判断。《农桑要旨》云："清明后，种初变红和肥满；再变尖圆微低，如春柳色；再变蚁周盘其中，如远山色：此必收之种也。"即蚕卵依次变

---

①　姜颖：《山东丝绸史》，齐鲁书社，2013 年，第 223 页。

为红色、绿色、青色，当变成如同远山的灰色时，不日将出蚕。第二，人们完全可以控制蚕卵的孵化。《士农必用》说："蚕子变色，惟在迟速由己，不致损伤自变。"变化的迟与速要看桑叶的生长情况而定，正常情况下，蚕卵一般十或十一天就可以转青孵化，但如果气候出现突然变化，桑芽早发或迟发，就得人为提前或延迟蚕的发育孵化时间，主要办法是利用温度进行调节，比如用蚕连紧卷密封瓮中的办法，以延迟其孵化时间；或用棉、被多层裹覆蚕连加温的办法，加速其孵化过程。第三，"蚁生在巳、午时之前，过午时便不生"，这是关于蚕卵孵化时间规律的最早记载。

养蚕讲三齐，即子齐、蚁齐、蚕齐。宋元时期也有了很好的令蚕蚁出齐方法。[1]

3. 缫丝

宋代出现了更为科学的笼蒸式储茧法；在手摇缫车更为完善的基础上，出现了脚踏式缫车，北方使用的是火缫法，缫车车架低，机件更完整，所缫之丝粗但效率高；南方所用为冷缫法，所缫之丝光洁纤细，但效率低，当时末得推广。当时出现了自然带绪接头法以解决缫丝过程中的断绪问题。

在唐代盐浥基础上，宋元时期出现了笼蒸法，《韩氏直说》记载："用笼三扇，用软草扎一圈，加于釜口，以笼两扇坐于上。其笼不以大小。笼内匀铺茧厚三四指许。频于茧上以手背试之，如手不禁热，可取去底扇，却续添一扇在上。亦不要蒸得过了，过了则软了丝头；亦不要蒸得不及，不及则蛾必钻了。如手背不禁热，恰得合宜。"

宋代手摇缫车得到完善，《蚕经》对手摇缫车的形制做了详细的描述，并且说车型"得之兖人"。

宋代的手摇缫车得到进一步完善，从秦观《蚕书》中我们终于可以看出其基本形制，整个缫车由灶、锅、钱眼（锅面横板中间大钱的方孔，起束丝作用）、锁星（亦称缫星，即导丝滑轮，并有消除丝缕上颗节的作用）、添梯（长约二尺五寸的横动导丝杆，上有丝钩，起引导丝分层卷绕到丝框上的作用）、丝钩、鼓（牡娘墩）、丝軒（绕丝工具，一种有辐撑的四边形或六边形木框）等部分组成。丝軒上

---

[1] 姜颖：《山东丝绸史》，齐鲁书社，2013年，第224~225页。

有手柄，缫丝时，一人投茧索绪添绪，一人手摇丝纤，将茧锅中的丝头穿过钱眼，绕过锁星，再通过添梯和导丝钩，绕到丝軖上。这种车形制"得之兖人"，因此，是山东缫车的一种反映。（图4-9）

图4-9　手摇缫车

宋代出现了脚踏式缫车，并且在元代初年开始普及。从王祯的《农书》看，脚踏式缫车有南北两种，北方缫丝习惯用热釜，也叫火缫；南方擅长用冷盆，叫水缫。冷缫比热缫多一道工序，丝胶溶解的好，丝质好，但工效低，在当时没能得到推广。热缫还可二人对缫，且机架低，机件更完整，因此效率更高。当时对于缫丝时水的温度有新的认识，还研究出自然带绪的接绪法。

脚踏式缫丝车在宋代已经出现，元代初年开始普及（赵翰生：《中国古代纺织与印染》，中国国际广播出版社，2010年，第105~106页）。这种车由灶、锅、钱眼、缫星、丝钩、丝軖、曲柄连杆、脚踏板等部件构成。曲柄连杆将脚踏杆与丝軖相连，当脚踏动踏杆做上下往复运动时，曲柄连杆会使丝軖作回转运动，丝軖回转运动的惯性便会带动整台缫车运动。与手摇缫车相比，脚踏式缫车是一种进步，它将手摇柄改成了脚踏装置，使缫丝者可以充分利用两只手从事索绪、添绪等工作，这极大地提高了缫车的功效。

元代脚踏式缫车有南、北两种，从王祯《农书》插图中可以看出，两种缫车构件与形制基本相同，都有灶、釜、钱眼、锁星、丝軖、曲柄、踏绳、足踏板等装置，都使用加热法缫丝。但是，二者之间也存在极大的不同，第一，北方缫丝习惯用热釜，也叫火缫，实际上就是将灶中所煮之茧趁热直接缫丝；南方擅长用冷盆，也叫水缫，这种缫法是将缫车安在水盆上，盆中放温水，先将煮熟的茧子放入盆中，继续浸渍，使茧层进一步软化膨胀，以补煮茧之不足，并且能清除茧层纤维间的杂质和洗清附着于茧层的色素，然后再缫丝。冷缫比热缫多一道工序，速度略慢，效率要低些。第二，南、北方所缫之丝的质量不同。热釜只能缫单缴或双缴粗丝，而冷盆可缫全缴细丝。由于多增加了一道丝胶的溶解工序，所以冷盆所缫之丝，洁净光莹而又坚韧，属于丝中上品，适宜织锦绣缎罗，但这种方法后来未能得到很好推广，直到现代机器缫丝，才基本上应用了水缫原理。元代山东所用，即为脚踏式热釜缫丝法。第三，北方缫车车架低、机件更为完整，丝的导程相对来说更短，更有利于提高缫丝效率。第四，两种缫车大锅上都接一甑圈，即去底的盆，北方用的是木盆，南方用的则是陶土盆。在甑圈内，北方以一木板在中间拦断，这样可以二人对缫，提高缫丝效率，只是所缫之丝相对来说粗糙些。

至于缫丝需掌握的温度，秦观《蚕书》云"常令煮茧之鼎，汤如蟹眼"，即将温度控制在摄氏80度左右，水似开非开之时。对于所缫之丝的质量，《士农必用》总结出"细圆匀紧"的标准，即无褊慢节核（接头疙瘩）和粗恶不匀现象。做到这一点，关键在于解决断缺丝绪的衔接问题。以往在缫丝过程中，当发现丝绪断缺时，所用方法是添绪接绪法，但添绪有很大缺陷，一是添丝量小，每次所添只不过三四丝，二是粗细难以把握，要么添多，要么添少，添少则细，添多则粗。宋元时期，人们研究出自然带绪的方法，即将清丝用指面喂在丝窝内，自然带上去，这样便无接头。用这种自然带绪法所缫之丝圆紧无疙瘩，消除了丝质粗恶不匀的弊病，这种丝为丝中之上品，适合作纱罗等上等匹段；不甚圆紧，有小疙瘩，则为中等丝，只适合作中等匹段；而褊慢有大疙瘩，则为下等丝，只适合作绢帛，亦不坚壮。元代山东使用热釜缫丝，量大但品次，不如宋代丝织品细薄。[1]

4. 纺织

宋元时期的纺织工具更为完备，如王祯《农书·蚕桑门》中以图文并茂的形式，详细记载了缫丝之后、纺织之前各种整丝程序以及所用工具，如丝籰、络车、经架、纬车等，当时的织机有花机和卧机两种。

丝籰是一种络丝即收丝工具。丝缫出后，在丝申壬之上，不方便使用，因此，需要按织物要求朝廷整理，整理的第一步就是将之绕于丝籰之上。丝籰，《方言》曰："兖豫河济之间谓之榬"。籰是一种由数根竹箸或木杆短幅交互而成，中间有孔，贯之以轴，手持轴柄，用手指推即可转动，并将丝线绕于其上的简单机具，

---

① 姜颖：《山东丝绸史》，齐鲁书社，2013年，第230~232页。

这种工具的发明大大加速了牵经络纬的速度（图4-10）。

络车是将缫丝车丝軖上的丝绞转移到丝篗上的一种缠丝工具。《方言》曰："兖豫河济之间，络谓之格。"郭璞注云："所以转篗络车也。"《说文解字》云："车枞为枙。"《通俗文》曰："张丝曰枙。"这里的"枙"是张丝绞的装置，由竖立地面的四根木棍组成。当时有南、北两种络车，据王祯《农书》记载，北络车，通用于北方，山东所用，自然是这种北络车了。其具体结构与用法："盖以脱軖之丝，张于枙上；上作悬钩，引致绪端，逗于车上。其车之制，必以细轴穿篗，措于车座两柱之间。（谓一柱独高，中为通槽，以贯其篗轴之首；一柱下而管其篗轴之末。）人既绳牵轴动，则篗随轴转，丝乃上篗。"（图4-11）这是一种以绳牵轴、轴带篗转的络丝方法，首先将缫丝车丝軖上脱下的丝绞，张于枙上，枙上作一悬钩，将丝绪引过丝钩，逗于车上。络车以细轴穿篗，放在车座的两柱之间。两柱一高一低，高柱上有一通槽，安放篗轴的前端，低柱上有一孔，放篗轴的末端。篗轴上兜绕一绳，工作

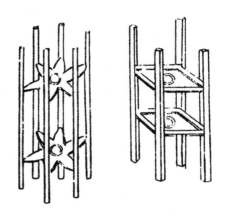

图4-10 丝篗

图4-11 北络车

时，用右手拉绳一引一放，篗轴便随之转动，左手理丝，丝便随之络于篗上。以清代《豳风广义》中绘制的北络车最为符合上述表达。《农书》中说，南人"掉篗取丝，终不若络车安且速也，今宜通用"。"掉篗取丝"即用右手抛篗，左手理丝，通过篗子旋转将丝绕到篗上。相比之下，北络车的牵绳掉篗已具有了机械运动的特点，丝篗旋转既安稳又迅速，远比南络车的手工操作要优越得多。

经架，也叫绚床，是一种整丝工具。整丝是纺织前的一道重要工序，它是将许多篗子上的丝，按需要的长度和幅度，平行排列卷绕到经轴上，以便穿筘、上

浆、就织。据考察，当时的整经形式主要有经耙式和轴架式两种。但据《农书》中的记载及从难易程度分析，宋元时期山东所用经架，以轴架式为主。经耙式的记载见于元代甚至以后，特别是《天工开物》中，或许明代所用主要是经耙式经架。轴架式整经是将丝簝整齐排列在一木框下方，木框上方的横木上有一排小环；将丝

图 4-12　轴架式经架（整丝工具）

绪引出，穿过小环和掌扇（分交用的经牌，也称扇面，《农书》中称是与牌相同的经簿），绕在经架上。经架的形制是两柱之间架一大丝框，框轴处连一手柄。工作时，一人转动经架上的手柄，一人用掌扇理通纽结的经丝，使丝均匀地绕在大丝框上后，再翻卷在经轴上。这种方法与经耙式相比，更为简便，并且具有产量高、质量有保证、适应面广的特点，因而受到欢迎。其工作原理与近代大圆框式自动整经机完全一致（图4-12）（赵翰生：《中国古代纺织与印染》，中国国际广播出版社，2010年，第109~111页）。

纬车，即纺车，又名𬘘车，用以纺丝的工具。《方言》曰："东齐海岱之间谓之道轨。"《说文解字》曰："𬘘，箸丝于𦬆车也。"《通俗文》曰："织纤谓之𬘘，受纬曰𦬆。"其具体结构与工作方法是："其柎上立柱置轮，轮之上，近以铁条中贯细筒，乃周轮与筒，缭环绳。右手掉轮，则筒随轮转；左手引丝上筒，遂成丝𬘘，以充织纬。"（《农书·蚕桑门》）即在一立柱上置一大轮，轮中贯一细筒，之间用绳缠绕牵连，当用右手转动大绳轮时，筒即随轮转动，此时左手便引簝子上的丝缕上筒，即纺成纤细的丝。（图4-13）在纺织方面，王祯《农书》中画了两种织机，一种如同后世的花机，由二人操作完成，一人织丝，另有一人坐于花楼之上提丝。另一种称之为卧机，这一织机较为简便，由一人操作完成，最适

图 4-13　纬车（纺车、𬘘车）

宜于民间小手工业者使用。这种织机很早就出现，如汉代之前为五十综五十蹑，六十综六十蹑，马钧改为十二蹑。宋元时期较前大为简便，《农书》中说："今红女织缯惟用二蹑，又为简要。"由此看来，山东当时所用织机主要是简单的卧机。①

5. 练漂染整

除元政府在山东设立官营织染机构恩州织染局外，宋元时期的捣练工具由立杵改为卧杵，可对坐捣练，提高了工效。

王祯在《农书》卷二十一《砧杵》中提到了新的捣练工具砧杵以及新的捣练方法。捣练工具以往即有，如汉代班婕妤《捣素赋》、唐代魏璀《捣练赋》和张萱《捣练图》中都有反映，但宋元时期所不同的是，将以往的立杵改为卧杵。以往都是女子对立，各执一杵，上下捣练于砧中，其叮咚之声互相应答。卧杵则是对坐捣练，既方便又快捷，容易成帛。卧杵取代立杵是捣练工艺上的一大进步。②

（三）宋元时期的丝绸贸易

宋元时期，山东的丝绸业贸易非常兴盛。从贸易范围来说，有对内贸易和对外贸易两种；就贸易形式来说，包括官方贸易和民间私人贸易两种；就贸易的路线来说，有陆路、水路和海路，两宋期间与高丽、日本等国的贸易主要依靠海路，元代既有陆路也有海路。

1. 北宋时期的丝绸贸易

北宋时期，因陆上丝绸之路阻塞，所以，除内部贸易，如和买、与契丹的贸易外，主要是利用登州、莱州和板桥镇与高丽和日本进行贸易。

北宋时期山东的对内贸易除政府所进行的和买绢贸易，以及政府有时拿出府库所藏购买军需所进行的贸易外，还存在民间贸易。这些贸易主要在东西、南北以及海上三条商路进行，一是青州向西，至齐州、汴京的水陆商路；二是徐州向北，经兖州至德州，甚至到达辽境的南北陆运商路；三是密州向南，至江浙、两广的海上商路。当时进行贸易的商品中重要的一部分就是丝织品，山东的丝织品

① 姜颖：《山东丝绸史》，齐鲁书社，2013 年，第 233～236 页。
② 姜颖：《山东丝绸史》，齐鲁书社，2013 年，第 237 页。

以质量高、产量大而享有盛誉，时人称之为"东绢"。京东路出产的"东绢"与当时的河北绢并称"精绢"，同样受到人们的欢迎。

北宋时期山东对外贸易的对象主要是高丽和日本，出口货物大部分是传统农业与手工业产品，其中包括丝、绵、帛、绫、绢等，据记载，高丽人很善于织文罗花绫、紧丝锦绢，但他们"不善蚕桑，其丝线织纴，皆仰贾人，自山东、闽、浙来"（《宣和奉使高丽图经·土产》）。对外贸易的港口主要是登州和莱州，特别是登州，自唐代起就是对外交往的重要口岸。据《宋史·高丽传》记载，宋神宗熙宁七年（1074年）前，高丽人往返皆自登州，登州和南方的明州港（今宁波）经常上奏有因风浪而漂流至境的高丽海船，朝廷便诏令存问，给渡海粮遣还。如宋真宗天禧三年（1019年）九月，"登州言高丽进奉使礼宾卿崔元信至秦王水口，遭风覆舟，漂失贡物，诏遣内臣抚之"。宋仁宗天圣九年（1031年），高丽御事民官侍郎元颖等293人辞归，赐予有差，遣使护送至登州。但是，为了避免出海贸易的商人与辽政权沟通，仁宗也于同年下令封闭了登州港口，此后43年间北宋与高丽没有交流。直到宋神宗熙宁七年（1074年），高丽人为了躲避契丹，请求改从明州赴京都，北宋与高丽的交流才重新开始。登州港也因此而丧失了对外贸易的中心地位，从此以后，登州、莱州港所进行的贸易，只限于与高丽、日本之间的民间走私贸易。

登、莱港对外贸易重要地位的丧失，直接影响了地方官员与政府的财政收入，这有违宋廷初衷，于是，一个新的港口取而代之，那就是密州板桥镇，从此，山东海上贸易的主要港口从登州转移到了密州板桥镇（今胶州市）。板桥镇原来只是山东众多的商业市镇之一，位于密州的胶州湾北岸，唐高祖武德六年（623年）设立。后来凭借其优越的地理位置和适宜的时机发展起来。第一，濒临黄海，因此，无论对内对外的海路贸易都极为发达，对内贯通南北贸易，对外与高丽、日本的互市贸易也极为活跃。据《续资治通鉴长编》记载，该镇"自来广南、福建、淮、浙商旅，乘海船贩到香药诸杂税物，乃至京东、河北、河东等路，商客搬运见钱、丝绵、绫绢往来交易，买卖极为繁盛"，尽管当时官府禁止许多珍贵商品的买卖，但是为利所驱，严刑重罚也无济于事，走私贸易照例进行。板桥镇的这种贯通南北的功能是南方的明州和杭州等重要港口所不及的。第二，板桥镇位于山东，有丰富的丝织品资源，因而导致南北商人趋之若鹜，"板桥有西北数路商贾之交易，其丝绵、缣帛又蕃商所欲之货，此南北之所以交驰而奔辏者，从可知矣"

（《续资治通鉴长编》）。第三，宋辽的战争为板桥镇的崛起提供了契机。宋辽对峙，辽国控制了东北与华北的大部分地区，而登州、莱州港又与辽国隔海相望，于是，北宋自仁宗天圣九年（1031 年）至神宗熙宁七年（1074 年）的 43 年间，直接封闭了登、莱港，改由板桥镇口岸直接进出，板桥镇的地位陡然上升，一时间，港内商船林立，高丽、日本商客大增。于是，在金部员外郎范锷的反复建议和极力督促下，宋哲宗元祐三年（1088 年）将板桥镇改为胶西县，并且在此地设置市舶司机构，具体负责对外贸易事宜，成为当时全国在沿海口岸设立的五大市舶司之一，也是宋代在长江以北设立的唯一的市舶司港口，主要负责中国北方各口岸与高丽、日本等国的海上贸易事宜。从此，胶西县（板桥镇）取代了登州港的地位而发展成为南北海上交通的枢纽，成为对外经济交流的基地。[①]

2. 金统治时期的对外贸易

金代山东主要与南方进行贸易，用丝织品换取南方的茶叶，当时既有官方贸易也有民间走私贸易。同时，山东的鲁桑逐渐伴随着北方果树嫁接技术传入南方，经过嫁接而形成新的优良桑树品种，如湖桑。

金代山东与南宋之间的贸易更为发达，尽管密州板桥镇的市舶司没有继续设立，但是，该港的对外贸易活动仍然十分发达，江南海商前来从事转口贸易者络绎不绝。据《宋会要辑稿》记载，金太宗天会八年（1130 年，宋高宗建炎四年），"海、密等州米麦踊贵，通、泰、苏、秀有海船民户，贪其厚利，兴贩前去密州板桥、草桥等处货卖"。山东人也经常到南方进行贸易，"明、越濒海村落间，类多山东游民航海而来，以贩枲为事"，在这些贸易中，山东人所贩卖的很大一部分就是丝织品。山东喜欢南方的茶和米，南方人则喜爱北方的丝织品，因此双方贸易不断。尽管金与南宋处于对峙状态，但这种贸易早就开始了，起初是以民间走私方式进行，而且贸易额很大，如金章宗泰和六年（1206 年，宋宁宗开禧二年）十一月尚书省奏，山东、河南、河北等产丝地区的"商旅多以丝绢易茶，岁费不下百万"。为此政府很是痛心，认为茶叶无非是宋土草芽，是无用之物，不可以与之"易中国丝绵绵绢有益之物"，建议用盐进行交换，但南方更喜欢丝织品，所以这种规定根本没法实行。金宣宗元光二年（1223 年，宋宁宗嘉定十六年）省臣上奏

[①]　姜颖：《山东丝绸史》，齐鲁书社，2013 年，第 242～245 页。

说，一直以来，存在着"越境私易"的情况。当南北双方关系缓和以后，双方进行了互市贸易，据记载，这种互市开始于南宋宁宗嘉定十五年（1222年，金宣宗兴定六年），"互市始通，北人尤重南货，价增十倍"。当时货物的集散地主要在胶西县，即原来的密州板桥镇，"胶西当登、宁海之冲，百货辐凑"（《宋史·李全传》）。当时金末地方武装集团首领李全派其兄李福把守胶西。李全诱使南方商人到山阳（今江苏淮安），然后没收其货物的一半，使商人自淮安转海路，运到胶西。然后李福规定，往来商人必须用李氏舟、车，以收取一半的税，才可将货物运往诸郡贸易，李氏兄弟二人联手向来往商人谋取厚利。这表明，当时不只有官方的互市贸易，民间走私贸易也很盛行，同时也表明，直至南宋末年，胶西县一直保持着南北海上物资集散中心和海外转口贸易两大传统优势。

除贸易外还有蚕桑丝绸业的传播问题，原产山东的优良品种鲁桑，逐渐伴随着北方果树嫁接技术传入嘉湖地区，人们将果树嫁接移用于桑树，使鲁桑通过嫁接改换，在当地自然选择和人为选择，显示出了"青出于蓝，胜于蓝"的稳定优势，逐渐形成了具有江南特点的众多桑树新品种，这就是举世闻名的湖桑。①

3. 元代的丝绸贸易

元代主要是与高丽之间的贸易，高丽人喜爱山东高唐州的丝织品，所以每年都前所购买，往返于高唐、直沽与王京之间，以致高丽出现了争相享用丝织品的奢华之风。

元代实现了中国的大一统，并且进一步疏通了陆路和水路交通，开通了南北交通的三条海路，极大地便利了山东与海外的联系。因此，元代山东对内贸易相当发达，马可·波罗笔下的临清、济南、东平、济宁都是重要的手工业与商业城市。在对外贸易方面，特别是对高丽的贸易也相当发达。从宋徽宗时期的《宣和奉使高丽图经》中可以看出，高丽土产主要是麻，他们善于织文罗花绫，但"不善蚕桑"，制作丝织服饰所用丝线都得从中国进口。这种情况到元代并没有改变。丝织服饰在高丽是相当贵重的，只有上层社会才能享用，所以山东高唐州的丝织品，深受高丽人喜爱，高丽商人经常前往购买，然后贩运到高丽京都王京（今开城）出售，获取厚利，一般来说，商人"从年时正月里，将马和布子，到京都卖了。五月里到高唐，收起绵绢，到直沽里上船过海。十月里到王京，投到年终，货

---

① 姜颖：《山东丝绸史》，齐鲁书社，2013年，第245～246页。

物都卖了。又买了这些马并毛施布来了"（《老乞大》）。正是如此，高丽商人每年五月到次年正月进行着从山东高唐州到高丽京都王京的贸易，往返于高唐、直沽、开城之间。由于商人的大量贩运，高丽出现了争相享用丝织服饰的奢华之风，以至于有人上书，别贵贱，尚俭素，如恭让王三年（1391 年）三月，有人上书说："我朝只用土宜细纻麻布，而能多历年所，上下饶足。今也无贵无贱，争贸异土之物，路多帝服之奴，巷遍后饰之婢。愿自今士庶工商贱隶，一禁纱罗绫缎之服，金银珠玉之饰，以弛奢风，以严贵贱。"（《高丽史·刑法志》）同年五月，又有人上书说："今无赖之徒，皆利远方之物货，不事本业。……愿自今大小臣僚，皆毋得衣纱罗缎子，敦尚俭素，以绝商贩。"（《高丽史·恭让王》）尽管此时已到中国明初，但奢靡之风绝非一日形成，可以断定，其中重要的原因之一即在于元代末期高丽商人的丝绸贩运。①

① 姜颖：《山东丝绸史》，齐鲁书社，2013 年，第 246～247 页。

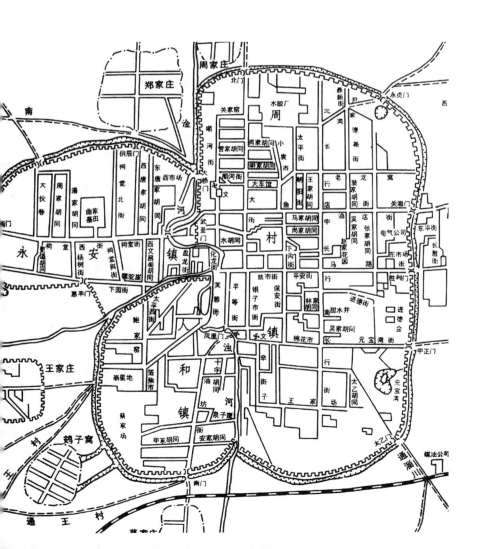

今天的社会是古代社会发展的必然，历史文化的传承应自有其因。春秋战国时期齐国先进的丝绸纺织技艺经过唐宋时期的发展，至明清时期周村商城得到了传承并得以发展，出现了丝绸文化的又一次繁荣。明代由于社会的安定和手工业的兴盛，商业性城市随之出现，从而促进了丝绸业的繁荣，周村商城是以丝绸为主的商品贸易商城，至明代已具规模，大街、银子街、丝市街、绸市街等商城主要市街皆兴建于此。清末光绪年间因胶济铁路的通车，周村商城地位日显重要。光绪三十年（1904 年）开辟为"商埠"，至民国时期周村的丝纺业盛达顶峰，丝绸业出现繁盛景况。据考察，当时周村生产的丝绸既销往国内北京、天津、上海等大城市，还销往新疆边远内陆和福建、广东等东南沿海地区，也销往日本、朝鲜、欧洲等国外地区，而周村也有东洋、南洋和欧洲等国外商人在此设店经销，周村商城成为真正意义上的国际丝绸商贸中心。

一 明清时期植桑养蚕的发展

明朝初年，国内社会经济已经被蒙元统治者破坏得凋敝不堪。经过元朝末年二十多年的战争，人口显著减少，大量土地荒芜，成为山东地区的普遍现象。人口"县不过千，州不过万"；济南"近城之地多荒芜"。[①] 在周村一带，传说元朝末年"朱洪武大袭山东"，"红头苍蝇"流行导致人口大量死亡，实际上指的是元末战争中尸陈旷野，无人掩埋，导致疫病流行的史实。明朝定鼎，为了迅速恢复和发展农业生产，保证国家财政收入，巩固政权，朱元璋认为"夫有户口而后田野辟，田野辟而后赋税增"。[②]为恢复山东地区经济，明朝政府下令从山西、河北向山东大量移民，数以千计的移民落籍周村一带。长山县《鲍氏世谱》对此曾有记载："长山县之有我鲍族，始于明洪武四年。因前时遇春常将军率花马军平山东道，平而复起者再三，将军于是赫然斯怒，所过州县无论盗贼良贱概行诛戮，虽有存焉，百不一二。是以地广人稀，钱谷无所出

---

① 《明太祖实录》卷五三。
② 《昭代经济言》卷一《万言书略》。

焉。而太祖下旨州县，复迁各省之民占地居焉。吾始祖讳文成亦在所迁之中……"也有一些家族是自发迁入当地的，如王村西铺的毕氏家族，始迁祖毕敬贤家在博山的石炭坞，偶然在"纵志游览"中看中了西铺一带的山水形胜，此时又是"乐地无主"，随便圈占，便在西铺村（当时称崔家庄）定居下来。① 战乱方平，农户贫富悬殊不大，他们共同的急务是垦荒种田，安身立足。

明朝定鼎之初，朱元璋把农业视为"为治之先务，立国之根本"，实行了一系列"重农务本"的政策。② 建立赋役黄册，实行里、甲制度，推行"课督耕种"，里设"老人"，职责是"助官府之不及"。"每村置一鼓，凡遇农种时月，清晨鸣鼓集众，鼓鸣皆会田所，及时力田。其怠惰者，里老人督责之。里老纵其怠惰不劝督者有罚。"③因此，"课督耕种"逐渐由一种制度演变一种习俗。同时，朝廷鼓励垦荒和推广经济作物的种植，是重要的重农务本政策。洪武元年八月诏："各处荒闲田地，许令诸人开垦，永为己业，与免杂泛差役；三年后，并依民田起科租税。"④ 洪武五年五月明令："流民复业者，各就丁力耕种，毋以旧田为限。"⑤ 洪武二十八年命令："二十七年以后，山东河南新垦土地，不论多寡，俱不起科，若地方官员增科扰害，便要治罪。"从以上法律条文可以看出，此时谁有力开垦田地，谁就可以获得土地的产权，"永为己业"。⑥ 如果垦荒者种田以后，土地原来的主人又回来了，就令"有司于旁近荒田内如数给予耕种"，这样，就使"无以旧田为限"的政策得到落实。⑦ 上述政策的实行调整了土地关系，防止了农民逃亡，使劳动者与土地紧密结合在一起，对恢复和发展农业生产起到了重要作用。

同时，朱元璋大力推广经济作物的种植。当时的经济作物主要有桑、麻、木棉、枣、柿、栗和胡桃等等。朱元璋曾颁发过一篇《教民榜文》，其中说：百姓"各宜用心生理，以足衣食，如法栽种桑、枣、柿、棉花，每岁养蚕，所得丝棉，可供衣服；枣、柿，丰年可以卖钞，俭年可当粮食。"⑧ 当时，他把推广种植经济作物作为治民的一种政策，认真讲求，步步推进。乃至运用法律手段，强制推行。洪武元年四月规定：麻

---

① 《淄西毕氏世谱》。
② 《明太祖实录》卷一九。
③ 《明太祖实录》卷二五五。
④ 《明典章》第一册，洪武元年八月十一日诏。
⑤ 《明史·太祖本纪》。
⑥ 《明太祖实录》卷二四三。
⑦ 《明太祖实录》卷三四。
⑧ 《古今图书集成》经济汇编，食货典，第三七卷，农桑部，艺文二，明太祖《教民榜文》。

每亩征八两（银），木棉每亩征四两，栽桑者以四年之后有收成再征其租。如果种植超过定额的部分和洪武二十六年以后栽种的"率蠲其税"，以示奖励。[①] 同时，实行令出法随，规定地方官员负有劝督的责任，必须把自己管辖地区所栽种树木造册上报，列入考核内容。在《大明律》中规定，违者及种不及额者，从县官到里长都要受到刑罚处分。民户违抗不种者，要予以制裁。龙凤十一年规定："不种桑使出绢一匹，不种麻及木棉使出麻布、棉布各一匹。"在上述条文中，不论是鼓励条文还是处罚条款，桑都列为经济作物的第一位。孝妇河流域土厚水丰，适宜种桑，又有植桑养蚕的传统，在如此严厉的督责下，种桑自然成为民户奉旨栽种的首选作物。无论从遵守国法还是土地收益的方面考量，当地百姓自然是乐而为之。经过几代人的传承，栽桑养蚕、缫丝织绸在山东地区就成为一种普遍的家庭副业。不过在当时，栽桑多选在村头、地头、堰边、沟边，大片土地还很少用来种植桑树。但是，植桑养蚕在明朝中叶，已经形成了仅次于耕田种粮的第二大产业，这是可以肯定的。在明朝崇祯年间修撰的《万乘》卷十二《方产表》中，在济南府地区，就有"桑间采尽万条叶，机上抽成万缕丝"的记载。在周村东去不远的临朐县，明嘉靖年间记载："民勤耕农，务蚕织，作绌绢，山居者或拾山茧作绌，《禹贡》所谓'檿丝'者也。"[②]

明朝初年政府采取的恢复农业生产的一系列措施，使土地关系有了很大调整，土地平均化程度明显提高，从而产生了大量的自耕农。据暨南大学李龙潜先生考证，洪武年间，北方州县自耕农每户有田15亩，种蔬菜地2亩，这些自耕农把大片田地种粮，地头堰边种桑，形成了"男耕女织"的小农经济模式，这种模式与当时的生产力水平是相适应的，也是有利于植桑养蚕产业发展的。但是，随着时间的推移，在自然灾害、科举功名、职业分化等因素的影响下，到明朝中叶，缙绅地主阶级逐渐成长壮大。嘉靖年间，淄西毕氏毕木一家已是"食指千口"的巨族，拥有大量土地。自明中叶开始，缙绅地主开始激烈的兼并土地，加上政府繁苛的赋役剥削，自耕农、佃农的社会经济地位逐渐恶化。明人范景文曾分析当时的情况："所谓金实非真大户……大半中人耳，中人之产，气脉几何？役一着肩，家便立倾。一家倾而一家继，一家继而一家又倾，辗转数年，邑无完家矣。"[③] 周村鲍氏是明朝初年定居周村鲍家街的老户，到顺治末年，经历过五朝的老人鲍化龙曾记下亲身经历："吾生于万历己丑，今已七十年矣，吾乡周

---

① 《明太祖实录》。
② 明嘉靖《临朐县志》卷一《风土志》，明嘉靖三十一年（1552）刻万历补刻本。
③ 《明经世文编》卷三九，《革大户行召募疏》。

垣数里，相聚千家，但可容身履足之地无尺寸不见三两次更换者唯吾庐。"他的曾祖曾经卖出庙东房产，是"因差徭之难失于他家，现今犁为园地"；他和妻子房氏也饱经"饥寒徭役"，勉强守住了祖业。① 在赋役、天灾、高利贷的打击下，自耕农纷纷破产，流落为佃农，不少人向外地流亡。周村的土地、房产在接二连三的破产变卖中反复易主，极为普遍。到明末清初之际，又出现大量荒地，到顺治末年，长山县仍有荒地1600顷。自耕农的减少，使众多家庭妇女失去植桑养蚕的条件，蚕茧产量下降是必然的趋势。清朝定鼎以后，特别是康熙年间，政府为恢复农业生产，又大力鼓励垦荒，农民通过垦荒获得土地产权，这就使得一些贫民向自耕农转化，产生了一定数量的新自耕农。朝廷把开垦荒地列入地方官员的考成制度，顺治年间的山东，"原来荒地很多，大路两旁，极目所望，一片'黄茅白土'。顺治十四年（1657年）前后，开垦成熟颇多，'村烟相接，鸡犬相闻'"。② 康乾盛世，社会比较安定，人口繁衍增长较快，家庭经营的深度和精细程度不断增进，作为妇女劳力投入比重甚大的植桑养蚕越来越受到家家户户的青睐。此时是周村一带植桑养蚕快速发展的时期，继而形成了"植桑满田园，户户皆养蚕，步步闻机声，家家织绸缎"的繁盛景象。康熙六年，长山人吴琯在太行山区平顺县知县任上，"君行见山多槲树，曰：是可蚕也。其自家移蚕种，教民以收养缫丝之法，踰年人食其利"。③ 可见当时长山（周村）一带在北方的丝绸技术中是先进的。

二　周村丝绸产业与市镇的崛起

明朝中叶，生产力有了进一步提高，农业的发展必然使农产品增多，并进一步商业化；手工业的发展，直接为交换提供了商品，促进了商业的发展。以农业和手工业发展为基础，商业开始繁荣。于是，在交通方便、手工业集中、人口聚集的地方，商业市镇便应运而生。

周村地处交通要冲，明朝时由武定府通往朔州各县的南北大道途经周村，这里设有数家安顿过往行人车马的旅店，故称为"周村店"。到明朝末年，原先通过长白山北麓的"青齐大道"被长白山南麓新开辟的官道代替，即从章丘县经过王村店到周村，然

---

①　《鲍氏祖谱·九世恒庐记》。

②　清孙廷铨《沚亭文集》卷上《清查垦荒疏》，转引自李龙潜著《明清经济史》，广东高等教育出版社，1988年，第305页。

③　嘉庆《长山县志》卷十四。

后东达青州。这条大道的贯通，使周村成为鲁北平原通往鲁南山区和省城济南通往胶东地区的交通枢纽。在明天启三年（1623 年）时已经设有羊毛、皮革、棉花等商店，其他商品交易也日渐增多，外地客商也逐渐到此交易，崇祯九年（1636 年）设立集市，到明朝末年已成为"商贾辐辏之处"。崇祯年间，丝业和丝织已列"五行八作"之首（"五大行"为丝织、毛毡、小布、银炉、铜作坊；"八作"为丝织、浆麻、腿带、铜业、木器、首饰、毡帽、剪锁）。周村的丝市街是最早的街道之一，它的形成有一个故事：

> 过去的丝市街是蚕丝交易之处，明朝末年周村已具有市镇的雏形，丝市街一带就是蚕丝集散的市场。有个当地人在这里开旅店兼卖茶水，凡是新泰、莱芜、蒙阴、沂水的商贩都来店里住着卖丝。当地的地痞流氓则巧立名目把持市场，任意敲诈勒索，商贩们有苦难言，纷纷向店主人诉苦。店主人把那些地痞流氓叫来训了一顿，和他们讲好条件，说成一桩买卖按成交的钱数抽一定的佣金，谁干也是一样，不准额外加码。这样一来，这位店主人无形中成了蚕丝市场的管理人，外乡客都愿意在店里交易，店主人和伙计们也乐于给他们介绍主顾，说合买卖。这就是丝店的前身。

> 店主人死了，商贩们为念他的情义，集资做了块匾，上书"思贤馆"三个金字，挂在旅店门口。继承者仍然秉承先人的遗志干下去。[①]

明末清初之际，周村市面已经相当繁荣。清朝顺治七年（1650 年），"峄滕贼以周村为商贾辐辏之处，千余雨集至"，肆行抢掠，峄县、滕县距周村约 300 公里，那里的人结伙到周村抢掠。说明当时的周村已是山左地区十分富庶的市镇。[②] 明末清初之际，周村迅速崛起，成为鲁中地区的商品集散中心，并且吸引了一批以山西、陕西商人为主的外地客商来此经商。据康熙四十二年（1703 年）所立的《肃仪殿序》记载："长山之有周村，相传以为古昼也。镇北头有明教寺，创始于唐，重修于元，其庙巍焕斐然可观。迄乎明末，而墙垣渐次倾圮矣。有山西客人李祥宇略为修葺，且建关帝庙于其右。后又望轩丘善人大发愿力，修三义殿、天王殿……吾辈居住贸易，日蒙神麻，遂约同志各出囊金，于殿前复建一殿……故名其殿为肃仪云。"在明朝末年，前来经商的客人已从山西来到这里，可见周村在当时已具不小的影响力。因为商业日盛，顺治

① 杨玉宽：《周村解放前的街道及店铺》，载山东省政协文史委、周村区政协文史委编《周村商埠》，山东人民出版社，1990 年，第 9 页。
② 清康熙《长山县志》。

年间，周村由店改称为镇。顺治元年，山东巡抚方大猷在奏报剿抚情形时向皇帝奏报："查得长山周村店有闯贼御旗鼓姓赵者，与原任潼关道杨王休屯驻马兵四百数十余骑，闻为陕督李化熙所招抚。"后来此文辗转至李化熙，李具奏回复："臣于本年五月初十日引兵至唐官屯，偶有宁武旧镇臣周遇吉标下旗鼓潘有名等率所部兵丁二百人，同臣南下中有赵姓者二人，即旗鼓赵应元之族兄族弟。乃至长山县，一时土寇蜂起，遐迩震惊，潘有名等遂驻营于周村镇。臣恐其兵饥而哗，按名给以月饷。"① 此事中对周村的称谓，方大猷曰店，李化熙曰镇，看来由周村店改称周村镇，就是在明清鼎革之际。对于周村，李化熙比山东巡抚更为清楚。顺治十三年（1656年）鲍化龙在《九世恒庐记》中记载，周村已经是"周垣数里，相聚千家"的市镇了。到康熙二十三年（1684年），王士禛为周村籍陕西按察副使鲍开茂所撰墓表中说："周村巨镇，四方商贾走集。"② 康熙四十九年（1710年），长山知县金轼写《周村义集记》时，周村已经是"天下之货聚焉，熙熙然，贸易有经，如游化日"的大镇了。③ 此时的周村，产业门类已不仅限于农副产品加工，而已经有工业生产了。如冶炼业已经比较发达。康熙四十五年，康熙皇帝曾"谕大学士等：山东长山周村一带，俱开炉私铸，巡抚赵显不仅不捕，乃奏请鼓铸大钱……顷派侍郎恩丕带德州兵丁驰往长山县周村等处，捕铸私钱之人"。④ 由此推测，周村铸造业发轫至晚在顺康之交。铜业在周村为一大行，以做响器（乐器）及铜盆、烟袋头、笔帽、饰件为主。集中在新街、福鹤街一带，一直到民国前期还有三四十家，大半为江苏人经营。冶炼所产生的炉渣年长日久，竟在尚家胡同西头堆成一座小山，人称"炉渣山"。汇龙街一带的炉坊炼铁翻砂，浇铸各种铁锅、炉口、药碓、秤砣。夜晚烟火明灭，闪烁夜空。冶铁业最早是山西人到周村经营的，有数家锅店，有一条街就曾称作"锅市街"。

到18世纪末期，周村已成为中国北方重要的商业城镇（图5-1、2）。作为山东中部的产地市场，它有着广阔的经济腹地，西迄章丘，东至青州、临朐，北起高苑、青城，南达博山、新泰、莱芜、沂水，在纵横十几个县的范围内，粮食、蚕茧、生丝、土布、铁器、陶瓷等大宗商品多流向周村，在此集散。作为南北货物的集散市场，它吸引了全国各地的商人在此聚集，因此又是大大小小若干条商路的汇集地。当时的长

---

① 郑天挺：《明末农民起义史料》，开明书店，1952年，第473页。
② 嘉庆《长山县志》卷八。
③ 嘉庆《长山县志》卷一三。
④ 《清圣祖实录》卷二二七。

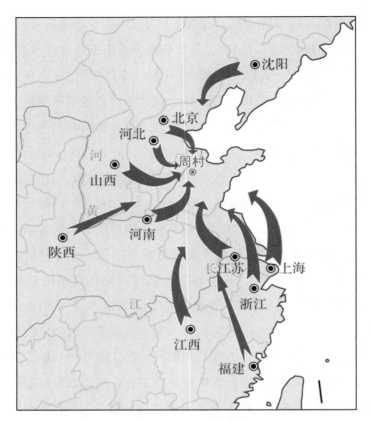

图 5 - 1　清朝民国前期外地主要商帮到周村经商图

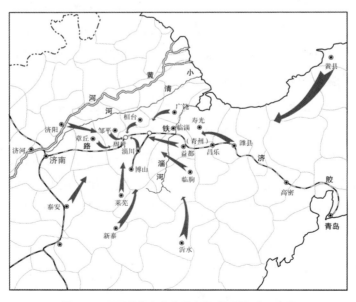

图 5 - 2　民国前期山东主要商帮到周村经商示意图

山县名士王衍霖所作的《重修兴隆桥碑记》载："周村，烟火鳞次，泉贝充牣，居人名曰旱码头。""码头者，商贾往来停泊之所"，周村"以其不通水路，无巨舰飞帆破浪翻风之概，故别之曰旱码头云。"① 道光九年（1829 年），包世臣的《闸河日记》把周村与济宁、济南相提并论。到清朝末年，周村"商业繁盛，百货云集，实为山东唯一市场"。② 借助周围农副产品流通的坚强依托，周村商业进入鼎盛阶段，"（周村）乃长山、高苑、博兴、桓台、广饶、章丘、邹平、滨州、蒲台、青城、齐东、惠民等县之商业中心。""鲁省经济发达，民阜物殷，交易极盛。惟时，省内商业中心为烟台、胶州、周村、潍县四处。"③

　　纵观周村城市发展兴盛的历史，不难看出，当地手工业的兴盛对市镇形成发挥了重要的支撑作用。周村手工业的"五行八作"中，相当一部分是前店后场，就地加工，就地销售。周村的手工业产品有"粗布、铜扣、腿带、铜器、镜子、针、梳篦、丝线、线绳、绸、绫、毡帽、鞭炮"，④ 另外还有绵绸、绢、烧饼、黄酒、白酒、药材、皮胶、剪锁、发网、毛笔、木器、火柴、布鞋等等，其中以粗布、丝绸、烧饼、铜响乐器四业最为著名。大约在清朝初叶，绸绫、缫丝、铸造等行业就已经形成规模。周村酿酒业至晚在雍正年间已经十分兴盛，乾隆八年（1743 年），山东巡抚喀尔吉善上疏汇报山东查禁私酒情况时说："察知私踩私烧聚集之所，如阿城、张秋、鲁桥、南阳、马头镇、景芝镇、周村、金岭镇、姚沟并界联苏省之夏镇，向多商贾在于高房邃室踩曲烧锅，贩运渔利。"⑤ 清中叶，皮胶店已在周村营业，工场作坊多集中于大车馆北首的一条东西街上，此街被称为"水胶场街"。铜锡业是周村久负盛名的一大行业，发轫于清乾隆年间，到近代以后成为山东铜锡业制造中心。周村铜锡业分为铜炉、小炉、饰件、铜盆、响货、广锁、首饰、红铜器、铜丝、铜勺、喇叭、笔帽、烟袋头等 13 行，到清光绪末年，有作坊 400 余家。这些产品除在本省销售外，还远销北京、汉口、上海、南京等地。乾隆初年立号的"聚合成"，是周村第一家生产铜响器的作坊，前后经过约 200 年的发展，能生产 29 个品种的乐器，带动周村形成远近闻名的铜响器行业。周村的木业也很有名，分为开松林、插屋架、棺材、衾房、油漆、制

---

①　清嘉庆年间《长山县志》卷一三，邹平县地方史志办公室，2010 年编印本，第 487 页。
②　《山东各县乡土调查录》，转引自安作璋主编《山东通史·近代卷》，人民出版社，2009 年，第 304 页。
③　《胶济铁路经济调查报告总编》下卷"总编"，青岛文华印书社，1934 年，第 5 页。
④　《胶济铁路经济调查报告分编》，青岛文华印书社，1934 年，第 15 页。
⑤　张光明、李国经：《周村商埠文化与鲁商文化研究》，山东人民出版社，2010 年，第 80 页。

修织机框子、风箱、笼箩、马车手推车、木楼、木旋、箍桶等十几行，各个作坊自扬其长。可见此时手工业加工已经细分市场，这样对于技艺的提高和品牌的形成是有利的。①

从明朝中叶开始到清朝中叶，周村商埠逐步发展而持续兴盛。除经济层面的因素之外，当地乡绅重商安商的义举为周村保持长期繁盛提供了秩序保障。李化熙，字五弦，清顺治年间任刑部尚书，顺治十三年告养还乡。康熙四十九年（1710）长山知县金鈫写的《周村义集记》中记载："长邑南十八里，为周村大镇……在昔市税银两，豪猾多就中取利，商困难苏。五弦大司寇予告侍养时，于周村力捐课税，暨刺史岱源公，每岁代为完纳。豪棍敛迹，不得横行肆里。历年既久，市侩之攫金者复出故智。松客公爰以立市始末，请方伯勒石永禁，为备镇税，世以为常，则斯镇地僻而业盛……"②这里记载的是李化熙祖孙三代代完市税、除治牙蠹豪猾以安商的事迹。李化熙的挚友高珩在《刑部尚书五弦李公墓志铭》中也记载了这一义举："邑之南有镇曰周村者，远近商贾辐辏之所，旧有市税，后渐为狙猾所窟浸，病商，市几废。公与诸舅季约，各出金备其税。且严戒诸不逞者，商大悦，归市者日众，不二十年，拓地列肆者千余家。"③ 到了嘉庆初年，在北极阁前树立起一块八角形石碑，记载了李化熙当年倡设义集时"自备税款代为缴纳"的过程，当地百姓称为"今日无税碑"。嘉庆十七年（1812 年），长山县衙又应乡绅之请立"杜弊碑"，重申周村义集免税，"至道光九年，忽有黠者假增课税以便私图，致令商不安业，集市几坠"。李化熙的七世孙李宗昂，"愤义御之，历禀各大宪，请示勒石安阓镇之商……"④ 至道光十六年（1836 年），长山县衙根据监生蔡文光、武生鲍维和等的呈请，又立碑明示严惩淆乱集规者。由此可见，周村市场秩序的建立和保持屡遇波折，每次都是由当地乡绅出面扶危救溺，安商护商，才保持了商埠正常的经济秩序。周村一地，不欺生人，不排外商，声名远扬，四方商人和众多的破产农民纷纷投奔此地谋生，许多人就在周村安家落户，世代为商。

随着清初植桑养蚕的兴盛，周村镇缫丝、丝织业户逐渐增加，到雍正年间，周

---

① 山东省政协文史委、周村区政协文史委：《周村商埠》，山东人民出版社，1990 年，第 209 页。
② 嘉庆倪企望重修《长山县志》卷九，第 55 页。
③ 高珩：《栖云阁诗十六卷·拾遗三卷·文集十五卷》卷十三，载《四库全书存目丛书》集部 202 册，齐鲁书社，1997 年，第 358 页。
④ 《于陵李氏族谱》系表，李氏家族编印本，第 35 页。

村已成为丝绸加工和集散中心。周村所在的济南府和鲁中山区是山东生丝、绸缎的重要产区。此时，在纵横十几个县的范围内，都成为周村镇丝绸加工的供货地。当时的地方志记载了桑蚕生产的状况。章丘县"地宜蚕桑"，织纱绢"为利不赀"；邹平县"唯以农桑为务……士亦多识耕，妇女勤绩织"；齐东"民业耕桑……妇女针管之外专务纺绩"；临淄县"商贾治丝布、业香屑而止"；博兴"士习淳朴，学兼农桑。农务本业，无怠岁事者"；寿光"平原沃土，桑麻蔽野，人皆务农，逐末者少"；淄川县"蚕丝本境天然之大宗，每届春会，比户饲之，乡民一年所需多半仰给于此。以饲蚕之盛衰，定年岁之丰歉……蚕茧作成，仍售于邻境周村商贾织造"。青城县，"沃野平平四望赊，居民无事不桑麻"，① 自古以来生产桑条，有"金条银条不如青城桑条"之谚；② 周村东去百里许的临朐县，更是生产桑蚕。光绪《临朐县志》记载："农勤耕桑，习织纴"，"桑叶厚宜蚕，连冈被野，盛甲青州"。沂源一带，"种桑之田十亩而七，养蚕之家十室而九"。③ 家在新城县的诗坛领袖王士禛，也曾写下《蚕词》四首，极为细致地描写下康熙年间养蚕与纺织时的场景。诗作中有桑叶、槲叶、槲林、陌上桑、春蚕、蚕房、三眠四眠，以及蔟蚕、络色丝等事物、场景、动作的描摹，有坿磷藉（蚕箔）、踟躇（梭）、添梯、龙梭玉镊等器物的具体引用，形象地描绘了清初山东蚕桑丝绸业发展的盛况。"④ 而周村镇所在的长山县，"俗多务织作，善绩山茧。茧非本邑所出，而业之者颇多，男女皆能为之。"⑤ 至晚在康熙末年，周村已出现了规模较大丝坊、染坊，一家一机的机坊更是遍布城乡，形成了从收购蚕茧、烘干、缫丝、打线、织造、染色、坯绸收购、外销的丝绸加工产业链。周村有一条街道叫作"绸市街"，就是当年的丝绸交易市场。可以说，清朝中叶的周村镇，已经成为山东省丝绸加工集散中心了。（图5－3）

① 《续修青城县志》六册。

② 许檀：《开埠之前周村的工商业和老字号》，载政协周村区委会编《鲁商发源地——周村》，内部资料，2011年，第269～275页。

③ 厉宝璞、王明开、杨坤、刘宜增：《沂源蚕桑业》，载《淄博经济史料》，中国文史出版社，1990年，第185页。

④ 姜颖：《山东丝绸史》，齐鲁书社，2013年，第267～268页。

⑤ 嘉庆《长山县志》。

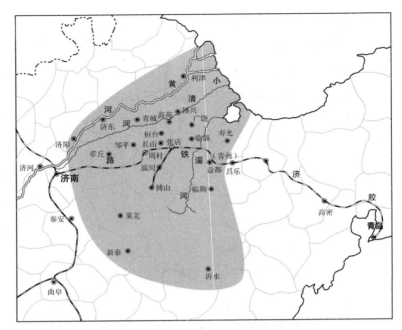

图 5 - 3　清朝晚期周村经济分布示意图

三　近代以来周村丝绸业的兴盛

民国年间周村地图鸦片战争以后，西方军事、经济力量对中国产生了前所未有的冲击。沿海港口的开埠，为外商外资和洋货进入中国大开方便之门。周村地近开放口岸，是早期对外开放的地区之一，1904 年又辟为商埠。"丝织业为周村主要工业，逊清时已盛。"[1] 新的历史条件催生了周村丝绸业的繁荣兴盛，进而加快了城市化的进程。周村的区位优势更加明显，被称为胶济沿线的"都会"。"周村镇拥有济南、青州二府沃野之中心，控山东大陆而临小清河。自元朝即为通商之要枢。河南、山西、直隶、辽东等处商贾云集，各以其土物与山东之丝绸、土布、铜器、铁、锡、水胶等物交易。外国贸易如棉纱、棉布、杂货等额约二千五百万两，山东内地第一等之市场也。"[2] 周村一代的蚕桑、丝绸业，在养蚕、缲丝、织造、染整、丝绸贸易诸方面全面发展，在技术进步和扩大的推动下达到了新的高峰，在全国丝绸行业中占有一席之地，并延及当代。（图 5 - 4）

---

① 《中国实业志》第四编第五章"周村"，第 147 页。
② 《中华实业界》第二卷第八期，上海中华书局，民国四年。

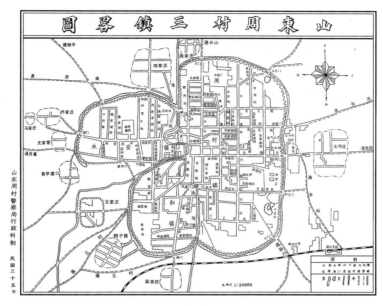

图 5－4 山东周村三镇略图

周村丝绸业的全面振兴有着深刻的内在因素和客观条件。首先从世界市场分析，自古以来，丝绸是中国最重要的输出物品之一。19 世纪后半叶，国际市场丝绸需求量剧增，为中国丝绸产品提供了广阔的市场空间。其次，西方工业革命的成果在中国丝绸业生产领域的应用，使国内近代蚕业教育起步，培养了一批具现代技术知识的专门人才。与其同时，机器缫丝和机器织造、现代染化料的应用，使传统的丝绸行业开始进行技术改造，技术升级必然带来产品质量质的变化。其三，在洋务运动和实业救国的呼声中，"方今朝野有识之士，莫不以振兴实业为吾国要途。"[①] 清末民初的地方官员，致力于振兴农桑，官方推动在丝绸振兴中功不可没。其四，在外部形势的振荡中，周村自身的区位交通优势、市场条件、技术力量以及经济腹地的土壤、气候、劳动力、技术条件得到充分发挥，实现了传统产业的艰难嬗变，从而奠定了山东丝绸产业中心的地位。

1. 植桑养蚕改良与发展

近代农业的改良是从桑蚕业开始的。蚕桑业历来是淄博一带最为普遍的农家副业。淄川、博山、桓台、张店、周村（长山）及沂源县农户饲养家蚕甚为普遍，但长期固

---

① 唐明德：《济南百年城市发展史》，载《开埠以来的济南》，齐鲁书社，2004 年，第 68 页。

守旧法，少有改良，完全凭经验操作。从"清末新政"开始，山东设立了一些蚕桑改良机构和蚕桑学校，传授新的蚕桑技术，周村一带有些青年参加了学习，蚕桑学校的学生、教师也曾到周村实习、考察，由是桑蚕新技术开始传播。自古以来，周村一带及山东省代代沿袭栽种鲁桑。鲁桑是全国最早由人工培育而成的桑树品种，有"桑之始"之誉。鲁桑的特点是叶大而圆，力劲而厚，枝叶低矮，便于采摘，产量高，经过长期的自然选择和人工选择，逐渐形成了具有一定性状由多种品类组成的"鲁桑类别"，并广泛流传到黄河、长江流域。由于年久退化，到光绪年间鲁桑多长成大树，叶片柔嫩亚于湖桑，渐渐失去优势，更新品种势在必行。1903 年，长山县在周村设立同利蚕桑场，自杭州购入桑秧 8 万株，延聘南方女教习 3 人，在当地从事蚕桑改良推广，此为山东引进良种桑树之发端。同利桑场还从湖州购进了数百张改良蚕种，售于当地农民，以便取代病毒含量较高的当地土种。[①] 民国以后，蚕桑改良继续推进。1919 年，临朐县农会设立蚕种制造所，"以新法织造蚕种，推销各乡村"，[②] 这是山东第一家专业育种机构。民国初年，临淄、桓台、博山、周村等都建立了乙种实业学校，以蚕业教育为主要内容。临淄县蚕业学校校内建桑园两处，桑苗圃一个，饲蚕温室 3 间，缫车 3 台，烘茧灶 1 个，蚕体解剖器一套。另外，各县还设立了劝业所，劝农课桑，并进行技术指导。临淄县劝业所内建有模范桑园 11 亩，育苗 180 平方米。1922 年，桓台县立乙种学校，有蚕科学生 30 人，年经费 1100 元。1920 年前后，长山县"派员赴乡，劝令每庄各设立植桑公会一处，附设苗圃，养育桑苗"。[③] 参加蚕桑改良的还有一部分丝商。山东丝商曾向江南采购四眠良种，散发于周村一带，收效较宏。"日商缫丝厂曾引入改良蚕种散发于青州、周村等处。"[④]

青城（今高青县西部）习惯在大田内条带种植桑树，称为"桑行"。1922 年全县有桑园 1040 亩，1922 年，全县蚕茧产量一万公斤，斤价 3 角 5 分，总值 7000 余元（大洋）。1930 年前后，黄河岸边为防风固沙，保持水土，当地村民利用黄河大堤及退耕地全部植桑，不数年蔚然成林。1935 年，县政府建立了 3 处桑苗繁育场，桑条生产更为兴盛，青城周围桑树环绕，称之为"桑城"。青城桑条，"皮可造纸、打绳，条可编筐织篓，叶可喂蚕，根可入药，桑椹蓄含营养"。当时青城一县 86 个村庄中，有

① 《东方杂志》第 1 卷第 3 期，1904 年 6 月。
② 民国时期《临朐县志·建置略》"会所"条，1935 年。
③ 庄维民：《近代山东市场经济的变迁》，中华书局，2000 年，第 590 页。
④ 缪毓辉：《中国蚕丝问题》，万有文库本，商务印书馆，1937 年，第 57 页。

3600 户 7200 人养蚕，成为一大产业。沂源县的桑树均系乔木，几乎每块农田都间作桑树。1936 年沂水县产茧 60 万公斤，中心区域就在沂源境内。沂源县东南部山区，即今燕崖乡、石桥乡、张家坡乡、东里镇、张庄乡一带生产柞蚕，今仍有丝窝、蚕场、茧场、梭罗等地名，皆因茧多丝丰而得名。后来经过连年战乱，桑树大部被砍伐，到 1948 年桑树尚有 20 万株，柞岚一千亩。当时，桑蚕业比较效益优于种粮。抗战期间，就有"一株桑树一杆枪，一粒蚕茧一枪弹"之谣，还有"一桑斧砍下去就是一条大刀鱼"的说法，可见桑蚕业价值之高。

1922 年博山蚕桑业开始发展，技术也不断进步。据《山东各县劝业所十年度成绩报告书》载："近代以来，人民渐知养蚕之利益，饲育者日见其多，且颇知改良饲育，选择蚕种。本年内桑树增至 9 万余株，产茧 27.4 万斤。"1925 年，博山蚕桑业有了长足的发展，县境内东南和西北，墙下田畔无不植桑，几乎家家事蚕业，年产茧 100 万斤。淄川县蚕茧在民国前期产量持续增长，鼎盛时期是 1936 年，全县桑树发展到 40 万株，蚕茧产量 40 万斤。临淄县 1919 年仅有桑树万余株，产茧 2.1 万斤；1922 年开始发展，桑树逐渐增至 5 万余株，大都集中在淄河流域与益都交界处，最盛年份蚕茧产量 8 万斤，品种多为鲁黄。桓台县有桑树 1.2 万株，1922 年后开始增加，最高年产量达到 35 万斤。1924 年山东省经济讨论处编印的《中外经济周刊》曾刊登过一篇《山东之蚕丝业》，记载当时山东 107 个县中，"无县无桑，亦无县无蚕"。对"桑树形式"，"滋阳、曲阜、菏泽、益都、寿光、长山等县，经各实业机关之提倡劝导，亦渐知注重整理矣"。在饲养方面，全省极其粗放，"但临朐、益都、新泰、长山等县，对于切桑给桑、除沙分箔，尚知注意。"可见，当时周村一带（长山）在全省养蚕水平是先进的。长山县 1922 年有桑园 5000 亩，养蚕户 5000 余家，年产蚕 20 万斤。1931 年产茧 70 万斤，1932 年各地蚕茧普遍减产，而长山县蚕茧产量仍然达到 90 余万斤。特别是周村东北孝妇河两岸所产之茧，个大，皮厚，纤维好，质量好。经过民国初年的改良和发展，周村一带的蚕桑生产在 1930 年前后进入了全盛时期。据《中国实业志》记载，1934 年，山东全省各县养蚕户超过 8000 家的县有 6 个，其中淄川 11052 户、长山 8436 户、莱芜 18500 户、莒县 11200 户、广饶 9000 户、临朐 30450 户。而这些地区都与周村相去不远，而且保持着密切而持久的贸易往来。进入 30 年代以后，缫丝厂受人造丝的冲击纷纷亏损，为转嫁危机冀保存活自然压低茧价，养蚕效益骤然下降，此后数年中，四乡农民纷纷砍桑还田，桑树数量大幅度减少，真所谓"昔年黄金树，今日灶下薪"了。

在近代历史上，周村还是新茧上市最早的地方。据《中国近代缫丝工业史》记载："山东茧的出售时间大致在六月上半月。而由于气候不同，每年出茧最早的是济南附近的周村，在 5 月下旬就可上市；其次是铁路沿线向东的青州、临朐、昌乐、潍县；按这样的次序，最后是山区的博山、莱芜。各地售茧期约一星期左右。"

2. 丝绸生产技术的进步

（1）缫丝

19 世纪末以前，周村一带缫丝仍是沿用火缫法，缫车结构与明代相比改进不大。缫丝主要是用木制大纩，大纩周围长 3.3 米余，两人操作，一人专管缫丝，以足踏车，一人专注意茧索绪。所产蚕丝称为"大纩丝"，这种丝缕的配合没有定数，一般需要 30 颗茧。缫丝时不换汤，因而成品丝色泽不鲜，纤度不匀，条分粗，丝缕乱。总之丝品质低劣，售价较低。

光绪二十七八年间，小纩丝技术传入周村。当时，长山县每年向周村工商界收捐银 1.2 万两，引起周村地方人士的不满和反对。为平息群怨，县衙在周村附近建立一处桑园，知县曹惕从他家乡（南方）招募一批技工来到周村缫"小纩丝"，办了二年即停业了，但从此小纩丝技术在周村传播开来。小纩丝的缫丝方法是：缫丝锅 6~7 具，列为一排，左端安置大煮茧锅，锅下有大管通过煮茧灶，丝木纩周围长 1.5 米，下有管道，蒸汽从管道中传出，从而使丝片易于干燥。小纩丝丝缕缕配合有定数，纤度均匀，光洁鲜亮，类似厂丝，适合国内外市场之需要，市场售价比较高，很快就成为周村丝织业的主要原料。《中国近代缫丝工业史》记载："山东土丝以周村为集散地，由周村经烟台运往上海；其销售由上海的山东帮办理。由于这个关系，上海式的直缫机械就移入山东。"

1911 年，小纩丝由手工生产改为机器生产，第一家机器缫丝厂是位于周村东门外的裕厚堂缫丝厂。裕厚堂堪称近代机器缫丝的嚆矢，在全省遥遥领先。创始人是益都丝商李敬义，他先是在丝市街设裕厚堂丝局，接着又在周村开办鸿裕丝厂，设缫车 100 台，用人力缫小纩丝。李敬义虽出身寒微，但眼界甚宽，喜欢谈论国家大事。清宣统元年，他到无锡、上海等地参观机器缫丝，深受感触。回来后，投资 4 万两白银，新建机器缫丝厂。安装意大利产座缫机 100 台，中国制卧式三节锅炉两座，烘茧灶 5 只。职工 200 人，经理先后为李敬升、马步莹。每年开工 7~9 个月，产丝 100~150 箱。条分规格为 13~14，商标为"厂图"。产品除少量在当地销售外，经铁路转销海外。19 世纪 20 年代生产形势最好，年产值白银 20 余万两，年盈利 10 万两左右。裕厚堂对产品质量要求很严，其经营目标是和南方现代化丝厂比高下。它的收茧范围，南至王村，北到长山，西至邹平，东至孝妇河。这一地区，桑叶厚腴，生产黄色茧丝量丰实。这种丝在上海市场颇有名气，称为"鲁黄"，信誉极高。裕厚堂丝厂率先投资机器缫丝，旗开得胜。清朝政府给予李敬义奎文阁典籍例授文林郎的封号，夫人丁氏也被封为孺人。民国初年，北洋政府农商部调查实业时，称赞该厂"关心试办，毅力经营"，并以大总统的名义奖给七等嘉禾奖章；1922年上海物品博览会上，该厂产品又被授予最优等奖章。在周村商界，公认李敬义"执（周村）商业之牛耳"，民间有"章丘八大祥，不如一个裕厚堂"之谣。此后，1917年建立恒兴德丝厂、同丰公司缫丝厂，后来永聚公、文盛祥、庆兴、义新、太来、广来等丝厂相继建立，建厂之初都是手工生产小框丝。1922年以后，同丰、恒兴德、源丰均采用蒸汽机缫丝，机器缫丝当时称为"厂丝"。四家机器缫丝厂的营业，标志着周村缫丝业进入极盛时期，最高年份产生丝2000箱20万斤，其中机器、手工缫丝各占一半。周村出现小纩丝，在江北的广大地区是先进技术，临朐、益都、莱芜缫大纩丝的业户纷纷前来学习，或聘请技术人员前往传授技术。有个叫李星甫的人曾到周围数县传授技术，最远的地方到过山海关。由于这项新技术的推广，周围各县也出现了缫小纩丝的手工工场，其中临朐县有100余家，居全省首位。（图5-5）

图5-5　裕厚堂丝厂旧址

小纩丝出现以后，并非所有缫丝坊都用上了机器。一直到 1949 年以前，周村缫丝仍然是手工、人力机、机器三种方式并行。机器缫丝是指以蒸汽机和电力作动力缫丝，缫车有座缫车、力缫车和自动缫车之分，周村的四个机器缫丝厂均使用蒸汽机带动座缫车缫丝。工人摆脱了繁重的体力劳动，提高了生产效率，缫成之丝在当时是先进产品。机器缫丝的主要工序是"混茧→剥茧→选茧→煮茧→缫丝→复摇和整理"。

1930 年前后，周村所产小纩丝和厂丝，每制一箱用鲜茧 1400 斤，按每斤 0.3 元计算，茧成本为 420 元，缫费及运费 250 元，合计成本 650 元左右。1931 年前，每箱丝 1500 余元。产品中一部分供应当地小机坊使用，大部分运往上海，再经洋行转销美国和欧洲。20 世纪 20 年代末，发生世界经济危机，蚕丝出口骤减。同时，英国、日本等人造丝大量输入，有不少还是走私流入，蚕丝国内销路也大幅下降，生丝价格暴跌，只能亏本销售。1934 年陡降至 370 余元。周村几家大丝厂均出现资金短缺，经营亏损。此时，人造丝走私渠道主要有两条。"一是由下洼、埠口卸船，在向驻防军队缴纳一定捐费后，便可自由进入周村；一是由天津、秦皇岛发运，经由铁路运抵周村。另外青岛、龙口未被查获或补交税款的走私人造丝也大量涌入，一时间人造丝汇集周村，日商、华商趋之若鹜。刺激着丝织业的畸形发展。1934 年前后，每日由火车运抵周村的人造丝，少时约 4～5 节货车，多时达 13 节货车，每节可装货 300 箱。"[1] 1933 年，周村丝织业所用原料人造丝计 4310 担，占总量的 64.2%，而生丝只有 2306 担，占用丝量的 35.8%。[2] 1932 年，周村丝业代表李华峰向山东省政府呈文，请济南各大银行对丝业投资或贷款支持。翌年 5 月，李华峰通过长山县县长袁鸣谦呈请山东省政府，要求比照对临朐县的先例在周村发行丝业救济券，省府批准周村发行 5 万元，杯水车薪，无力回天。周村缫丝业已呈江河日下一蹶不振之势。据 1934 年 8 月 1 日出版的第六卷 15 号《工商半月刊》中《去年山东丝业概况》一文记载："周村、青州、临朐等地 1931 年尚有新丰、元亨等 216 家丝厂（包括脚踏丝厂），至 1932 年激减为 113 家。"又据《中国近代缫丝工业史》记载，"当时山东全省的华商丝厂除青州有二三家小丝厂早已停工外，只有安昌、同丰、新记、元丰等 4 家蒸汽缫丝厂，共有 510 部缫车集中设于长山县周村镇，1932 年也全部停工。"[3]

---

① 山东省政协文史委等编：《周村商埠》，1990 年，第 31 页。
② 实业部国际贸易局：《中国实业志·山东省》，1934 年 12 月，第 77 页。
③ 徐新吾：《中国近代缫丝工业史》，上海人民出版社，1990 年，第 325 页。

表 5 – 1　20 世纪 20 年代周村四大缲丝厂生产情况简表

厂名	资东	年产量	价值	销路
裕厚堂	李敬义	200 箱	320000 两	60% 销往欧美
恒兴德	孙子山	150 箱	240000 两	80% 销往欧美
同丰公司	张子衡	180 箱	288000 两	销往欧美
源丰公司	张敏斋	50 箱	80000 两	销往欧美
合计		580 箱	928000 两	利润 52.2 万两

（2）丝织设备与原料的演进

19 世纪三四十年代，周村周围农村已有不少个体手工业者，农闲季节用手拉木机织小绸子、小绫子、小方绸、大绫子。每块分量很轻，不过一两（每斤相当于现在的 1.5 市斤）左右，绸面很窄，只一尺多宽，组织简单，没有花样，多供作彩绸，做花或做寿衣里子之用。主要销往郑州、保定、石家庄、北京以及陕西、蒙古、新疆等地。当时做京花主要用周村绸绫，因为用途不广，所以产值小，利润低，发展缓慢，一直到 19 世纪 70 年代，还未出现丝织手工工场。那时，章丘县龙山镇（原属历城县）芽庄、权庄一带也和周村周围农村一样，有许多农户从事丝绸生产。只有七八十户人家的芽庄即有四五十张机，有位在南方学过织花技术的工人，外出谋生，到了芽庄于福举家里，于就请他将素机改成花机，织出的绸子，有谷穗花样，绸面宽，质地厚，叫"如机绸"，可做女袄、袍套。这种新技术在当地传播开来，很快出现了几个这样的机坊。为便于就近购买材料，销售产品，约在 1870 年，三合永机坊首先迁来周村。此后，裕太祥机坊也迁到周村。这两个机坊的产品销路好，利润厚，于是许多丝绸商开始投资建场。至清光绪二十五年（1899 年）已发展到二三十户，每户少者 4 台机，多者 8 台机，共有 100 余台。1900 年已发展到五六十户二三百台机。产品质量也逐渐提高，分量加重，面子加宽，改名为"洋绉"，称为织"洋绉"时期。周围农村中也出现了此类机坊。广太永机坊有 16 张机，雇用五六十名技工和学徒，农闲织绸，农忙种田。光绪末年，商品经济的发展，刺激了中产阶级的成长，上流社会对丝绸的需求量日益增加。一般市民和农民遇到男婚女嫁也要买几件丝绸为衣料，丝绸市场需求进一步扩大，1904 年胶济铁路通车，周村被辟为商埠，丝绸商的活动越来越活跃，足迹遍及大江南北，长城内外。由于市场的扩大，利润的上升，丝绸商、银钱商、杂货商纷纷向丝织业投资。原有的机坊也增加设备或设立分场。至 1916 年，丝织机迅速发展到 1500 余台，有技工、学徒七八千人。有些大丝绸商和银钱商，每家设立三四个至七八个机坊。这些机坊的名称，都冠以东家字号的某一二个字，如庆和永麻葛庄设立的机坊都冠以"庆和"二字，人们称之为"庆"字号。合记钱庄所设的机坊都冠以"合"字，人们称之为"合"字号。这就形成了若干小集团。1916 年周村丝织业有如下 16 个小集团：

表 5 - 2　1916 年周村丝织业小集团一览表

资东	设立场数	机数	备注
庆和永麻葛庄	5 个	30 余台	庆字号
聚太昌丝绸庄	8 个	80 余台	昌字号
广盛永丝绸庄	7 个	50 余台	广字号
丰字号丝绸庄	5 个	30 余台	丰字号
正祥太丝绸庄	4 个	30 余台	
恒信永丝绸庄	4 个	30 余台	
万聚号丝绸庄	5 个	40 余台	
德兴太丝绸庄	5 个	40 余台	
恒丰久丝绸庄	3 个	20 余台	
太来成丝局	6 个	40 余台	
合记钱庄	6 个	40 余台	
福成义钱庄	4 个	40 余台	
广太永钱庄	4 个	30 余台	
滋厚福钱庄	5 个	30 余台	
三合恒杂货庄	6 个	40 余台	
存厚堂钱庄	5 个	30 余台	

以上 16 个小集团，总计有 600 余台机，域内还有一些织机散户，在住宅内营业。散布在周围农村的个体手工业者，也发展到 300 余台机，大多数还是织小绸子。

这一时期，周村经济空前繁荣，商业发达，百货云集，有"金周村，银潍县"之称。丝织业在周村户数、人数最多，为首屈一指的行业，与丝织业有密切关系的丝绸商，也是周村最大的行业之一。由于丝织和丝绸贸易业的发展，银号、钱庄也发展到数十家，存放款和汇兑业务大为增加。丝绸染坊以及为丝绸业修理和制造机器零件的铁木手工业等也都随着丝织业的发展而发展起来。随着工商业的发展，服务行业也应运而起，如饭馆遍及各街，营业非常兴隆。1916 年 4 月至年底，护国军在周村起义，周村丝织业遭到严重破坏，停工八九个月之久。1917 年又继续发展，至 1919 年已有 3000 余台机，15000 余名技工和学徒。

这时期的丝绸织造工序是"络丝—牵机—打穗—织绸"。工种有络丝工、经丝工、织造工三种。使用的主要工具是木制丝织机，长约 3.5 米，宽约 1.5 米，上设高约 3 米的机楼。安装时在平地上挖一个一立方米的深坑和一个半米深的小坑。操作时，一人在小坑用手投梭推框，一人在机楼上拉花。每台机两个人，每日劳动 10 余小时，才织半匹洋绉，而且只能织暗花。由于生产效率低，品种简单，用途不广（主要供做寿衣、戏衣之用），远不能适应社会的需求和扩大再生产的需要。

20 世纪 20 年代，日本佐佐木工厂制造的加柯尔式织机传入周村。此种织机机身比木机缩小，转动部分采用铁制部件，并增加了捻丝装置。虽然仍是人力带动，但比木机运转轻捷平稳，操作方便，绸的线条也比木机均细，"提花美丽，出品精良"。① 周村最早采用提花机的是合记丝织场。1920 年，经理李本元赴天津买来 4 台提花机，每台 250～300 元。瑞华、宝丰、裕丰等机坊起而仿效。他们联合聘请在天津织机的高子和、董省三安装生产。但此时，国内无生产此种机件的厂家，只靠日商供应，所以发展较慢。1926 年后，上海、天津等大城市自制的机件问世，周村铁木提花机剧增，迅速发展到 6000 余台，有机工、学徒 30000 多人，年产量 100 万匹，折合 2500 万米。这一时期增加的机数，相当于使用木机阶段 40 年发展的总和。丝织业采用铁木提花机后，少数场扩大到 20 余台机，出现了大型手工业工场。许多新产品相继上市，主要有"加重花丝葛"、"轻花丝葛"、"湖绉"、"线春"、"轻线春"等。因以"花丝葛"为主，故称织"花丝葛"阶段。合记丝织场还在章丘县明水镇设立机坊，用小框丝织色缎子（因该镇水土条件好）。1931 年后，许多织蚕丝品的工场，相继使用小框丝织缎子。20 年代，周村丝绸业在山东地区已是名声大噪，1925 年编写的《中华民国省区全志·山东省志》山东省之商埠载："（周村）工业有缫丝厂、面粉厂、各种织布厂、织绢绸等厂。绸绫绢绉之制造，称山东第一。"这一时期，周村的纯丝制品数量锐减。

自 1927 年始，意大利、英国、法国的人造丝（当地叫麻丝）相继输入中国，价格比蚕丝低 60% 以上，而且省工易织。其产品线条细而匀，织时易于掌握质量，而且分量较重（每捆丝实有 10.5 磅，较西洋丝重 0.5 磅），旧中国是一个贫穷落后的国家，人民购买力低下，特别适合廉价人造丝织品在市场上扩销，因此日本人造丝很快独占

---

① 庄维民：《近代山东市场经济的变迁》，中华书局，2010 年，第 414 页。

了中国市场。同时又发明了适用于麻丝的人力络丝机，节约了劳力，提高了工效。如每人每天织0.8匹花丝葛需辅助工6名，改织四磅麻葛后，每人每天能织一匹多，需辅助工1.5人。产品成本大为降低，售价甚廉，销路日益扩大，利润越来越高。因此，织麻织品者日多。至1927年，大多数场放弃蚕丝而改织麻货。其中大部分是织纯麻货，即经纬都用麻丝。少部分场织丝经麻纬的丝麻交织品。家蚕丝织绸业处于停滞状态。因以麻葛为主，称为织麻葛阶段。

此后蚕丝价格上涨，而人造丝价格较前下降，工人的技术也日益熟练，劳动生产率进一步提高，产品成本进一步降低，周村丝织业更加迅猛地发展起来。不仅丝绸商、银钱商纷纷投资丝织业，许多小商户也争先恐后地开设机坊，有些理发铺、木匠铺、粪场的经理或业主，甚至妓女院的鸨儿，也买上一两张机，雇佣工人开设机坊；有的连织机也是赊购的，再赊购几块麻丝就开工生产。在附近长山、淄川、桓台三县的农村中，个体手工业者和有二三台机的小机坊，也像雨后春笋一样地发展起来。城西王家庄是个100多户人家的小村，即有丝织机200余台。城东太和庄家家织机，打梭声昼夜不停，生意兴隆，有"小苏州"之称。1930～1931年间，丝织机猛增到14000余台。络丝工、络麻工、经丝麻工及织造工总计50000余名。产品品种达30多个，年产量300万匹，合60亿米。每年用麻丝9万箱，合180万市斤。至1933年所需原料中生丝计2306余担，仅占用丝量的35.8%，人造丝计4130担，占用丝总量的64.2%。[1]

周村丝织业虽然发展迅速，但就各场规模来说，仍然比较分散，1～3台机的机坊占很大比重，中型工场只有4～10余台机，少数大场也只有50余台机。大丝绸商、银钱商所属各场都是单独核算，各自经营，并未形成大规模的工厂。当时较大丝织工场如下表：

表5-3　30年代周村地区较大丝织工场一览表

场名	地址	建立时间	资本（元）	工人	机台	年产额（匹）
顺兴成	油店街	1916年	1000	224	56	10000
华中	东门里	1933年		200	50	
文叙成		1933年	5000	80	20	4000
永记	惠丰街	1933年		80	22	

① 实业部国际贸易局：《中国实业志·山东省》，1934年，第77页、第102页。

场名	地址	建立时间	资本（元）	工人	机台	年产额（匹）
庆和恒	惠丰街	1926 年	3000	48	12	2400
复升恒	惠丰街	1933 年	3000	48	12	2400
益记		1933 年	3000	50	12	2400
瑞华	大街	1927 年	2500	40	10	2000
茂盛恒		1923 年	2500	40	10	2000
三太恒		1926 年	2500	40	10	2000
德记		1927 年	2500	40	10	2000
德隆太		1929 年	2500	40	10	2000
庆和堂	惠丰街	1925 年	2500	40	10	2000

　　1930 年后，周村少数大场开始向电动化生产发展。顺兴成于 1930 年设电力机 4 台，1933 年又增添 6 台，共 10 台。至 1935 年，全业共有电力机 62 台。其中，永记电力机坊于 1933 年设电力机 6 台，第二年增添 4 台，1935 年又增添 10 台，共 20 台。华中设电力机 26 台。裕记有 6 台。直至抗日战争前，周村丝织业仍未发展成为大规模的现代化工业。1937 年七七事变后，处于萌芽状态的现代化工业又中途夭折了。

　　1930 年以后，周村丝织业是在帝国主义侵略日深的背景下畸形发展的。1931 年 1 月，国民政府提高麻丝的进口税。商人与山东军阀以及中国的投机商人勾结起来，大量向周村走私输入人造丝。周村丝织业绝大部分都改织麻制品。1935 年国民政府派胶海关来周村缉私，还扣留了储存在上海的周村丝绸，严令丝绸商和丝织业所存人造丝、半成品和制成品补交海关税。产品出境须领运输证，并在车站、邮局设卡。麻丝产品不能出境，改织蚕丝又有困难，不到一年即全部停工或倒闭。只有少数织蚕丝品的工场和采用西洋无光麻丝的工场维持生产。至 1936 年又有 20% 的场陆续恢复生产。1937 年日军侵华，兵荒马乱，人心惶惶，丝织业大部停工。同年 12 月，日军侵占周村，日本人造丝又源源到货，丝织业又陆续复工。自 1938 年开始，至同年秋天，即恢复到 1000 余台机。至 1941 年 12 月太平洋战争爆发前，恢复到近 4000 余台，为"七·七"事变后的最盛时期。在这期间又有两个大场出现，一个是颐中，机台安装起来后已无流动资金，专为日商加工。一个是源增利，1938 年 8 月开工，初有 19 台人力提花机，至年底即盈余 9000 余元，1939 年又盈余 10000 余元。到 1948 年发展到 30 张人力机。周村丝织业在这一时期营业情况尚可，但是日本帝国主义的血腥统治，横征暴敛，以及汉奸、土匪、游杂部队的绑架勒索，使民族工业无法生存和发展。如庆和永所属各场，卢沟桥事变后，始终未敢复工，将流动资金带往济南，还在徐州、上海、西安、兰州、新疆等地跑行商。再如华中经理毕乃训之兄，1941 年被土匪"二五子"绑架去，被迫用重金赎回，1942 年即将场房设备全部售于日人田中，赴天津另建新厂。至于散处农村的机坊则全部歇业，无一开工者。很多人都因为生活困难而纷纷出卖织机。有的把织机拆开卖了废铁。过去买一台新人力提花机需用一亩半地的价钱，变卖时只值一斗小米钱。太平洋战争爆发后，日军集中生产军火，人造丝货源减少，日本侵略者为了加强经济垄断，在周村成立"纤维组合"，把原料和成品都控制起来。不久，又令丝织业为日商加工，丝织业由自产自销逐步变为日商的加工户。日商规定的加工费很低，仅能维持开支，并且由于通货膨胀，物价不断上涨，工本费的实际价值越来越低，丝织业处于苟延残喘的状态。这一时期的主要产品是麻缎背绉。每天能生产 2000 匹（每匹 30 码），用人造丝 15000 斤。产品交洋行统一出售，剩余部分销往天津等地。伴随着日本侵略者在战争中的节节失利，人造丝货源紧缺，加工逐渐减少，至 1944 年全部停止。除很少数织纯丝货的场以外，其他各场只能靠市场上的存货自产自销；但丝价高，利润低，至 1945 年日本投降前，只有六七百台机能够运转。周村丝织业曾一度靠日本人造丝发财，而终究为日本帝国主义所扼杀。

日本投降后，内战再起，周村社会秩序混乱，交通断绝，原料缺乏，产品滞销，残存的六七百台机又大部停工。有的场因为无人看管，被盗窃一空。如颐中工厂经理丁季陶有病不能看厂，60 台机全部被盗走拆毁。日本投降后物价曾一度下跌，各场均负债累累。如小场顺兴成于日本投降前一天赊购了 5 捆人造丝，即亏损了价值 23 匹绸子的资金。以后法币、金圆券充斥市场，物价飞速上涨，使得各场均亏累不堪，纷纷歇业。至解放前夕，城内只有 25 台机勉强维持生产。

（3）丝织品种的研制与开发

在鸦片战争以前的明清时期，丝织技术的发展非常缓慢。鸦片战争以后，周村一带的机坊仍是沿袭旧法，用手拉木机织小绸子、小绫子、小方绸、大绫子。绸面仅有一尺左右，组织简单，没有花样，用途多是作彩绸、做花或寿衣里子料。1870 年前后，南方织花技术传入周村，逐步将素机改成花机。一台机两人操作，织机上设有"花板"，一人在三尺高的机楼上用手拉花，一人在半尺深的机坑里用手打梭，拉一把花打两梭纬线，两人必须熟练配合。织出的"如机绸"有谷穗等花样，绸面宽，质地厚，可以做女袄、袍套。周村开埠以后，外国丝绸进口增加，受国外丝绸的影响，丝绸幅面加宽，分量加重，能够织出平纹和各种暗花，改名为"洋绉"，"洋绉"又分为单棱洋绉、双棱洋绉、五二洋绉、五四洋绉、腰巾子、小方巾等品种。"洋绉"的档次提高了，男婚女嫁时流行用"洋绉"做衣料，丝绸市场也扩大很多。1916年，黄山前村的高子和去天津"聚义"提花工厂学徒，学习砸花板和织机提花技术，三年学徒期满，掌握了织机装造、花样设计、花稿绘制和砸制花板等系统的织造技术。1920年，高子和与同乡董省三回家过年，就向家乡的丝织机坊场主介绍了天津的"铁木提花机"技术。当时，周村几家较大的丝织工场都渴望改革落后的设备和生产工艺，高、董二人被视为先进的技术人才，高子和被裕丰、宝丰两家丝织厂先后聘为技师，董省三被瑞华、合记两家工场聘为技师。高、董二人引进先进的"铁木提花机"，产品品种和质量也随之有了很大的改进和提高。先是生产花丝葛，后来又有线春、湖绉等，都是制作男女服装的衣料。

铁木提花机在周村一带推广很快，但这种织机大批使用以后，对品种花样、设计及花板的需求越来越大，提花机所使用的花板都是根据品种设计的需要来制作的，品种决定花板尺寸和组织花样，画花稿（即点意匠），再根据花稿砸制花板，此中技术十分复杂。起初，比较大的工场都是专门雇请纹工技师制作，但是大量的小作坊只有两三张机，甚至是一张机的也不少，雇不起专门的纹工技师，有的请较大工场帮助，有的则远上天津买花板。在这种情况下，专门从事纹工制花的工厂便应运而生。1924年，高子和、高良恭兄弟和师兄弟李华国、李稷如等人辞退了工场的独家聘用，开办了周村第一家提花纹织工厂——泰和制花厂，专门为各丝织场和作坊设计品种花样，砸制花板，提供技术服务。制花厂最主要的有形产品就是砸制的花板，它是工人在用砸花台上用锤子冲子一个眼一个眼的砸出来的。花板按张计价，设计费、服务费就包含在花板价格之中。这样，纹工制花第一次从丝织机坊中分离出来，成为一种独立行业。后来泰和制花厂分成"利源""大车"两家，其他纹工制花工厂接踵而上，到1930年前后，有大小60多家制花工厂和作坊，多数是"一人班"，只能抄临、复制花稿，能够从事全套设计的是少数。此时各制花厂竞争激烈，已经开始进行广告促销。1935年李式清、李式济兄弟办的清泉制花厂位于鱼店街上，有13名员工，10余张花台，当时一张花台就是一张铁木机的价格。该厂的广告词即可见其一斑。兹启者：敝厂自开设以来，颇蒙主顾欢迎，花样新奇，与众不同，而且精工。出货迅速，放花永不讹样。今为酬谢主顾起见，得出花样数百种，以备拣选，颇能成新，并且减价，以谢主顾之雅谊。

1927 年以后，周村丝织业使用日本人造丝越来越多，进口人造丝加工方便，色泽亮丽，产品品种随之增加。人造丝时期，周村出现了专门为丝织工场提供品种和工艺设计的设计师，设计出蚕丝、人造丝的交织品线葛；人造丝和棉纱交织的线绨、麻绒；还有纯人造丝的"麻葛"、裙料、缎背绉、素纺等。花色品种繁多，质量又有新的提高，除做衣料以外，还能做被面、褥面等。不仅在内地畅销，在东南亚一带也颇受欢迎。其间，高子和兄弟是花纹设计的代表人物。1926 年，高子和重返天津，专门设计、出售花样。1930 年在济南创建了丝织商标工厂，专门设计生产提花美术商标，在丝织业声誉甚高。高子和的弟弟高良恭 1925 年另立门户设立利源制花厂，当时是周村最大的制花厂。建厂之初，就给利记工厂设计安装了大花裙料织机。1930 年时有员工 7 人，先后培养了大批纹工制花人才。1930 年设计出专用的鞋沿条，创制了袖里绸，受到消费者欢迎。20 世纪 30 年代，他给各厂家设计的品种有线春、湖绉、花丝葛、双丝葛、维新呢、缎背绉、素纺、雁翎红等。他设计出的"挖花缎背绉"，属首创彩条织物；设计的"广壮"是专门销往蒙古、西藏作蒙古族服装或哈达的绸子。他还安装了两台织机，用于设计试织，开发新产品。1938 年又设计出人造丝彩芝绫、国呢，盛销一时。是年，天津绸商带着南方样品天香绢到顺兴成联系订货。顺兴成聘请设计师房玉华为其设计。这种产品是丝麻交织品，缎面较暗，质地较薄，因为经纬成分不同，不能同时染色，须经过两次炼染。这一产品对设计师、织厂、染厂都是一次挑战。最后，顺兴成织出坯绸，由南方迁来的华鑫承接炼染，终于成功。天香绢上市让人惊艳：大提花，花地两色，层次分明。颜色大红闪金，大花大叶，很快成为做旗袍、衣装面料和婴儿斗篷的时尚材料。有人还编了歌谣："天上转（天香绢），艳丽红（也是周村产的花软缎），赏贡送礼最为荣，姑娘媳妇穿在身，美似嫦娥下月宫"。当时的花样是根据京津一带流行时尚设计的，上市后很受欢迎，畅销不衰。新中国成立后还又生产了 30 多年，连续三年被评为省优产品，此为后话。顺兴成织出天香绢后，销路大开，丝织业主十分羡慕。华中丝绸厂委托设计师房玉华设计人造丝织物。1933 年前后，房曾为顺兴成移植过南方的锦力绉，在此基础上，设计试织出缎背绉。当时周村只有华中丝绸厂有捻丝机，具备纬线加捻的条件。缎背绉是人造丝提花织物，采用平纹变化组织。织物的表经与里经相互交换，与每根纬丝交合组成，使织物背面有比较光亮的轻浮纹。纬线加捻，织地厚实，绉效应好。绸面层次分明，花纹清晰，色泽鲜艳，手感柔软，具有浓郁的东方民族风格。缎背绉试织成功后，物美价廉，很受市场欢迎。这一品种问世带动了设备更新，许多大中型工厂纷纷安装了捻丝机，开始生产缎背绉，成为周

村丝织业的主要产品之一，一直生产了三四十年，曾四次被评为省优产品。从 20 世纪
30 年代开始，电力织机逐步增加，花色品种相应增加，质地纹样也发生根本改变，产
品有了缎纹织物、双棱织物、闪花织物等变化组织，有天香绢、巴黎缎、雁翎红、花
软缎、寿字葛等，独幅被面也开始生产。

　　王村绸也是周村一带的名牌产品，产地在王村镇附近数村，故名。王村绸又称
"王村茧缎"，亦称"茧绸"。原料为山茧，有柞茧、椿茧、樗茧、柘茧、椒茧之分，
因蚕食树叶种类而定名。"王村绸"多以槲蚕丝为原料，其丝纤度较粗，微显黄褐色。
织出的绸子粗犷、挺括、厚实、分量重。用作男女夏衣，舒适凉爽，黄褐色如宝珠之
色，故称"宝光色"。长江沿岸之城市，有闲阶层夏日以穿"宝光色"为时髦，故
"王村绸"盛销一时。这一产品也有几百年的历史。早在清朝初年，王村一带即有织茧
绸的习惯。至清代中期，织户渐多。乾隆年间，栗家庄树荆堂毕丰涟农闲季节去郭庄
学习织机，出师后自己安一张木机织茧缎，后生意逐步拓展。道光二十年（1840 年）
已有 20 台木机。此后，丰涟之孙毕远翱继续经营，更名为"恒州机坊"，有木机 72
架，雇工 100 余人，月产茧缎 300 匹，为王村一带名列前茅的手工工场。恒州机坊后来
分为数家，民国前期先后歇业。清朝末年，织茧绸成为不少殷实人家的投资选择。咸
丰年间，离王村三里路的王洞村即有 3 户人家开设机坊。咸丰六年（1856），章丘县杨
官庄杨奎东贩卖商河大布发家。清同治年间，杨奎东在王洞村开设机坊，有织机 30 余
张，雇工 60 余人，生意颇为红火。光绪末年，次子杨道尊执掌机坊。欧战爆发后，风
闻欧洲缺货，集中绸缎取道满洲里、俄罗斯销往欧洲，结果因战乱赔损本钱 5 万元，
因此破产。1934 年出版的《胶济铁路经济调查报告》记载："槲绸亦称水丝茧绸，产
于王村一带，俗称'王村绸'。原料为槲茧丝，购自莱芜、肥城、泰安等处。王村绸名
驰远近，年来出产日少，颇有衰落趋势。织户约有五十，机亦约此数，年产 750 匹，
由本路（指胶济路）联运包裹，推销于上海、汉口等处。"1935 年出版的《中国实业
志·淄川县·织绸》载："淄川绸织品，向来颇负盛誉，名曰'王村绸'，销路甚广，
近以市况不振，销数陡减，因此从事织绸之工人，纷纷失业。是项绸产，集中于王村
镇一隅……"。王村绸所用生丝原料多从周村购买，其产地为泰安、费县、莱芜、莒
州、栖霞等地。王村机坊多用泰安和费县丝，有时还派人直接去泰安、费县购买。其
生产工艺与周村城里的丝绸有所不同，分送丝、络丝、牵机、刷机、绕穗、掏缯、织
造、煮炼、浆洗、晾晒、整平、烟熏等。槲丝开包以后，根据条分粗细将每块丝分成
六七份，散发给附近各村的络丝户，络丝女工再络到木籰子上，交回机坊。牵刷机匠

将丝头挂在砸在地里的木橛上，一边牵拉一边刷上面粉糨糊，以防织造中起毛，然后绕成桄轴，是为经线；同时，用纺车将较粗的丝绕在穗管上，形成纬线，俗称"打穗子"；掏缯，两人合作，即将桄轴上的经线首端一根根掏入缯扣中间的"鼻眼"中；然后桄轴上机，拴机织造。织造须两名工匠合作，一人在3米高的机楼上，用手拉花，一人在半米深的机坑里，交替踩动连接缯的木板，使两片缯不断上下。同时一手投梭，一手拉档，手脚并用，每动一次就织一根纬丝，根根相连，形成一匹茧绸。绸子织出后，微呈黄色，质地较硬，放入盛有碱水的大锅内蒸煮，使之变白变软，再放入猪胰子水里清洗。清洗晒干后用木轴滚压、整平。最后再用硫磺烟熏，使之进一步变白。熏绸时用砖砌数米长、1米宽、1.5米高的地上槽，用木杆挂上绸子，上蒙棉被，每次熏20匹，约一小时。熏好后剪除疵点，折叠成匹，平放木桌上，上压百余斤重的石块，卖时再取下。

1935年前后，王村绸风靡一时，当时富户人家婚嫁，以穿王村绸为荣耀，许多人家还用以馈赠亲友。有些较大机坊，去周村定做纸盒，盒内装绸一匹及说明书，有文千余言，封面竖写"王村茧缎"四个大字，左下方写明机坊字号，美观大方，俨然为礼品。其时织户多集中于王村、栗家、中央、王洞、苏李、东铺、西铺以及章丘县青庄、柏庄、坡庄、郑家庄、杨官庄、佛塔头等十余村，仅王村村就有织机260余台。机台较多的字号有泰来、天兴、恒盛德、广胜恒、恒盛、义丰厚、义昌厚、昌茂盛、德延广等。义昌厚规模最大，除麦秋二季和春节放假外，一年开工10个月，一年织绸1800匹，可赢利两千余元。民国以后，王村地区机坊技术未能及时改进，效率低下，产品优势遂被厂丝、人造丝织物取代，日渐衰微，"七七事变"后纷纷停产，王村绸销声匿迹。

（4）丝绸印染

周村的浆坊、染坊由来已久。明末清初的"五行""八作"中就有这个行业。最初是浆染棉布。清末民初，丝织业发展起来，多数浆坊、染坊由浆染棉布改为浆染绸绫，丝绸染坊迅速地发展起来。至光绪二十六年（1900），周村已有浆坊40余家，染坊70余家。1924年，周村浆坊、染坊还有10余家。主要字号：三合公、三合永、三合裕、三义恒、东和成、东和益、太盛永、庆来永、玉丰、恒记、义生永、德聚和、同继成、协聚、义兴恒、聚丰、成大。这些染坊以义生永为最大，有职工40余人，资本6500元，年加工绸绫70000匹，年利润10000元。其次是三合公和太盛永，各有资本3000元，职工20余人，年加工量都在50000匹左右。

1926～1936 年，是外国人造丝进入周村、丝织业大发展的 10 年，丝绸印染业乘势而上，其时有 36 家染坊。其中，机器染坊有：华鑫、瑞有成、东和益、新民、人和、中兴；手工染坊有：三盛恒、庆太永、福源永、义生永、天兴长、永合东、兴记、志诚、德盛和、隆丰太、成大、信诚、太盛永、福兴永、三合义、忠义永、义兴成、公祥、聚兴、聚丰、义记、裕诚、同和、恒聚、义隆元、恒记、义成、新隆、合记以及孟义亭和李庆云开的染坊。1937 年，日军入侵，周村印染业坠入萧条和衰落。战祸连绵，交通阻塞，货物运不出去，外地客商进不来，织户减少，营业萧条。周村印染业很快衰退。1945 年抗战胜利后，尚有印染厂（场）33 家。其中，有职工 30 余人的共 8 家，有职工 10 余人的共 22 家。全行业共有职工 550 人左右。这一时期，华鑫因锅炉爆炸而停产，其他机器染坊也相继倒闭。周村丝绸印染业又完全返回到手工业时代。解放后，随着丝织业的发展又恢复到 30 余家。

周村丝绸印染业工艺，包括染色、炼白、上浆、印花四个部分，统称为染坊，浆坊。周村丝绸印染业，在民国十一年前后（1922 年），主要包括两大部分：一部分是染坊，主要是染色，其中有白染坊，只炼白，不染色；一部分是浆坊，只为织物上浆，不炼白，也不染色。1932 年以后，裕诚、慎祥（后改为义隆）、兴记等相继建立，周村出现了丝绸印花业。此后，又出现过专门朝廷丝绸轧光的轧光厂。

周村大量加工人造丝织物后，丝绸印染业被推向一个新阶段。开始时，由于各染坊设备技术落后，只能染纯丝织物，不能染丝麻交织物和纯人造丝织物。1929 年，机器染厂诞生。一南方人在周村僧王祠建立华鑫股份有限公司，资本 13000 元，职工 30 人，有锅炉两座，柴油机 1 架，轧光机 2 架，蒸汽给湿机 1 台，蒸汽炼箱 2 台，汽染箱 3 台，以漂染整理麻丝葛、花丝葛为营业。每年染绸缎约 2 万匹，是周村建立最早、影响最大的机器染厂。新民染厂于 1930 年在梅家胡同建立，职工 20 人，有锅炉 1 台，柴油机 1 台，蒸汽炼箱 2 台，汽染箱 3 台，三轴轧光机和二轴轧光机各 1 台。人和染厂在 1932 年建于北吴家胡同，合资 2400 元，职工 19 人，有柴油机 1 台，锅炉 1 座，二轴轧光机 1 台，蒸汽机 1 台，燕汽炼箱 2 台，汽染箱 2 台，自动起水机 1 台。东和染厂于 1933 年在老龙窝街建立，合资 4000 元，职工 19 人，有柴油机 1 台，锅炉 1 台，蒸汽机 1 台，蒸汽炼箱 2 台，汽染箱 3 台，二轴轧光机 1 台，自动起水机 1 台，后改为中兴。这四个机器染厂都于"七·七"事变前先后因战乱倒闭。此外，瑞有成染厂在箔柴市，东和益染厂在崩星地，均经营数年即歇业。

印染业的主体是染坊。30 年代以前，全系手工操作。主要生产工艺是大锅蒸煮，风箱吹风。此外还有拔床和木轴用来上轴，元宝石用来压光，木杆用来晾晒产品。生产过程是①生坯；②退浆（将生坯放入盛水的大锅中，加温至100℃，用木棍搅动，保持40分钟左右，至手感不滑而柔软为止）；③水洗；④胰洗（将猪胰子捣碎，放入水中浸泡后，用其汁清洗产品）；⑤染色；⑥晾晒（至半干）；⑦轧光；⑧折叠成匹。主要生产过程分为炼和染两大部分。染又分为红、绿、蓝、杂各色，即一口大锅炼生坯，几口大锅染色，各有一名技师领着干活，工序之间不再分工。

丝绸染坊这种传统的生产技术，只能染真丝织物。1929年，华鑫工厂建立，南方的染色技术传到周村，才能染交织织物和人造丝织物。机器染坊实现了半机械化，有了锅炉而不再使用风箱；用池子染色，用炼箱炼货，不再使用大锅；工艺向近代化生产迈出了重要的一步。专搞炼白的染坊俗称白染坊。主要业务是将生坯煮炼退浆，作为本场的产品出售。当时有些对染色要求特别高的产品，往往经过炼白再运往天津地区染色。当时白染坊还有东和成、瑞轮、恒增厚、玉丰、福源永。

专搞上浆的作坊俗称浆坊。当时有些丝织物很轻薄，为了使其手感厚实、挺括，即在染色后用小米粉子、糖稀等制成糊状，涂在织物上，再进行后整理。例如对小方绸一类织物，上浆后用刺猬皮拉匀（俗称为找匹），再上元宝石压。元宝石是倒梯形，状如元宝，青石雕琢而成，重七、八百斤，有两耳。操作时，将卷到木轴上的绸子放到底部，上边再放一块小元宝石，两石夹一缠裹上绸子的木轴，离元宝石人数高有一木架，染匠手抓木架，脚踩小元宝石的两个翅儿，双足交替用力，利用慢性作用，来回晃动，反复碾压。有轧光机后，此工具即被淘汰，然后晒干，烫平，折叠成匹，即为成品。当时的浆坊有三合裕、德聚和、协聚、同继成、义兴恒、德太公等。30年代以后有了从事丝绸印花的印花厂。第一个叫裕成，资东耿玉斋，1932年建于保安街，自任经理。产品有被面、褥子面、棉布床单、蚊帐沿子、包袱等以及唱戏用的门帘、桌衣、靠背等。年加工6300匹，利润5000元。以后，义隆、兴记、茂记、志成、永和东、义成相继建立，成为印染业的一支生力军。这些作坊多数都干到解放后，参加了公私合营。

印花场的主要生产工具是木案子、颜料桶、毛刷和油纸。生产过程是：用牛皮纸涂上桐油，将设计好的图案画在纸上，再铺在涂了桐油的牛皮纸上，用小刀刻下来，牛皮纸就刻成漏牌了，把坯绸退浆染色后铺在案子上，放上刻好的漏牌，再用毛刷涂色。设计的花型有几种颜色，就用几个牌。开始时只能套3个版，解放前夕，已能套10个版。这些印花场，对外不搞染色加工。染色是为印花服务的一道工序。

丝绸印染技术的发展，使轧光这道工序分离出来。1947 年，安子义、周子成、李玉生三人，投资 10000 元，在学礼街建立信成轧光厂，专门轧光，对染色后的织物进行平光整理。主要生产设备有轧光机 3 台，卧式三节锅炉 1 座，5 马力电动机 1 台。年加工量 84000 米，其中绸绫 25000 米，年利润 2000 元。主要产品有缎背绉、线绨、天香绢、条子布、格子布、印花绸等，以缎背绉为主。专摘轧光的还有兴记。以后，各机械染厂和较大的手工染场相继增添轧光设备，专搞轧光的厂营业萧条，于是信成又增加了染色业务。

最初，周村印染业没有化工染料，只用自然染料。据老人们讲，那时染黑色用老莫柴子的树枝子，也有的用橡子的蘡子，染蓝色用一种叫淀可的植物，染青色用葵花籽。老莫柴子是西山生长的一种木本植物，用时将其树枝浸泡在水中，然后将树枝抛掉，用其汁。淀可是一种草本植物，多系人工培育，成熟后，泡在水里，搅上石灰，然后将清水倒掉，用其浓汁。清朝光绪年间才有外国染料进口，最初是德国大德染料公司的，也有英国和美国的。以后，各场多用德国加色拉颜料厂的。该厂在济南开设德孚洋行，由中国买办经营。周村的染料庄多由此进货。此外，还用天津益聚、公裕等颜料庄经销的染料。周村谦祥益曾经经营染坊和染化料，有一年存下一批外国染化料，翌年涨价，谦祥益发了一笔大财。各场所用染料，有盐剂性的，也有酸性的；有品色，也有直接色。染真丝织物多用品色，即染色时，用凉水或温水兑上颜料，只搅拌，不加温。染出成品，质量很差，没有牢度，一下水即褪色。人造丝织物的染色，须用较高温度蒸煮，因此多用直接色。即用 80℃ 以上的水兑上颜料蒸煮，再加食盐（酸性染料则加食醋，有的还加入烧酒）。染出成品牢度较强。碱粉，食醋和烧酒，全由当地颜料庄供应。炼货用的猪胰子，则由染坊自行收购。

七七事变前，周村 36 家丝绸印厂（场），手工作坊占大多数。较大的有三盛恒、庆来永、福源永、三合义、德盛和、增盛义等 10 余家。每家从业人员 20 ~ 30 人，共250 余人。这些染坊的特点是资金短缺，技术落后，主要生产工具是大锅风箱、元宝石和拔床。检查质量，全凭手摸眼看。经营方式是委托加工。他们普遍讲信用，重然诺，颜料和助剂都可赊销，加工费也可预支。这些染坊另一特点是专业化程度差，分工不明确，掌柜的和账房先生多系学徒出身，经常和伙计们一起干活。工序之间也分工不细，每人都从开始一直干到过程结束。场内也没有明确的规章制度，全凭传统习惯办事。

周村丝绸印染业的经营方式，个别染坊自己收购少量坯绸，自己印染，自己销售，其他染坊全是来料加工。一种是为当地绸庄加工。绸庄收购坯绸，委托染坊加工漂染；

有时染坊也到绸庄收货。"跑街的"（业务员）为和绸庄建立联系，争取多加工，常要请客送礼或帮助他们干些扫地、擦抹桌椅一类的零活。另一种是为外地客商加工。这些外地绸商多是东北地区平津一带或山西、陕西一带的。有的派业务人员常驻染坊；有的只来函电联系加工，由染坊代收坯绸，由外地客商付款。收购坯绸又有两种形式。一种是城里和农村的丝织机坊主动到染坊送交坯绸；一种是染坊于四、九大集、三、八小集时赶集收购。两种形式均由染坊开出收据，由外地客商凭据付款。客户通过银号将收购坯绸之流动资金汇入染坊。染坊为了争取顾主，对外地客商尽量投其所好；在购货时也尽力压价或挑选好货，以便使客商感受到物美价廉。客商知道染坊善于识别产品质量，了解丝绸行情，都乐于委托他们代购和验收，而丝织业往往对染坊不满。染坊都是负责印染后送交委托单位，再通过商业环节运销外地。主要销售地区有平津、东北、徐州、郑州、开封、洛阳，以及西北地区。

表 5-4　清至民国时期周村主要染坊一览表

染坊名称	地址	起止时间	人数	资本额
庆成（庆来东、庆来永、庆太永）	星月门外东河底	同治四年前至 195X 年	40 余	
太盛永	菹柴市	1925～1937	20 余	现洋 3000 元
三合永（白染坊）	串心店	1924～1939		铜圆 300 吊
仁合（机器染坊）	大街中段路东	1931～1934	20 余	
三合公	中长行街	始建于 1924 年前		现洋 3000 元
义生永	马路街路南	1931～1947		银圆 6500 元
义隆	下沟	1935～1945	5 人	现洋 500 元
三合裕（浆坊）	东河底	1883～1930	20 余	现洋 1000 元
三合义	南长行街北首路东	1934～解放后	20 余	
华新（机器染坊）	僧王祠	1929～	48	13000 元
新民（机器染坊）	梅家胡同	1930～	20	5000 元
东和（机器染坊）	老龙窝街	1933～	19	4000 元
人和（机器染坊）	吴家胡同	1932～	19	2400 元

（5）丝线与发网

丝线，是丝绸业中专门一行。蚕丝、人造丝由"打线匠"经过合股加捻加工成各种用途不同的丝线，然后染色出售给用户。主要品种有：发网线、绣花线、衣线、丝织机上的吊箱线和坠针线、风筝线、渔网线、包装串线、手榴弹拉线、篮球网线等等。

民国前期，打线匠集中的村庄在周村近郊东马庄、西马庄、新民庄、尹家桥、二槐树和长山城北的前后槐行、焦家、裴家、王家、甘家埠等村，而且成立了打线业行会。有时加工字号把价格压得过低，就组织"起行"（罢工）抗议，保护自身利益。西马庄靠近周村，当时 200 户人家，八成以上的户打线或做丝线生意。大街小巷都摆上挂架，扯满了丝线。而在周村西北的尹家桥、二槐树村，由于打线匠多，四乡便有了"尹家桥子二槐树，不打纲子没啥做"的谚语。

清末民初，民智大开，风尚趋向革新，妇女的圆髻也逐渐被圆扁形或略呈方形的盘头所代替。盘头较圆髻大而松软，平贴在脑后，戴上用丝线编制的发网，显得既轻巧又大方。多数妇女梳盘头必须戴发网，应时而生的发网就成了市场上的畅销商品了。起初，农村妇女编系发网（也叫结网子），多数为了自用，并不当作商品出售。后来，由于社会需求量日增，村妇们便利用农暇结少量发网到集市上卖。有些小商人看到经营网子有利可图，就拿出本钱做起买卖。此时，欧洲妇女也开始流行戴法网。"山东发网工业，始于宣统元年，时欧西妇女习尚以发网为饰，欧美客商遂有携带发网式样，来山东之烟台、青岛等地，劝民纺造编结，贩运国外。"（实业部国际贸易局：《中国实业志·山东省》1934 年（辛），第 117 页）1919 年后，山东各县劝业所设立发网传习所，"召集女生，广事倡议"（交通部烟台港务局：《近代山东沿海通商口岸贸易统计资料（1859～1949）》，对外贸易教育出版社，1986 年，第 196 页）周村发网行业的兴起，虽较烟台、潍县等地为晚，但因具有生丝集散地之便，发展却很快。1920 年前后已经出现了不少发网经营店铺。

干网子生意也称"撒网子"。商人先买下蚕丝或人造丝，找打线匠加工成网子线，然后再到各个村庄，把线撒放给结网子的妇女，付一定的加工费，定期收货。收回染色、晒干、熏软、整数、包装，便可以行销出售了。周村早期有后街徐家开的兴发祥碎货店（小百货店），先是经销发网，继之下乡撒网子，生意旺盛。发了财以后改成福东广货店。与此同时，后街七里庄尚家开设的德增泰经营发网兼出钱票。本来干得很好，1932 年因闹钱票风潮，亏损太大而倒闭。该号东伙 3 人转入辛街子铜首饰作坊盛祥永当店员，协同经理刘家兼营发网。还有太和庄聂修德，也在自己家里办起发网厂，字号叫庆鑫。庆鑫是当时发网行业中最大的一家，它的特点是家庭劳力多，分管各种工序，费用低，生产率高，资金周转快，因而大发其财。盛祥永也是收发网兼做首饰行销外地的店铺。首饰和发网都是妇女头上用的装饰品，借卖首饰之便，为发网扩大了销售领域。

1932 年前，外地发网商户多委托周村驻外地的有关商号代为采购。1932 年后华北发网集散量最大的北平（今北京），发网采购商亲临周村进行交易。继而开封、长葛、西安等地的顾主也来周村采购。因此周村一度出现了发网行业热。规模较大的商号有孟家和徐家经营的德聚恒，仇家经营的谦记，德新街的张家，福鹤街的房家，还有纺织业兼发网的李子升、李灿南等。此时周村街道、郊区、农村干网子生意的有 50 户以上。后来东、西马庄、新民村一带的打线匠，有的也改行干了网子。

发网的制作，除了打线外，主要是靠乡下妇女手工编结。他们从商人手里领到网子线，便用自制的约 10 厘米长、半厘米宽的竹梭编结。技艺好的每天可系十多个，较差的则系七八个、三五个不等，她们辛辛苦苦的劳动，仅得到点微薄的收入。

1934 年，发网业又有进一步的发展，周村较大的腿带厂商如恒华永、华成、永祥台等，也开始经营发网。他们只收购成品，不自行生产。当时腿带多远销陕西、甘肃、宁夏等省，那里也是畅销发网的广大市场。于是腿带业兼营发网业，就成了因利乘便的生意。同年，北京最大线店发网商义盛诚的总掌柜郭仁山来周村收购发网，住在与该号有交往的盛祥永。盛祥永代为办理收购、捆扎、邮寄等一切事务。接踵而来的是北京义盛祥的贾清臣、义顺长的杨秀三、沈阳的米贵珩等人，都先后住在盛祥永。由此扩大了发网的外销业务。外埠商人所收购的货物都经邮局邮寄。当时发网的输出量占周村货物总输出量的第三位（第一是人造丝丝织品、第二是腿带）。1935 年，周村设立了"海关"，机关就设在邮局内。按关税章程规定：凡外寄人造丝产品，都必须照章纳税。由于税率很高，周村发网的输出，改由不设海关的辛店、益都、博山等地邮局托寄。为了避免"海关"怀疑，部分货物仍由周村邮寄。这种情况，直到七·七事变为止。

北京较大的发网商多聚居在崇文门外上四条、中四条和花儿市等街，除了七八家专营商店外，行销丝线、丝绸的几家商号也兼营发网。博山在北京的著名料货庄景泰成、洪兴永等稍后都把发网当作重要商品。他们的销路根据其经营的商品不同而不同。如杨秀三经营的义顺长，销售市场是日本东京一带。义盛东则以压倒的优势行销东北三省。义盛诚、洪丰号、裕昌号、义盛利、玉泉号等几家的货物多畅销于晋、冀、察、绥、内蒙古各地，做少数民族的买卖。1936 年至 1937 年初，是北京发网行商的黄金时代，作为供货地的周村，自然也是生意兴隆。

七七事变后，日军侵占周村后，对外出外来人员盘查极严，下乡撒网子也有极大风险，盛极一时的发网行业骤然萧条，市里的商号下乡撒网子的逐渐绝迹。为数不多的乡下营业户也只能通过各种渠道进入周村，或直接乘车赴北京销售。1942 年，日军推行"强化治安运动"，对游击区解放区实行经济封锁，畅销于广大农村的发网更加受到限制，以致周村、北京的发网商号纷纷倒闭或改业。1945 年日本投降，发网业开始恢复生产。最大的是梅恩三、孙巨川合资经营的民安发网厂，资金也不超过 5000 元。当时该行业已恢复到 30 余家。随着全国解放，战争停止，后来又发展到 60 余家。但由于社会的进步，妇女剪发者日多，发网行业也就每况愈下了。

3. 丝绸贸易

周村镇作为一个地区性的丝绸集散中心，它的形成和兴盛要早于丝绸加工中心。早在明朝末年，周村就聚集了一批专门从事经营活动的商人，其中相当一部分是经营丝织品的。周村集市交易的商品中，当地机户生产的丝绸大多到此兜售。据民国时期丝绸店铺经理雷雨忱等人介绍："明末清初，周村已是一个丝织手工业和丝绸贸易相当发达的城镇。清道光年间已出现了一些大丝绸庄。"

（1）蚕丝来源及购销

周村是中国北方著名茧丝绸集散地。清康熙年间，就已是"天下之货聚焉"的大镇了。当时周村丝市极盛。除农历逢四、九为大集外，又有逢三、八为丝绸集，专市茧丝绸。每逢集期，"抱丝求售者，远近毕集"。周村市场之丝，以泰安、新泰、莱芜、蒙阴、沂水、淄川、益都、安丘、临朐、博山、寿光、邹平、长山为多。各县之丝，由丝贩向农户收买，收集成数，先期运到周村丝店。"自光绪三十年（1905 年）开为商埠，当时商务之盛，实超过济南、潍县，而为全省之冠。"（《鲁豫晋三省志第三册·周村》，第 133 页）民国初年，日商铃木格三郎在周村设立铃木洋行。主要收购蚕茧、生丝和棉花。最高年份一个收茧季节可以收购蚕茧 20 万斤，价值 100 万元左右。

1922 年前后，周村各丝店、丝局、索厂，每年共代客买卖生丝约 4.44 万块（每块约 5 公斤），计值 190.84 万元。附近商贾地主也纷纷来此投资设庄，购买四乡廉价蚕茧、蚕丝，再发给手工业者加工成丝和绸缎在市场上出售。比如，"临朐生丝'收买行栈为数甚多，查纳丝绢者二百余家'，当地年产生丝 3000～4000 箱，多数由行栈运销周村、烟台、上海等地。"（山东展览会报告编辑处编《山东第一次物品展览会审查报告书》，转引自庄维民《近代山东市场积极的变迁》第 260 页）1917 年，日本政府曾派人对周村镇各方面情况进行过系统调查，并编印成书（日文，后经中国学者作过翻译，取名《周村事情》）。其中"物产"一章，对周村的经济腹地中蚕茧流向介绍得尤为详细：

以周村、青州为中心的广阔土地上，每年产出数量巨大的蚕茧。产出的茧都用于缫丝，且有将近1/3的进入周村市场。

现在，将出现在市场上的蚕茧数量及情况介绍如下：

一、以周村为中心的地区　　年产八十万斤

长山县以及其他周边地区出产的蚕茧均汇集于此，马尚、大临池、王村等地也是有名的蚕茧产地。

二、以青州为中心的地区　　年产一百万斤

临朐、益都的蚕茧在青州集中后，再用火车运到周村。临朐是山东最大的蚕茧产地，全县的总产量达到六十万斤。

三、以莱芜为中心的地区　　年产二十万斤

其中一部分经过博山，用小车、牲口运到周村

四、以新泰、蒙阴为中心的地区　　年产二十万斤

其中一部分经过博山，用小车、牲口运到周村

五、以泰安为中心的地区　　年产二十万斤

其中一部分通过火车运到周村

合计250万斤，其中可能有若干重复计算的部分，实际交易的数量应该比前面提到的数字要少。通过缫丝的数量来反推以及根据在此地交易的二百余万斤蚕茧来计算的话，山东全省范围内蚕茧的总数量应该是七八百万斤。

1934年出版的《中国实业志》载："周村以丝绸绫者较多，为山东丝绸业最大市场。机坊采办蚕丝多向周村丝店、丝局、丝索行购买。店、局、索行之丝，多来自周村及附近各县。"

在清末至民国前期，沂源一带的茧和丝是流向周村的，这在《淄博经济史料》中记载得很详细。

农民采茧后，大多到集市上卖茧，也有的自己缫丝卖丝，（清）孙廷铨《山蚕说》曾对沂蒙山区的缫丝业有如下描述："竿在腋间，丝出指上，缀横木而疾转之，且抽且转，寸寸相续，巧者日得三百尺，或有间缀日得二百尺许或计十焉，积岁乃成匹也。"沂源地区的缫丝业十分发达。清代悦庄镇称为"二周村"，另外还有三岔、东里、鲁村的缫丝也十分发达，丝厂达几十家。东里镇至周村有"小丝绸之路"之称。去周村卖丝者，马队、推车及挑担者络绎不绝，鲁村镇王家石

沟村刘生乔老人介绍，该村地主王复文从本地购丝到周村丝店去卖，一开始是小本经营，不久又在周村定居经营，开设丝店。吴大洲占领周村后，王复文转去莱芜、泰安经营茧丝，大发丝财。此人经营茧丝三十余年，附近各村都有他的土地和房产，是鲁村镇的首富。解放以后，土地房产归了各村，王复元一无所有，又到周村给商号打杂谋生。民国20年（1931年）悦庄镇儒林集村杜万兰办起了一个规模较大的茧场，经营鲜茧烘烤、缫丝业务，在上海设有转销站。像他这样的茧场，在悦庄一带还有东埠村、张良等三处。三岔乡丝窝村的刘清明等人在民国年间，经营璞邱和临朐县寺头乡黑山两个茧场，置小框缫丝，生意十分兴隆。很多农民三五家集资置框缫丝。缫出的丝，全去周村销售。当时周村是著名的丝织地。①

在黄河南岸的青城一带，蚕茧也是流向周村加工、销售。"1922年，（青城县）全县蚕茧年产2万市斤，斤价3角5分，总值7000余元（大洋）。所产蚕茧计有6000市斤销于本县，1.4万市斤销于周村。1933年年产量达2.36万斤。仅青城的'福祥义'商号年购1000市斤。本县制丝均由妇女用土法制成生丝。民国时期，年产量6000市斤左右，斤价6元2角，总值3600余元，所产生丝大部卖于周村丝商，自己留一少部分用土法纺织。"（董士升、蔡玉浩：《青城蚕桑》，载淄博市政协文史委、经科委编《淄博经济史料》，中国文史出版社，1990年，第184页）邹平"所产之丝，全数卖于周村商贩，或径赴周村丝市出售"；"淄川每年产丝14.3万斤，全数卖于周村丝商"；博山"茧……多数销售于周村"；新泰每年产丝1万余斤，"多数销售于周村"。②

清朝末年，周村蚕丝市场左右山东省蚕丝价格。"山东丝业生产根据原料不同，分家蚕丝生产和柞蚕丝生产两大类。清末民初，周村为山东家蚕丝生产中心和最大的家蚕丝绸市场。山东'各县所出之丝，多向周村发卖，丝价亦视周村为准'。"③据日本东亚同文会1904年、1914年两次调查，周村经营绢丝买卖的商号多达200余家，商号分丝店和丝局两种，丝店'为各地丝商来周交易之所'，系代客买卖的行栈，丝局系自营性质，当时周村共有16家大丝局（店）。④每逢二、七日丝市，各地卖丝的农户和丝

① 厉宝璞、王明开、杨坤、刘宜增：《沂源蚕桑业》，载淄博市政协文史委、经科委编《淄博经济史料》，中国文史出版社，1990年，第187～188页。
② 《山东农业之概况》，1922年。
③ 《济南汇报》（百衲本），1904年，《海岱丛谈》，第19页。
④ ［日］东亚同文会：《支那省别全志》第4卷《山东省》，1917年，第835～836页。

贩便汇集丝店贩售丝货，而采办生丝的机坊、织户也到丝店自行看货，亲与卖主洽价，价合者即请丝店过秤，成交后丝店从买方抽取佣金，每斤佣金为制钱100文。

1903年9月，胶济铁路修至周村，翌年6月全线贯通。周村的货物吞吐量急剧上升。1903年下半年，青岛港出口蚕丝总值达到56万多两，是前五年出口总值的一倍多，以后年年增加。1907年编写的《长山乡土录》记载，当时周村火车站每年的生丝出口量为10万斤，价值160万两白银；茧、丝出口40万斤，价值约500万两。德国人称："这是铁路通到周村以后所预料到的。"1917年编写的《周村市情》一书，记载当时的周村市场蚕茧交易量在250万斤左右，至少占全省的三分之一。1924年《中外经济周刊》登载的《山东之蚕丝业》曾记载："茧市，以益都、临朐、周村为最盛。"这种繁盛局面一直持续到1935年。周村因为丝业兴盛，吸引了大批商人来此贸易。在《周村事情》中记载有一家日本商行，专门到周村收购茧屑和丝屑，运回国内加工，且取得相当不错的经济效益。

在周村蚕丝贸易中，连接购销双方的店铺，通称丝索行。以其经营性质可分为两种：代客买卖者名丝店，自营者为丝局或索厂。丝局纯以丝麻买卖为业，索厂除买卖丝麻外，还经营其他制品。

丝店是一货栈性质，各地的丝贩都住在丝店里，由丝店代销，丝店收取丝贩一定的佣金。买丝的机坊到丝店自行看货，亲与卖家洽价，谈妥后，即由丝店过秤，并出立单据，买卖双方各持一份，即为成交。丝店向机坊收款付货，一块丝（相当于5公斤）收佣金5角，叫做"秤子钱"，买卖双方各付一半。周村丝织业中型以上资金较少的工场都从丝店买丝，因为丝店的秤大，价亦比丝局略低（约低10%左右）。买卖成交后，一般每半月先交一部分款，月底付清。丝店往往操纵市价，如有丝畅销就抬高价格以求取得更多的佣金；在销路迟滞时就对丝贩进行压价，力图使双方成交。1928年前后，7家丝店共有资本7500元，每年代客买卖生丝约3.98万块，约计值171.14万元。

表5-5 民国前期周村丝店情况表

商店名称	地址	设立年月	组织	资金（元）	店主	年佣金（元）
恒和丝店	丝市街14号	民国4年	合资	1000	吴兰坡	9000
同和丝店	丝市街18号	民国12年	合资	1000	苗铭三	7500
恒德合丝店	油坊街9号	民国5年	独资	1500	解许臣	2000

商店名称	地址	设立年月	组织	资金（元）	店主	年佣金（元）
永和丝店	丝市街22号	民国15年	合资	1200	王绣斋	7200
复源丝店	丝市街29号	民国18年	独资	1000	曲文卿	8100
同升丝店	丝市街44号	民国20年	合资	800	宋荫堂	7000
同心丝店	丝市街	民国22年	合资	1000		7000

丝局是以自己的资金经营蚕丝的商业。丝局的秤小，丝价略高于丝店。货款以半月为期，到期不付货款在银30两以上者，按月息1分5厘到2分付息，实际上丝局既经营蚕丝又放高利贷。小场及个体手工业者多从其购丝。周村丝局，原有21家，1928年后，由于外国人造丝的冲击，生丝销路减少，丝价跌落，天友、大昌两号相继停歇。1934年尚存19家，共有资本2.82万元，每年买卖生丝约4200块，值18万元。七七事变前的近十年中，周村人造丝市场兴盛，成为山东沿海转向国内市场的中转站。"以数千年来负有丝坊盛名之周村，畅销土丝之集中市场，而今一变为麻织品之周村，为山东行销日本人造丝之冠军。"①

表5-6 民国前期周村丝局情况表

商店名称	地址	设立年月	组织	资金（元）	职工人数	店主	年营业额（元）
孟兴泰丝局	丝市街14号	民国11年	独资	3000	6	高砚农	3000
义成泰丝局	丝市街20号	民国22年	合资	500	3	孙鹤亭	600
庆昌和丝局	新街42号	民国20年	合资	500	2	袁惠亭	400
永和成丝局	丝市街同升店内	民国22年	合资	1000	3	王荫堂	3000
聚泰恒丝局	新街39号	民国20年	独资	1000	5	刘汉兰	4000
庆源丝局	丝市街18号	民国15年	合资	1500	4	刘庆庭	3000
德源丝局	新街42号	民国18年	合资	1000	3	王保兰	4000
同聚成丝局	丝市街20号	民国22年	独资	500	3	李继奎	2000
德庆盛丝局	银子市街	民国22年	独资	800	2		3000
恒祥和丝局	棉花市	民国22年	独资	300	2		2000
庆太和丝局	丝市街	民国22年	独资	1000	3		4000
义兴和丝局	福鹤街	民国22年	合资	500	2		3000

---

① 张玉法：《中国现代化的区域研究》，山东省，1860～1919年。

商店名称	地址	设立年月	组织	资金（元）	职工人数	店主	年营业额（元）
玉盛昌丝局	尚家胡同	民国 22 年	独资	300	2		3000
永顺东丝局	大街	民国 22 年	合资	1500	3		3000
永记丝局	大街	民国 22 年	合资	1000	3		2000
德聚东丝局	油坊街	民国 22 年	合资	1000	3		3000
聚盛公丝局	丝市街	民国 22 年	合资	500	2		2000
恒盛太丝局	保安街	民国 22 年	合资	500	2		2000
德信成丝局	保安街	民国 22 年	合资	500	2		3000

索厂：周村索厂原有 19 家，1934 年（民国 23 年）以前，计有：义顺永、义盛恒、义兴、协利、福利、德盛和、根深、恒兴永、正祥成、万聚永、荣德厚、德昌永、德顺永、恒泰永、荣德益、东聚成、厚德堂。1934 年有 17 家相继停歇，仅剩两家：长行街之丰盛东，丝市街之三合成。此二家共有固定资产 3000 余元，每年买卖生丝 400 余块，值 1.7 万元。

除固定丝店外，逢集还有摊贩经营蚕丝，不少农村的缫丝业户也到周村摆摊销售。丝市街与长行街交叉口至下沟街之间即为大框丝陈列区。逢集之日这里聚集着数百个丝摊，丝店、丝织机坊都派人赶集选购，比肩继踵，熙熙攘攘。

周村的丝店、丝局是商业史上典型的行栈，它具有贸易中介、信托代理、商品批发等商业功能。它的上游是蚕茧产地丝贩或蚕农，它的下游是小本经营的丝织作坊。它与客商间是一种"任客投主，买卖自由"的关系，双方有更多的选择余地，行栈经营是有利于近代贸易发展的。与周围地区相比，周村的丝业行栈出现早，群体大，竞争充分。在行栈资本的参与下，至晚在清朝中期，周村已经形成了新的茧丝、丝绸生产、交换、运销机制，这些手工业品已经不再只是供应生产者自身或本地需要，而是在商贩、行栈、号庄的参与下以新的形式提供给远地市场，这样，分散的家庭劳动就变成受市场关系支配的商品生产者。这一过程的结果，就是使周村成为辐射力愈来愈强的生丝集散地。

（2）丝织品销售

至晚到清朝初年，周村丝绸已成为货物交易的大宗。在周村的外地客商中，山西、陕西的商人是到周村贸易比较早的，他们经营的项目，主要是铁器、漆业和丝绸。康熙年间县令金轼有记："地不通夫水路而天下之货聚焉，熙熙然贸易有经。"① 乾隆年间长山县令叶观海有言："长山周村镇商贾云集，各行货物皆出南省。"其时周村货物或是外地客商运至，或是周村商人贩来，而价值不菲又便于携带的丝绸当然进入他们的贩运之列。有资料证明，此时周村的丝绸商已经活跃在江浙一带。如浙江省著名的丝织市镇濮院镇，曾是明清时期江南五大名镇之一，即有一批周村商人开设的绸行，销售适合本地需要的周村绸货。清嘉庆年间人金淮所著《濮川所闻记》中记载："绸行之名曰京行、曰建行、曰济宁行、曰湖广行、曰周村行，各以其地所宜之货售于客。"②濮院镇作为著名市镇，号称"日出万匹绸"，周村绸缎能在此地占有一席之地，可见当时周村丝绸生产也并非一般。绸布业著名商号谦祥益，创立于清朝道光初年，由章丘县旧军镇孟氏投资领东，地点在万顺街路北，至今房舍仍存。后来，谦祥益又先后在周村和外地建立了 22 家分号，大多数以经营丝绸为主业。道光初年周村的正祥、益美、吉顺、福盛、呈祥、万聚、丰祥、吉庆等绸缎店，③ 他们销售的产品，一部分产自当地，一部分来自江南。江苏省赣榆县青口镇地处海州湾畔，是南货运往山东的重要节点，据嘉庆年间的记载，当时，青口镇有"山东周村布客恒祥字号各八家，所有南来货物俱由此旱运东省售销。"（《续纂淮关统志》卷十一《续纂文告》）据雷雨辰等人介绍："19 世纪 60 年代，丝绸商业已很活跃。丝绸商一方面在市场上收购丝织品；另一方面，还以原料供给手工业者为他们加工丝绸，产品几乎行销全国，主要销于北方和西北方面，如河北、陕西、新疆和蒙古等地，丝绸商常年赶北会和西北会（郑州、保定、石家庄等），周村丝绸在郑州会上是主要商品之一。"仅东来生绸布庄一家就去十余辆大车赶会。在道光初年重修关帝庙的捐款字号中，即有全泰、德昌、和顺、鸿源、福顺、合义、重盛、恒泰、大顺、福聚、三合、永盛、全盛等十余家布店。（图5－6）光绪初年，周村重修大王庙，则有公顺、万聚、三合、义祥等布店，同兴、恒兴、全兴、源盛、吉顺、晋泰、聚祥、永泰、同聚、义盛、祥盛、玉源、永盛等染坊参与捐款，这些布店多是绸布并营，而染坊是不销售产品的，他们是受丝织机坊和绸布庄的委托加工染色的，可以肯定，到光绪初年，周村的绸布庄数量当数倍于染坊。

　　胶济铁路通车以后，周村丝绸生产进入持续攀升的黄金时期，丝绸贸易的范围迅速扩大，作为这一时期的亲历者，雷雨辰等人记载周村丝绸市场范围比较详细：

---

① 康熙《长山县志》卷九《艺文志》。
② 《濮川所闻记》卷三《记言》。
③ 《据周村 1824 年部分老字号名录》，郭济生《周村老字号》，第 193 ~ 196 页。

图 5-6　道光四年重修关帝庙捐款字号中有大量丝绸业字号

清末民初，由于帝国主义的入侵、资本主义的发展，胶济和津浦铁路的相继建成，周村丝织业迅速发展起来，日产绸缎万余匹，销往山东各地及河南、山西、河北、东北、四川、上海或南洋。上海，丹阳的丝绸商常驻周村购货。周村庆和永、聚太昌绸庄于 1917 年向上海的福伦、瑞伦绸庄投资，由后者代销周村丝绸，销路远达广州、福建等地。周村丝绸商的足迹还直接到达西安、兰州、蒙古。1918 年，源昌祥绸庄派人到库伦（现蒙古人民共和国首都乌兰巴托）设庄销货。周村丝绸商积累了资金，纷纷向丝织业投资，建立了许多机坊集团，促进了丝织业的发展。1916 年，周村附近农村桑园已达 5000 多亩，年产茧达 500 吨。1920 年织机增至 6000 余台，织工达数万人，周村丝织业空前繁荣，城镇、农村出现了"步步闻机声、家家织绸缎"的情景。[1]

据《淄博丝绸志》记载，周村丝绸的销路，据 1934 年（民国 23 年）统计，南销江苏省的上海、丹阳、南京、苏州、无锡、扬州、徐州，浙江省的杭州、宁波等处，年销售总值

196 万元；西销河南、山西、陕西等省，计 68 万元；北销河北、天津、北平等地，计 50 万余元；东北三省，计 37 万元；销本省的济南、青岛及省内各县者，计 40 余万元；西北销蒙古、新疆者，计 10 万元。

根据资料记载，这一时期周村丝绸商号到外地安庄设号的城市分布，东至烟台、

---

① 　山东省淄博市周村区志编纂委员会编：《周村丝志》，中国社会出版社，1992 年，第 191 页。

青岛，西至西安、兰州，南迄上海、浙江、汉口、成都，北达乌兰巴托、包头、赤峰、沈阳，周村丝绸商的足迹遍及大半个中国（图5-7），有的还下"北洋"，经满洲里，经俄罗斯去欧洲，有的下南洋远至东南亚诸国，至于通过这些外庄分号批发出去的丝绸，远销欧美诸国和日本、朝鲜，广为流播，渠道甚多。如有一种绸子叫"云锦绉"，通过烟台海上运输，出口朝鲜，做朝鲜族女装，大受欢迎。"民国初期，周村丝绸不但国内销路大增，亦有部分产品出口。据光廷署著《民国时期周村麻织业生产及外销》说，周村丝绸"出口可远销南洋"。周村

图5-7 民国时期周村商号外地设立站庄示意图

有场200余家，年产绸35.7万匹，出口就有3.5万匹，出口总值计357万元。"

周村丝绸的市场销售方式主要有：

跑街推销。较大场都有专门跑街的，这些人携带产品到各丝绸庄推销。个体手工业者则由业主亲自携带产品到丝绸庄求售，按质论价。丝织机坊与丝绸商多有比较固定的来往关系。据1934年统计，周村有绸缎店（零售）12家，计有：瑞林祥、公聚祥、裕和号、公聚、鸿昌义、晋兴泰、德聚和、广居号、复盛恒、长盛和、正源兴、聚盛昌等，共有资本5.2万元。年销售本地产绸缎麻葛总额12.5万元。还有一些丝绸商家多系产销合一，或丝棉兼营。即前门是店，后门是机坊；既卖丝绸，亦销棉布。因此，周村的丝绸商贸与丝绸生产关系密切，随丝织业的兴衰而兴衰。

设摊出售。民国年间，两三张织机的小作坊，都是在东门外黑虎街市场上设摊出售。

图5-8 裕茂公绸麻布庄旧址

通过绸麻店包装外运，销往全国各地。每逢集期，各机坊将坯绸送往绸麻店内出售，绸麻店将收买成数的坯绸分等，交染厂染色，然后打包运往外埠销售。当时周村有绸麻店46家，资本在万元以上者有20余家，计有东来生、裕茂公、义兴厚、广盛东、荣德义、聚泰昶、益和太、复成号、三益恒、德兴泰、三合恒、义兴公、晋升恒（以上各有资本在2万元左右）、同聚泰、同祥号、广兴恒、协兴永、荣庆泰、东盛泰、中和号、鸿生成、庆祥号、惠丰号等（图5-8）。周村绸麻业入会铺号资本共约50万元，年营业额总计392万元。

赶会推销。早在19世纪60年代，周村丝绸商就很活跃，常年赶北会和西北会（郑州、保定、石家庄等）推销丝绸。当时周村丝绸在郑州会成为重要商品之一，周村东来生丝绸庄是郑州会上著名商家。

到外地设庄推销。清光绪末年以后，由于交通便利，周村丝绸商活动的范围日益扩大。1918年，周村源昌祥绸缎庄就派人到库伦设庄，其他绸商也有到西安、兰州等地设庄的。后来人造丝产品兴盛时，周村丝绸商的足迹远达湖南长沙，设庄推销周村丝绸。沂水县的鲁村，地处山区，"淄博周村一带一些坐庄商人，常年住在鲁村各铺号，如周村商人陈子明常年住在福圣和，该号经营绸缎布匹，陈子明坐庄联系，缺啥进啥，信息灵通"。[①]

由外地绸商代销。1917年，周村的庆和永、聚太昌绸庄向上海的福伦、瑞伦绸庄投资，双方合作，由上海两号代销周村丝绸到广州、福建等地。人造丝产品兴盛时，上海、丹阳、长沙、汉口等地都有周村丝绸的代销。日伪时期，周村在徐州经营绸布业的有72家，号称"周村帮"，在当地颇有影响。

外地绸商来周村采买。丝绸业与外地绸商的交易，在"七七"事变前直接来往。事变后，外地绸商多数是委托染坊代买。因为染坊善于鉴别产品质量，了解当地丝织业的情况。上海、丹阳的丝绸商同周村的丝绸商来往频繁，联系密切。常有不少丹阳、上海、西安、沈阳丝绸商驻周村购货。

出于市场竞争的需要，绸布业批发庄对捕捉经济情报十分重视，情报是通过某些大字号进、销货表现出来。他们在这方面有各自不同的渠道。进货大部分来自青岛，各号均派人常住青岛，叫作站庄，实际就是采购员，但必须是精明能干之人。青岛绸布市场的价格，操纵在日本洋行和大批发商手中。市场价格变动，站庄人员都随时用

---

① 单兆宜、崔云鹤：《鲁村老字号商店》，载政协沂源文史资料征集委员会《沂源文史资料》第六辑，第231页。

电话或电报告知庄上，周村的绸布价格总是随着青岛的波动而波动，尤其是在大涨大落时更是如此。绸布是市场上带头的物资，涨落都会波及其他物资的价格，因此站庄人员对市场信息十分灵敏。一些大店的盈亏往往决定于四面八方的信息。一步赶上，一桩买卖就能发起来，一步赶不上也能赔进去。在暴涨暴落之时，关门倒闭者屡见不鲜。一些小店之所以谨慎，也在于此。他们总是看大店的动静，行动自然慢一点，虽发不了大财，也吃不了大亏。抗战以后至解放比较兴盛的字号是仁丰绸布店，最初立号在1936年，称益庆永，坐落于大街南首。资东为桓台耿家和长山城东栗园村梁家。1943年改称德庆东，1948年因股东变化，又改为仁丰绸布庄。该号经理宁斋恭常驻上海，对沪上和周村情况了如指掌。一面将在周村自购加工的绸缎运往上海，一面将从上海采购的绸缎运至周村，绸布高中低档俱全，花色鲜艳时尚，营业盛极一时，获利甚丰。

绸布庄的销货，路子颇广。四面八方的顾客来到济南，都是先到庄上看货色和行情，因此庄上的掌柜接应顾客。很下本钱，经理们有时陪同客人下馆子吃喝；伙计们忙里忙外，直到深夜，他们也根据需求情况，随时涨价、落价，买卖比较活跃。

1933年，周村绸缎生产量41万匹，价值410万元，占全省丝绸总产量的63%。周村城区有绸布业91家，年营业额580万元，占淄博地区总营业额的94%。[①] 绸布业有相当一批殷实字号，如鸿昌义、鸿昌福、鸿昌泰、鸿昌玉、鸿昌兴、鸿昌元、鸿昌礼、东来瑞、玉来瑞、越来瑞、福来瑞、聚来瑞、东升瑞、滋厚福、隆德义、隆德增、三义太、丰亨豫、裕茂公、庆和永、瑞林祥、谦祥益、谦祥和、元亨、复成、志远堂、广兴隆等，他们的分号外庄遍布全国。（图5-9）

据雷雨辰等人回忆，20世纪30年代前期，是周村丝绸产量最高的时期，市场占有率也达到顶点，产品销路，南方以上

图5-9 创办于1894年鸿昌义织绸厂旧址

① 张光明、李国经主编：《周村商埠文化及鲁商文化研究》，山东人民出版社，2010年，第58页。

海、丹阳、长沙、汉口等地为据点，销于广东、西南以及南洋群岛等地；北方销于东北诸省、内蒙古及蒙古乌兰巴托；西方销于山西榆次及彰德、归德、大名一带。而1935年以后，便由盛转衰。

1925年，帝国主义国家人造丝进入中国市场。1931年后，日本人造丝大量走私进入周村。丝织业更加迅猛地发展起来，年产绸缎达300万匹，合6000万米。周村丝绸一度左右江北市场。这时，除东北为日本所控制，销路断绝外。周村丝绸商的活动范围进一步扩大，在东南以上海、丹阳为据点，由当地商人再销至广东及南洋等地，在西南，以长沙、汉口为据点再销至西南等地。

1935年，因民党政府派胶海关来周村缉私，并在车站、邮局设卡，限制了人造丝的来源。靠人造丝起家的丝织业和印染业纷纷停业。丝绸贸易受到打击。日军占领和国民党统治时期，蚕桑业遭到严重破坏，丝织业败落到极点。许多丝绸商将活动中心移至徐州、蚌埠一带，周村逐步丧失了丝绸贸易中心地位。

四　周村丝绸业著名老字号

（一）缫丝业

1. 同利公司

前期为同利丝店，由长山县东礼村张氏投资兴办，位于油坊街吴家胡同北口。主要经营蚕茧和生丝。光绪二十七年（1902年），长山县令曹憪响应朝廷兴办实业的号召，以该店为基础，联合商家集资1.3万元，共同创立同利公司，性质为官商合办。同利公司除经营茧、丝外，致力于改良桑树品种和引进湖州优良蚕种，扶持农民桑蚕生产。并从南方引进小纩丝生产技术，促进了缫丝技术的进步。至1916年护国军起义时人员逃散，公司解体。

2. 裕厚堂（华成）缫丝厂

1908年，益都李敬义与临朐马文山、马兴之、马文明等合资约3万元创建。地址在周村东门外路南。厂房为旧式建筑，大厅两座各五间，作办公室；二层楼房1座，共12间，作缫丝车间。有意大利座缫机100台，国产卧式三节锅炉两座。共有职工200多人，其中童工50多人。季节性生产，年平均开工约180天。原料从当地收购。每百斤丝平均用干茧400斤，年产丝30多箱（一箱20把，每把5斤），产品除少量在当地销售外，多数运往上海益丰长货栈转销。年产值 6 万余元。裕厚堂因资金短缺，常以押款方式向上海的中国银行贷款，也向上海的货栈借款。至 20 年代末期，丝价暴跌，裕厚堂倒闭。民国 19 年（1930 年）上海益丰长货栈出资 6 万元买下该厂，于 6 月 1 日重新开业，并将厂名改为新记缫丝厂，商标为"厂图"。经理赵秋陆（山东黄县人），副经理王乐亭、陈子久。此时全厂职员 27 人，工人 103 人，童工 64 人。职员月薪 6~9 元，工人月薪 10~12 元，童工月薪 2~8 元。年约出丝 100 箱，产品销往欧美各国。1937 年，厂名更为华成缫丝厂。经理单树生（黄县人。原为上海益丰长货栈经理交易员）。华成缫丝厂的管理机构分为丝务、茧务与庶务三课，但不设课长，三课均由经理直接负责。1941 年，曾再次集资扩股，改为三合成缫丝厂。1943 年，又复改为华成缫丝厂。抗日战争时期，因原料被日本人垄断，华成缫丝厂生产由自营转为为日商加工，生产时断时续。1945 年后，华成缫丝厂停产。

3. 恒兴德丝厂

1917 年创立，位于周村老龙窝北首路东，占地 14 亩，资东是牟平县人孙子山。初期安装人力缫丝机 30 台，产品为小框丝。同时收购大框丝进行翻摇整理，变为小框丝出售。1924 年又扩大生产，投资 8000 两白银，建设厂房和办公楼，安装锅炉两台和蒸汽机，进口意大利产座缫机 160 台，开始进行机器缫丝。年加工蚕茧 30 万斤，产丝 200 余箱。鼎盛时期年产丝 400 余箱，产值 600 万两。时有员工 307 人。20 世纪 30 年代，受英日等国人造丝的冲击，经营困难，1931 年停业，厂房设备抵押给上海银行和钱庄。后来又集资 4.5 万元，招收工人 195 人，开办安昌缫丝厂，年用茧 1.5 万斤，产丝 160 箱。1940 年改为公记丝厂，有职工 280 人。受战争影响，1945 年再次停产。1949 年，周村市政府租用恒兴德厂房、设备，设立"山东省第二丝织厂"。1951 年恒兴德资方退出，产权归属张周市人民政府。

4. 同丰公司

同丰公司位于周村东门里，创立于 1919 年。资东为张相南、孟希文、李华峰等，资本额 10 万元。安装意大利产锅炉两台，缫丝机 200 台，职工 350 人。年用茧 30 万斤，产生丝 180 箱，产品从青岛海运上海，通过各洋行行销欧美各国。建厂之初，即设立发电所，安装 60 千瓦直流发电机一台，是为周村发电之始。建厂之初正值丝业的黄金时代，获利甚丰。民国 16 年（1927 年）原料涨价，亏本 20000 元，民国 17 年盈利 30000 元，民国 18 年亏本 45000 元，至民国 19 年，亏损日甚，被迫将缫丝设备抵债于上海益丰长货栈。6 千瓦发电机等部分设备器材由原主办人于民国 21 年作价收买，另设周村电气股份有限公司。1930 年因经营亏损，将厂内设备出让。1932 年张子衡将发电设备赎回，又增装 300 千瓦发电机一台，更名为周村电气股份有限公司。（图 5 - 10）

图 5 - 10　创办于 1919 年的周村同丰公司旧址

5. 源丰丝厂

源丰丝厂位于周村增圣街东首路南，1924 年创办，资东长山人张敏斋，投资额一万元。安装济南兴顺福铁工厂仿造日本产缫丝机 50 台，锅炉一台，职工百余人。年加工鲜茧 60000 斤，产丝 50 箱。源丰还配备改丝机 18 台，工艺先进，故其产品色泽亮、质量好，颇受国际市场青睐，生丝商标为"金鼎""银鼎"，畅销欧美各国。1932 年因市场变化停业。

（二）丝织机坊

1. 顺兴成机坊

1916 年滋厚福钱庄投资创办，经理为吴庆祥。几年后"滋厚福"撤资，资东成为吴庆祥。初始只有木机 4 架，1926 年上铁木提花机 10 台，翌年增至 20 台，1928 年增至 30 台。1932～1933 年安装电力机 10 台，又陆续安装了电动络麻机、上劲机、倒穗机、浆丝机，使顺兴成成为拥有铁木提花机 46 台、电动机 10 台的大场，在周村首屈一指，在省内亦属先进水平。顺兴成有东西南北四柜，最盛时有职工 200 余人。"七·七事变"前，改为成记丝织厂，但人们仍按习惯称为顺兴成。吴庆祥非常注意产品质量和商业信誉，打造名牌，扩大销路。他对产品质量有明确的规定和严格的检验规程，各分柜经理亲自把关，重量、稀密、疵点都得达到标准。每匹绸子的重量必须用秤称量，湖绉、线春、杭罗的经线，一定得保证 4500 根，不合格的决不出厂。吴庆祥经常亲自验货，发现疵点就训斥工头和工人。于是，"老吴三——验不住"成为周村流行一时的歇后语。由于质量过硬，顺兴成的产品供不应求，最高时年产量达 15000 余匹。顺兴成从不上集市、庙会上推销产品，一年到头坐门等客，济南、潍县、北京、天津、西安、兰州、徐州的客人纷至沓来，有的客人在柜上等货发车，一住就是月余。到1933年，自有流动资金达到90200元。1933年，赵占元在《周村丝麻织业调查》中记载："现据周村丝麻织业公会报告，在会会员二百六十一家中，以周村观海门里之顺兴成资本最大，机台数之多与出货之众，实执周村丝麻业之牛耳。"日伪统治后期，因受市场影响，工人工资经常拖欠，各柜经理联合请愿，以致内外交困，顺兴成停业。[①]

2. 恒盛机坊

恒盛机坊是王村镇栗家庄毕氏树荆堂经营的丝织机坊。始建于清朝乾隆年间。其时，创始人毕丰涟是一家自耕农，有土地不足30亩，农闲时节到郭庄学习织绸技术，然后在家中安一张木机织绸。主要产品是"山绸"，到周村推销。几年后营业扩展，添置几架木机，并雇数人帮工。嘉庆、道光年间，他与子毕宁玠继续经营机坊，道光二十年（1840年）织机添至20余架。是年父子俩同年去世。此后，恒盛机坊在毕丰涟之孙毕远翱、毕远蓉的经营下，历经咸丰、同治、光绪60多年的时间的持续发展，到光绪末年已有场房26间，织机72架，附设染坊一座，雇工一百余人，月产丝绸300匹，是周村地区名列前茅的手工工场。

恒盛机坊生丝原料多购自周村，主要是泰安、费县、莱芜、莒州、栖霞等山区生产的柞蚕丝。以泰安丝和费县丝最为优良，有时也直接去泰安费县采购，每次购进360多捆，重约2900斤。机坊内部各工序实行计件工资加奖励的制度，每月平均产量300匹左右。机坊的利润除扩大自身生产外，大部分投入农业，购买土地。毕丰涟经营时期土地达到100余亩，其子毕宁玠经营时期扩展到300余亩，至光绪末年增加到900亩，年产粮食40余万斤。到民国初年，因为树荆堂分家析产，恒盛机坊被分割为几个小机坊，至七七事变后停产。

3. 义昌厚机坊

义昌厚机坊位于王村镇杨氏宅院中，创立于清朝光绪末年，初立设在青庄，称义丰厚，资东为青庄人赵兴朴和杨官庄杨道康，有六七台织机。青庄地处山区，交通阻塞，于1922年迁至王村镇，租赁杨道悦的10余间房子做厂房，由张敬之任掌柜。并扩大经营，达到24架木机，其中宽幅机5架，成为当地较大的手工工场。1930年，赵、杨将工场卖于大尚庄李子仪。李子仪曾任益都县县长，家境富饶，在济南设有布庄，周村设有绸庄，王村镇上设有银号和当铺。他接手后更名义昌厚，利用联号多、资金

---

① 山东省政协文史委、周村区政协文史委：《周村商埠》，山东人民出版社，1990年，第102页。

充裕的条件，既经营丝织，又经营蚕丝和丝绸，业务大增。

其时，义昌厚有员工 30 人，固定资产总值 2000 元，流动资金五六千元。义昌厚的原料来自泰安，也从滕县、费县、沂水、昌邑或河南进丝，都是榨蚕丝。这种蚕茧大如鸡卵，榨蚕丝织的绸子叫榨绸。每次所购之丝 2000 块，每块 5 斤，价值 22 元，用款 4 万多元，可供一年之用。有时也销给附近机坊，每块可赚两元。榨绸主要做夏装。义昌厚产品主要销往周村和济南，他们再销往武汉、上海、新疆的伊犁和江苏丹阳等地，周村鸿祥布庄和济南的隆祥、瑞蚨祥是长期合作的老主顾。1938 年日军占领王村以后，义昌厚关门停业。

5. 天兴机坊

天兴机坊位于王村镇西王洞村，创立于 1865 年前后，创始人杨奎东。杨奎东是章丘县杨官庄人，娶王洞村王氏为妻，婚后不久破产。咸丰三年（1853 年）迁至王洞村。岳父资助其 500 吊钱助其贩卖商河大布，连续三年获利翻番，资金达 5000 吊。即花 500 吊钱购一前后四合院，开设丝织机坊，到 1915 年杨秉德去世时，有织机 30 余张，雇工 60 余人。在周村、潍坊、烟台各有一家绸缎店，在王村设有炭店，有土地 4.5 顷。第一次世界大战期间，杨秉德已去世，次子听说欧洲缺货，便集中一批丝绸，由满洲里出国，运往欧洲，结果亏本 5 万块钱。因欠银行债务被羁押，杨家变卖机坊、土地、家产偿债，偿清债务后仅剩 5 亩土地，到 1920 年前后，杨家落为粗具温饱的自耕农。杨家第三代有 5 名男丁，分居后有 4 人开办机坊，各有 5～6 张木机。1925 年前后，行四杨德宏开办泰来机坊，初有两张木机，到 1931 年去世时，有织机 10 张，土地 60 亩，资本 4000 块大洋。翌年，杨德宏五子分炊，长子杨秉德分得两张织机，400 块大洋。他停办机坊，去给别人织绸。次子杨秉士继续开机坊，改为天兴机坊，生产规模逐渐扩大，由单一织绸发展到兼营制作毡帽，在周村开设了永泰帽庄。天兴机坊至 1956 年停业。

6. 华中织绸厂

华中织绸厂位于周村东门里东市场路西，1932 年创办，资东为安徽人毕晓山。毕晓山原在上海从事丝织行业多年，对丝绸市场熟悉。1932 年到周村投资，租赁原同丰公司的部分厂房，从上海带来设计师、技术工人 10 余人，安装电力丝织机 30 台，整经、摇纬、捻丝等附属设备齐全，全部为电力带动，当时在周村是全部现代化的丝织厂。数年后，又在下沟街石家胡同置地建房，安装人力铁木提花机 24 台，生产规模扩大，员工达 160 人。产品有蚕丝、麻丝（人造丝）两大类，主要品种有湖绉、线绨、线春、雁来红等，还有不少宽幅产品，市场销路甚好。1937年产值达20万元以上。1938年以后，又委托设计师房玉华为其设计了以人造丝为原料的织物"缎背绉"，以花纹清晰、鲜艳柔软而深受顾客欢迎，畅销半个世纪。1941年，毕晓山受到日伪势力敲诈气愤而死，其子毕乃圭继任经理，但因日伪压迫，营业下降。当年毕乃圭之兄毕乃训又遭"二五梯队"绑架，无奈用重金赎回，"华中"受到重创。1943年，在日伪胁迫下，毕乃圭兄弟将设备、原料卖给日商，去天津重新开办华中织绸厂。

（三）染坊

1. 庆太永染坊

庆太永染坊位于星月门外东河底路西，占地2亩许，有草房50间。早在清朝中叶，此处即是染布的染坊，同治六年（1867）改称庆成，开始染绸绫，后来改称庆来东，后又改称庆来永。庆来永时代的资东是东来生绸布庄。此前的资东已经失考。1924年改称庆太永，资东改为周村大庄人樊华亭、樊雪门和淄川黄家庄张汝洲。经理是马尚镇吕厚安和焦桥村的孟宪行。

庆太永有工人30余人，管理人员十一二人。主要品种有洋绉、方绸、花丝葛、线春、二八绫子、二八绸子、袍套、女袄、灯纱等，以花丝葛、线春为大宗，后期增加了麻葛、缎背绉等人造丝产品。日产量300匹，年产量10万匹，折合170万米，年营业收入1.6万元，利润0.8万元。主要生产工具有大锅5口、风箱5只、元宝石3套、拔床3架、竹竿20条、木轴100根。全系手工操作。

庆太永本身不销售产品，产品由客商和本地绸庄发销各地。20世纪20年代主要销往河北省东部和南部诸县以及锦州、沈阳、哈尔滨、开封、洛阳、郑州、西安、兰州等地，30年代人造丝产品又增加南昌、汉口、长沙、衡州、成都、上海、丹阳及东南亚一带。

1931年，庆太永分为同太永和义生永，义生永迁至马路街南，资东有樊华亭、高东山、梅节之、刘景照，1947年改为聚丰；同太永仍在原址，资东为张汝洲。三年后倒闭，设备工具归张天俊，迁至进德会，设立隆丰太染坊，20世纪50年代并入建业印染厂。庆太永染坊历史长，规模大，为周村印染业培养了一批骨干力量。福源永经理徐尚德、聚丰经理马芳圃、隆丰太经理徐玉亭，都是从庆太永学成后走出去的。

2. 东元盛染坊

清光绪二十年（1894年），桓台人张兴垣在岳父石茂然的支持下，于周村南下河穿心店开办东元盛染坊，绸布染色。最初只有工人十余人，来料加工。东元盛讲究质量信誉，不断改进配方，从而使产品色泽亮丽，着色稳固，兼之热情待客，业务不断扩大，开业三年业务大增，产品占领华北地区并打入上海、天津、武汉、徐州等地，成为周村三大染坊之一。20 世纪 30 年代，为谋求更大发展，东元盛迁往济南，成为著名的民族工业企业。后来，它的主要经历被作家陈杰创作成电视连续剧《大染坊》。（图 5 - 11）

图 5 - 11　创办于 1898 年的东元盛染坊旧址

（四）丝绸店铺

1. 永和丝店

清光绪三十二年（1906 年），由王绣斋、沈兴垣二人创办，店址在丝市街路北。后来二人分伙，沈兴垣仍在旧址，改为永和丝店金记；王绣斋又与牛瑞卿等合资另开了永和丝店。蚕丝来自山西、河南、河北、广东、四川、湖南、湖北等省，本省的有新泰、莱芜、蒙阴、沂水、临朐、益都等县，由丝店代其卖出。一个集日交易额达两万元以上，规模之大为周村第一。1938 年，店伙计增加到 30 余人，每年获纯利两万元以上。（图 5 - 12）

2. 瑞林祥绸布店

瑞林祥绸布店位于周村大街中段路东，资东为章丘旧军镇孟氏慎思堂，始建于清朝同治年间。初期投资 11000 两白银。有 1 座门面房、6 个院落、3 座厅房、5 座楼

图 5 - 12　创办于 1898 年的东元盛染坊旧址

房。初始经营博山大漆，不久改营布匹和绸缎零售，
但规模不大。光绪年间王大镐任掌柜时，从青岛购进
一轮船印花布，获利甚丰，成为称雄周村的大字号。
民国初年，章丘人李继忠任经理，打破孟家不兴办实
业的常规，设立瑞华机坊，自己烘茧、缫丝、织绸，
然后委托染坊印染，在店内销售。成本低而利润空间
大，瑞林祥开始复兴。于 20 世纪 20 年代收回了店铺
产权。该店注重进货渠道，棉布从济南东元盛购进
"名驹青""双鱼蓝"，从上海批发"一九蓝"，都是
名牌产品。高档丝绸从苏州、杭州购进杭纺、竖罗、
缎子、杭线春等，大众产品湖绉、纺绸、华丝葛等则
从周村当地采购。瑞林祥卖货讲究足尺足码，顾客买

图 5 – 13　瑞林祥店铺后楼

一丈布，要给 1.05 丈；卖布 46 码的白布，只当标定的 42 码卖出。几十年如一日，顾
客们称赞说："瑞林祥量的布，我们放心。"有些在外谋生的盲人，年前要回家过年，
他们多到瑞林祥买绸布，因为知道瑞林祥不会瞒哄客人。该店还有一个传统，待人热
情，服务周到，货架上挂着三个黑地金字的小木牌，分别写着"货真价实""童叟无
欺""言不二价"。(图 5 – 13)

瑞林祥讲究货真价实，定价亦颇有讲究。高档商品的利润一般在 50% 以上，有的
达到 100%；一般商品的利润为 10% ~15%，销售过程中从不涨价降价。该店 20 世纪
20 年代每年赢利六七千元。七七事变后，日军占领周村，瑞林祥营业额骤降，又受到
日伪敲诈，不得不裁减人员，惨淡经营。1953 年，北京瑞林祥为偿债拖累周村联号，
法院委托周村法院和政府有关部门处理瑞林祥人员资产。固定资产作价 2.3 万元，移
交周村房产科；货物作价 1.6 万元由花纱布公司收购，价款汇至北京偿债，瑞林祥
关闭。

3. 东来生绸布庄

东来生绸布庄位于周村银子市街，创办于清朝道光年间，初称东来太丝绸庄，资
东为周村王家庄子克勤堂张氏与十字胡同燕翼堂王氏。开业后经营顺利，获利甚丰。
后来张氏与官宦人家结亲，势力更大，东来太归张家独资经营，并在银子市南首开办
了染坊，前后四院，匠工数十人，收购丝绸坯布进行染色整理，批发外销，业务更加
扩张。光绪年间更名为东来生绸布庄，先后聘博家庄王氏父子为经理，生意持续兴隆，

资本额达到 3 万两白银。民国初期,在济南、保定、天津、北京、郑州等地设分号、站庄。郑州庙会时派出车队载货前往赶会,光厨师就有七八个人。相传有周村东来生不到,郑州庙会不能开市之说,可见其影响之大。后来,傅家庄王氏成为东来生大股东,日伪时期停业。

4. 谦祥和绸缎庄

谦祥和绸缎庄位于周村福鹤街北首路西,创立于清光绪十八年(1892 年),资东为大临池薛氏,前面为一营业门面房,后有三进院落,是周村名列前茅的丝绸批发商号。谦祥和实力雄厚,信誉好,与周村数家殷实的丝织作坊保持着长期合作关系,曾经畅销一时的滚宁绉、闪花缎、缎背绉、花丝葛多由该庄批发,主要市场为山西、陕西、直隶、河南、蒙古、北京等地。光绪二十五年(1899 年),谦祥和在保定设立分号,周村生产的桂紫、元青两色闪花缎在此持续热销,分号业务发展很快。当时分号掌柜是李静亭,他的姑丈毕道远,正任直隶仓场总督,驻在保定,名声显赫。某日,毕道远身着便服到柜上叙访,被伙计拒之门外,一时传为佳话。此后毕道远常到柜上坐坐,谦祥和声望益发提高。宣统元年(1909 年),谦祥和又在内蒙古包头大安街设立分号。蒙古人服装崇尚传统,衣料多用花花绿绿的绸缎,周村丝绸颇受欢迎。当时内地的手钏、耳坠、钗环及琉璃、陶瓷神像、儿童玩具,价格甚廉,运至内蒙古可以换回珍贵的皮毛,包头分号兼做此种买卖亦获利甚丰。民国初年,谦祥和每年运往两个分号的绸缎达 200 万匹之多。1931 年薛家分家,谦祥和更换资东和总经理,因管理不善发生巨额亏损,东家决定撤回资本,谦祥和三处商号同时停业。后又在上海设庄,由周村往上海批发丝绸,再从上海购进百货和原料。1917 年向上海福伦、瑞伦公司投资,由他们代销周村丝绸。20 世纪 20 年代,每天向上海发货三四千匹,有麻葛、线绨、华丝葛等,生意红火。

5. 三义太丝麻庄

清末由邹平徐氏开办。徐氏先是从小清河码头向周村贩运丝麻,获利甚丰。光绪年间在周村丝市街开办鸿昌玉丝店,后在大街北首开办三义太丝麻庄。民国初年,在大车馆南首设立织绸工厂,织绸后批发给南方客商。后在上海、徐州、济南、蚌埠、芜湖等地设立分店。1947 年受战乱影响,将周村大部分字号关闭,撤往徐州、上海、蚌埠等地,解放后全部停业。

6. 谦祥益绸布批发店

谦祥益绸布批发店位于周村万顺街路北,创立于清道光初年,最初资东为章丘旧军孟传珠，资本额白银4万两。掌柜为章丘康家庄董连元，时称恒祥布店，后改号谦祥益。主营章丘寨子布、周村绸绫、潍县布及各种染料。开业不久即获利甚丰，到北京开设第一家分号，后又在河北郯州设分号。前后在全国各地设分号23家。民国以后，效益下降，将周村

图5-14　万顺街谦祥益用房

母号迁往北京，但周村谦祥益仍大批收购当地丝绸，运往各地分号。1933年，在周村大街路东设立鸿祥茶庄，与矜恕堂泉祥茶庄激烈竞争，此后周村鸿祥茶庄逐渐冷落，1954年全体店伙转业成立周村草绳厂。（图5-14）

表5-7　周村谦祥益及在全国各地的分号情况简表

字号名称	地址	开设时间	资金	经营类别	备注
谦祥益总号	周村万顺街	乾隆年间	4万两白银	白布、布染料、染坊	原为恒祥道光年间改名
吉祥号	周村大街	乾隆年间	5千两白银	铁器、百货	1933年改为鸿祥茶庄
北京谦祥益	北京前门外	道光初年		土布	董连元开办
郯州谦祥益	河北郯州	1821年		土布、染坊	董连元开办
谦祥益沪庄	上海宁波路	道光初年		收购、转运	房屋200间
谦祥益苏庄	苏州城里	道光初年		收购、批发	
济南谦祥益	济南靖安巷	1851年	4万两白银	土布批发	
谦祥益老号	汉口戏子街	1861年	6万两白银	棉布批发	
益和祥	北京珠宝市	1882年	4万两白银	绸布零售	
谦祥益北号	汉口汉正街	1894年	4万两白银	绸布零售	员工100人
谦祥益西号	北京鼓楼前	1902年	4万两白银	绸布零售	
廊坊谦祥益	河北廊坊	1909年	4万两白银	绸布零售	员工200人
青岛谦祥益	青岛北京路	1921年	4万两白银	绸布、首饰	由烟台迁来
谦祥益保记	天津估衣街	1919年	30万元	绸缎、呢绒	
隆祥东记	济南院西街	1922年		绸缎零售	

续表

字号名称	地址	开设时间	资金	经营类别	备注
鸿祥老店	济南西门街	1929 年	10 万元	茶叶	
鸿祥西号	济南普利门	1930 年		茶叶	
隆祥西号	济南经二路	1930 年		绸布零售	
谦祥益辰记	天津滨江道	1937 年			
六合祥	博山大街	光绪年间	3 万元	土产杂货	为周村分号
斌记工厂	天津六马路	1944 年	10 万元	织呢绒布	
谦祥益布厂	北京长巷头条	1951 年			
烟台谦祥益	烟台北大街	光绪年间			1921 年迁青岛

6. 庆和永麻葛庄

庆和永麻葛庄始建于清同治末年或光绪初年，地址在丝市街中段路南。东家为桓台县耿家，初建时为药材批发庄。光绪六年（1880）前后，因生意不好，濒临破产。后来干起贩卖杂货和生丝的生意，稍后从事丝绸批发，生意出现转机。由零售发展到批发，由商业扩展到工业，营业地点由周村扩展到济南、上海、徐州、蚌埠等地。1915 年前后，庆和永就在上海设立丝绸批发庄，专营周村丝绸，上海福伦、瑞伦公司是著名批发商号。1917 年，庆和永向二公司投资，由他们代销周村丝绸，销路大开，远达福建、新疆等地。20 世纪 20 年代最盛时，每天通过周村邮局向上海发货 3200 匹左右。庆和永在周村城内外有许多加工户，有织机 400 余台，庆和永对加工户大加扶持，贷款、贷丝、修机、收货。该号还投资自建 6 家人力机坊和一家电力机坊，有 50 余台人力机和 20 台电力机。凭借较强的加工能力，织造绸绫后运往上海印染，远销广东、宁波和东南亚诸国。铁木提花机兴起后，庆和永成为日本东京两家商店的代理商，代销提花机件，周村一带 90% 的机件都由该店供应。后来自办加工厂，制造除梭子之外的全部提花零件又大发其财。1935 年纯利润达 10 万两白银。日伪时期由主营丝绸转为主营棉布，1949 年初停业。

表 5－8 "庆"字号机坊一览表

厂名	地址	创办时间	资金（两）	机台数	人数	经理姓名	年产量（匹）	产值	停办时间
庆和东	周村惠丰街	1912	2000	12	24	雷雨亭	1200	12000	1937

续表

厂名	地址	创办时间	资金（两）	机台数	人数	经理姓名	年产量（匹）	产值	停办时间
庆和恒	周村惠丰街	1926	3000	12	48		2400		1937
庆和长	周村惠丰街	1928	2250	9	36		1800		1937
永记	周村惠丰街	1933		20		李××			1937
庆和堂	周村惠丰街		1750	7	28		1400	14000	1937
庆和义	周村惠丰街					梁继武			1937
庆和公	周村惠丰街					王殿江			1937
公记	周村进德会								1937

表 5－9　庆和永分号一览表

号名	地址	设立时间	人数	经理姓名	停办时间	备注
永丰布店	济南西关花店街	1939	25	王俊卿 陈金波	1949	
庆记布店	徐州彭城路公明巷	1939	25	刘莐卿	1949	
庆丰布店	蚌埠老大街	1939	20	耿耀亭	1949	
庆和永绸庄	上海北京路复兴里	清末	10	董敬斋	1949	事变前批发，事变后零售
德庆银号	济南西关郝家巷	事变前	15	王俊卿		中间曾一度停业，事变后复业
庆和永钱庄	周村丝市街总号院内		2	李守基		

五　周村一带的丝绸文化

　　周村一带植桑养蚕源远流长，缫丝织绸历史悠久。在千百年的生产实践中，形成了丰富多彩的丝绸文化，深深融入民众生活之中。

（一）与丝绸业相关的民间习俗

1. 植桑养蚕的习俗

从孝妇河流域到淄河流域，古代堪称蚕桑利薮。据杨玉宽先生记载，在民国初年以前，"当时所有的村凡十亩地以上的人家都有桑园，四五亩地的小户也在地头堰边栽着几棵桑树，以供春季养蚕之用，盖男人种地，妇女养蚕乃当时社会之风尚也。"当时流传着两句民谣："有儿置下千顷地，有女栽下万行桑。"旧时人家崇尚数子成婚仍共炊的大家庭，且尚节俭，许多人家不按时为儿媳妇添置衣裳，零花钱更无从谈起，为了闺女不受窘困，娘家必须栽下桑园，准备出嫁的闺女回娘家采摘桑叶养蚕，作为自己添置衣裳和零花钱的来源。所以每个村都有成片的桑园，俗称"桑园子"，往往传承数代。至20世纪七八十年代，仍然有不少地名称为"桑园"，如"东桑园""西桑园""张家桑园""王六桑园"等等。旧时村中无桑树，桑、丧谐音，忌出门见桑，故有（宅）"前不栽桑，后不栽柳"之谚语。旧时有些大户人家也养蚕，有两种办法：一种是由女主人为首带领儿媳、闺女（未出嫁者）一起喂养，所得款项给家中留下一半，另一半按人均分。另一种是儿媳妇多的家庭，每房分几棵桑树，各人在自己房中喂养。卖茧的钱作为自己的私房钱。有的人家桑园大，连出了嫁的闺女也能在娘家分树养蚕。小户主多数由婆媳、妯娌分树养蚕。有的户没有桑树或桑树很少，就得买桑叶养蚕。买桑叶俗称"断桑子"，即与桑树主讲明价钱和购买数量，分若干次按需要去采摘，随过秤随支钱。还有的是"估树"，即年初讲明一棵桑树的价钱，不论采多少桑叶，价钱不变。有的人家桑叶"断不出"，就自己采了挑到集市上去卖。各个集市或大村都有"桑子市"，黎明交易，太阳出来之前已经结束。有些地痞无赖夜间偷采桑叶卖给养蚕户，所以一到蚕吃老食的季节，桑园主都在坡里搭窝棚看桑园，有的还雇人看护桑园。旧时各户地界以栽植桑棵为记，为灌木状，地之两端各栽一丛，桑叶很小。有些穷户养蚕，就采桑棵上的桑叶喂蚕，待长大吃食多时，再买些大桑叶喂蚕。

养蚕一般要选较清净之处，收拾干净，忌生人出入，忌有响声，必须专人饲喂。蚕农把蚕看成能通人性、甚至有几分灵异的生命，决不亵渎它。如在蚕老上蔟之时，蚕妇一边往蔟上抓蚕，一边口中低声念诵些祝愿之辞，如"担杖钩子哗啦啦，你给俺做个金疙瘩"；茧成后摘茧时，遇上有的茧小或二蚕一茧时候，也不能嫌弃它，埋怨它，便半开玩笑的揶揄它；"你也懒，我也懒，咱俩搁伙做个茧"等等。

2. 机坊风俗

周村机坊甚多，坊主及工人皆信奉"三皇"（伏羲、炎帝、黄帝）。旧时，芙蓉街口有"三皇殿"。从正月初二开始即有人祭祀"三皇"。机坊主祈求生意兴隆，工人祈求职业稳定，平平安安。每年农历九月十六，祭祀"祖师"桑皇，机坊改善生活，炒菜饮酒，是日不少织工醉酒。织机工人，一上一下，上边者称师傅，下边称为"拿头的"。提花楼子出了故障，上边的"师傅"须爬上去修理，一日数次，爬上爬下，故称为"机猴子"。周村的机坊工人群体大，年轻人多，居住集中，生活甚苦累，比散居农村的农民有很大差别。他们三小时一换班，白天下班后无事可干，就到各机坊找熟人老乡闲聊，或是到街市闲逛，以工钱为生活来源，又生活在客商往来的商埠，信息比较灵通。对待坊主既有依靠，又有反抗斗争。坊主认为他们难以对付，往往是恩威并用。织机工人整日手拉脚踏，十分枯燥。便在机上哼些小调，以调节情绪，防止瞌睡。日久成曲，代代流传，内容多是些反映男女爱情的，有的涉及黄色，俗称为"姐儿调"。如一首唱词为：

正月十五闹元宵，锣鼓喧天好热闹。前头是旱船，后头是高跷。锣鼓喧天多么热闹，咿呀哎嗨呦。咿呀哎嗨呦。

二月里来龙抬头，家家户户嗨炒蝎豆，人家都把姨姥娘送，唯有奴家给郎留，咿呀哎嗨呦，唯有奴家给郎留。

三月里来是清明，姊妹十人去踏青。捎带着那放风筝，咿呀哎嗨呦。

大姐哎，放的是，张廷秀呀嗨，二姐放的是崔莺莺，他二人就把揖拱，咿呀哎嗨呦，他二人就把揖拱。

三姐呀，放得是，杨宗保呀嗨，四姐放得是穆桂英，他二人就去出征呀嗨，咿呀哎嗨呦，他二人就去出征呀嗨。

五姐哎放得是梁山伯，六姐放得是祝九红，他二人就把书攻呀嗨，咿呀哎嗨呦，他二人就把书攻呀嗨

七姐呀放的是牛郎呀嗨，八姐放得是织女星，他二人就在天空，咿呀哎嗨呦，他二人就在天空。

九姐呀放的是猪八戒呀嗨，十姐放得是孙悟空，他二人就去取经呀嗨，咿呀哎嗨呦，他二人就去取经呀嗨。

姊妹十人风筝起呦嗨，西北上起雷刮大风，刮断了那风筝绳呀嗨，咿呀哎嗨

呦,刮断了那风筝绳呀嗨。

还有一首《织手帕》,是反映机匠爱情生活的:

> 大姐笑嘻嘻,进门把头低,机匠哥哥你听知:哪里不能活,在家方便多,你上河南去干什么?
>
> 这里挣钱少,哪里挣钱多,我上河南去织手帕。
>
> 机匠我的哥,莫把奴抛撇,你上河南带着我。
>
> 我去织手帕,不过一年多,回转家乡看姐姐。
>
> 机匠恁个种,真正没人情,你上河南就害头疼。吃也吃不饱,睡也睡不浓,害煞机匠恁个狗杂种。

另一首《扣兜兜》,是反映织绸姑娘的感情寄托的:

> 奴在房中织纺绸,情郎捎信要兜兜。多织上八寸绸,有心兜兜白天扣,恐怕爹娘问根由,问的奴害羞。等到全家入睡后,夜之三更扣兜兜,银灯里多添油先扣上金鸡登宝树,再扣上猴子翻跟头,双狮戏绣球,扣上匡胤来坐殿,扣上洪武去放牛,刘秀南阳走。上头还剩四寸布,弯针调指扣九州,处处有名头,高唐州看九猴,回头狮子望沧州,顺风往荆州,莒州城里白果树,青州城外驻满洲,大炮镇登州,扬州的大姐金莲瘦,苏州的姑娘会梳头,俊俏的在杭州。我把兜兜扣完了,送你带着四方游,去把功名求,任你带、任你留,不许你外边送朋友,亏负了奴的手。

机匠的生活是饱而不好,粗细粮的更替和周村店铺一样:"五月端午吃馍馍,八月十五换煎饼"。素常是大锅菜加咸菜。春天菠菜豆腐汤,或豆腐炒豆芽,冬天豆腐炖白菜,炒水萝卜,仍有豆腐炒豆芽之类,时称"鸡猴子饭食"。有时晚间加班晚了,已经过了饭时,年轻人又饿了,只能自己去找点冷干粮充饥。故有机匠抱怨之谣:"机匠机匠,实在难当。吃的是冷干粮,喝的是凉饭汤。吃点烂咸菜,掌柜的还穷咕囔。"农历九月十六日,传说是黄帝生日,丝织作坊家家祭祀"桑皇",此日设供焚纸敬祀,丝织作坊放假休息。做几个菜改善生活。工人们对管理方不满,又编出歌谣揶揄之。"九月十六,机房吃肉,一人四两,七折八扣。掌柜的和先生打仗,因为啃骨头。"

3. 敬神习俗

传说,养蚕始于黄帝时代,是皇帝的元妃嫘祖教民养蚕,后世尊嫘祖为养蚕之神,世代供奉。周村的天后宫，本是供奉海神妈祖之所。但是周村一带养蚕皆为妇女，素无文化，认为"天爷爷"之妻即是"天后"，竟将妈祖当作嫘祖供奉。相传正月十六是天后娘娘的生日，是日五更即起，放鞭炮，挂灯笼，拜天后娘娘，然后去河中刷洗蚕帘。相传如此天后可保佑蚕不生病，丰产丰收。另外，周村一带也有祭"蚕神姑"的习俗，古时候有蚕神庙。

周村解放以前，周村一带还有供祀"张七姐"的习俗，传说张七姐是玉皇大帝的第七个女儿，在天上织绸极巧，又称织女。下凡与董永结为夫妻，与董永相遇之地即在周村东南约六里许的马鞍山下，此处过去有一株老槐树，还有一块石碑，人称此地为"碑子崖"。马鞍山东麓有董永庙，建于明朝。里面供奉着张七姐和董永的神像，香火极盛，且有庙会。每年八月十五晚上，各机坊在院中设香案，东向，置菜肴、果品、月饼等，月初升时，众人叩头拜月，掌柜的先拜，然后诸人次第叩拜。当晚在院内设酒席喝酒，各机坊掌柜互相请，如拜年一般，辗转左邻右舍数家。"济阳帮"机坊对此俗尤为虔诚。染坊、颜料行供奉梅福、葛洪为祖师，梅葛二仙并非同代，他们都是炼丹方士，而炼丹与印染原料有些关系。从前每家染坊都用红纸写有"梅葛二位仙师"的神主牌位，在染缸旁边常常供有梅葛二仙神像，每年农历四月十四和九月九日祭祀。

周村乡下偏僻，农妇不能亲祀天后、蚕神，遂就近进庙许愿求福，或观音，或高大姑，或桃花姑，祈求蚕无病，桑丰收。

蒲松龄在《蚕经》二十一则中记有康熙年间养蚕祷神之俗：

> 卧种之日，割鸡设酒，以祷先蚕寓氏公主之神，祝曰："维某年月日，割鸡设酒，以祷先蚕之神曰：唯蚕之精，天驷有星，伊西著名。气钟于此，孕卵而生。既桑而育，既眠而兴。神之福我，有箔皆盈。尚冀终惠，用彰厥灵。簇老献瑞，茧盈效成。敬获吉卜，愿契心盟。神以享之，祈祀唯馨。"祷后勿动土，勿诛草，勿沃灰，勿室入外人。

在"忌宜"一则中记载，养蚕还有许多禁忌：忌扫尘、煎肉、哭泣、（带）孝、产、酒、醋、辛辣、麝香、血腥。浴蚕出蚕，宜收满"二德日"。"庚戌"为蚕姑死日，也忌之。出蚕后，不能在蚕室方向动土。

择茧之时，要念"报词"："龙精一气，功被多方。继当是岁，神降于桑。载生载育，来福来祥。锡我茧丝，用置衣裳。室家之庆，阁里之光。敬率长幼，诘旦生香。设有于俎，酌醴于觞。工祝敬告，神德弥彰。"

当时，当地还流行着一些养蚕祈福禳灾的方法。蒲氏记载"安蚕"之法："用青石七片，生铁四条，杜仲、车辐各四两，红筋一双，灯七盏，白青绵各一两，白马牙一块，房门埋之，蚕则大旺。""元旦五更，朝蚕室方，设先蚕神位，祝之则收。"而蚕病害发生，又认为是冲犯神灵或鬼魅，须祭祀禳除。如"黑死犯皂神，钱三佰，祀皂吉"；"（蚕）游走，犯吊死产亡鬼，申时祭之"；"白僵，犯后土夫人，宅中祭之"等等。再是，认为画符始于蚕室，也可以祛除病害。（图5－15）蒲松龄时代，人们对桑蚕生产极为重视，认为"居家要务，外唯农而内唯蚕。"其时，人们还将天气、物候与蚕桑丰歉联系起来。如，"三月三日西北风，蚕不收；东南风收。此日蛙鸣，叶贱，早鸣，贵；晚鸣，贱。一日鸣亦贵。""正月初一日无风，早蚕好；午无风，晚蚕好。阴寒中蚕不收，温暖蚕熟。"[①]

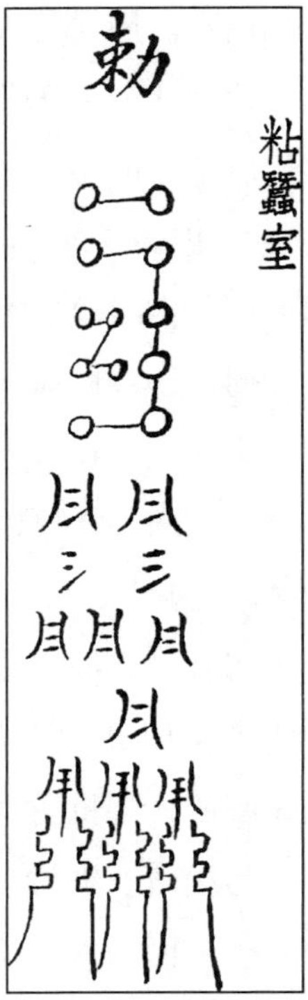

图 5－15　祈福禳灾的符图

4. **关于养蚕的谚语、俗语。**

"一百五洗帘，谷雨出新蚕。不论勤和懒，小满三日见新茧。"

"谷雨三日便孵蚕。"

"饿断丝头做不成茧。"

"蚕老一时，麦熟一晌。"

"蚕里不找麦里找，麦里不找烂谷箩。"

"养得一季蚕，可抵半年粮。"

"用兵先囤粮，喂蚕先栽桑。"

"栽树养蚕，一树桑叶一树钱。"

"春蚕不吃小满叶，夏蚕不吃小暑叶。"

"男采桑，女养蚕，四十五天就见钱。"

"养鸡养蚕，利在眼前。若要蚕好，先要叶好。"

"谷雨三朝蚕白头。"

---

① 《蒲松龄集》，路大荒整理，上海古籍出版社，1986 年，第 768～810 页。

"惊蛰蛾子春分蚕。"

"养蚕无巧，食少便老。"

"一亩桑园，十亩庄田。"

"家有百棵桑，全家有衣裳。"

"冬天爬桑树，没甚（事）找甚（事）儿。"

"蚕儿不吃五谷草，养蚕先把桑栽好。"

"栽桑如栽'摇钱树'，养蚕如得'聚宝盆'。"

（二）周村一带流传的植桑养蚕专业著作

1. 明王象晋著《桑麻葛谱》

王象晋（1561～1653 年），字子进，一字康侯，山东新城县人，明万历三十二年（1604 年）进士，曾任河南按察使、浙江右布政使等职。他身居官职，仍时时不忘农本要义，编撰《二如堂群芳谱》28 卷，计 40 余万字。

《群芳谱》按 12 谱分类，《桑麻葛谱》是其中一分谱，分为小序、桑、苎、大麻、苘麻、葛五部分。在"桑"一节中，记录了桑树的品种、形状及功效差别，总结出"鲁桑宜饲大蚕，荆桑宜饲小蚕"和"桑木将槁，蚕食必病"等桑蚕饲养经验；在桑树栽培方面，总结出"树下每年耕用粪，则叶肥嫩，构接则叶大"等种植经验。书中对桑树种植技术记载甚详，贮种、选种、晒种、肥地、锄草、间苗等一一备述。对桑条压插记述尤其翔实，从择条、埋条、灌溉到种植时令、粪土培根均有记述，并记有栽培谚语。"制用"一节，对桑椹、桑叶、桑枝、桑花、桑耳、桑白皮的药（食）用功效、炮制方法也有记载，是罕见的蚕桑专著。

2. 清孙廷铨著《野蚕记》

孙廷铨（1613～1674 年），字伯度，又字枚先，号沚亭，博山人，曾任户部左侍郎、户部尚书、内秘书院大学士等职。孙廷铨于康熙八年奉使南征时作《南征纪略》，《野蚕记》是其中的一篇日记，记载了是年六月初四日在诸城县石门村有关放养柞蚕的所见所闻，共 616 字。详细介绍了槲蚕饲养管护和成茧的形状、颜色及其煮茧工艺和缫丝方法。最后记载了柞绸的五个优点。一是不用染色，"黯而有章"；二是耐洗不褪色；三是耐穿，穿十年也不坏；四是与穿粗布衣服的人在一起，也不显得华丽，与穿华丽丝绸的人在一起，也不显得粗鄙；五是无论喜事丧事都能穿。文中对柞蚕、樗蚕、椒蚕的名称还作了辨析。

《野蚕记》是关于野蚕生产技术的一篇重要文献，具有重要的史料价值。清初周亮工《书影节录》、道光年间王培荀的《乡园忆旧录》、清末王元綎的《野蚕录》中都收录（或节选）了此文，其影响可见一斑。

3. 清蒲松龄著《农桑经》

蒲松龄（1640～1715年），字留仙，一字剑臣，号柳泉，淄川蒲家庄人。曾在王村镇苏李村、西铺村（今属周村区）教书30年。《农桑经》卷首有序，注明是在韩氏《农训》的基础上又博采前人关于养蚕的著述增删而成，书成于康熙四十四年（1705）正月。分为"农经""蚕经"两部分。"蚕经""补蚕经"共41则，内容涉及择种、浴帘、忌宜、环境、温度、择叶、喂养、上簇、择茧及蚕茧保存、防病治病、禳灾祀神、桑树种植等方面，如在"种桑法"中，有布地桑法、压条、栽条、插条、劈接树法等诸条，介绍栽种桑树、嫁接方面的园艺知识，《农桑经》涵盖了从植桑、饲养到蚕茧贮存的全过程，对于农户植桑养蚕有很强的实用价值。

4. 清李敬之著《马头娘养蚕真经》

李敬之，淄川人，廪生。《马头娘养蚕真经》系抄本，原名为《余家世习蚕桑志》。是书写于道光三十年（1850年）夏五月。作者在序中说，他的父亲种桑养蚕，有赚有亏。作者常到蚕室中亲自操作试验，"一除妇女相沿旧习，数年经验，尽得诀窍"，便"假神道以主教，庶可动蚩氓之听也"。为了使农村妇女能听懂并相信，他假借了马头娘的名义，并采用劳动妇女问答的形式，用通俗顺口的方言韵语，将育蚕要领、疾病防治等一一道出，所以，通俗易懂是此书的特色。例如蚕室处理及防苍蝇叮咬蚕的内容："未曾出蚕先治蚕室，蚕室总得要净光。扫了屋来扫了地，糊了板门糊了窗。通体屋里不透气，透气怕受冷风伤。冷不能入热不入，到老不说撕开窗。大热撕开热即入，最怕进来屎苍蝇。咬了蚕们把蛆下，下在蚕头把蚕伤。蚕们仔起做下蚕，蛆也长成会×蟒。钻个窟窿就不出头，打了绵子疼得慌。一个苍蝇能咬百个，万勿莫掀帘一。屋里只有勤洒扫，湿漉漉的自生凉，一来省的飞圤土，掉下桑子也瞎不了桑。"

（三）丝绸业与周村的节庆活动

周村城区，过去称为"周村街"，其节庆活动历史悠久，具有浓郁的地方特色。其中最有代表性的是元宵节"灯会"和"扮玩"。项目包括芯子、高跷、龙灯、舞狮、竹马、旱船、挂灯、秧歌等等。其历史可以追溯到清康熙年间。相传在乾隆年间，灯会和"扮玩"已具备相当规模和水平，乾隆皇帝曾到周村观灯，大加赞赏，并挥笔写下"天下第一村"五字。从此，周村街名扬天下。首先，从民间习俗的演进过程看，周村灯会的起源与丝绸业有直接关系。周村城里作坊林立，店铺栉比，丝绸业占其大半。正月初八开市之日，张灯结彩，鞭炮齐鸣，锣鼓喧天，大放焰火。从正月初八一直闹到正月十六。十四、十五、十六这三天，周围几十里农村的人们，纷纷奔向周村看热闹、观花灯、串商铺、买东西，店铺生意繁忙。哪家花灯好看，哪就看灯的人多，生意自然就多。因此，各家商铺便使尽浑身解数，争奇斗艳，以吸引顾客。久而久之，便形成了元宵节办灯会的习俗。其次，丝绸产业为灯会、扮玩提供了物质支持。几乎所有扮玩项目演员、道具的装扮，都离不开丝绸。用绸子最多的是芯子。上芯子的演员都很俊俏，身着古装，都是丝绸袍褂，底座也用绸花装饰。芯子前面的旗、幡、伞，阵容宏大，扇旗又分为龙旗、虎旗、凤旗、道旗、泰吉旗等十几种。早期玩芯子时，光这些旗能摆几里路长。高挑竹竿上的悬罗，须用十几丈绸子。龙灯，有的布制，有的绸制；车子灯、裙子灯、大角灯、悬络灯、广告灯，都需用绸子制作或装饰。旱船、竹马、秧歌、都要用红绸结花装饰。高跷、舞狮的演员多穿丝绸古装。1912年灯节的盛况被记载下来：

> 据孙紫霄、鲍仲三等老人的追忆，在中华民国元年，周村市大灯节。规模大，挂得全，挂得好，花样多。当时各家商号的门面上都大挂花灯。旧时商家铺户，拿下门板来就是营业门面和柜台，也就是常说的前柜。这个地方，必须大挂花灯。另外，门头上、厦檐上、门檐下面、街中间要挂灯，字号的金匾周围也要挂灯。总之，里里外外，高高低低，花灯挂满，蜡火通明，形成一座座灯山。大街上空花布绸缎交错盘绕，盖天遮日。高挂的灯棚和灯塔，装潢得非常奇特，里面挂上"灯戏""灯谜"，还有周村独特的"盒子灯"。光怪陆离，气象万千。[1]

有人估算过，周村过一次元宵节，所使用的绸子有上千匹，这些绸子不必用正品，用过之后经过浆洗仍可以卖出。如果不是在周村这样的丝绸产地，耗用这么多丝绸是非常困难的。另外，旧时扮玩多是由各街组织，以丝绸为多数的铺号捐款相助，在演

---

① 王川昆：《周村灯会》，载《淄博文化志资料汇编》续编，第399页。

出队伍到其门前表演时，设烟、糖、茶甚至点心、饭食招待，有的还"封赏"相赠，可以说，铺号为灯节表演提供了基本的物质基础。

（四）与植桑养蚕、丝绸业相关的民谣

1. 庄农日用杂字（节选）

行说立了夏，家家把苗剜。

带着打桑斧，梯机扛在肩。

捎桑把蚕喂，省把工夫耽。

枝子具绳捆，叶子钐刀删。

蚕盛多打箔，苇席须要宽。

老眠要做茧，簇了用密苫。

盐须早驮下，入瓮把茧腌。

丝还没暇拐，麦子黄了尖。

2. 旱码头俚曲二十八首之五

昼忙夜复作，织绸手不辍，一丝一汗成锦绣，巧夺天工成丝罗。安装电机成新宠，日产加倍花色多。疋疋入市成交易，远销天涯与海角，万里到外国。工人手中丝，贵人身上罗，粗汉女装扮嫦娥。五曲写来丝绸歌。

3. 旱码头俚曲二十八首之六

二月采桑育春蚕，五月赶集卖新茧，人海拥挤收茧去，厂坊制丝锅台前。大框小框分级别，丝店买卖无休闲。全县集市日万千，不及周村一丝店。巨商采购寄远洋，厂坊选买织锦缎。周村丝行半边天，六曲咏来贺丝蚕。

4. 民谣

"学机匠，学机匠，吃饭长身量。"

"三年满，四年圆"（指机坊学徒）

"老茄子，烂菁苤，拾掇拾掇上机坊。"

（五）与植桑养蚕、丝绸业相关的诗词

蚕 词

〔清〕王士禛

青青桑叶映回塘，三月红蚕欲暖房。相约明朝南陌去，背人先祭马头娘。

戴胜初来水染蓝，女桑浓叶满江南。谁家少妇青丝笼，知向香闺饲女蚕。

玉蛾飞飞金茧酥，蚕时几日闭门枢。白苇与侬作磷藉，黄金与侬作踯躅。

鸠鸣屋角桑叶低，三眠四眠蚕始齐。小姑娇小好闲事，蔟蚕学罢学添梯。

《山蚕词》

其一

清溪栎叶始濛濛，树底春蚕叶叶通。曾说蚕丛蜀道险，谁知齐道亦蚕丛。

其二

那问蚕蚕更火箱，春山到处是蚕房。栎林正绿椒园碧，闲却狋狋陌上桑。

其三

春茧秋丝各自谙，一年三熟胜江南。柘蚕成后寒蚕续，不道吴王八茧蚕。

其四

尺五竿头络色丝，龙梭玉镊动妍姿。红闺小女生来惯，中妇流黄定未知。

无题

佚名

植桑满田园，户户皆养蚕。步步闻机声，家家织绸缎。

蚕妇吟

张铁庵

云掩纱窗月不明，家家蚕妇默祈晴。梦回枕畔沙沙响，听是蚕声是雨声。

田家

张铁庵

水田隙地补新秧，荷锸归来麦饭香。隔院人家呼角黍，缫车声里近端阳。

（六）与植桑养蚕、丝绸业相关的民间传说

1. 马头娘的故事

太古的时候，有一位父亲出外征战，家里只留下一个女儿。女儿养了一匹公马。女儿思念父亲，一天，就开玩笑地对那匹马说："马啊！如果你能帮我把父亲接回来，我就嫁给你。"那马听了这话，真的跑到父亲那里，把父亲接了回来。为了感谢那匹马，父亲精心地照顾那匹马，谁知马却不吃食。每次看到姑娘出入都非常兴奋，高声长嘶。父亲感到非常奇怪，偷偷地责问女儿。女儿就把先前对马说的戏言告诉了父亲。父亲大怒，搭箭杀死了那匹马，将马皮挂在院子中。

父亲再次出征了，女儿就和邻居家的女孩在院子里玩。女孩用脚踢马皮，并且还说："你是畜生，怎么能娶人当媳妇呢？你被杀死剥皮，不是自找的吗？"话还没说完，只见马皮腾空而起，卷着姑娘不见了。过了几天，姑娘和马皮都化成了蚕，在树上吐丝。乡亲们便把这种树叫作"桑"，桑者，丧也，是说姑娘是在桑树下献身的。父亲知道了，十分伤心。一天，蚕女乘流云驾此马，从天而降，对父亲说："天帝封我为女仙，位在九宫仙嫔之列，在天界过得很自在，请不必为女儿担心。"说罢，升天而去。于是各地纷纷盖起蚕神庙，塑一女子之像，身披马皮，俗称"马头娘"，祈祷蚕桑丰收，十分灵验。

2. 山东的老桑树为啥破肚子？

相传西汉末年，王莽篡政。刘秀率兵征讨王莽，一次，刘秀兵败，单枪匹马落荒而逃，王莽率军紧追不舍，刘秀一口气跑到一山峪，饥肠辘辘，头晕目眩，方想起已是三天没有进食了。可近处没有村庄，无处觅食。刘秀饥饿难忍之际，突然发现山坡上一棵树，树上长满紫红色的果实，刘秀甚是欣喜，来到树下一尝，无比香甜，便饱餐一顿。时值五月，正是桑椹成熟的时候。

时至深秋，刘秀已经平定天下，当了皇帝。恰巧路过这个地方，刘秀想起过去饥渴时吃过树上结的果实，便到处寻找，欲报深恩。深秋时节，葚子早没有了；看到一棵树上结了一些红色的果实（土名叫"卟卟齿"），以为就是原先吃的那种果实。刘秀摘下来一尝，又苦又臭又涩。怎么和原来吃的味道不一样呢？噢，明白了！俗话说：人'饥困'（即饥饿）了甜如蜜，人不'饥困'蜜不甜。这是当了皇帝，吃得好了的缘故。随即下旨，封该树为树中大王。

此树就是樗树（即臭椿树），无论长在哪里，总是枝繁叶茂，很快超过周围的树，什么树也要被它压在下面，称它为"樗树大王"。

这可把桑树气坏了，埋怨皇帝不认好人，忘恩负义。没几天就把肚子气破了！所以至今的老桑树棵棵都破肚子。旁边有几棵小杨树，看了这一幕，咯咯咯地笑了起来，所以才留下了一段史话：桑树救了驾，椿树封了王。桑树气破肚，杨树笑断肠。

3. 桑女

很早以前，周村西边长白山中有一个美丽的小山村。村前有一条小河，河边有一个小院，院里住着一个叫桑女的小女孩。桑女姓孙，没爹没娘，跟哥哥嫂嫂过日子。

桑女自幼长得丑，是个秃子。两只脚又大又长，哥哥嫂嫂都不喜欢她。桑女每日里打柴拾草，种田牧羊，什么活都干，时候长了，人们便把她当野孩子看待，桑女每日里追着小鸟唱歌，跟着小羊蹦跳，生活得很高兴。

桑女家有一棵大桑树，有七八人合抱那样粗，有十来人接起来那样高，桑女每天从坡里回家，便爬到大树上玩耍，嫂子见她长得这样丑，又这样顽皮，便训斥说："像你这样的，一辈子也甭想找婆家。"桑女听了咯咯地笑，在大桑树上唱道："桑叶黄、桑叶黄，朝廷选我做娘娘；桑叶青，桑叶青，朝廷选我做正宫。"嫂子听了，简直要气破肚子。

有一天，桑女到山上砍柴，她翻过崖风口，来到一个叫"龙眼"的地方。这里泉花飞溅，芳草青青，遍地野花。突然，桑女发现有一枝硕壮的苍耳，开了一朵鲜艳的大花，这花一张一合，闪闪发光，一会变成红的，一会儿变成黄的，一会儿又变成紫的。桑女看得出神，一会儿，那朵大花顶上竟下起毛毛细雨来，雨中现出一条七色彩虹，正好罩在大花上。桑女抬头看看天空，天上却不见一丝云彩。不到一袋烟的工夫，大花不见了，苍耳棵上长出了许多苍籽。桑女回家，便把事情告诉了哥哥嫂嫂。哥哥嫂子都以为妹妹瞎编，嫂子一撇嘴说："常言说得好，苍耳开花无人见，见了赛过活神仙！你不照镜子看看你那丑相，还能见到苍耳开花？"

转眼过了几年，桑女长成了大姑娘，她的脚越来越大，秃头顶长成了癞疙瘩，她却不以为然，仍然一天到晚哼着山歌，出出进进地干活儿。一天，山下吹吹打打来了一队人马，竟然是专门为皇上选娘娘的钦差。原来，皇上听说山中出秀女，长白山下的姑娘更灵秀，便派人来挑选。一行人来到青龙山下，看到山里的姑娘果然个个漂亮无比，竟然挑花了眼。选来选出，不知选谁好，领头的钦差想了一办法：他在桑女门前的小河边上，摆了一趟箩面用的箩子，让选来的姑娘们从上面走。谁走过去就选中谁。可是那些体态轻盈的姑娘们一个个谁也走不过去。正是这时，桑女跑来，一阵风似的从箩子上跑了过去，正当人们吃惊时，桑女的两只大脚变成了两块灿灿的金砖，一头癞疙瘩变作一个闪闪的金碗，丑桑女一下子变成了一个满头秀发，三寸金莲、沉鱼落雁般的妙龄女。人们一下子惊呆了，选秀女的钦差十分惊艳，于是桑女就被选到皇宫里做了娘娘。

自桑女选进宫后，桑女的哥哥嫂子后悔了，觉得以前对妹妹太苛刻了。皇上封他们官，他们也不敢去做，仍旧在长白山下种田。

4. 司王纳后采桑女

采桑女是齐国东郭人。因为她以采桑为业，所以被称为"采桑女"。

齐闵王到东郊巡游，百姓看到浩浩荡荡的齐王车队，纷纷到路旁观看。惟有采桑女目不转睛，采桑依然。齐闵王觉得奇怪，就派人召见采桑女。采桑女身着粗布麻衣，左手提篮，右手执钩，走到闵王跟前说："大王召见何事？"闵王说："孤来出游，百姓皆来观看，惟你不为所动，专心采桑，这是为什么？"采桑女回答说："妾受父母之命，前来采桑，未叫我观看大王车队。"闵王听了采桑女的坦然应对，感到这个女子非同一般，决定纳为妃。就对采桑女说："孤带你入宫，享受荣华富贵，侍奉大王。如何？"采桑女说："大王厚意，妾深领，但生我者父母，未经父母同意，妾不敢私自做主，就是父母同意也得迎娶才行。妾虽然身贱，一札不备，虽死不从。"闵王听了更感敬慕，立即按照选聘礼仪，派使者带上金银珠宝前去行聘，采桑女的父母答应了亲事。

后宫嫔妃听说齐王出游带回了"圣女"，纷纷梳洗打扮等候"圣女"到来。只见采桑女衣着朴素，都掩鼻耻笑。闵王见此情景，忙向嫔妃解释说："大家不要见笑，她未梳洗打扮，未加修饰。修饰和不修饰可相差百倍啊！"采桑女看着金碧辉煌的宫殿和穿金戴银，嫔妃们说："修饰不修饰何止百倍？修饰就看修饰什么，如何修饰！"闵王不解其意，忙问其故。采桑女说："尧舜用仁义修饰自己，安于节俭，天下齐声称赞；桀纣不以仁义修饰自己，建高台深池，修宫廷内院，肉林酒池，穷奢极欲，以致身死国丧，令天下人耻笑。由此看来，修饰与不修饰相差千倍万倍，何止百倍？"采桑女的话令嫔妃和大臣们羞愧不已，闵王更有感悟。他果断决定立采桑女为王后，下令填平池泽，减少膳食种类，后宫一律不准穿华丽的衣服。因此齐国又强大起来，诸侯纷纷前来朝见。

六　周村：当代中国北方丝绸文化中心

周村一带自古就是丝绸业发达地区，经过几千年积淀，到20世纪30年代，周村的丝绸产品远销东北各省和内蒙古、上海、武汉、西藏等地，并经上海销往香港和南洋。丝织机增加到14000余台，从事桑蚕、织绸、印染人数达5万人，年产丝绸300万匹。"桑植满田园，户户皆养蚕，步步闻机声，家家织绸缎"是这一时期周村丝绸业繁荣的真实写照。后经抗日战争、解放战争，周村丝绸业受到重创，到1948年3月周村解放时，仅存华成缲丝厂和极少数的丝织户。新中国成立后，周村丝绸业在党和政府的领导下，通过私有制的社会主义改造，得以迅速发展，以国有大型丝绸、纺织业和对外出口增加为标志，周村成为当代中国北方丝绸文化中心。

1948年3月12日，周村解放，周村市委市政府宣告成立。作为工商重镇的周村，恢复生产，发展经济尤为重要。4月1日，周村工商联成立，同时设立23个同业工会，丝织业、丝业、染业、土绸业都成立了公会，成为周村产业的骨干。据《大众日报》1948年8月22日报道：

打破五六月间萧条惯例

政府帮助推销成品收购原料

周村丝织业趋兴盛

【本报讯】周村市民主政府扶持丝织业推销成品收购原料，打破五六月间丝（织）业萧条惯例。自5月13日至6月底，市工商局收买丝织品3000余尺帮助外销，并帮助收购上市之新丝。6月30日一个集上，市局贸易公司即购新丝1300余斤，供应调剂各丝织厂。并帮助组织起6个缲丝组，参加者50户，由银行贷款1889万，加上他们原有资金1145.7万元。收购新茧17750斤，能缲丝1330块。如此，不仅解决了丝织厂的原料问题，也解决了乡下农民蚕茧之销路问题，克服了五、六月丝（织）业萧条之通常。志诚丝织厂连遭蒋匪几次敲诈本币130余万元，被迫倒闭。民主政府贷款扶助复业后，40天即赢利11万元。现正计划增加7个工人，2张机，扩大营业。为提高成品质量，工商局并规定足长（老市尺二百二十尺）足料（三十五两重）者以高价收买。

1949 年 3 月，在党和政府的扶植下，周村丝织业建立了第一个手工业合作社——福利生产合作社。5 月，山东省工业厅在周村建立山东丝织厂，1950 年 1 月改称山东第二丝织厂。1953 年 6 月改为中国蚕丝公司山东分公司周村支公司。1951 年 10 月，山东省工业厅在周村兴建了国营山东人民制丝厂，这是当时江北最大的缫丝厂，技术水平居于国内先进水平。1950 年中国蚕丝公司组成驻周村技术组，1958 年 3 月更名为山东淄博制丝厂。1956 年 1 月 25 日，周村丝织业实行全业公私合营，成立了周村丝织行业管理委员会，办公地点在周村鲍氏门里 27 号。1956 年 8 月，省纺织工业厅在周村成立山东省

图 5－16　山东周村丝绸学校老校门

丝绸科学研究所（1961 年 9 月停办）。1956 年 9 月 12 日，淄博市地方工业局批准，周村丝织业联成一、二、三厂命名为公私合营周村丝织一、二、三厂（1962 年公私合营周村丝织三厂撤销，财产及少数人员并入二厂）。同年，将个体业户组成了周村丝织一、二、三社（六十年代初三社并到一社），另建有公私合营建业印染厂、公私合营华成缫丝厂（1961 年 9 月撤销）。1966 年 2 月，集体性质的丝织一二社合并成立周村丝织厂（1981 年改称淄博丝织三厂）。1966 年底，公私合营周村丝织一、二厂，改名为国营淄博丝织一、二厂，公私合营周村建业印染厂改名为国营淄博丝绸印染厂。

1960 年省纺织工业厅在周村建立了山东周村丝绸学校（图 5－16）。1973 年在周村成立淄博纺织（丝绸）研究所。1979 年 8 月建立山东省生丝检验所。1980 年 9 月，在山东周村丝绸学校的基础上成立山东丝绸工业学校，2006 年在此基础上建立山东丝绸纺织职业学院，2014 年更名为山东轻工职业学院。

1981 年 4 月组建了淄博市丝绸公司，经营全市茧丝绸产供销的全部业务。同年成立了淄博丝绸批发站和淄博丝绸进出口支公司，原周村纺织机械厂划归市丝绸公司管理，改称淄博丝绸机械厂。至此，周村形成了集缫丝、织绸、印染、制衣、生丝检验、丝绸机械、内外贸业务、教育科研为一体的丝绸产业链。

新中国成立后，建东丝织厂从天津购进 20 台仿津田铁木机，电力地轴带动，效率陡增。1965 年"人改电"基本结束。1967 年，国产定型的 k251 丝织机落户周村，每分钟 140 梭，自动换梭，多梭，效率比仿津田提高许多。1975 年，周村纺织机械厂

（1981年更名为淄博丝绸机械厂）接受了山东省纺织厅试制k76丝织机的任务，k76丝织机是在上海产k72丝织机的基础上进行研制改造，生产出新的定型丝织机。K76丝织机被山东省纺织局确定为全省铁木织机中统一推广的机型，纳入全省丝织设备供应计划。与K251相比，K76的性能优势是明显的：滑道式自动换梭，落梭快，定位准确；箱座截面小，消耗动力少，插入式边剪，结构简单，机件不易受损；可以生产许多新品种。产品由过去人丝合纤为主，发展到能加工高档真丝类产品。从1976年开始，以丝绸机械厂为主生产K76丝织机，十年间共生产K76型丝织机3193台，周村各丝织厂安装了240台，到1981年，各厂全部安装国产定型K251织机和K76织机，逐渐取代杂乱的自制织机。工厂更换K251、K76织机后，车速提高了，但换梭频繁，加重了劳动强度，影响了看台率。丝织一厂适时研制出自动换梭装置，成为全市自动换梭最早的厂家，实现了半自动化。这是一项重大的技术进步，这一改造项目被纺织部编入《1975年全国纺织系统技术革新汇编》，在全国推广。

20世纪80年代，淄博丝绸机械厂是山东省丝绸机械唯一的定点生产企业，设备和技术均在业内有一定竞争力。1986年以后，丝织业转向剑杆、片梭喷水织机发展，K76丝织机渐成明日黄花，产品积压，企业转向开发新的丝绸机械。是年1月，与苏州丝绸工学院共同研制LGJ86刚性剑杆织机，历时两年，终获成功。又在K76丝织机基础上研制出了K76丝绒机，并投入批量生产。同年，设计制造出Y86径向卷验机，各种丝织物、麻织物都可以用此设备检验和包装，很快成为替代进口产品，投入批量生产。市场流行宽幅织物，"丝机"就对有梭织机进行宽幅改造，k76-180、K76-200、GD86-180、GD86-200等丝织机先后问世，还开发出OA615棉纱机和A454粗纱机。

改革开放以后，人们的视野日渐扩大，周村丝绸业的决策者们看到了与世界先进水平的差距，遂把目光瞄到意大利的丝绸设备上，那是世界顶尖的老牌公司，大家决心不惜借债更新织机。80年代后期，各大织厂"跑部进京"，马不停蹄，跑下了一个个技术改造项目。丝织一厂从1988年到1992年，7年间，先后投资人民币1500万元，外汇600万美元，引进72台剑杆织机，到1994年全部投产，在全省是第一家。丝织二厂1989年利用日本政府"黑字还流"贷款，引进意大利剑杆织机24台，英国产电子提花笼头4台，瑞士产辅助设备10台；1990年，又引进意大利剑杆织机11台，片梭织机4台，倍捻机2台，加上丝绸研究所1990年并入的设备，可谓"鸟枪换炮"。1992年，被国家六部委批准为"国家大型二档企业"。1993年，丝织二厂完成设备升级换代，共有织机415台，其中有梭织机376台，剑杆织机35台，片梭织机4台，各种辅机 243 台，企业装备达到了国内同期先进水平，生产能力由 1985 年的 485 万米提升到 570 万米。丝织三厂的生产能力、产品的研发设计与国营一厂、二厂并驾齐驱，1988 年被山东省政府批准晋升省级先进企业；1990 年与印染厂合作生产的 13582 和服绸、13482 绢宫绸，获得纺织工业部优质产品称号；1993 年，三厂利用外汇贷款，投资 2000 多万元人民币，引进 24 台意大利舒美特公司生产的 f3At－3200 剑杆织机，4 台意大利拉蒂公司 288 锭倍捻机，1 台意大利科利昂尼公司 120 锭无捻并丝机，两台瑞士 Sm 公司 48 飞精密络筒机，还有 1 台瑞士贝宁格公司生产的幅宽 3.2 米整经机，淘汰了 54 台 K76 丝织机，生产能力由 485 万米提升到 660 万米。

随着改革开放的深入，周村丝绸从 20 世纪 80 年代开始进入快速发展时期，期间历经了计划经济时期、国有资本控股时期、破产重组为民营企业等发展阶段，先后进行了企业管理机制、运行机制、全员合同制、股份制改造、国有资本退出和民营企业组建等重大改革。1998 年底，按照山东省丝绸总公司的部署，周村丝绸企业先后进行了产权制度的改革，核心是组建省丝绸公司为大股东的国有控股、各工厂及职工持股或参股的有限公司。2004 年，根据省政府《关于深化省属国有企业改革的意见》，山东省丝绸总公司大力推进以优势改制企业为核心的集团化重组，从茧丝绸生产计划、经营到资产、经费的管理全面实施改革。淄博大染坊丝绸集团有限公司、淄博海润丝绸有限公司周村旭林丝织厂（中英合资）等一批丝绸纺织企业浴火重生。其中，淄博大染坊丝绸集团有限公司，产能比改制前增长了三倍，已经成为蜚声全国的名牌企业，丝绸面料织造能力排全国第一位，丝绸宽幅家纺面料占全国总量的 90%，是江北唯一具有丝绸印染能力的企业，是全国唯一具有缫丝、织造、炼印染、长车轧染、筒子染色、丝绸家纺制品国内外贸易的完整产业链条的生产企业，获得"全国纺织行业十大品牌文化企业"称号。淄博海润丝绸有限公司通过挖掘丝绸文化，赋予丝绸新的元素，把"时尚丝绸、健康丝绸、文化丝绸、创意丝绸、艺术丝绸"作为主攻方向，以中国传统文化为根基，演绎好一带一路的故事和中国故事，在丝绸文化创意产品中融入了中国传统文化和地域文化，发挥产业资源优势，加大对丝绸文化创意产品的研发。生产的真丝斜纹绸、双宫绸、电力纺等系列产品，在国际国内丝绸市场上享有很高的信誉（图 5－17）。周村的丝绸企业正努力将周村真正发展成我国北方丝绸制作、销售中心及丝绸文化中心，将中国优秀的传统文化在全球范围内传承和发扬，从而更好地展现中华文化的永久魅力。

图 5 - 17 21 世纪进口的意大利喷气织机

　　古老的丝绸文化又焕发了新的活力，成为当今传统骨干企业和与世界对话的产品，成为与世界人民友好交往的纽带，为造福人类，建立人类共同体，在新时代实现中华民族伟大复兴的历史伟业中再立新功。

附 录

一 周村丝路之源相关考古资料统计表

序号	时代	名称	质地	出土情况	数量	资料来源
1	后李文化	纺轮	陶片：夹云母红陶、夹滑石红褐陶	遗址灰坑	11件	山东省文物考古研究所等：《山东潍坊前埠下遗址发掘报告》，《山东省高速公路考古报告集（1997）》，科学出版社，2000年。
			鹿角	遗址灰坑	1件	
2	北辛文化	纺轮	石：千枚岩、绿泥云母片岩	遗址第⑤地层	4件	山东省文物考古研究所：《大汶口续集》，科学出版社，1997年。
3	大汶口文化	纺轮	泥质陶：红、褐红陶	遗址第④地层或灰坑	5件	同上
			石：滑石片岩、千枚岩	遗址第④地层或墓葬	18件	
4	大汶口文化	纺轮	陶：泥质灰陶	遗址墓葬	5件	山东省文物管理处、济南市博物馆：《大汶口—新石器时代墓葬发掘报告》，文物出版社，1974年。
			石：片麻岩、大理岩		26件	
		梭形器	骨：宽扁兽肢骨		4件	
5	大汶口文化	纺轮	陶：不详	遗址地层	2件	中国科学院考古研究所山东队：《山东曲阜西夏侯遗址第一次发掘报告》，《考古学报》1964年第2期。
			石：大理岩	遗址墓葬	1件	
6	大汶口文化	纺轮	陶：夹砂红陶、夹砂灰黑陶、夹砂褐陶	遗址地层或墓葬	10件	中国科学院考古研究所山东队：《西夏侯遗址第二次发掘报告》，《考古学报》1986年第2期。
7	大汶口文化	纺轮	石：不详	遗址墓葬	11	山东省博物馆等：《邹县野店》，文物出版社，1985年。
8	大汶口文化	纺轮	陶：不详	遗址墓葬	3件	中国社会科学院考古研究所编著：《胶县三里河》，文物出版社，1988年。
			石：不详		5件	

续表

序号	时代	名称	质地	出土情况	数量	资料来源
9	大汶口文化	纺轮	陶：泥质红、褐陶	遗址地层、灰坑、墓葬	10件	中国社会科学院考古研究所：《山东王因—新石器时代遗址发掘报告》，科学出版社，2000年。
			石：云煌岩、石灰岩		37件	
10	大汶口文化	纺轮	陶：不详	遗址地层、墓葬	18件	昌潍地区文物管理组等：《山东诸城呈子遗址发掘报告》，《考古学报》1980年第3期。
			石：不详	遗址地层	3件	
11	大汶口文化	纺轮	石：不详	遗址墓葬	2件	山东省文物考古研究所：《茌平尚庄新石器时代遗址》，《考古学报》，1985年第4期。
12	大汶口文化	纺轮	陶：夹滑石红褐陶、夹砂红褐陶	遗址地层、墓葬	9件	山东省文物考古研究所等：《山东潍坊前埠下遗址发掘报告》，《山东省高速公路考古报告集（1997）》，科学出版社，2000年。
			石：灰绿色橄榄岩、灰白色千枚岩	遗址地层、房址、墓葬	10件	
13	大汶口文化	纺轮	石：云母粗砂岩、泥砂岩	遗址墓葬	3件	山东省文物考古研究所、莒县博物馆：《莒县大朱家村大汶口文化墓葬》，《考古学报》1991年第2期。
14	大汶口文化	纺轮	陶：不详	遗址地层	2件	中国社会科学院考古研究所山东队、山东省潍坊地区艺术馆：《潍县鲁家口新石器时代遗址》，《考古学报》1985年第3期。
15	大汶口文化	纺轮	陶：泥质灰陶	傅家遗址采集	1件	山东省文物考古研究所、广饶县博物馆：《山东广饶新石器时代遗址调查》，《考古》1985年第9期。
16	大汶口文化	纺轮	陶：夹砂红陶	后胡营遗址采集	1件	寿光县博物馆：《寿光县古遗址调查报告》，《海岱考古》（第一辑），山东大学出版社，1989年9月。
			骨：不详		1件	

续表

序号	时代	名称	质地	出土情况	数量	资料来源
17	大汶口文化	纺轮	陶：泥质褐陶	遗址地层	1件	山东省文物考古研究所、广饶县博物馆：《广饶县五村遗址发掘报告》，《海岱考古》（第一辑），山东大学出版社，1989年9月。
18	大汶口文化	纺轮	陶：夹砂红褐陶、夹砂灰褐陶	蛤堆遗址采集	2件	山东省文物考古研究所、烟台市博物馆等：《烟台市牟平区蛤堆遗址调查、勘探简报》，《海岱考古》（第六辑），科学出版社，2013年10月。
19	大汶口文化	纺轮	陶：夹蚌褐陶	遗址灰坑	1件	山东省文物考古研究所等：《山东济宁玉皇顶遗址发掘报告》，《海岱考古》（第三辑），科学出版社，2010年6月。
			石：紫褐色黑云母变粒岩		1件	
20	大汶口文化	纺轮	陶：泥质灰陶、泥质灰褐陶	遗址地层、灰坑、墓葬	5件	山东省文物考古研究所等：《枣庄建新遗址2006年发掘报告》，《海岱考古》（第三辑），科学出版社，2010年6月。
21	大汶口文化	纺轮	陶：夹砂、泥质陶	遗址地层、灰坑、墓葬	28件	山东省文物考古研究所：《滕州西公桥遗址考古发掘报告》，《海岱考古》（第二辑），科学出版社，2007年6月。
			石：黑云变粒岩	遗址墓葬	1件	
22	大汶口文化	纺轮	陶：夹砂和泥质陶	遗址地层、灰坑	8件	山东省文物考古研究所、费县文物管理所：《费县左家王庄遗址发掘报告》，《海岱考古》（第二辑），科学出版社，2007年6月。
23	大汶口文化	纺轮	陶：夹砂和泥质陶	遗址灰坑、地层、房址、墓葬	24件	山东省文物考古研究所、枣庄市文化局编：《枣庄建新——新石器时代遗址发掘报告》，科学出版社，1996年6月。
			石：灰绿色中细粒砂岩	遗址墓葬	1件	

序号	时代	名称	质地	出土情况	数量	资料来源
24	大汶口文化	纺轮	石：不详	遗址墓葬	1件	山东大学历史系考古专业教研室：《泗水尹家城》，文物出版社，1990年。
25	大汶口文化	纺轮	陶：泥质灰褐陶	不详	2件	吉树春主编：《潍坊市博物馆馆藏选粹》（综合卷），文物出版社，2016年4月。
26	大汶口文化	纺轮	陶：泥质红陶	墓2	1件	山东省博物馆：《山东滕县岗上村新石器时代墓葬试掘报告》，《考古》1963年第7期。
		布纹	罐底上印有粗糙的麻布纹，每平方厘米内平均约为7~8根经纬线。	墓7	1件	
27	大汶口文化	布纹	罐、筒形杯底部，布纹经纬线较稀疏，每平方厘米内有10根左右。	遗址灰坑	1件	山东省文物考古研究所：《滕州西公桥遗址考古发掘报告》，《海岱考古》（第二辑），科学出版社，2007年6月。
28	大汶口文化	布纹	背壶底部印有细密的布纹、筒形杯底部印有粗布纹。	遗址墓葬	2件	山东省文物管理处、济南市博物馆：《大汶口—新石器时代墓葬发掘报告》，文物出版社，1974年。
29	大汶口文化	布纹	甗算底部印有细布纹、陶盖纽印有粗布纹。	遗址地层	2件	山东省文物考古研究所：《山东曲阜南兴埠遗址的发掘》，《考古》1984年第12期。
30	大汶口文化	布纹	陶器底部布纹为一经一纬交织成的平纹布，每平方厘米约8根左右的经纬线。	遗址墓葬	1件	山东省博物馆等：《邹县野店》，文物出版社，1985年。
31	大汶口文化	布纹	2块器底印有布纹经纬线都比较细密，每平方厘米经纬线各有十三根。	遗址地层	2件	中国社会科学院考古研究所山东队：《胶县三里河》，文物出版社，1988年。

续表

序号	时代	名称	质地	出土情况	数量	资料来源
32	龙山文化	纺轮	陶：不详	遗址居住遗迹、墓葬	22 件	同上
			石：不详	遗址墓葬	2 件	
33	龙山文化	纺轮	陶：泥质灰、黑、红陶	遗址地层、灰坑	38 件	山东省文物考古研究所：《茌平尚庄新石器时代遗址》，《考古学报》，1985 年第 4 期。
			石：不详	遗址灰坑	4 件	
34	龙山文化	纺轮	陶：泥质和夹砂陶	遗址地层	25 件	中国社会科学院考古研究所山东队、山东省潍坊地区艺术馆：《潍县鲁家口新石器时代遗址》，《考古学报》1985 年第 3 期。
35	龙山文化	纺轮	陶：夹砂白陶，泥质灰、黑陶	西辛遗址、钟家遗址、营子遗址采集	5 件	山东省文物考古研究所、广饶县博物馆：《山东广饶新石器时代遗址调查》，《考古》1985 年第 9 期。
36	龙山文化	纺轮	陶：泥质黑陶片、泥质灰褐陶	张店冢子坡遗址、周村晏子窝遗址采集	2 件	淄博市博物馆：《淄博市张店周村古遗址调查报告》，《海岱考古》（第一辑），山东大学出版社，1989 年 9 月。
37	龙山文化	纺轮	陶：不详	火山埠遗址采集	1 件	寿光县博物馆：《寿光县古遗址调查报告》，《海岱考古》（第一辑），山东大学出版社，1989 年 9 月。
38	龙山文化	纺轮	陶：泥质红陶	桃园遗址采集	1 件	青州市博物馆：《青州市新石器遗址调查》，《海岱考古》（第一辑），山东大学出版社，1989 年 9 月。
39	龙山文化	纺轮	陶：泥质灰陶、泥质白陶、泥质红褐陶	遗址地层、灰坑	6 件	山东省文物考古研究所、山东大学历史系考古教研室、青州市博物馆：《青州市凤凰台遗址发掘》，《海岱考古》（第一辑），山东大学出版社，1989 年 9 月。

序号	时代	名称	质地	出土情况	数量	资料来源
40	龙山文化	纺轮	陶：泥质灰陶	遗址采集	2件	山东省文物考古研究所、临朐县文物保护管理所：《山东临朐县史前遗址普查简报》，《海岱考古》（第一辑），山东大学出版社，1989年9月。
41	龙山文化	纺轮	陶：泥质黑陶	凉台遗址、王家柏戈庄遗址采集	2件	诸城县博物馆：《山东诸城史前文化遗址调查》，《海岱考古》（第一辑），山东大学出版社，1989年9月。
42	龙山文化	纺轮	陶：泥质黑、灰陶	季官、摩天岭遗址采集	5件	济南市文化局文物处、章丘县博物馆：《山东章丘县西部原始文化遗址调查》，《海岱考古》（第一辑），山东大学出版社，1989年9月。
43	龙山文化	纺轮	陶：泥质、夹砂陶	遗址灰坑	13件	山东省文物考古研究所、临沂市文物局等：《苍山县后杨官庄遗址发掘报告》，《海岱考古》（第六辑），科学出版社，2013年10月。
44	龙山文化	纺轮	陶：夹砂白陶	遗址灰坑	1件	山东省文物考古研究院：《青州市郝家遗址发掘报告》，《海岱考古》（第十辑），科学出版社，2017年10月。
45	龙山文化	纺轮	陶：夹砂黑陶，泥质灰、黑陶	遗址灰坑	6件	山东省文物考古研究所、枣庄市文化局编：《枣庄建新——新石器时代遗址发掘报告》，科学出版社，1996年6月。
46	龙山文化	纺轮	陶：泥质黑、褐陶	遗址地层、灰坑	26件	国家文物局考古领队培训班：《兖州西吴寺》，文物出版社，1990年12月。

续表

序号	时代	名称	质地	出土情况	数量	资料来源
47	龙山文化	纺轮	陶：泥质黑、橙红陶	遗址探方、灰坑	43 件	山东省文物考古研究所：《山东姚官庄遗址发掘报告》，《文物资料丛刊》，第五辑，1981 年。
48	龙山文化	纺轮	陶：泥质灰陶	遗址地层	11 件	山东大学历史系考古专业：《山东泗水尹家城第一次试掘》，《考古》1980 年第 1 期。
49	龙山文化	纺轮	陶：夹细砂白、红褐、红陶，泥质黑、褐、灰黑、灰陶	遗址地层、灰坑	129 件	山东大学历史系考古专业教研室：《泗水尹家城》，文物出版社，1990 年。
			石：不详	遗址房址、地层	3 件	
50	龙山文化	纺轮	陶：泥质灰陶	遗址灰坑	1 件	文化部文物局田野考古领队培训班：《兖州西吴寺第一、二次发掘简报》，《文物》1986 年第 8 期。
51	龙山文化	纺轮	陶：泥质黑陶施红色陶衣	遗址灰坑	1 件	山东省文物考古研究所等：《山东阳谷县景阳冈龙山文化城址调查与试掘》，《考古》1997 年第 5 期。
			石：花岗岩	遗址采集	1 件	
52	龙山文化	纺轮	陶：夹砂褐陶，泥质黑、黑皮陶，夹细砂黑陶。	遗址采集	6 件	中美两城地区联合考古队：《山东日照两城地区的考古调查》，《考古》1997 年第 4 期。
53	龙山文化	纺轮	陶：夹细砂灰黑陶	遗址灰坑	5 件	中国社会科学院考古研究所山东队等：《山东日照市尧王城遗址 2012 年的调查与发掘》，《考古》2015 年第 9 期。
54	龙山文化	布纹	多见于夹砂陶罐的底部，布为平纹，经纬线每平方厘米约 9～11 根。	遗址遗迹	不详	中国社会科学院考古研究所山东队、山东省潍坊地区艺术馆：《潍县鲁家口新石器时代遗址》，《考古学报》1985 年第 3 期。

序号	时代	名称	质地	出土情况	数量	资料来源
55	龙山文化	纺轮	石：白花岗岩	临淄桐林（田旺）遗址采集	1件	淄博市临淄区文物管理局编著：《临淄文物志》，文物出版社，2015年7月。
56	龙山文化	纺轮	陶：泥质黑陶	临淄桐林（田旺）遗址采集	1件	淄博市博物馆藏
57	龙山文化	纺轮	陶：夹细砂褐陶	不详	2件	沂源县文物管理所编著：《沂源文物精粹》，文物出版社，2016年10月。
58	龙山文化	布纹	遗留在器物底部的布纹	遗址遗迹	14件	国家文物局考古领队培训班：《兖州西吴寺》，文物出版社，1990年12月。
59	岳石文化	纺轮	陶：灰、红褐陶	遗址灰坑	2件	山东省文物考古研究院：《乐陵尹家遗址发掘报告》，《海岱考古》（第十辑），科学出版社，2017年10月。
60	岳石文化	纺轮	陶：泥质黑、灰、褐陶，夹细砂灰黑、红褐、褐陶。	遗址地层、灰坑、沟	62件	山东大学历史系考古专业教研室：《泗水尹家城》，文物出版社，1990年。
			石：不详	遗址地层	18件	
61	商代	纺轮	陶：夹砂灰、灰褐陶，泥质黑、黑皮陶。	黄土崖遗址Ⅰ区灰坑	4件	孙蒙蒙：《淄博黄土崖遗址Ⅰ区发掘与研究》，山东大学硕士学位论文，2017年。
62	商代	纺轮	青玉	遗址商代墓葬	1件	济南市考古研究所：《济南市刘家庄遗址商代墓葬发掘报告》，《海岱考古》（第十一辑），科学出版社，2018年9月。
63	商周时期	纺轮	陶：泥质灰、红、黑、褐陶。	遗址灰坑、地层	5件	山东省文物考古研究所、山东大学历史系考古教研室、青州市博物馆：《青州市凤凰台遗址发掘》，《海岱考古》（第一辑），山东大学出版社，1989年9月。

续表

序号	时代	名称	质地	出土情况	数量	资料来源
64	商周时期	纺轮	陶：泥质灰陶	遗址地层	5件	青州市博物馆：《青州市赵铺遗址的清理》，《海岱考古》（第一辑），山东大学出版社，1989年9月。
65	商周时期	纺轮	陶：夹砂灰、红褐陶，泥质绳纹陶片（改制）。	遗址房址、窑址、灰坑	6件	任相宏、张光明、刘德宝主编：《淄川考古——北沈马遗址发掘报告暨淄川考古研究》，齐鲁书社，2006年。
66	商周时期	纺轮	陶：夹细砂灰褐陶、夹蚌末红褐陶	遗址灰坑	2件	山东省文物考古研究所、滕州市博物馆：《山东滕州市西康留遗址调查、钻探、试掘简报》，《海岱考古》（第三辑），科学出版社，2010年6月。
67	商周时期	纺轮	陶：泥质灰、黑陶	遗址地层	2件	山东大学考古学系：《章丘市黄桑院遗址发掘简报》，《海岱考古》（第九辑），科学出版社，2016年12月。
68	商周时期	纺轮	陶：夹细砂灰褐陶、泥质灰陶	遗址遗迹	2件	中美两城地区联合考古队：《山东日照两城地区的考古调查》，《考古》1997年第4期。
69	商周时期	纺轮	陶：泥质灰、褐陶	遗址灰坑	6件	山东省文物考古研究所：《山东章丘市王推官庄遗址发掘报告》，《华夏考古》1996年第4期。
70	西周中期至战国早期	纺轮	陶：泥质灰、灰褐、红褐、黑皮陶等。	遗址灰坑	28件	山东省文物考古研究所：《山东济南王府遗址发掘报告》，《山东省高速公路考古报告集（1997）》，科学出版社，2000年。
			石：不详		1件	

序号	时代	名称	质地	出土情况	数量	资料来源
71	西周中期至战国早期	纺轮	陶：泥质黄褐陶、灰陶（改制）、灰胎褐皮陶（捏制）。	遗址灰坑、地层、水井	6件	山东省文物考古研究所、莱西市文物管理所：《山东莱西市下马庄、仙格庄遗址发掘简报》，《山东省高速公路考古报告集（1997）》，科学出版社，2000年。
			石：滑石质	遗址灰坑	2件	
72	西周时期	纺轮	陶：泥质灰陶（改制）	遗址灰坑	15件	济南市考古研究所：《济南市唐冶遗址考古发掘报告》，《海岱考古》（第六辑），科学出版社，2013年10月。
73	西周早期	纺轮	陶：泥质灰陶、磨光陶	"南岗子"墓地 Ⅰ M101、Ⅰ M102，村"东南"墓地 Ⅱ M209	5件	滕州市博物馆：《滕州前掌大村南墓地发掘报告（1998～2001）》，《海岱考古》（第三辑），科学出版社，2010年6月。
			石：青绿色石灰岩	村"东南"墓地 Ⅱ M209	1件	
			骨：动物肢骨		1件	
74	春秋时期	纺轮	陶：泥质褐陶	遗址 H3	1件	山东省文物考古研究所等：《郯城县大埠二村遗址发掘报告》，《海岱考古》（第四辑），科学出版社，2011年6月。
75	战国时期	丝织品	资料在整理、保护和研究过程中	沂源东安古城一号战国墓	不详	沂源县文物管理所：《沂源东安古城》，文物出版社，2016年10月。
76	东周时期	丝织品	丝织品有绢和锦等	临淄郎家庄一号东周殉人墓墓主人椁室东壁	不详	山东省博物馆：《临淄郎家庄一号东周殉人墓》，《考古学报》1977年第1期。
77	战国时期	丝织品	发现由织锦绢缝制的丝锦袍、卷绢、纱、组、刺绣残片。	1979年临淄大夫观一号战国墓	不详	罗勋章：《蹴鞠及其起源于临淄的考古学观察》，《足球起源地探索》，中华书局，2004年。

续表

序号	时代	名称	质地	出土情况	数量	资料来源
78	战国晚期	纺织品	两件织物都较柔软、轻薄且透光性好，残片一透光性接近于纱。平纹结构，地经为无捻褐色丝线。	2013 年 8 月，山东博物馆接受捐赠的纺织品。	2 件（残片）	刘靓、徐军平、白广珍：《山东博物馆藏战国绮织物研究》，《海岱考古》（第九辑），科学出版社，2016 年 12 月。
79	战国时期	丝麻织物	出土器物附着绢痕迹，如铜器柄、铁削、铜环、铜带钩等。	单家庄一号墓，相家庄三、五号墓	4 件	山东省文物考古研究所：《临淄齐墓》（第一集），文物出版社，2007 年。
80	战国时期	麻布帷帐	在靠近二层台的墓壁四周苇席上附麻布帷帐，其上有用红、白、黑三色绘制的兽面纹横二方连续图案。	单家庄二号墓，相家庄一、二、三号墓等	不详	山东省文物考古研究所：《临淄齐墓》（第一集），文物出版社，2007 年。
81	东周时期	纺轮	陶：泥质灰陶	遗址灰坑	5 件	山东省文物考古研究所、蒙阴县文物管理所：《山东蒙阴后里遗址发掘简报》，《山东省高速公路考古报告集（1997）》，科学出版社，2000 年。
81	东周时期	纺轮	石：不详	遗址灰坑	4 件	山东省文物考古研究所、蒙阴县文物管理所：《山东蒙阴后里遗址发掘简报》，《山东省高速公路考古报告集（1997）》，科学出版社，2000 年。
82	东周时期	纺轮	陶：泥质红褐、灰、黑陶	遗址地层	4 件	山东省文物考古研究所、山东大学历史系考古教研室、青州市博物馆：《青州市凤凰台遗址发掘》，《海岱考古》（第一辑），山东大学出版社，1989 年 9 月。
83	东周时期	纺轮	陶：泥质灰、灰黑陶	遗址地层、灰坑、水井	3 件	山东省文物考古研究院等：《昌邑火道——廒里遗址群01（唐央）遗址发掘简报》，《海岱考古》（第十辑），科学出版社，2017 年 10 月。
84	东周时期	纺轮	陶：泥质灰、深灰陶	遗址地层、灰坑	2 件	山东省文物考古研究所、东营市历史博物馆：《广饶县十村遗址发掘报告》，《海岱考古》（第九辑），科学出版社，2016 年 12 月。

序号	时代	名称	质地	出土情况	数量	资料来源
85	周代	纺轮	陶：泥质红褐陶	遗址 G2①	1 件	山东省文物考古研究所、临沂市文物局等：《苍山县后杨官庄遗址发掘报告》，《海岱考古》（第六辑），科学出版社，2013 年 10 月。
86	周代	纺轮	陶：泥质褐陶	遗址 G1	1 件	山东省文物考古研究所、曲阜市文物管理委员会：《曲阜董大城遗址的发掘》，《海岱考古》（第二辑），科学出版社，2007 年 6 月。
87	周代	纺轮	陶：泥质陶	遗址 G2、G4、M20、M31、M35	5 件	山东省文物考古研究所、泗水县文物管理所：《2000 年泗水尹家城遗址发掘报告》，《海岱考古》（第二辑），科学出版社，2007 年 6 月。
88	周代	纺轮	陶：泥质灰陶	遗址灰坑、地层	10 件	国家文物局考古领队培训班：《兖州西吴寺》，文物出版社，1990 年 12 月。
89	周代	纺轮	陶：泥质灰陶	遗址地层	39 件	山东大学历史系考古专业教研室：《泗水尹家城》，文物出版社，1990 年。
			石：不详		6 件	
90	汉代	纺轮	陶：泥质黑陶	遗址灰坑	4 件	潍坊市博物馆、昌乐县文物管理所：《昌乐县后于刘遗址发掘报告》，《海岱考古》（第五辑），科学出版社，2012 年 8 月。
91	东汉	纺轮	陶：泥质灰陶	遗址 H5	1 件	山东省文物考古研究所：《滕州西公桥遗址考古发掘报告》，《海岱考古》（第二辑），科学出版社，2007 年 6 月。
92	汉代	帛画	帛画以红色细线勾勒，平涂色彩，设色有蓝、红、白、黑等。	临沂金雀山九号汉墓棺盖麻布之上	1 件	临沂金雀山汉墓发掘组：《山东临沂金雀山九号汉墓发掘简报》，《文物》1977 年第 11 期。

续表

序号	时代	名称	质地	出土情况	数量	资料来源
93	汉代	丝织品	大部分丝织品呈咖啡色，平素无纹，仍具有一定的韧性，多属绢类。	日照海曲125号汉墓棺内	不详	郑同修、崔圣宽：《北方最美的500件漆器——山东日照海曲汉墓》，《文物天地》2003年第3期。
94	汉代	画像石纺织图	均为画像石补充图案	滕县东北龙阳店2石、西户口1石、后台村1石、黄家岭1石，（应为9石，余4石资料不得）	5石	山东省博物馆、山东省文物考古研究所编：《山东汉画像石选集》，齐鲁书社，1982年3月。
95	西汉	银盒	银	西汉齐王墓一号陪葬坑	1件	贾振国：《西汉齐王墓随葬器物坑》，《考古学报》1985年第2期。
	战国	银豆（盒）		西辛战国墓B	2件	山东省文物考古研究所、青州市博物馆：《山东青州西辛战国墓发掘简报》，《文物》2014年第9期。
	东汉	石雕狮子	石	嘉祥武氏墓群	1对	杨爱国、王海玉、孙洋：《汉代山东与丝绸之路——以考古发现为主的观察》，《海岱考古》（第十一辑），科学出版社，2018年9月。
		石雕狮子		山东博物馆	1对	
		石雕狮子		兰陵博物馆	1件	
		狮座圆柱		兰陵东纸坊九女墩汉墓	2根	
		狮座圆柱		临沂市博物馆	1根	
		大象		滕州龙阳店六牙象画像、邹城金山村象与驼画像、长清孝堂山石祠东壁前导象驼	3件	
		石雕胡人像		青州瀑水涧胡人石雕像，临淄徐家庄、左家庄、徐姚村胡人石雕像，兖州尧祠胡人石雕像、邹城西关胡人石雕像。	6件	社科院考古所中国考古网：《徐龙国：山东大型胡人石雕像与欧亚文化交流》，2018年11月5日。

二　山东（齐地）纺织工具考古资料节选

1.《山东潍坊前埠下遗址发掘报告》

山东省文物考古研究所编著；《山东省高速公路考古报告集（1997）》，科学出版社，2000 年。

前埠下遗址第一期文化（后李文化）陶纺轮，11 件，均利用陶片制成。标本 H255：4，夹云母红陶，周边磨平，中部穿孔为双面对钻。直径 5.5～6.2 厘米。标本 H259：21，夹滑石红褐陶，周边经打制，略有磨痕，钻孔粗糙，不甚规整。直径 4～4.5 厘米。

前埠下遗址第一期文化（后李文化）角纺轮，1 件，H255：6，利用鹿角根部制作，圆形，中间有穿孔，一面磨平，直径 7～7.8 厘米。

2.《大汶口续集》

山东省文物考古研究所编著；科学出版社，1997 年。

北辛文化石纺轮，4 件，圆形扁平体，中间有对钻圆孔，由千枚岩、绿泥石云母片岩等制成。分两型。

A 型，3 件，轮廓清晰，横断面呈长方形。标本 T47⑤B：2，千枚岩，两面对钻孔未穿透。直径 5.1、厚 1.4 厘米。

B 型，1 件，标本 T415⑤B：1，绿泥云母片岩，轮边略弧截面呈圆角长方形，直径 5.2、厚 1 厘米。

3.《大汶口续集》

山东省文物考古研究所；科学出版社，1997 年。

大汶口遗址地层及遗迹出土大汶口文化陶纺轮，5 件，圆形扁平体，中部穿一小孔，以截面的不同分三型。

A 型，3 件，截面为长方形，分 2 式。

Ⅰ式，1 件，标本 1T218④C：4，泥质红陶，体薄，作扁薄长方形，在小圆孔的周围饰有放射线状划纹。直径 4.6、厚 1.4 厘米。

Ⅱ式，2件，厚体，截面为抹角长方形，标本1T314④B：25，泥质红陶，轮边清晰，直径4.7、厚2.7厘米。

B型，1件，标本H2003：12，泥质红陶，束腰式圆柱体，器中穿一小圆孔，上面直径4.3、下面直径4.7、厚4.2厘米。

C型，1件，标本1T314④C：20，泥质褐红陶，正面圆形，截面呈扁椭圆形，轮边饰有交叉划纹组成的不规则方格纹样。长径6、短径即高度2.8厘米。

大汶口遗址地层出土大汶口文化石纺轮，8件，圆形，扁平体，中间穿一圆孔，标本1T218④C：2，滑石片岩，体薄，一面管钻圆孔，直径4.6、厚1.3厘米；标本Ⅳ T212④A：2，千枚岩，体较厚，两面对钻穿，直径5.3、厚2.4厘米。

大汶口遗址墓葬出土大汶口文化石纺轮，10件，扁平体，横截面呈长条形，中心有一孔。标本M1005：4，千枚岩，轮边微弧，直径6.6厘米。分别出土于M1013、M1018、M2002、M2011、M2015、M2018。

4. 《大汶口——新石器时代墓葬发掘报告》

山东省文物管理处、济南市博物馆；文物出版社，1974年。

大汶口遗址墓葬出土大汶口文化石、陶纺轮，31件，其中，石质26件、陶质5件。石纺轮用片麻岩、大理岩等制成。扁圆形，中央穿孔。无反正面。陶纺轮都是泥质灰陶。标本65：1，石纺轮。

骨梭形器，4件。M26和M19出土。宽扁兽肢骨制成，留有自然凹槽，一端有自然孔可供引线。另一端有刃尖，用途不甚清楚。标本19：9，长16.6、宽1.8厘米。（无图）

5. 《山东曲阜西夏侯遗址第一次发掘报告》

中国科学院考古研究所山东队编著；《考古学报》1964年第2期。

西夏侯遗址地层中出土大汶口文化陶纺轮，2件，扁平形。

西夏侯遗址墓葬中出土大汶口文化石纺轮，1件，标本M5：13，大理岩，扁平，边沿为斜面，一面钻孔，直径4.7~5.2厘米。

6. 《西夏侯遗址第二次发掘报告》

中国科学院考古研究所山东队；《考古学报》1986年第2期。

西夏侯遗址T3-9第四层出土大汶口文化陶纺轮，3件，均残。夹砂红陶或夹砂灰黑陶，扁平圆形，有的中部略厚，直径 4.8~8.6 厘米。

西夏侯遗址第三层出土大汶口文化陶纺轮，6 件，均为扁平圆形，完整的仅一件（T3③：8），夹砂红陶，直径 5.2 厘米。

西夏侯遗址墓葬出土大汶口文化陶纺轮，1 件，M16：8，扁平圆形，夹砂褐陶，直径 5 厘米。

7.《邹县野店》

山东省博物馆等；文物出版社，1985 年。

野店遗址墓葬出土大汶口文化石纺轮，11 件，均呈圆饼状，中央有孔，按轮边的不同分为三型。

Ⅰ型，器体较大，两面平，轮边垂直，横断面为长条形。标本 M35：1，在器体正背面各有划纹的四角形装饰。

Ⅱ型，标本 M15：2，器体两面弧鼓，轮边圆而薄，横断面略呈梭形。

Ⅲ型，标本 M55：13，器体两面平整，正面稍小，背面略大，轮边较直，横断面呈扁梯形。

8.《胶县三里河》

中国社会科学院考古研究所编著；文物出版社，1988 年。

三里河遗址墓葬出土大汶口文化石纺轮，5 件，扁平圆饼状，一墓一件。标本 M301：17，直径 4.8、厚 1 厘米。

三里河遗址墓葬出土大汶口文化陶纺轮，3 件，呈圆饼形，一墓一件。

9.《山东王因——新石器时代遗址发掘报告》

中国社会科学院考古研究所；科学出版社，2000 年。

王因遗址大汶口文化石纺轮，11 件，用云煌岩制成。多为圆饼状，有的较厚，有的较薄，中有穿孔。偶有刻纹饰者。分三式。

Ⅰ式，6 件，上下两面均平，周边平直或稍有弧度。标本 T259H3：5，直径 6.2、厚 1.2 厘米。周边微凸。标本 T213③：3，黄白色云煌岩，直径 5.6、厚 2.5 厘米，残，圆饼状，是同类器物中最厚者。标本 T245②：1，黄色云煌岩，直径 4.4、厚 0.8 厘米。周边光平。

Ⅱ式，4件，一面或两面微鼓，即中心厚，周边变薄。标本 T241②：1，直径4.3、厚1.1厘米。底面平，上面微鼓，周边圆凸。标本 T266H11 上：16，直径5.4、厚1厘米，中心厚，边缘明显变薄。标本 T201③：8，直径5.7、厚1.3厘米，中部略厚于边缘。以孔为中心刻多道辐射状划纹，边缘上下一周均刻有短道划纹。

Ⅲ式，1件，为同类器中最大的一件。标本 T4017②：2，直径7.2厘米。残，一面有一条较深的凹槽。此件可能另有其他用途。

王因遗址大汶口文化陶纺轮，8件，基本形制算珠状，均为泥质陶，手制。分三式。

Ⅰ式，4件，扁圆形。标本 T262H28：5，泥质红陶，直径3.5厘米。标本 T219②：2，直径7厘米，较厚大。

Ⅱ式，2件，周边较直。标本 T448H411 上：11，泥质褐陶，直径6.1厘米，较薄。标本 T448H411 上：31，直径7.3厘米。

Ⅲ式，2件，上下两面皆为弧面，剖面呈椭圆形。标本 T119②：3，泥质红陶，直径2.9、高1.8厘米。

王因遗址大汶口文化墓葬中出土石、陶纺轮，28件，其中石质26件，质料均为石灰岩，另有陶质2件。纺轮均为算珠状，按大小和纹饰不同分为五式。

Ⅰ式，2件，出自第③层墓，中等大小，上下面较平，磨制粗糙，不甚规整，厚薄不均。标本 M2190：2，直径6.1、厚1.7厘米，在中心圆孔的一侧有一未穿透的半圆孔，是钻偏后放弃所致。标本 M2326：3，直径5.8、厚1.6厘米，周壁刻划有不规整的竖线槽。

Ⅱ式，17件，均出自第②层墓。上下面较平，磨制规整，光滑无纹，体大厚重。标本 M2172：4，直径6.1、厚1.8厘米。近中心圆孔处较厚。标本 M2165：4，直径6.4、厚2.4厘米，中壁中腰处外鼓。

Ⅲ式，4件，均出自第②层墓，3件石质，1件陶质（M168：5），通体小而薄，上下面微鼓，周壁有一周浅凹槽。标本 M214：6，石灰岩，直径4.8、厚1.1厘米，圆孔壁较直。标本 M168：5，泥质红褐色陶，直径5.2、厚1.6厘米，表面光滑，为烧制前打磨，两面微凸，中腰的浅槽亦规整，中心圆孔为两面穿透，剖面呈束腰状。

Ⅳ式，4件，均出自第②层墓，磨制规整，周壁外缘刻有纹饰。标本 M216：5，直径5.5、厚1.8厘米，两面平整，周壁刻有十字与圆点相间的阴纹装饰图案，圆孔两面钻透，孔壁垂直。标本 M2440：7，直径6.4、厚2.3厘米，两面平整光滑，周壁中腰有一周浅凹纹，并有多条与之垂直相交而不甚规整竖纹，圆孔较小，两面钻透，孔壁垂直。

Ⅴ式，1件，均出自第②层墓，上下面鼓起，上面以圆孔为中心，有一周同心圆刻纹，圆内有不规则的辐射状短线。周壁又刻有一周由交叉直线组成的菱形饰纹。标本M2469：1，直径5.8、厚1.6厘米。

10.《山东诸城呈子遗址发掘报告》

昌潍地区文物管理组等；《考古学报》1980年第3期。

呈子遗址大汶口文化陶纺轮，18件，分二型。

A型，10件，手制，制作粗糙，分二式。Ⅰ式，7件，厚重不规整，M9：3，直径4.8厘米。T6：35，直径4.2厘米。Ⅱ式，3件，以陶片磨制，器体小。T24：5，直径3.5厘米。

B型，8件，轮制，制作规整精致。分二式。

Ⅰ式，2件，周边较薄，T3：13，直径4.6厘米。

Ⅱ式，6件，中心凸起，周边薄并饰弦纹一周。T19：3，直径6.1厘米。

呈子遗址大汶口文化石纺轮，3件，磨制，厚重。T20：21，直径5.5厘米。

11.《茌平尚庄新石器时代遗址》

山东省文物考古研究所；《考古学报》，1985年第4期。

尚庄遗址大汶口文化石纺轮，2件，扁圆形，管钻孔。M5：8，斜边，直径3.7~4厘米；M6：2，直边，直径4厘米。

12.《山东潍坊前埠下遗址发掘报告》

山东省文物考古研究所等；《山东省高速公路考古报告集（1997）》，科学出版社，2000年。

前埠下遗址二期文化（大汶口文化）陶纺轮，6件，由陶片改制，基本呈扁圆形，中部有对钻的圆孔，标本T5330③：1，夹滑石红褐陶，直径5.8厘米。

前埠下遗址二期文化（大汶口文化）石纺轮，9件，分2型。

A型，4件，器身较厚，剖面呈梯形，标本T5132③：1，灰绿色橄榄岩，磨制，已残。中间圆孔系对钻。直径3.9厘米。

B型，5件，器身较薄，断面呈圆角长方形，标本F1：1，灰白色千枚岩磨制，孔对钻，直径4.7~5厘米。

前埠下遗址二期文化（大汶口文化）墓葬出土陶纺轮，3件，均呈圆饼状，中央一孔，边缘较陡直。标本M22：13，夹砂红褐陶，较厚。直径4.3、厚1.4厘米。

前埠下遗址二期文化（大汶口文化）墓葬出土石纺轮，1件，M11：15，灰绿色橄榄岩。圆形，中间有一孔，外缘较直。直径4.6~5、厚1.3厘米。

13.《莒县大朱家村大汶口文化墓葬》

山东省文物考古研究所、莒县博物馆；《考古学报》1991年第2期。

大朱家村大汶口文化墓葬石纺轮，3件，扁平圆形，斜边，中间穿孔，M32：5，云母粗砂岩，大孔，直径5.5厘米。M16：8，泥砂岩，孔较小，直径4.3厘米。

14.《潍县鲁家口新石器时代遗址》

中国社会科学院考古研究所山东队、山东省潍坊地区艺术馆；《考古学报》1985年第3期。

鲁家口遗址大汶口文化陶纺轮，2件，利用陶器碎片制成，先将陶片打制成圆形，然后将边缘磨平，由两面钻孔。T101⑦：41，已残，直径约5.9厘米。

15.《山东广饶新石器时代遗址调查》

山东省文物考古研究所、广饶县博物馆，《考古》1985年第9期。

傅家遗址采集大汶口文化陶纺轮，1件，1：044，采集，泥质灰陶，扁圆体，中穿圆孔，边呈弧形。直径5厘米。

16.《寿光县古遗址调查报告》

寿光县博物馆；《海岱考古》（第一辑），山东大学出版社，1989年9月。

后胡营遗址采集大汶口文化骨纺轮，1件，26：6，圆形，中间穿孔，两面对钻而成，正面磨光，背面粗糙，直径4.1、孔径0.8、厚0.4厘米。

后胡营遗址采集大汶口文化陶纺轮，1件，26：7，半球状，中央一孔，底面刻划五个圆弧，弧内有锥点，夹砂红陶，直径2.8、孔径0.3、厚1.6厘米。

17. 《广饶县五村遗址发掘报告》

山东省文物考古研究所、广饶县博物馆；《海岱考古》（第一辑），山东大学出版社，1989 年 9 月。

五村遗址大汶口文化陶纺轮，1 件，T4419⑤：1，泥质褐陶，磨光，呈圆形饼状，中间有一孔，直径 5.7、厚 2.2 厘米。

18. 《烟台市牟平区蛤堆遗址调查、勘探简报》

山东省文物考古研究所、烟台市博物馆等；《海岱考古》（第六辑），科学出版社，2013 年 10 月。

蛤堆遗址大汶口文化陶纺轮，2 件。采：7，形体稍大，两面及边缘平整，红褐色夹砂陶，砂粒及石英颗粒细小，含量较多，近圆形，圆孔位置偏外，直径 5.2、孔径 0.6 厘米。采：14，形体稍小，两面外鼓，灰褐色夹砂陶，砂粒较粗，石英颗粒细小，含量较多，圆形，呈车轮状，圆孔近中心，直径 4.7、孔径 0.6 厘米。

19. 《山东济宁玉皇顶遗址发掘报告》

山东省文物考古研究所等；《海岱考古》（第三辑），科学出版社，2010 年 6 月。

玉皇顶遗址大汶口文化陶纺轮，1 件，H104：18，夹蚌褐陶，圆形，边缘圆凸，直径 6、孔径 0.7、厚 1.8 厘米。

玉皇顶遗址大汶口文化石纺轮，1 件，H13：3，紫褐色黑云母变粒岩，平面呈圆形，截面呈长方形，较规整，中部一对钻孔，直径 6、孔径 1.1、厚 1.7 厘米。

20. 《枣庄建新遗址 2006 年发掘报告》

山东省文物考古研究所等；《海岱考古》（第三辑），科学出版社，2010 年 6 月。

建新遗址大汶口文化陶纺轮，4 件，均为泥质陶，圆形，中心穿孔，边缘圆弧，素面，分为三型。

A 型，1 件，H13：12，灰陶，器型器形扁薄，截面近梯形，直径 10.8～11.2、厚 0.9 厘米。

B 型，2 件，截面梯形，器型器形较厚。标本 T1059③A：1，灰褐陶，表面光滑，直径 3.8～4.4、厚 1 厘米。标本 T1159③A：1，红陶，磨光，直径 4～4.8、厚 1.6 厘米。

C 型，1 件，H13：8，灰陶，截面呈弧形，一面素面，另一面阴刻一周凹弦纹，直径4.8～5.6、厚1.4 厘米。

建新遗址大汶口文化墓葬出土陶纺轮，1 件，M11：1，泥质灰陶，扁圆形，弧边，中间有圆穿孔，一面饰凹弦纹一周，素面，直径5.1、厚1.2 厘米。

21.《滕州西公桥遗址考古发掘报告》

山东省文物考古研究所；《海岱考古》（第二辑），科学出版社，2007 年 6 月。

西公桥遗址大汶口文化陶纺轮，26 件，大多数为圆形扁平体，中间一管钻圆孔，均素面，根据截面形状分为五型。

A 型，10 件，长方形，分为二亚型。

Aa 型，6 件，直角长方形。标本 T1727③A：1，泥质红褐陶，直径3.8、孔径0.5、厚0.7 厘米。标本 H132：4，泥质红陶，直径4.5、孔径0.6、厚0.8 厘米。

Ab 型，4 件，圆角长方形。标本 H24：1，夹砂红陶，直径3.9、孔径0.4、厚0.8 厘米。标本 H171：2，仅残存约五分之一，夹砂灰陶，直径5.9、孔径0.7、厚1.1 厘米。标本 H220：1，泥质红褐陶，体厚重，直径3.9、孔径0.4、厚1.7 厘米。

B 型，9 件，梯形，分为三亚型。

Ba 型，5 件，轮缘斜直，均为泥质陶。标本 T1427③B：3，黑陶，形体较扁薄，直径4.4～5.1、孔径0.8、厚1.2 厘米。标本 T1822③A：1，灰褐陶，直径4.3～5、孔径0.3、厚1.1 厘米。标本 H133：5，黑灰陶，不规则圆形，直径3.8～4.4、孔径0.5、厚1.4 厘米。标本 H206：1，黑陶，直径4～4.5、孔径0.6、厚1.3 厘米。

Bb 型，3 件，轮缘斜弧，标本 H137：3，夹砂红褐陶，直径4.2～4.8、孔径0.6、厚1.3 厘米。

Bc 型，1 件，H211：3，泥质灰褐陶，"凸"字形双腰梯形，缘面外斜，直径2.1～3.7、孔径0.3、厚1.4 厘米。

C 型，4 件，椭圆形，均为泥质陶。标本 H54：8，灰陶，残，直径7.5、孔径1、厚约1.4 厘米。标本 H136：1，红陶，直径4、孔径0.5、厚1.5 厘米。

D 型，2 件，半月形，均为泥质陶。H132：3，黑褐陶，直径5.1、孔径0.6、厚1.8 厘米。H71：1，残，灰陶，轮缘较薄，直径4.6、孔径0.5、厚0.9 厘米。

E 型，1 件，H58：1，泥质灰陶，算珠形，中间厚，四周逐渐变薄，截面呈圆角菱形，直径3.8、孔径0.6、中间厚2.2 厘米。

西公桥遗址大汶口文化墓葬陶纺轮，2 件，均为素面。M28：6，夹砂红陶，圆饼形，体扁平，中间有圆孔，直径 5.2、孔径 0.9 厘米。M14：6，泥质红褐陶，扁平体，平面圆形，中间一圆孔，横截面呈长方形，直径 4.6、孔径 0.4 厘米。

西公桥遗址大汶口文化墓葬石纺轮，1 件，M41：7，黑云变粒岩，圆饼形，中间穿孔，器体扁薄，截面近梯形，通体磨制，中间一对钻圆孔，直径 5.3 ~ 5.6、孔径 0.7 ~ 1 厘米。

22.《费县左家王庄遗址发掘报告》

山东省文物考古研究所、费县文物管理所；《海岱考古》（第二辑），科学出版社，2007 年 6 月。

左家王庄遗址大汶口文化陶纺轮，8 件，，皆单面穿圆孔，依横截面的不同，分二型。

A 型，截面为长方形。标本 T101⑤：1，夹砂红褐陶，表面扁平，周缘略弧，直径 5.4、孔径 0.5、厚 1.4 厘米。标本 T107④：3，夹砂灰黑陶，表面中部略厚，周缘略薄，半残，直径 8.5、孔径 1、厚 1.8 ~ 2 厘米。标本 H51：8，夹砂灰陶，表面扁平，半残，直径 4.2、孔径 0.6、厚 1.2 厘米。

B 型，截面呈梯形。标本 T101⑤：2，夹砂红褐陶，圆台状，直径 3.4 ~ 5.1、孔径 0.6、厚 1.5 厘米。T302③：3，泥质红褐陶，直径 4.4 ~ 5.2、厚 1.8 厘米。

23.《枣庄建新——新石器时代遗址发掘报告》

山东省文物考古研究所、枣庄市文化局编；科学出版社，1996 年 6 月。

建新遗址大汶口文化陶纺轮，21 件，圆形，中心穿孔，分四型。

A 型，10 件，泥质陶，截面长方形。H63：5，红陶，磨光，直径 4.6 厘米。H63：4，灰褐陶，边缘微弧，一面阴刻一周凹弦纹，直径 4.6 厘米。H127：4，红褐陶，一面平，另一面微凹，磨光，直径 10.8 厘米。

B 型，4 件，截面呈梯形。H195：5，夹砂深灰陶，表面红色，直径 5.6 ~ 6 厘米。H20：7，夹细砂红陶，边缘微弧，表面磨光，直径 4.5 ~ 5.2 厘米。H163：7，泥质灰褐陶，边缘微弧，一面饰放射状刻划凹弦纹八条，直径 3.5 ~ 4 厘米。

C 型，5 件，一面平，另一面微鼓，分二式。

I 式，3 件，纵截面半圆形。H188：1，泥质红陶，素面，直径 4.8、厚 2.1 厘米。

Ⅱ式，2 件，扁圆形。T2558③A：3，夹砂灰陶，素面，直径 10.5、厚 1.28 厘米。

D 型，2 件，截面椭圆形。F27：3，泥质红陶，素面磨光，直径 4.6、厚 2 厘米。

建新遗址大汶口文化墓葬出土陶纺轮，3 件，扁圆形，中间穿孔，素面。M46：81，泥质红褐陶，扁平，弧边，孔较小，直径 4.4 厘米。M89：1，夹砂红褐陶，器身较高，截面尖圆锥形，底面微鼓，直径 1.2~5 厘米。

建新遗址大汶口文化墓葬出土石纺轮，1 件，M67：8，灰绿色中细粒砂岩，扁平圆形，直边，中间穿孔，直径 5 厘米。

24.《泗水尹家城》

山东大学历史系考古专业教研室；文物出版社，1990 年。

尹家城遗址大汶口文化石纺轮，1 件，M145：8，圆饼形，断面呈长方形，直径 5.2 厘米

25.《潍坊市博物馆馆藏选粹·综合卷》

吉树春主编；文物出版社，2016 年。

大汶口文化陶纺轮，2 件，泥质灰褐陶，素面，算珠状，打磨光滑，中心有一圆形穿孔，直径 5.3、厚 0.9 厘米。

26.《山东滕县岗上村新石器时代墓葬试掘报告》

山东省博物馆；《考古》1963 年第 7 期。

岗上村遗址大汶口文化陶纺轮 1 件（墓 2）。扁平，泥质红陶，手制。（无图）

岗上村遗址大汶口文化陶罐底部麻织纹，出自墓 7，泥质黑陶，小口，圆唇，短颈，扁腹，平底。罐底上印有粗糙的麻布纹，每平方厘米内平均约为 7~8 根经纬线，经纬线粗，稀疏不匀。

27.《滕州西公桥遗址考古发掘报告》

山东省文物考古研究所；《海岱考古》（第二辑），科学出版社，2007 年 6 月。

西公桥遗址大汶口文化陶器布纹拓片，以布垫在平底器物的底部而形成的印痕，见于泥质罐、筒形杯的底部，均为一经一纬的平纹布。标本 H70：4，为筒形杯的底部，布纹经纬线较稀疏，每平方厘米内有 10 根左右。

28. 《大汶口——新石器时代墓葬发掘报告》

山东省文物管理处、济南市博物馆；文物出版社，1974年。

大汶口遗址大汶口文化背壶底部布纹，标本17：3，泥质灰陶，短颈，圆肩，深腹，宽带式双鼻，双鼻间腹壁近平。高16.3、口径8.3厘米，底部印有细密的布纹。

大汶口遗址大汶口文化筒形杯底部布纹，标本64：15，泥质灰陶，器形较小，口沿外折，平底，器壁微曲，高7.6、口径5厘米，器壁较厚，底部印有粗布纹。

29. 《山东曲阜南兴埠遗址的发掘》

山东省文物考古研究所；《考古》1984年第12期。

南兴埠遗址大汶口文化陶甑箅底部布纹，T8⑦：23，夹砂黑陶，圆唇，敞口，斜壁，浅腹，平底，呈假圈足状，底部有圆形孔，并印有细布纹，高2.2、口径12.4、底径9.6厘米。

南兴埠遗址大汶口文化陶盖纽布纹，T1⑦：59，夹砂黑陶，纽较细，呈鸟首状，盖上有孔，印有粗布纹。

30. 《邹县野店》

山东省博物馆等；文物出版社，1985年。

野店遗址大汶口文化陶器底部布纹，标本M86：4，纹样较硬直而粗糙，应是在制作陶器过程中晾晒陶坯时放在纤维织品上所留下的印痕，可能是麻类的纤维，为一经一纬交织成的平纹布，每平方厘米约8根左右的经纬线。

31. 《胶县三里河》

中国社会科学院考古研究所山东队；文物出版社，1988年。

三里河遗址大汶口文化陶器底部布纹，2块器底印有布纹，标本T244③：10，平纹，经纬线都比较细密，每平方厘米经纬线各有十三根。（无图）

32. 《胶县三里河》

中国社会科学院考古研究所山东队；文物出版社，1988年。

三里河遗址龙山文化居住遗迹出土陶纺轮18件，与墓葬中发现的石纺轮和陶纺轮形制相同。

　　三里河遗址龙山文化墓葬出土石纺轮，2 件，扁平圆形。标本 M210：4，直径 5.2 厘米。分别出土于两座墓葬中。

　　三里河遗址龙山文化墓葬出土陶纺轮，4 件，分别出土于五座墓葬中，可分二式。

　　Ⅰ式，2 件，上下两面均微鼓，横断面略呈梭形。标本 M222：9，直径 4.6 厘米。

　　Ⅱ式，2 件，底面平，上面微鼓，边缘有一周凹弦纹。标本 M213：3，直径 5.5 厘米。

33.《茌平尚庄新石器时代遗址》

　　山东省文物考古研究所；《考古学报》1985 年第 4 期。

　　尚庄遗址龙山文化石纺轮，4 件，扁平圆形，中心管钻圆孔。H168：2，直径 6.4、厚 0.8 厘米。

　　尚庄遗址龙山文化陶纺轮，38 件，均中穿一圆孔，可分四式。

　　Ⅰ式，4 件，系陶片经过打制后磨成圆饼状。H70：3，泥质黑陶，直径 4.2 厘米。

　　Ⅱ式，5 件，圆饼状，弧边。Ⅲ T210④：4，泥质灰陶，直径 5 厘米。Ⅳ T1109 ④：3，泥质灰陶，沿边饰一周凹弦纹，直径 6.5 厘米。

　　Ⅲ式，28 件，圆饼状，一面平，一面呈弧面，有的弧面施陶衣，沿边饰一周凹弦纹。H75：13，泥质黑陶，直径 7.2 厘米。

　　Ⅳ式，1 件，H96：5，泥质红陶，圆饼状，突棱边，直径 4.6 厘米。

34.《潍县鲁家口新石器时代遗址》

　　中国社会科学院考古研究所山东队、山东省潍坊地区艺术馆；《考古学报》1985 年第 3 期。

　　鲁家口遗址龙山文化陶纺轮，25 件，分 3 式。

　　Ⅰ式，5 件，扁平圆形，平边。T101②：5，夹砂灰陶，直径 5 厘米。

　　Ⅱ式，8 件，两面微鼓，薄弧边。T305②：5，泥质黄褐陶，直径 4.4 厘米。

　　Ⅲ式，12 件，泥质陶 11 件，其中黑陶 9 件、灰陶 2 件，夹云母屑红陶 1 件。一面平或内凹，另一面微鼓，有的在鼓面边缘刻凹槽一周。T105④：12，直径 5.7 厘米。T104③：16，直径 6.2 厘米。

35.《山东广饶新石器时代遗址调查》

山东省文物考古研究所、广饶县博物馆；《考古》1985 年第 9 期。

西辛遗址采集龙山文化陶纺轮，2 件，器形较薄，圆饼形，中央穿圆孔，4：08，泥质灰陶，一面微弧，另一面较平。中厚边薄，断面呈棱形，直径 8 厘米。4：09，泥质黑陶，磨制光滑，直径 7.2 厘米。

钟家遗址采集龙山文化陶纺轮，1 件。5：028，夹砂白陶，器形较薄，扁圆体，中间穿圆孔，一面微弧，一面内凹，边缘外侧一周凹槽，直径 4.3 厘米。

营子遗址采集龙山文化陶纺轮，2 件，均泥质黑陶，圆饼形，中央穿圆孔。6：07，制作粗糙，直边直径 3.7 厘米。6：08，磨制光滑，形体较厚，弧边，直径 3.7～4.2厘米。

36.《淄博市张店周村古遗址调查报告》

淄博市博物馆；《海岱考古》（第一辑），山东大学出版社，1989 年 9 月。

张店冢子坡遗址采集龙山文化陶纺轮，1 件，6：2，微残，圆形，中间有孔，为泥质黑陶片磨制而成，直径 5.3、孔径 1.1、厚 1.2 厘米。

周村晏子窝遗址采集龙山文化陶纺轮，1 件，7：4，完整，圆形，中间有透孔，泥质灰褐陶片磨制而成，直径 4.5、孔径 1.1、厚 1.4 厘米。

37.《寿光县古遗址调查报告》

寿光县博物馆；《海岱考古》（第一辑），山东大学出版社，1989 年 9 月。

火山埠遗址采集龙山文化陶纺轮，1 件，20：29，圆饼形，正面微凸，沿边有轮旋凹槽一周，背面平滑，中间一孔，直径 5.6 厘米。

38.《青州市新石器遗址调查》

青州市博物馆；《海岱考古》（第一辑），山东大学出版社，1989 年 9 月。

桃园遗址龙山文化陶纺轮，1 件，QT：32，泥质红陶，为陶片加工而成，呈不规则六边形，中间有一管穿圆孔。

39.《青州市凤凰台遗址发掘》

山东省文物考古研究所、山东大学历史系考古教研室、青州市博物馆；《海岱考古》（第一辑），山东大学出版社，1989 年 9 月。

凤凰台遗址龙山文化陶纺轮，6 件，完整者 5 件，可分四型。

A 型，1 件，标本 H147：2，泥质灰陶，制作规整，轮面隆起，外沿有一圈凹槽，直径 6.5、厚 0.9 厘米。

B 型，3 件，系用陶片改制而成，外缘不规整，中间两面钻孔，标本 H655：2，泥质红褐陶，直径约 2.2、厚 0.4 厘米。

C 型，1 件，标本 T635⑥：6，泥质白陶，轮缘为一面坡，制作规整，直径 6.4、厚 1.1 厘米。

D 型，1 件，标本 H180：8，泥质灰陶，轮外缘斜外坡，直径 6、厚 1.8 厘米。

40. 《山东临朐县史前遗址普查简报》

山东省文物考古研究所、临朐县文物保护管理所；《海岱考古》（第一辑），山东大学出版社，1989 年 9 月。

西朱封遗址龙山文化陶纺轮，2 件。标本 10：177，泥质磨光灰陶，形体平面呈圆饼状，外缘有一周凹槽，正面制作规整，中间凸起，有一圆孔，直径为 10.4 厘米。

41. 《山东诸城史前文化遗址调查》

诸城县博物馆；《海岱考古》（第一辑），山东大学出版社，1989 年 9 月。
凉台遗址龙山文化陶纺轮，1 件，泥质黑陶，直径 6.5 厘米。
王家柏戈庄遗址龙山文化陶纺轮，1 件，泥质黑陶，直径 4.9 厘米。

42. 《山东章丘县西部原始文化遗址调查》

济南市文化局文物处、章丘县博物馆；《海岱考古》（第一辑），山东大学出版社，1989 年 9 月。

季官、摩天岭遗址龙山文化陶纺轮，5 件，泥质黑陶或灰陶，均为圆形，周边起脊，剖面呈梭形，中心穿孔。标本 8：10，泥质灰陶，直径 5、厚 1.4 厘米。标本 6：10，泥质灰陶，周边沿脊线对刻菱形纹，直径 5.4、厚 1.7 厘米。

43. 《苍山县后杨官庄遗址发掘报告》

山东省文物考古研究所、临沂市文物局等；《海岱考古》（第六辑），科学出版社，

2013 年 10 月。

后杨官庄遗址龙山文化陶纺轮，13 件。大部分残缺，仅 5 件完整，圆饼形，中间一圆形穿孔，根据截面的不同，分为六型。

A 型，2 件，截面呈椭圆形，素面。H2③：105，泥质红褐陶，已残，体扁薄，复原直径 7.2、孔径 0.8、厚 0.9 厘米。H10：2，夹砂红陶，两面微鼓，体较厚，器形规整，直径 5.6~6、孔径 0.8、厚 1.8 厘米。

B 型，1 件，H18③：123，夹砂灰褐陶，截面呈长方形，形体较大，两面平，素面，已残，复原直径 9.6、孔径 0.9、厚 2.1 厘米。

C 型，2 件，两面平整，形体厚重，截面呈梯形，均为泥质陶。H2③：32，灰褐陶，一面素面，另一面刻划连弧纹，已残，复原直径 4.4~6.5、孔径 0.7、厚 1.9 厘米。H18②：42，灰褐陶，素面，直径 3.7~4.6、孔径 0.5、厚 1.6 厘米。

D 型，5 件，截面呈梯形，一面平整，另一面周边有一周凸棱。H2①：42，夹砂红褐陶，一面刻划连弧纹，另一面素面，已残，复原直径 3.8~5、孔径 0.8、厚 1.7~1.5 厘米。H12：14，夹砂黑褐陶，一侧素面，边缘突起，内侧一周凹槽，；另一面刻划连弧纹，器形规整，直径 3.8~5、孔径 0.4、厚 1.4 厘米。H2③：69，泥质红褐陶，一面微内凹，另一面边缘突起，素面，器形较小，直径 3.3~3.9、孔径 0.4、厚 1.3~1.7 厘米。H2：28，夹砂灰褐陶，一面平，素面，另一面刻划连弧纹，边沿有一周凸棱，已残，复原直径 3.8~4.6、孔径 0.5、厚 1.4~1.6 厘米。H18③：93，夹砂灰褐陶，底面平整，另一面边缘有一周凸棱，素面，直径 3.8~4.6、孔径 0.4、厚 1.4 厘米。

E 型，1 件，H2①：41，夹砂红褐陶，一面平整，另一面微鼓，边缘饰一周凹槽，已残，复原直径 3.7~4.5、孔径 0.7、厚 0.9 厘米。

F 型，2 件，均残，泥质黑陶，素面，体扁薄，一面平，另一面微鼓，周边有一周凹槽。H18②：19，复原直径 5.9、孔径 0.5、厚 0.3~0.9 厘米。H2②：12，复原直径 4.8、孔径 0.4、厚 0.4~0.7 厘米。

44. 《青州市郝家遗址发掘报告》

山东省文物考古研究院；《海岱考古》（第十辑），科学出版社，2017 年 10 月。

郝家遗址龙山文化陶纺轮，1 件，H10：2，已残，泥质灰褐陶，圆饼形，一面平整，另一面中间凸起，中间一圆形穿孔，边缘上面饰一周凹弦纹，器形规整，素面，直径 6、厚 0.4 ~ 1 厘米。

45.《章丘市西河遗址 2008 年考古发掘报告》

山东省文物考古研究所、章丘市城子崖博物馆;《海岱考古》(第五辑),科学出版社,2012 年 8 月。

西河遗址龙山文化陶纺轮,1 件,H326∶1,残,夹砂白陶,两面比较平整,壁缘一面稍斜,中间有一圆孔,素面。

46.《枣庄建新——新石器时代遗址发掘报告》

山东省文物考古研究所、枣庄市文化局编;科学出版社,1996 年 6 月。

建新遗址龙山文化陶纺轮,6 件,圆饼形,中穿孔,分三型。

A 型,1 件,H69∶3,泥质灰陶,算珠形,厚体,弧边,直径 3.7、厚 1.5、孔径 0.8 厘米。

B 型,1 件,H69∶1,夹砂黑陶,平边,直径 6.4、厚 0.8、孔径 1.2 厘米。

C 型,4 件,泥质黑陶,一面平,另一面弧鼓,弧边。H208∶5,一周凹弦纹,直径 7、厚 0.9、孔径 0.7 厘米。

47.《兖州西吴寺》

国家文物局考古领队培训班;文物出版社,1990 年 12 月。

西吴寺遗址龙山文化陶纺轮,26 件,圆饼形,中穿圆孔,素面,分二型。

A 型,5 件,截面呈梯形,分为 2 个亚型。

Aa 型,3 件,较厚。标本 H4294∶7,泥质褐陶,制作不规整,直径 4.2 ~ 4.5、厚 1.1 厘米。标本 H4033∶3,夹砂黑陶,中孔较大,制作规整,直径 4.6 ~ 5.5、厚 1.3 厘米。

Ab 型,2 件,较扁薄。标本 T2910 ⑦∶5,泥质黑陶,直径 6.3 ~ 6.8、厚 0.7 厘米。

B 型,21 件,鼓面平底,边缘一周凹槽,较扁薄。标本 H4262∶6,泥质褐陶,表面磨光,直径 6.5、厚 0.8 厘米。标本 H4029∶1,泥质黑陶,边缘方折,直径 6、厚 0.8 厘米。标本 T0557 ⑦∶2,底面中间平整,边缘内凹,直径 5.9、厚 0.8 厘米。

48.《山东姚官庄遗址发掘报告》

山东省文物考古研究所;《文物资料丛刊》,第五辑,1981 年。

姚官庄遗址龙山文化陶纺轮,43 件,多为中穿一孔的扁圆体。分为四型。

Ⅰ型,21 件,以泥质黑陶为主,也有泥质橙红陶,器形较薄。一面磨光而略弧,沿边有轮旋凹槽一周,另一面平整。H123:1,直径 5.2 厘米。

Ⅱ型,10 件,中部厚边缘薄,横断面呈梭形。西 CT5:4,直径 6 厘米。

Ⅲ型,7 件,两件平整,横断面呈梯形。西 ET6:3,直径 4.7 厘米。

Ⅳ型,5 件,器厚,两面平,边缘外凸成钝角。西 DT8:6,直径 5.4 厘米。

49.《山东泗水尹家城第一次试掘》

山东大学历史系考古专业;《考古》1980 年第 1 期。

尹家城遗址龙山文化陶纺轮,11 件,较完整者 8 件,分五式。

Ⅰ式,4 件,形体规整而扁薄,中间近孔处稍厚,其中三个有弦纹,均出自第五层或相当于五层的灰坑。

Ⅱ式,1 件,泥质灰陶,剖面呈梯形,出自第四层。

Ⅲ式,1 件,泥质灰陶,较厚,周边有划纹。

Ⅳ式,1 件,泥质灰陶,较薄,剖面为长方形。

Ⅴ式,1 件,系绳纹陶片打制而成。

以上除Ⅰ、Ⅱ式外,其余均出自第三或第二层。

50.《泗水尹家城》

山东大学历史系考古专业教研室;文物出版社,1990 年。

尹家城遗址龙山文化石纺轮,3 件,器体扁平,通体磨制,标本 F204:58,边缘圆浑,孔系单面管钻而成,直径 6、厚 0.8 厘米。标本 T216⑧:29,一面平,另一面微鼓,单面管钻孔,直径 4.6、厚 0.6 厘米。

尹家城遗址龙山文化陶纺轮,129 件,分六型。

A 型,20 件,断面为梯形,分为 2 个亚型。

Aa 型,10 件,两面平整,体有高、矮之别。标本 F204:38,夹细砂白陶,体较厚,顶径 3.1、底径 4.1、高 1.7 厘米。标本 F204:79,夹细砂红褐陶,扁体,顶径 4.5、底径 5.2、高 1.2 厘米。

Ab 型，10 件，顶面周缘起棱。标本 T322⑧：21，夹砂黑陶，底面有阴刻四等分弧线花纹，顶径 3.4、底径 3.9、高 1.2 厘米。标本 H573：3，泥质红褐陶，顶径 5.5、底径 5.9、高 1 厘米。

B 型，6 件，侧边中部微凸。分二式。

Ⅰ式，4 件，顶面较小。标本 F205：43，夹细砂红陶，顶径 3.6、底径 4.2、高 1.2 厘米。

Ⅱ式，2 件，上下两面等径。标本 T312⑧：47，直径 5.1 厘米。

C 型，93 件，钹形，正面中部鼓起，边缘有凸棱和凹槽，背面较平，轮制。分四式。

Ⅰ式，6 件，背面内凹，器体扁薄轻巧，做工精细。标本 H790：5，泥质褐陶，直径 6 厘米。

Ⅱ式，37 件，背面平整，制作较精。标本 T258⑧：16，泥质黑陶，直径 5.8 厘米。

Ⅲ式，25 件，背面平，近外缘有 1 周宽浅槽。标本 H551：3，泥质黑陶，直径 6.2 厘米。标本 H544：23，泥质黑陶，直径 5 厘米。

Ⅳ式，25 件，背面周边较低，内中微凸，做工较粗。标本 T192⑧：12，泥质灰陶，直径 6.4 厘米。标本 H811：8，泥质黑陶，直径 4.8 厘米。

D 型，7 件，正面微鼓，直径较大，边缘刻划凹弦纹 1 周，背面内凹，直径略小，分 2 式。

Ⅰ式，5 件，侧边略内收。标本 H262：1，泥质灰黑陶，顶径 5.2、底径 4.8 厘米。

Ⅱ式，2 件，侧边内收较甚。标本 73H22：4，泥质黑陶，顶径 6、底径 4.8 厘米。

E 型，1 件，T302⑧：22，泥质褐陶，扁体，侧边中部内凹，通体磨光，直径 6.2 厘米。

F 型，2 件，用陶片改制，孔系对面铤钻而成。标本 H435：1，夹砂黑陶，直径 3.5 厘米。

51.《兖州西吴寺第一、二次发掘简报》

文化部文物局田野考古领队培训班；《文物》1986 年第 8 期。

西吴寺遗址龙山文化陶纺轮，1 件，标本 H652：24，泥质灰陶，圆饼状，一面微鼓，一面较平，中心穿圆孔，鼓面边缘有一周凹弦纹，直径 5.1 厘米。

52. 《山东阳谷县景阳冈龙山文化城址调查与试掘》

山东省文物考古研究所等;《考古》1997 年第 5 期。

景阳冈城址龙山文化陶纺轮,1 件,制作精致,正面中部鼓起,边缘有凸棱或凹槽,背面较平。标本 H8∶1,泥质黑陶,施红色陶衣,直径 4.8 厘米。

景阳冈城址龙山文化石纺轮,1 件,采∶001,花岗岩质,一面鼓起,另一面较平,缘边有一周凹弦纹,直径 8 厘米。

53. 《山东日照两城地区的考古调查》

中美两城地区联合考古队;《考古》1997 年第 4 期。

两城地区龙山文化陶纺轮,可分三型。

A 型,一面平,另一面微鼓,近边沿处有一周凹槽。LCZ - 1∶074,夹砂褐陶,直径 4.3 厘米。LCZ - 1∶075,泥质黑陶,直径 5.7 厘米。LCZ - 3∶07,泥质黑陶,直径 5.5 厘米。LCZ - 3∶08,泥质黑陶,一面鼓起较甚,直径 5.9 厘米。

B 型,圆饼状,两面均平。Dantu - 1∶011,夹细砂黑陶,直径 5.7 厘米。

C 型,使用废陶片改制。LCZ - 1∶076,泥质黑皮陶,直径 4 厘米。

54. 《山东日照市尧王城遗址 2012 年的调查与发掘》

中国社会科学院考古研究所山东队等;《考古》2015 年第 9 期。

尧王城遗址龙山文化陶纺轮,5 件。H30∶29,夹细砂灰黑陶,器物扁薄,中心穿孔,围绕中心有数周旋纹,直径 5、孔径 0.55 厘米。

55. 《潍县鲁家口新石器时代遗址》

中国社会科学院考古研究所山东队、山东省潍坊地区艺术馆;《考古学报》1985 年第 3 期。

鲁家口遗址龙山文化布纹陶片,多见于夹砂陶罐的底部,布为平纹,经纬线每平方厘米约 9 ~ 11 根。(无图)

56. 《临淄文物志》

淄博市临淄区文物管理局编著;文物出版社,2015 年 7 月。

临淄桐林(田旺)遗址龙山文化石纺轮,1 件,1982 年征集。系白花岗岩雕琢而成，器体扁圆形，中间有对钻孔，直径3.7、孔径1.2厘米。

57. 淄博市博物馆藏陶纺轮（出处???）

临淄桐林（田旺）遗址龙山文化陶纺轮，1件，1975年出土。泥质黑陶，圆饼形，制作规整，一面微凸，另一面略平，凸面光滑，近缘处饰凹弦纹一周，中间一圆形穿孔，直径6、孔径0.5、厚0.8厘米。

58.《沂源文物精粹》

沂源县文物管理所编著；文物出版社，2016年10月。

新石器时代陶纺轮，2件，夹细砂褐陶，器体呈圆饼形，表面光滑，中部一圆孔。大者5厘米，小者直径4.6厘米。

59.《兖州西吴寺》

国家文物局考古领队培训班；文物出版社，1990年12月。

龙山文化陶器遗留在器物底部的布纹。

60.《乐陵尹家遗址发掘报告》

山东省文物考古研究院；《海岱考古》（第十辑），科学出版社，2017年10月。

尹家遗址岳石文化陶纺轮，2件，H12：1，灰陶，一面较鼓，一面压6条细槽，呈放射状，直径6.3、厚1.6厘米。H19：20，红褐陶，边轮外鼓，直径4.8、厚1.3厘米。

61.《泗水尹家城》

山东大学历史系考古专业教研室；文物出版社，1990年。

尹家城遗址岳石文化石纺轮，18件，扁圆形，分三型。

A型，13件，器体扁薄，边缘棱角清晰，单面铤钻（或管钻）孔。标本T217⑦：5，直径5.8、厚0.8厘米。

B型，3件，边缘圆浑，孔系单面铤钻（或管钻）孔。标本T218⑦：15，直径4.4、厚0.65厘米。

C型，2件，不甚规整，孔系对面琢成。标本T222⑦：11，用残石器改成，周边保

留打击痕迹，直径约6.9厘米

尹家城遗址岳石文化陶纺轮，62件，分七型。

A型，4件，断面呈梯形。标本T235⑦：1，泥质黑陶，顶面微凹，顶径3.5、底径4.1、厚0.9厘米。

B型，1件，T226⑦：19，泥质灰陶，算盘珠形，直径5..1、厚2.7厘米。

C型，16件，近钺形，背面平，正面隆起，轮制，分二式。

Ⅰ式，15件，正面周缘凸起上翘。标本T221⑦：22，泥质黑陶，直径5.4厘米。

Ⅱ式，1件，T205⑦：64，泥质黑陶，正面中部凸起较高，正面划凹弦纹2组8周，绘窄带状红彩三周，背面饰凹弦纹三周，绘窄带状红彩一周，直径6.2厘米。

D型，12件，断面近透镜体，手制，分二式。

Ⅰ式，4件，两面中部微鼓，边缘较厚。标本T211⑦：9，夹细砂灰黑陶，直径6厘米。

Ⅱ式，8件，两面中部鼓起较甚，边缘较薄。标本H135：1，夹细砂红褐陶，两面各有刻划不规整的凹弦纹2周，直径4.5、厘米。标本G107：4，泥质黑陶，两面各绘有窄带状红彩2周，直径3.8厘米。

E型，16件，一面圆鼓（正面），另一面起圆平台（背面），制作精致，多有窄带状彩绘，分二式。

Ⅰ式，3件，背面内凹。标本H753：11，泥质黑陶，每面各划深凹弦纹两周，正面沿弦纹绘窄带状红彩二周，直径5.6厘米。

Ⅱ式，13件，背面平整。标本T312⑦：8，泥质黑陶，每面各有凹弦纹2周，正面绘窄带状红彩三周，背面绘窄带状红彩两周，直径5厘米。标本T217⑦：20，泥质黑陶，正面绘窄带状红彩六周，背面绘四周，直径5.6厘米。标本T228⑦：70，每面各绘窄带状红彩五周，划凹弦纹两周，直径5.2厘米。

F型，4件，两面均起圆平台，制作极为规整。T217⑦：19，泥质黑陶，宽方边，器体较薄，两面各划凹弦纹2组6周，正面绘窄带状红彩3周，背面绘4周，直径5.6厘米。T217⑦：18，泥质黑陶，边缘尖锐，正面划凹弦纹2组11周，绘窄带状红彩5周，背面绘凹弦纹2组10周，绘窄带状红彩4周，直径6.2厘米。H260：1，泥质褐陶，方边，正面划凹弦纹2周，近边缘处绘带状白彩1周，顶心部分则涂满白彩，背面划凹弦纹2周，仅孔部绘带状白彩1周，直径5.6厘米。T208⑦：7，夹细砂黑陶，器体较厚，正面划凹弦纹3组7周，绘窄带状红彩1周，背面划凹弦纹3组8周，绘窄带状红彩 2 周，直径 5.6、厚 1.9 厘米。

G 型，9 件，扁平体，方边，多手制。标本 T239⑦：9，泥质灰陶，每面各戳印小圆圈纹 2 周，直径 5.4 厘米。标本 T203⑦：2，夹细砂褐陶，侧面划 1 周"X"形纹饰，直径 7 厘米。

62.《淄博黄土崖遗址 I 区发掘与研究》

孙蒙蒙；山东大学硕士学位论文，2017 年 5 月 17 日。

张店区黄土崖遗址 I 区商代纺轮，4 件。

标本 TN52E60H13：3，夹砂灰陶，两面均平直，边缘圆钝，中间一穿孔，横断面为圆角方形，手制，素面，直径 5.7，厚 1.5 厘米。

标本 TN52E60H13：8，泥质灰芯黑皮陶，正面黑色，背面灰黑，正面略凸，背面平直，中间一穿孔，背面边缘一周凹槽，直径 4.4，厚 0.7 厘米。

标本 TN52E60H13：10，夹砂灰褐陶，中部微鼓，边缘稍薄，断面近透镜体，中间一穿孔，手制，素面，直径 11.8，厚 2.5 厘米。

标本 TN51E61H32：2，泥质黑陶，饼状，中间一穿孔，横断面呈透镜体，素面，直径 4.8，厚 0.8～1.5 厘米。

63.《济南市刘家庄遗址商代墓葬发掘报告》

济南市考古研究所；《海岱考古》（第十一辑），科学出版社，2018 年 9 月。

刘家庄遗址商代墓葬出土玉纺轮，1 件，M121：88，青玉，局部受沁呈褐色，上部略窄，下部较宽，中部一圆孔。上径 2.2、下径 2.4、孔径 0.7、厚 0.6 厘米。

64.《青州市凤凰台遗址发掘》

山东省文物考古研究所、山东大学历史系考古教研室、青州市博物馆；《海岱考古》（第一辑），山东大学出版社，1989 年 9 月。

凤凰台遗址商周时期陶纺轮，5 件，可分四型。

A 型，标本 H674：6，泥质灰陶，轮缘平直，孔稍偏，直径 8、厚 1.8 厘米。

B 型，标本 T107⑥：5，泥质红陶，不规整，系陶片改制的半成品，两面钻孔均未透，直径约 4.5、厚 0.9 厘米。

C 型，标本 T117⑥：2，泥质黑陶，制作规整，轮缘为一面坡，直径 4.5～4.8、厚

1 厘米。

D 型，标本 H638：2，泥质褐陶，轮缘为两面坡，一半残，直径 6、厚 1.5 厘米。

65.《青州市赵铺遗址的清理》

青州市博物馆；《海岱考古》（第一辑），山东大学出版社，1989 年 9 月。

赵铺遗址商周时期陶纺轮，5 件，分二式。

Ⅰ式，1 件，T1②：2，泥质灰陶，手制，五角形，制作别致。高 5.3、直径 6 厘米。

Ⅱ式，4 件，均为圆形。T1③：1，泥质灰陶，直径 6.5 厘米。采集：17，石质，直径 6 厘米。

66.《淄川考古——北沈马遗址发掘报告暨淄川考古研究》

任相宏、张光明、刘德宝主编；齐鲁书社，2006 年 9 月。

北沈马遗址商周时期房址出土陶纺轮，1 件，标本 F4：12，夹砂灰陶，由陶片改制而成，圆形，中部一圆孔，直径 2.9、厚 1 厘米。

北沈马遗址商周时期窑址出土陶纺轮，1 件，标本 Y1：1，残，夹砂红褐陶，手制，圆形，直径 4.6、厚 1.6 厘米。

北沈马遗址商周时期灰坑出土陶纺轮，4 件，由泥质绳纹陶片磨制而成。标本 H3：4，残，深灰陶，中间一对钻圆孔，直径 6.6、厚 0.8、孔径 0.8 厘米。标本 H4：3，残，红陶，中间一圆形孔，直径 4.9、厚 1.5、孔径 0.8 厘米。标本 H5：10，夹少许细砂，手制，红褐色，局部黑色，圆饼形，中间一圆形孔，直径 4.4、孔径 0.8、厚 1.4 厘米。标本 H5：11，残，夹砂红褐陶，手制，呈不规则圆形，一面微鼓，一面微内凹，素面，最大直径 13、厚 0.8 厘米。

67.《山东滕州市西康留遗址调查、钻探、试掘简报》

山东省文物考古研究所、滕州市博物馆；《海岱考古》（第三辑），科学出版社，2010 年 6 月。

西康留遗址出土商周时期陶纺轮，2 件。标本 H17：1，夹细砂灰褐陶，圆形，中间有孔，一面为表面，另一面在制作半干时，用细线刻划出勾云纹，再在一些部位以减地的方式刺出麻点。标本 H21：1，夹蚌末红褐陶，制作规整，中间一穿孔，直径

5.3 厘米。

68. 《章丘市黄桑院遗址发掘简报》

山东大学考古学系;《海岱考古》(第九辑),科学出版社,2016 年 12 月。

黄桑院遗址出土商周时期陶纺轮,2 件,均呈算珠形。T0702②:1,灰陶,中心穿孔,外径 4.3、孔径 0.6、厚 1.5 厘米。T0206②:32,黑陶,侧面以钻孔为中心装饰放射状双细线纹,直径 3.4、厚 1.3 厘米。

69. 《山东日照两城地区的考古调查》

中美两城地区联合考古队;《考古》1997 年第 4 期。

两城地区出土商周时期陶纺轮,2 件。AJC – 3:01,夹细砂灰褐陶,圆饼状,中央的圆孔规整。XT – 0:01,泥质灰陶,系用陶片改制,圆饼状,中央的穿孔规整,周边修磨的痕迹清晰。

70. 《山东章丘市王推官庄遗址发掘报告》

山东省文物考古研究所;《华夏考古》1996 年第 4 期。

王推官庄遗址出土商周时期陶纺轮,6 件,皆泥质陶,素面,模制,分三型。

A 型,2 件,算盘珠形,分二式。

Ⅰ式,1 件,H144:14,灰陶,边缘微鼓,中间有一管钻穿圆孔,直径 5.2、厚 1.8 厘米。

Ⅱ式,1 件,H111:7,灰陶,边缘外凸较甚,中间有一圆孔,直径 5.4、厚 2 厘米。

B 型,3 件,两面平,边缘较直,分二式。

Ⅰ式,2 件。标本 H131:2,黑皮陶,残存一半,直径 5.4、厚 1.9 厘米。标本 H138:1,灰陶,边缘略圆,直径 5、厚 1.6 厘米。

Ⅱ式,1 件,H148:1,褐陶,光滑,横断面为矩形,直径 5.2、厚 1.5 厘米。

C 型,1 件,H144:10,灰陶,手制,圆饼状,中间有一圆穿孔,直径 5.4、厚 1 厘米。

71.《山东济南王府遗址发掘报告》

山东省文物考古研究所；《山东省高速公路考古报告集（1997）》，科学出版社，2000 年。

王府遗址西周中期至战国早期陶纺轮，28 件，泥质陶，多为圆形，中部穿孔，分3 型。

A 型，17 件，截面呈矩形，标本 H29：2，深灰陶，磨光，直径 4.7、厚 1.5 厘米。标本 H167：1，灰陶，对穿孔，其外刻划不规则弦纹，直径 5.4、厚 1.4 厘米。标本 H64：1，灰皮陶，直径 3.5、厚 1.1 厘米。

B 型，8 件，中腰突出起棱，直孔。标本 H152：1，磨光红褐陶，直径 5.6、厚 1.6 厘米。标本 J1：1，灰陶，较厚。直径 4.8、厚 2.5 厘米。标本 H169：1，黑陶，直径4.2、厚 1.4 厘米。

C 型，3 件，截面近椭圆形。标本 H21：5，红褐陶，火候较低，表面有米粒状凹点，穿孔偏居一侧。直径 5～5.9、厚 2.4 厘米。标本 H38：4，灰褐陶，对穿孔，两面均以孔为中心刻划射线纹，直径 6、厚 1.3～2 厘米。

王府遗址西周中期至战国早期石纺轮，1 件，残，截面呈梯形，通体磨光，直径2.7、厚 0.3 厘米。

72.《山东莱西市下马庄、仙格庄遗址发掘简报》

山东省文物考古研究所、莱西市文物管理所；《山东省高速公路考古报告集（1997）》，科学出版社，2000 年。

下马庄遗址出土西周晚期至战国晚期陶纺轮，6 件。标本 H59：1，泥质黄褐陶，两面平，弧状边缘，管钻圆孔，直径 3.7、孔径 0.85、厚 1.9 厘米。标本 J2：1，用泥质灰陶片磨制而成，两面磨制平整，管钻圆孔，直径 4.6、孔径 0.6、厚 0.5 厘米。标本 T5352③：3，将泥质灰陶片周边敲打而成，周边不规整，两面钻圆孔，直径 4.8、外孔径 1.3、内孔径 0.6、厚 1 厘米。标本 T5355③：1，泥质灰胎褐皮陶，捏制而成，不甚规整，周边略厚，中部较薄，弧状边缘，残，直径 7.8、孔径 0.8 厘米。另外 2 件与J2：1 基本一致。

下马庄遗址出土西周晚期至战国晚期石纺轮，2 件，皆滑石质，磨制而成。H48：3，厚薄不均，对钻圆孔，直径 2.8～3.1、厚 0.3～0.8、孔径 0.2～0.8 厘米。02，两面平滑，管钻圆孔，直径 3.9、厚 0.9、孔径 1.1 厘米。

73. 《济南市唐冶遗址考古发掘报告》

济南市考古研究所；《海岱考古》（第六辑），科学出版社，2013年10月。

唐冶遗址出土西周陶纺轮，15件，均为泥质灰陶，大部分为利用陶器残片打制而成，少量为专门制作。陶器残片带原有纹饰，一般常见中绳纹、细绳纹，有的饰戳点。根据横截面的形状，可分为三型。

A型，9件，截面为圆柱形，对穿孔。可分为二式。

Ⅰ式，2件，均为专门制作，器形规整，H98:1，器身饰满戳点，直径6、厚1.5、孔径0.9厘米。H195:1，轮缘饰三排小戳点，直径4、厚1.4、孔径0.6厘米。

Ⅱ式，7件，H78:3，残缺，陶器残片打制而成，边缘不规整，直径6.4、厚1.2、孔径0.9厘米。H171:1，为专门制作器。穿孔周围有弦纹，直径4.5、厚1.4、孔径0.7厘米。T1308:1，残缺，直径4.1、厚1.3、孔径0.7厘米。H62:1，制作规整，素面，直径3.7、厚1.5、孔径1厘米。T0311②:1，尖轮缘，穿孔外围有三周凹弦纹，直径5.3、厚1.4、孔径0.7厘米。H51:1，残缺，制作不规整，直径4、厚1.5、孔径0.5厘米。H170:1，残存一半，制作规整，直径5.2、厚2、孔径0.8厘米。

B型，2件，截面为中粗两端细的柱状。H172:1，直径6、厚1.2、孔径1.1厘米。F5:3，小穿孔，直径7.7、厚1.6、孔径0.5厘米。

C型，4件，均为陶器残片打制而成，截面保留原器物的弧度，制作粗糙。H130:1，钻孔对穿，孔径不一，不规则圆形，厚1厘米。H27:1，钻孔未打通，保留有原器表细绳纹，直径5.6、厚0.6厘米。H134:1，对穿不规整，素面，直径4.6、厚0.5厘米。T0909:1，钻孔未打通，原器表饰篮纹，厚约0.6厘米。

74. 《滕州前掌大村南墓地发掘报告（1998~2001）》

滕州市博物馆；《海岱考古》（第三辑），科学出版社，2010年6月。

"南岗子"墓地出土西周早期陶纺轮，2件，泥质灰陶，制作规整，圆形。ⅠM101:34，器身薄，外缘有一周凹槽，中有一孔，直径6.4厘米。ⅠM102:3，器身较厚，呈算珠形，侧面戳印二周圆圈纹，中有一孔，直径3.2厘米。

村"东南"墓地出土西周早期陶纺轮，3件，出自一墓，泥质磨光陶，圆形，中有一孔。ⅡM209:33，黑灰陶，轮缘圆凸，直径5.1厘米。ⅡM209:32，灰陶，轮缘尖突，直径4.9厘米。ⅡM209:34，轮缘尖突，薄体，直径4.4厘米。

村"东南"墓地出土西周早期石纺轮，1件，ⅡM209:35，青绿色石灰岩，截面呈长方形，中有一对钻穿孔，直径4.9厘米。

村"东南"墓地出土西周早期骨纺轮，1件，ⅡM209：21，以动物肢骨磨制而成，截面呈长方形，中有一穿孔，直径3.9厘米。

75.《郯城县大埠二村遗址发掘报告》

山东省文物考古研究所等；《海岱考古》（第四辑），科学出版社，2011年6月。

大埠二村遗址出土春秋时期陶纺轮，1件，H3：1，泥质褐陶，算珠形，上下面平整，边缘折棱较明显，中有一孔，穿孔较直，直径4.6、孔径0.9、厚1.7厘米。

76.《沂源东安古城》

沂源县文物管理所；文物出版社，2016年10月。

沂源东安古城出土的战国丝织品，资料在整理、保护和研究过程中。

77.《临淄郎家庄一号东周殉人墓》

山东省博物馆；《考古学报》1977年第1期。

郎家庄一号殉人墓东周丝织品、麻织品等集中出土于墓主人椁室东壁，因和棺椁一道被焚而炭化。

丝织品有绢和锦。绢为平纹组织，每平方厘米经丝76根，纬丝36根。在铜镜等器物上和填土也发现已腐朽的绢纹。锦为经二重组织，每平方厘米经丝约56×2根，纬丝32根。每根经丝又是双头合股的，拈度是很不均匀的。测其径向投影宽，经丝为0.2～0.25毫米，纬丝为0.13～0.2毫米。残片完全炭化，外观黯黑，但组织结构却还十分清晰，顺着一根经丝查看，在一个长浮线位置里，可以找到表经浮过夹纬转入背里，里经又浮过同一夹纬转到正面的情况。表经、里经都只浮过两根纬丝，此种现象在相邻的地方是多见的。标本是一件典型的两色织锦残片，是当时看到的我国最早的织锦遗物。

丝编织物，发掘者认为可能是丝履上不同的部位的残片，结构类似平纹机织物，为手工缝制的编织物，设双头合股丝，针引单丝，细实坚密。刺绣残片，在绢地上以丝缕用锁绣针法刺绣，以二至三道并成块面花纹，用丝略分粗细以增强纹饰的表现力。

78.《蹴鞠及其起源于临淄的考古学观察》

罗勋章；《足球起源地探索》，中华书局，2004 年。

1979 年临淄大夫观一号战国墓，发现由织锦绢缝制的丝锦袍、卷绢、纱、组、刺绣残片。（无图）

79.《山东博物馆藏战国绮织物研究》

刘靓、徐军平、白广珍；《海岱考古》（第九辑），科学出版社，2016 年 12 月。

2013 年 8 月，山东博物馆接受捐赠的纺织品，经中国社会科学院考古研究所等单位专家鉴定，为战国晚期的临淄实物。

残片一，最大尺寸 7 厘米×6 厘米。外观呈现深褐色，表面有黄色星点状显花，显示出规则提花图案。破损，有条状撕裂痕，表面还黏结一块带动物毛发的硬结物。

残片二，最大尺寸 11 厘米×5 厘米，外观为长条状，呈现深褐色，表面有黄色星点状显花，局部有浅蓝色污迹，破损，缺失严重。

两件织物都较柔软、轻薄且透光性好，残片一透光性接近于纱。其显微结构观察显示，残片一地组织为平纹结构，地经为无捻褐色丝线，投影宽度为 0.18 毫米，经线密度 28 根/厘米；纬线为无捻黑色丝线，投影宽度为 0.12 毫米左右，纬线密度 26 根/厘米；纹经为无捻黄色丝线，投影宽度为 0.11 毫米左右。根据纹经的显花特点，相邻两根最近的纹经之间横向间隔 4 根地经，相邻两根最远的纹经之间横向间隔 12 根地经，可测量出纹经经线密度为 4 根/厘米。三种丝线都具有较好的丝线光泽，呈扁平状。黄色纹经从织物正面一个平纹组织点穿入背面后，直到需要显花时，才从下一个平纹组织点穿出至织物正面，与褐色地经并行排列后，再与黑色纬线进行一上一下交织，形成平纹组织。这两件织物，由黄色纹经运用提花技术显示小花纹，显示出类似斜纹组织的几何纹图案。

80.《临淄齐墓》（第一集）

山东省文物考古研究所编著；文物出版社，2007 年。

《临淄齐墓》一书中有关丝织、麻织物记载，年代为战国时期。

单家庄一号墓出土铜器柄，标本 LSM1P1：2，出土时器表附绢的残迹。器底作盝顶形方銎以纳器，上接竹节状柄，上端叉开作花瓣状，并承托一圆盘座，盘上伛偻蹲着母猴一只。器底四面饰三角卷云纹。底边长 0.9、高 1.8、通高 9.7 厘米。

铜环，标本 LSM1P3：8，扁平圆环形，两面微鼓，横截面呈扁椭圆形，饰错金银几何卷云纹，出土时有绢缠绕痕迹。外径7.8、内径5.9、厚0.4厘米。

单家庄一号墓出土铁削，LSM1P3：2-1，玉环首出土时器表附有绢痕迹。柄与削身完好，环首呈扁圆环形，已残，套入金箍与柄接铸，柄饰金箔一道。刃宽1.8、柄首长11.4、残长27.2厘米。

单家庄二号墓在靠近二层台的墓壁四周苇席上附麻布帷帐，其上有用红、白、黑三色绘制的兽面纹横二方连续图案，帷帐与苇席用竹、木钉固定在墓壁上，钉顶贯圆形彩绘蚌饰。墓室回填夯打时，部分帷帐被拽落在二层台上。

相家庄一号墓二层台周围墓壁上有一层苇席，苇席上有高0.5米的帷帐，用直径约1厘米的竹钉或木钉将其固定。固定帷帐用的竹、木钉较细，钉顶贯有朱绘云纹圆形蚌饰。帷帐以粗麻布为之，上有用红、蓝、黑三色彩绘的兽面纹横式二方连续图案。西壁帷帐保存较好，其余三面的帷帐在回填墓室时，多被拽落在二层台上。

相家庄二号墓、相家庄三号墓帷帐描述与前述相类。

相家庄三号墓铜环，3件，表面有用绢缠绕痕迹，横截面呈圆形。标本 LXM3P1：10，外径2.9、内径1.9厘米。标本 LXM3P1：9，外径9.7、内径8.8厘米。

相家庄五号墓 D 型铜带钩，2件，长方条形，横截面呈圆形，鸭首状钩，铆钉状纽靠近尾部，素面，出土时有绢缠绕痕迹。标本 LXM5P2：11，长5、厚0.6厘米。

81.《山东蒙阴后里遗址发掘简报》

山东省文物考古研究所、蒙阴县文物管理所；《山东省高速公路考古报告集（1997）》，科学出版社，2000年。

后里遗址出土东周陶纺轮，5件，均为泥质灰陶。标本 H16：1，算珠形，中间一管穿圆孔，直径3.4厘米。标本 H58：1，黑皮褐胎，算珠形，残，直径3.8厘米。标本 H64：1，黑褐陶，残，缘面较直，横截面呈长方形，中间一圆孔，直径4厘米。标本 H12：1，系陶片磨制而成，中间一两面钻的小孔。

后里遗址出土东周石纺轮，4件，通体磨光。标本 H51：2，球形，中间一大圆孔，直径3.8厘米。H59：1，圆形，体较厚，中间一圆孔，直径4.4厘米。标本 H66：2，体较薄，中间有一对钻圆孔，直径3.5厘米。H43：3，残，薄体，无孔，应为半成品。

82.《青州市凤凰台遗址发掘》

山东省文物考古研究所、山东大学历史系考古教研室、青州市博物馆;《海岱考古》(第一辑),山东大学出版社,1989年9月。

凤凰台遗址出土东周时期陶纺轮,4件,可分四型。

A型,标本T107③:1,泥质红褐陶,轮外缘平直,直径3.8、厚0.7厘米。

B型,标本T117⑤:4,泥质灰陶,系用陶片改制的半成品,中孔两面对钻均未钻透,直径6.6~7.4、厚0.8厘米。

C型,2件,制作规整,轮面磨光,中部隆起,外沿有一圈凹槽。标本T117⑤:6,泥质黑陶,直径6.7、厚0.4~1厘米。

D型,标本T625③:4,泥质灰陶,轮外缘浑圆,轮面略鼓,较规整,残,直径5.3、厚1.6厘米。

83.《昌邑火道——廒里遗址群01(唐央)遗址发掘简报》

山东省文物考古研究院等;《海岱考古》(第十辑),科学出版社,2017年10月。

火道—廒里遗址群01(唐央)遗址出土东周陶纺轮,3件,均为泥质陶,分为三型。

A型,1件,J5②:1,灰陶,形状规整,剖面呈长方形,整体呈圆饼状,中部有管钻圆孔,整体素面,直径约5.8、厚1、孔径约1.2厘米。

B型,1件,T2123⑥:2,一面呈黄褐色,另一面为灰黑色,形状规整,剖面呈梭形,整体呈圆饼状,边缘略薄,中间略厚且有圆孔,整体素面,完整,直径约6、孔径1、厚0.4~1厘米。

C型,1件,H14:1,灰陶,剖面呈长方形,一面内凹,边缘打制而成,残留部分呈半圆形,整体呈圆饼状,中部有圆孔,系对钻而成,纺轮边缘残破,一面饰细绳纹,另一面素面。残长约6.8、宽4.6、厚0.6厘米。

84.《广饶县十村遗址发掘报告》

山东省文物考古研究所、东营市历史博物馆;《海岱考古》(第九辑),科学出版社,2016年12月。

十村遗址出土东周时期陶纺轮,2件,均为泥质陶,圆形,中有圆孔,较厚,素面。H21:4,深灰陶,外缘中线外凸,直径4、孔径1.2、厚1.9厘米。T8153③:4,

灰陶，直径2.8、孔径0.85、厚1.2厘米。

85. 《苍山县后杨官庄遗址发掘报告》

山东省文物考古研究所、临沂市文物局等；《海岱考古》（第六辑），科学出版社，2013年10月。

后杨官庄遗址出土周代陶纺轮，1件，G2①：1，已残，泥质红褐陶，圆饼形，中间穿圆孔，一面平，另一面粗糙，素面，直径5.2、孔径1.1、厚1.2厘米。

86. 《曲阜董大城遗址的发掘》

山东省文物考古研究所、曲阜市文物管理委员会；《海岱考古》（第二辑），科学出版社，2007年6月。

董大城遗址出土周代陶纺轮，1件吗，G1：1，泥质褐陶，算珠形，素面，直径6.4、孔径0.6、厚0.6厘米。

87. 《2000年泗水尹家城遗址发掘报告》

山东省文物考古研究所、泗水县文物管理所；《海岱考古》（第二辑），科学出版社，2007年6月。

尹家城遗址周代遗迹出土陶纺轮，2件，均为泥质陶，圆形扁平体，素面。G2①：2，红陶，轮缘外鼓，截面呈圆角长方形，直径4.9、孔径0.5、厚1.5厘米。G4①：1，灰陶，截面呈长方形，直径4.9、孔径0.6、厚0.9厘米。

尹家城遗址周代墓葬出土陶纺轮，3件，泥质陶，圆形扁平体，体较厚，均素面。M20：1，黑皮陶，轮缘外鼓，直径4.1、孔径1、厚1.7厘米。M35：2，黑陶，算珠形，横截面为弧边长方形，直径4.1、孔径1、厚1.6厘米。M31：1，黑陶，横截面为长方形，直径4.1、孔径1.1、厚1.25厘米。

88. 《兖州西吴寺》

国家文物局考古领队培训班；文物出版社，1990年12月。

西吴寺遗址出土周代陶纺轮，10件，泥质灰陶，素面，分二型。

A型，7件，较高厚，算盘珠状。标本H412：2，平面，直缘，直径5.4、厚3.3、孔径1.3厘米。标本H427：2，面微鼓，缘面弧曲，中心孔两端呈喇叭状，直径5.15、厚 1.85、孔径 0.3 厘米。标本 H261：15，平面，缘面呈三角凸棱状，直径 4.7、厚 1.8、孔径 1 厘米。

B 型，3 件，较扁薄。标本 J12：10，平面，直缘，直径 9.5、厚 1.2、孔径 0.4 厘米。标本 T3623④：1，平面，直缘，表面饰环形戳印纹，直径 4.7、厚 1.1、孔径 0.7 厘米。

89. 《泗水尹家城》

山东大学历史系考古专业教研室；文物出版社，1990 年。

尹家城遗址出土周代石纺轮，6 件，分二型。

A 型，1 件，T192④：3，算盘珠状，通体磨光，直径 4.2、厚 1.4 厘米。

B 型，5 件，扁体圆形，对面铤钻孔，通体磨光。

尹家城遗址出土周代陶纺轮，39 件，分三型。

A 型，15 件，算盘珠形，侧面中部外凸。标本 H494：3，夹细砂黑皮陶，直径 4.6 厘米。标本 T244④：2，泥质褐陶，体较薄，直径 5.6、厚 1.5 厘米。

B 型，22 件，扁圆柱体。标本 T287④：7，夹细砂褐陶，直径 3.5 厘米。标本 T213④：5，直径 4.9 厘米。

C 型，2 件，系用旧陶片打制，中部穿一孔。

90. 《昌乐县后于刘遗址发掘报告》

潍坊市博物馆、昌乐县文物管理所；《海岱考古》（第五辑），科学出版社，2012 年 8 月。

后于刘遗址出土汉代陶纺轮，4 件，泥质黑陶，圆饼形，两面平，中间棱角突出，制作规整，体较厚，素面。H93：18，直径 5、孔径 0.8、厚 3 厘米。H73：6，直径 3.5、孔径 0.9、厚 2.6 厘米。H93：19，用瓦片制作而成，直径 4、孔径 0.7、厚 0.6～0.8 厘米。

91. 《滕州西公桥遗址考古发掘报告》

山东省文物考古研究所；《海岱考古》（第二辑），科学出版社，2007 年 6 月。

西公桥遗址出土东汉陶纺轮，1 件，H5：1，泥质灰陶，形体较大，截面为长方形，直径 10.6、孔径 1.2、厚 1 厘米。

92. 《山东临沂金雀山九号汉墓发掘简报》

临沂金雀山汉墓发掘组;《文物》1977 年第 11 期。

山东临沂金雀山九号汉墓帛画,该帛画为当时马王堆一、三号墓帛画之后又一重要发现。一幅彩色帛画平展于棺盖麻布之上,为长条形,全长 200、宽 42 厘米。上部距棺头低下 19 厘米,下部长出棺盖而下垂 10 厘米。帛画以红色细线勾勒,平涂色彩,设色有蓝、红、白、黑等。画幅剥蚀较严重,但整个画面尚可辨认,主要内容是:在云空和日、月之下,帷幕之中,墓主人及其亲属、宾客、仆从等起居、歌舞、生产、游戏等情景。与马王堆帛画相较,前者以人物活动为主,更多地描绘了现实生活。不如马王堆帛画精致,但说明汉代把帛画附棺随葬已成为一种风俗。

93. 《北方最美的 500 件漆器——山东日照海曲汉墓》

郑同修、崔圣宽;《文物天地》2003 年第 3 期。

2002 年春,为配合同三高速公路建设工程,山东省文物考古研究所对公路占压的封土墓进行抢救发掘。共发掘墓葬 90 座。其中 125 号汉墓棺内出土了刺绣和绢等丝织物,这是目前山东发现保存最好的汉代丝织品,最大的一块长 2.6、宽约 1 米,其上有精美的刺绣花纹图案。大部分丝织品呈咖啡色,平素无纹,仍具有一定的韧性,多属绢类。

94. 《山东汉画像石选集》

山东省博物馆、山东省文物考古研究所编;齐鲁书社,1982 年 3 月。

汉画像石上的纺织图:滕县东北龙阳店公社附近出土,原石部分移存山东省博物馆（现为山东博物馆）,部分时存滕县文化馆,计录 19 石,画面 27 幅,皆为浅浮雕。纺织图案画像石,二石。TL1,石面纵 97、横 110 厘米。画面三层。上层为狩猎图。中层为纺织图,两端有织机二架,中间有络车、纬车,表现了摇纬、络线、织布的操作场景。下层为车骑出行图,后一大车无盖,乘四人。此石时藏中国历史博物馆（现为中国国家博物馆）。TL2,石面纵 77、横 139 厘米。画面四层。一、二层为楼阁、水榭、主仆、宾客盈室,左下有众人纺织,右下有兵器库。三层为列骑图。四层为车骑出行图,左一人躬迎。

滕县西户口画像石,1958 年在滕县城东桑村公社西户口一墓中出土,原石部分移存山东省博物馆（现为山东博物馆）,部分存滕县文化馆。计录 18 石,画面 26 幅。刻法有凸面线刻、线刻和浅浮雕。纺织图案画像石，一石。石面纵 80、横 150 厘米。画面三层。上、中层，楼阁水榭相连，楼内主人和众侍者坐，水榭上有人登眺，左下有纺织，右下有兵库。下层为车骑出行图，二导骑已过亭下，辂车二辆，驷马安车一辆，辎车一辆，从骑四。

滕县后台村纺织画像石，一石，凸面线刻。石面纵 79、横 81 厘米。画面六层。一层为主人凭几坐，左右列侍者。二层为六博图。三至五层为二人击建鼓，顶上一人舞，左右人物、倒立、兽、纺织。六层为车骑出行图。

滕县黄家岭画像石，据《续滕县县志》卷五、金石第六载："民国二十二年邑治北三十里黄家岭出汉画像二十二石，兹选录九石"。此后，这批画像石下落不明，也不见流传拓本，其他著作亦未见收录。纺织画像石，一石，石高一尺八寸、广三尺。画面三层。一层为中有楼阁，楼上坐三人，楼下列兵器；左边一方池内有鱼；右边有纺织。二层为十人对坐，中二人六博。三层为车骑出行图。

三　山东地区与丝路文化交流相关的其他遗存

1.《西汉齐王墓随葬器物坑》

贾振国；《考古学报》1985 年第 2 期。

西汉齐王墓一号陪葬坑出土银盒，1 件，1：72，呈豆形，弧形盖，子母口，曲腹，高圈足喇叭形座。盖上饰三铜兽纽，铆合，周围及腹部饰外凸花瓣纹。盖内刻"木南"二字，口径 11.4、通高 11 厘米。该件银盒上的圈足和兽纽系后来加装。

2.《山东青州西辛战国墓发掘简报》

山东省文物考古研究所、青州市博物馆；《文物》2014 年第 9 期。

西辛战国墓出土银豆（盒），2 件，形制相同，子母口，盖器扣合，绕口沿有带饰，作凸弦纹夹阴刻斜纹，系錾刻而成，然后鎏金。盒体口沿下部器壁饰双层裂瓣纹，裂瓣两端一头尖一头圆。底接青铜圈足，内嵌漆木盖，母口盖鎏金带饰，纹饰如盒体，圈足腹壁有铭文。标本 B1：11，腹径 11.3、底径 5.6、高 11.1 厘米，重 375.25 克。

3.《汉代山东与丝绸之路——以考古发现为主的观察》

杨爱国、王海玉、孙洋；《海岱考古》（第十一辑），科学出版社，2018 年 9 月。

狮子非中国原有动物，是丝绸之路开通后经进贡来到中国的，在西汉长安有专门豢养地。

嘉祥武氏墓群石雕狮子，一对，为孙宗所作。

山东博物馆藏石雕狮子，一对，项后题记"洛阳中东门外刘汉所作师子"。

兰陵博物馆石雕狮子，一件，林梅村《古道西风——考古新发现所见中西文化交流》，传原在萧望之墓前。

兰陵东纸坊九女墩汉墓狮座圆柱，两根，一根狮有双翼，圆柱上刻有羽人、翼兽和仙树；一根狮身左侧刻一胡人，柱身刻多龙盘结。

临沂市博物馆狮座圆柱，狮为蹲坐式，圆柱紧贴狮颈，柱身刻奇禽异兽。

山东汉代画像石上的大象也是外来，还有骆驼，它们常在一起出现，且常有胡人相伴，或钩象，或伴驼。

4.《山东大型胡人石雕像与欧亚文化交流》

徐龙国；《中国国家博物馆馆刊》2018 年第 10 期。

5.《临淄文物志》

淄博市临淄区文物管理局主编；文物出版社，2015 年 7 月。

东汉石雕胡人像，通高 228、身宽 70 厘米，1997 年今稷下街道办事处徐家庄出土，为青石质单体圆雕跪坐式胡人俑。头戴尖顶扁帽，脸型尖圆，眉脊高突，双目深凹，鼻梁高直，双臂贴身弯曲，双手腹前交叉。类似胡人石雕像在青州瀑水涧，临淄左家庄、徐姚村都有发现，此外，兖州东尧祠及邹城城关镇西关居委会院内均发现胡人石雕像，胡人雕像的出现，应是汉匈关系的写照。

后语

经过近一年的紧张而又有序的研究工作，《丝路探源——齐国於陵·周村丝绸之路货源地研究》一书即将付梓，又完成了一个夙愿。课题是周村区委、区政府主要领导在新时代弘扬传统优秀文化、我市文化名城建设和文化旅游全域融合发展的社会背景下，为了配合国家"丝绸之路"联合申报世界文化遗产重大工程的启动，适时提出了"丝路探源——周村：丝路之路重要源头"课题；并安排周村古商城管理委员会具体负责该项工作，他们从组织协调、统筹规划都做了大量卓有成效的工作。课题组自2018年7月份成立并召开第一次工作会议始，仅一年时间课题组的诸位专家克服了种种困难，按照各自的分工开始研究创作，他们认真负责的敬业精神和科学态度令人敬佩。由于课题组同志们的共同努力，使课题得以圆满完成，所以这一成果的取得是集体智慧的结晶，是大专学院、科研单位和地方政府通力合作的又一典范，在此对他们的辛勤劳动深表忱谢！

众所周知，丝绸之路研究是一重大国际性课题，对其丝路源头的研是究学界一直在不断探索的学术问题。丝绸之路是一条汉唐时期我国西安通往西欧的重要文化交流通道，而丝绸之路中国通往西欧交流的主要商品丝绸，产自当时的全国各地，最后集中到西汉王朝都城长安，由"长安→新疆→印度→巴基斯坦→伊朗"，到达地中海东岸的罗马、希腊、意大利一带，史称"丝绸之路"。它始于西汉，续延至唐宋时期，所以丝绸之路源头应多有其说。就丝绸而言主要有：四川蜀地、两湖（湖北、湖南）楚地、中州洛阳、东方齐国，甚确。通过本课题的研究我们认为齐国是先秦时期全国生产丝绸的重要地区，自8000年左右的新石器时代早期就已发明了纺织术，夏商时期开始生产丝织品，且为贡品；齐国时代丝绸生产进入繁荣时期，其技艺高超，生产规模大，产量多，西汉在齐国都城临淄设"三服官"专为汉皇宫供应丝绸。周村于陵城是齐国丝绸生产重要地区和集散地，所以周村就成为古代丝绸之路重要的丝绸供货地或重要源头。其后，周村古商城传承其丝织技艺，唐宋时期成为丝绸之路的重要经点市镇，明清时期发展成为清朝对外开埠的以丝绸为主要特色的国际商贸城市，当代周村也是全国北方丝绸文化中心，在一个地区数千年传承延绵至今的纺织文化现象在全国也是仅有的。对此的研究我们认为有以下五个方面的显著的特点。其一，是对东夷文化和齐文化研究的深化和拓展。考古发现证明东夷文化在齐地有近 6000 余年的历史（距今 10000～3500 年），居住在齐地的东夷先民创造了灿烂的原始文明，后世的齐鲁文化就是在此基础上发展起来的，但系统全面的研究东夷纺织文化此为首例，具有学术创新的价值。通过对齐地早期欧亚商贸之路的研究，特别是海上贸易之路和草原国际商贸之路的研究，可以确认齐地（齐国）是最早掌握造船及航海术，开始向东亚和西欧开始商品贸易的国家和地区，其都城临淄不仅是我国先秦时期最为繁荣的商贸城市，也是我国最早的国际贸易城市，从而加深了齐国以工商立国，经济繁荣，文化发达和滨海外向型经济时空概念的认识。其二，当前，新时代习近平总书记提出了"一带一路"国际战略构想，最近国家又启动了丝绸之路联合申报世界文化遗产工作，山东的丝绸和陶瓷列为重点项目，本课题的研究为学术成果的重要支撑，可互为补充、丰富了其思想文化内涵和理论依据。其三，本课题的研究对周村古商城文化旅游景区的建设，突显其丝绸文化内涵和特色，开展文化旅游全城融合，创建五 A 级景区也具有重要的现实指导意义。其四，本课题的研究对促进地方纺织、丝绸企业的发展，增强文化自信、产业自信，创牌增效、增强对外贸易和文化交流也有着重要的启迪意义。其五，本课题的研究成果独立成书，尽量做到图文并茂、言之有据、言之成理，是一部丝路探源和齐地（齐国）纺织丝绸文化发展史的研究专著，是东夷文化、齐文化和齐地纺织丝绸文化研究的一项重大学术成果。

本课题的完成得到了中国社会科学院历史研究院，中国殷商文化学会领导和专家的关心和支持。中国社会科学院荣誉学部委员、著名甲骨学专家、中国殷商文化学会名誉会长王宇信先生曾多次给予指导，并在百忙中亲自书写序言；中国社会科学院历史研究院原历史研究所副所长、中国社会科学院学部委员、中国殷商文化学会会长王震中先生对课题的确立、研究的思路、资料搜集都给予了诸多指导的帮助，并亲自参加会议，确定中国殷商文化学会为：《中国·周村"丝路之源"国际高峰论坛》的活动主办单位，对此深表致谢。本书具体分工为：前言、后语、第一部分：东夷纺织由山东省淄博市博物馆张光明研究员完成；第二部分：齐国丝绸由山东理工大学于孔宝教授完成；第三、四部分：汉代丝路和唐宋丝韵由山东理工大学姜颖副教授完成；第五部分：商城传承由周村区人大常委会原副主任李国经和周村区党史与地方史志研究中心的高云完成；附录部分：周村丝路之源相关考古资料统计表，山东（齐地）纺织工具考古资料节选，山东地应与丝路文化交流的其它遗存由淄博市博物馆的徐新馆员完成；第五部分商城传承有关近现代周村丝织业行文所用资料和图版主要有淄博市丝绸公司、大染坊、海润、凯利等单位提供，王克峰提供了部分照片资料；周村古商城管委会的王生华、淄博市东夷考古研究中心的于海洋同志完成了大量的组织协调、文印等工作，书稿完成后由张光明最后做了审稿和定稿。文物出版社的编辑许海意先生对本书的出版亦给予了大力支持。对以上支持本书创作和出版给予帮助和支持的单位和专家领导在此再次深表诚谢！但是，由于时间较紧，文稿又出自多人之手，文中风格和资料的取舍、研究认识的深度各有不同，所以存在不正之处在所难免，希望得到领导和学界先生的不吝赐教，以便修正。

张光明

2019 年 1 月 22 日